国家社会科学基金青年项目
"资源刚性约束下国内旅游需求变化趋势与对策研究"
（证书号：20183008）

资源刚性约束下国内旅游需求变化趋势与对策研究

谢慧明 著

人民出版社

责任编辑:吴焰东
封面设计:汪　阳

图书在版编目(CIP)数据

资源刚性约束下国内旅游需求变化趋势与对策研究/谢慧明 著. —北京:人民出版社,2019.11
ISBN 978-7-01-020765-0

Ⅰ.①资… Ⅱ.①谢… Ⅲ.①旅游消费-顾客需求-研究-中国　Ⅳ.①F592.6

中国版本图书馆 CIP 数据核字(2019)第 081819 号

资源刚性约束下国内旅游需求变化趋势与对策研究
ZIYUAN GANGXING YUESHU XIA GUONEI LÜYOU XUQIU
BIANHUA QUSHI YU DUICE YANJIU

谢慧明 著

人民出版社 出版发行
(100706 北京市东城区隆福寺街99号)

北京中科印刷有限公司印刷　新华书店经销

2019年11月第1版　2019年11月北京第1次印刷
开本:710毫米×1000毫米 1/16　印张:22.75
字数:270千字

ISBN 978-7-01-020765-0　定价:90.00元

邮购地址 100706　北京市东城区隆福寺街99号
人民东方图书销售中心　电话 (010)65250042　65289539

版权所有·侵权必究
凡购买本社图书,如有印制质量问题,我社负责调换。
服务电话:(010)65250042

目 录

绪 论 ·· 1

　第一节　科学问题和研究价值 ··· 1

　第二节　研究思路和研究方法 ··· 11

　第三节　重点难点和可能创新 ··· 17

第一章　资源刚性约束下国内旅游需求文献综述 ················· 23

　第一节　国内旅游需求的内涵外延与定量指标 ················· 23

　第二节　国内旅游需求的经济与非经济影响因素 ············· 29

　第三节　国内旅游需求的资源约束与应对策略 ················· 41

第二章　中国国内旅游需求时空特征与变化趋势 ················· 55

　第一节　国内旅游需求的战略背景 ··································· 55

　第二节　国内旅游需求的时序特征 ··································· 61

　第三节　国内旅游需求的空间特征 ··································· 67

　第四节　国内旅游需求的变化趋势 ··································· 73

第三章　中国城市居民旅游需求函数的实证研究……… 79

第一节　旅游需求函数估计的对象、方法与变量 ……… 80

第二节　旅行成本模型与城市居民旅游需求函数设定 ……… 86

第三节　城市居民旅游需求函数估计的实证结果 ……… 91

第四节　关于回归结果及其经济意义的进一步讨论 ……… 96

第四章　中国农村居民旅游需求函数的实证研究………100

第一节　农村居民旅游需求函数估计的研究背景 ………100

第二节　旅行成本模型与农村居民旅游需求函数设定 ………104

第三节　农村居民旅游需求函数估计的实证结果 ………108

第五章　国内旅游需求成本结构与邻居效应研究………115

第一节　国内旅游需求的成本结构与空间溢出效应问题 ………116

第二节　模型设定、数据来源和空间权重矩阵说明 ………120

第三节　三类"邻居"定义下的城市居民旅游需求实证结果……126

第六章　旅游需求增长潜力的资源环境成因研究………136

第一节　旅游需求的影响因素及其增长潜力测度视角 ………136

第二节　污染损失视角旅游需求增长潜力的逆向估计 ………142

第三节　国内滨海旅游需求增长潜力的影响因素分析 ………157

第七章　环境资源约束下国内旅游需求变化研究………164

第一节　旅游需求及其动态决定机理研究背景 ………165

第二节　居民旅游需求动态决定机制理论假说 ………167

第三节　面板向量自回归模型设定与数据描述 ………171

第四节　居民旅游需求动态决定机制的实证检验 …………… 174

第八章　气候资源约束下国内旅游需求变化研究 ………………… 183

　　第一节　气候资源与国内旅游需求 ………………………… 184

　　第二节　基于国内旅游需求弹性的旅游气候指数修正及其
　　　　　　测度 …………………………………………………… 186

　　第三节　基于旅游气候指数的国内旅游需求预测模型构建 …… 191

　　第四节　气候资源刚性约束下国内旅游需求水平预测 ………… 197

第九章　国内旅游需求变化的资源约束机制研究 ………………… 211

　　第一节　资源环境与国内旅游需求变化研究背景 …………… 211

　　第二节　国内旅游需求的资源约束机制理论框架 …………… 217

　　第三节　国内旅游需求的资源约束机制实证研究 …………… 222

第十章　国内旅游可持续发展供求策略研究 ……………………… 240

　　第一节　国内旅游业可持续发展政策的分类讨论 …………… 240

　　第二节　国内旅游业可持续发展的供求策略框架 …………… 243

　　第三节　国内旅游业可持续发展的供求政策评价 …………… 248

　　第四节　国内旅游业可持续发展的供求政策创新 …………… 250

第十一章　旅游可持续发展的地区实践与典型模式 ……………… 254

　　第一节　旅游可持续发展及评价框架 ………………………… 254

　　第二节　旅游可持续发展的地区实践 ………………………… 266

　　第三节　旅游可持续发展的典型模式 ………………………… 275

第十二章　研究结论与展望 …281

　　第一节　重要结论 …281
　　第二节　对策举措 …287
　　第三节　研究展望 …295

附　录 …299

参考文献 …315

后　记 …358

绪　论

旅游业发展与资源休戚相关，生态旅游是"绿水青山就是金山银山"重要思想的生动实践，国内旅游需求的资源刚性约束机制研究与"两山论"中的转化思想一脉相承。本章主要阐述科学问题和研究价值、研究框架和研究内容、研究思路和研究方法、重点难点和可能创新。基于众多细分的资源类型，研究将遵循"研究问题—文献综述—研究主题—研究方法—研究目标"的思路，围绕经济影响因素、资源环境成因、资源约束机制和可持续发展模式四个方面科学问题，重点关注环境和气候资源两类外生资源，采用田野调查法、数理分析法、计量分析法和比较分析法等着重对国内旅游需求影响因素及其变化趋势、资源刚性约束与国内旅游需求的匹配、应对国内旅游需求变化的可持续策略等重点难点问题展开研究。

第一节　科学问题和研究价值

一、研究背景

2005 年 8 月 24 日，时任浙江省委书记的习近平发表了《绿水青山也是金山银山》一文并指出："如果能够把这些生态环境优势转化为生态农业、生态工业、生态旅游等生态经济的优势，那么绿水青山也就变成了金山银山。绿水青山可带来金山银山，但金山银山却买不到绿水青山。绿水青山与金山银山既会产生矛盾，又可辩证统一。"[1] 2017年9月13日，习近平主席向联合国世界旅游组织第22届全体大会致贺词时强调，"中国高度重视发展旅游业，旅游业对中国经济和就业的综合贡献率已超过10%。"[2] 2018年5月18—19日，习近平总书记出席全国生态环境保护大会并指出，"要通过加快构建生态文明体系，确保到2035年，生态环境质量实现根本好转，美丽中国目标基本实现。"[3] 总之，资源、环境和生态与旅游业发展休戚相关，美丽中国建设离不开旅游业可持续发展，旅游业可持续发展又离不开资源、环境和生态，生态旅游已经成为一种重要的连接资源、环境、生态和旅游的重要业态。

资源一般可以被区分为自然资源和社会资源，其中社会资源包括人力资源和非人力资源，自然资源包括实物资源和环境资源。[4] 随着全球气候变化问题日益突出，气候资源也逐渐地进入研究视野，成为自然资源的重要组成部分。无论是非人力资源，还是实物资源、环境资源或是气候资源，它们又可以进一步细分，如非人力资源包括文化资源等，实物资源包括水资源、土地资源和海洋资源等，环境资源包括水环境容量资源和大气环境容量资源，气候资源包括气象资源和温室气体等，如图0-1所示。在诸如此类资源中，有些学者认为它们均是旅游资源，即图0-1中的旅游资源Ⅰ。此时，旅游资源被认为是足以

---

[1] 习近平：《绿水青山也是金山银山》，《浙江日报》2005年8月24日。
[2] 《习近平向联合国世界旅游组织第22届全体大会致贺词》，《人民日报》2017年9月14日。
[3] 《习近平出席全国生态环境保护大会并发表重要讲话》，中华人民共和国中央人民政府网，2018年5月19日，见http://www.gov.cn/xinwen/2018-05/19/content_5292116.htm。
[4] 沈满洪等：《资源与环境经济学（第二版）》，中国环境出版社2015年版，第4页。

构成吸引旅游者的自然和社会因素的统称，即包括自然资源和社会资源。[①]另外一些学者认为旅游资源是实在物，是能激发旅游者旅游动机、能为旅游业所利用、能产生经济效益和社会效益的自然与社会的实在物，即图0-1中的旅游资源Ⅱ。[②]总之，旅游资源既包括现实性的也包括潜在性的，既有物质类的也有非物质类的，旅游资源的效能旨在兼顾经济、社会和环境（生态）。[③]旅游资源是旅游业的核心，它本身就是一种资源，包括环境资源——如环境景观资源。

环境和生态在一定程度上也被纳入广义的资源概念之中，但环境资源和气候资源等很多时候均作为一种潜在的外在存在。它们不直接构成旅游资源本身，但却是旅游决策的重要影响因素；它们与社会资源相似，均为一种潜在的存在，但它们的影响外生，故极具刚性；它们往往依附于实物资源，但它们对旅游的影响机制却并不明确。因此，由于社会资源、实物资源和环境景观资源等本身就是旅游资源，故可以认为是内生的，其对旅游需求的刚性约束影响相对较弱；环境资源中的环境容量资源、气候资源中的气象资源等游离于旅游资源核心之外，能对旅游需求产生刚性约束。内生和外生的考察表明资源刚性约束下旅游需求的变化趋势与对策研究需要重点关注的资源类型是环境资源和气候资源。土地资源和文化资源等也确实对旅游需求的快速增长形成了诸多约束，但在生态文明建设体制框架下，环境污染和气候变化等主题将被率先重点关注。

旅游需求是旅游业发展的重要指标。旅游需求可以由旅游收入表

[①] 旅游概论编写组：《旅游概论》，天津人民出版社1982年版。
[②] 陈传康等：《旅游资源鉴赏与开发》，同济大学出版社1990年版。
[③] 郭来喜、吴必虎、刘峰等：《中国旅游资源分类系统与类型评价》，《地理学报》2000年第3期。

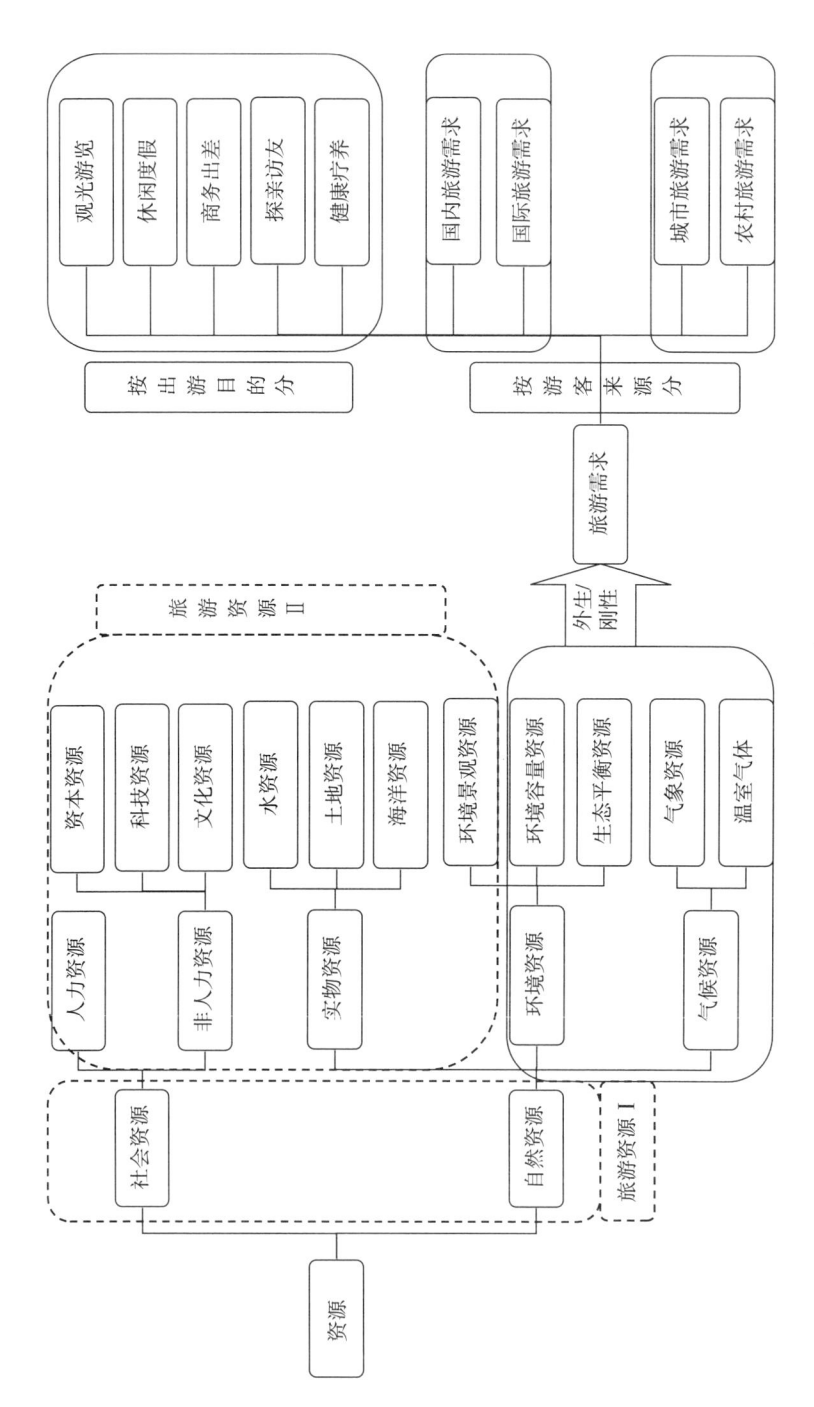

图 0-1　研究思路的聚焦过程

征，也可以由旅游人数表征，还可以由停留时间表征，它们能够在不同层面刻画旅游业发展的速度、规模与质量。按照游客来源/旅游目的地分，旅游需求可以分为城市旅游需求和农村旅游需求，或者是国内旅游需求和国际旅游需求。按照旅游目的来分，旅游需求可以分为观光游览、休闲度假、商务出差、探亲访友和健康疗养等。不同类型的旅游需求均有相应的收入指标、人数指标或停留时间指标与之对应。譬如，国内旅游需求可以由国内旅游收入、国内旅游人数、国内游客停留时间等表征。改革开放以来，中国旅游市场不断拓展，形成了以国内旅游市场占绝对主体同时包含入境旅游市场和出境旅游市场三足鼎立的市场格局。[①] 因此，在资源日益稀缺和环境形势严峻的当下中国，研究资源刚性约束下国内旅游需求问题就显得更为迫切。国内旅游需求一般是指旅游目的地是一国疆土之内的旅游，可以根据游客来源分为城市居民国内旅游需求和农村居民国内旅游需求；也可以根据旅游目的分为国内观光游览、休闲度假、商务出差、探亲访友和健康疗养等。不同类型国内旅游需求的决定因素不同，资源的刚性约束也会不同。譬如，对于农村居民而言经济因素或许更重要，对于城市居民而言经济以外的因素逐渐变得重要；相对于商务出差或探亲访友，资源约束对观光游览、休闲度假和健康疗养等的作用更强。

二、研究问题

资源的分类不可穷尽，旅游需求的具体指标也多种多样，将外生的环境和气候资源等与旅游需求关联在一起时，深入的关系研究要求

[①] 中国旅游研究院：《2012年中国旅游经济运行分析与2013年发展预测》，中国旅游出版社2013年版。

研究问题相对聚焦。国内旅游需求在保持平稳增长的同时面临着的突出资源环境瓶颈，如：旅游资源过度开发的现象较为普遍，旅游目的地过分拥挤的季节性问题愈发突出，旅游业发展的资源环境约束越来越强等。首先，在旅游开发热潮的推动下，众多风景名胜区、自然保护区和森林公园被开发，生态环境破坏问题突出。[①]一份调查研究显示，44%的保护区存在垃圾公害，2%出现水污染，11%有噪音污染，3%有空气污染，22%的自然保护区的保护对象受到损害，11%出现旅游资源退化。[②]旅游资源的过度开发或者旅游开发的环境效应评价成果丰硕。

其次，国内旅游市场表现出显著的增长性和季节性。根据《2015年中国旅游业统计公报》，在三大旅游市场中，国内旅游市场表现出持续高速增长的态势，入境旅游市场企稳回升，而出境旅游市场增速放缓。旅游季节性主要是指旅游需求的季节性，即旅游人数或旅游收入等旅游需求代理变量随着时间的变化而表现出明显的周期性波动特征，如图0-2所示。图0-2揭示了"京浙川琼粤"四省一市国内旅游需求人数月度变动情况。各省市国内旅游需求的"增长趋势"毋庸置疑，旅游季节性及其背后的经济和非经济影响因素有待挖掘。

再次，在旅游需求或国内旅游需求季节性增长的背后，居民旅游需求的约束条件正在发生变化。根据新古典经济学的观点，影响需求的最关键因素是价格，即旅行成本；其次是居民收入，即消费者预算约束。然而，一个显性的现象是，相对于不断增长的居民收入，中国居民旅游的出行成本明显降低，因此价格和收入的约束或许就变得相对宽松。而在此时，资源与环境的刚性约束却异常突出，如景区的"垃

---

① 天喜洲、蒲勇健：《我国旅游资源过度开发的原因分析》，《生态经济》2006年第6期。
② 沈孝辉：《国外"生态旅游"的典范之举》，《环球时报》2003年1月24日。

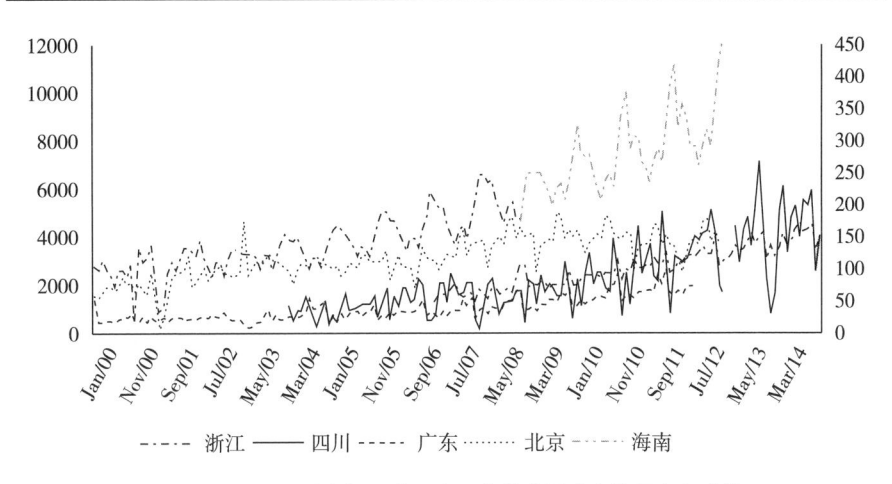

图 0-2 "京浙川琼粤"四省一市国内旅游需求人数月度变动情况

注：浙江、四川和广东的国内旅游需求人数由主坐标轴刻画，北京和海南的国内旅游需求人数由次坐标轴刻画。

资料来源：广东省统计局和旅游局、北京市旅游局、浙江省旅游局、四川省旅游局、海南省旅游局。

圾围城"现象、景区的"人海"现象或"踩踏"事件以及各类景区的"生态乱象"。从微观层面上整治各生态乱象是各景区及其监管部门的日常工作要务，而从宏观层面上解释"经济约束"向"资源约束"的转变是把握不同时期国内旅游需求变化趋势的关键。

综上所述，资源刚性约束下国内旅游需求变化趋势与对策研究的科学问题包括：

（一）国内旅游需求的影响因素如何

影响因素研究是回答国内旅游需求增长源泉问题的核心。在区分经济因素和非经济因素的情形下，经济因素中的成本结构问题研究能够更精准地估计各经济因素对国内旅游需求变化的影响，非经济因素中的资源环境成因研究能够揭示国内旅游需求变化的资源环境新约束。

（二）国内旅游需求的资源环境成因

该问题包括两个维度：一是资源环境因素所导致的国内旅游需求变化有多少？二是哪些或已构成中国国内旅游需求变化的资源环境因素？该问题需要在持续增长的国内旅游需求背景下考察资源环境的刚性约束。该约束也包括两个维度：一是逆向估计，即资源环境恶化所导致的旅游损失；二是正向模拟，即外生资源环境冲击对旅游需求的短期或长期影响。

（三）国内旅游需求的资源约束机制

旅游行为所带来的资源消耗和环境污染相对显性，资源环境对旅游需求的约束却是潜在的。资源环境与旅游需求的双向因果在诸多文献中被不同程度地验证，但人们甚少去探讨这一潜在传递机制。旅游体验是文献中常见的一种潜在机制。在考虑成本结构后，基于游客环境感知的停留时间机制将如何在旅游需求决定中发挥作用值得理论探讨和经验验证。

（四）旅游业可持续发展对策及模式

旅游业可持续发展是破解旅游需求资源刚性约束的必由之路。旅游业可持续发展对策可以有供给和需求两个视角，政策矩阵可以包含一系列嵌套资源、环境和生态因素的旅游业发展策略；旅游业可持续发展模式是对旅游业可持续发展对策的具体化，经验意义上的旅游业可持续发展模式有待进一步归纳总结。

三、研究价值

（一）学术价值

第一，有利于推动资源环境经济学与旅游经济学的交叉研究。资源环境经济学关注自然资源，旅游经济学关注旅游资源，自然资源和旅游资源存在较大幅度的交叉。基于资源环境经济学的研究方法，譬如资源环境价值评价方法——旅行成本模型，对新兴的旅游经济问题展开研究有助于使旅游需求问题研究更加规范、更加深入、更加系统。第二，有利于推动气候经济学与旅游经济学的交叉研究。实时气象数据可以较好地与月度旅游需求数据进行匹配，进而有助于解构旅游需求的季节性以及气候因素对旅游需求增长的刚性约束。第三，有利于推动水科学、环境科学与旅游经济学的交叉研究。在测算环境污染的旅游损失时，污染损失率法等是水环境科学领域用于测算水体中某种污染物在特定的水体功能下所引起的经济损失值的具体办法。总之，旅游需求虽是一个传统的旅游经济问题，但它能较好地耦合资源环境问题、气候变化问题和水环境科学问题，有助于旅游经济理论的深化。

（二）应用价值

第一，有利于挖掘旅游需求增长的成本结构因素。在经济因素中，成本是关键，其中总成本又包括旅行成本和时间的机会成本，它将在不同的城市／地区样本中产生不同的影响，进而决定着不同的旅游业地区发展战略。第二，有利于挖掘别样"邻居"所可能带来的扩大旅游内需新思路。在定义地理邻居、经济邻居、地理和经济双邻居的情况下，中国城市居民国内旅游需求具有显著的正向空间溢出效应，经济"邻居"的带动和示范效应最显著。第三，有利于挖掘农村居民走出低出游率困境的乡村旅游振兴之路。农村居民国内旅游人次高于城镇居民但其总消费水平却低于城镇居民，究其原因在于农村居民的人均花费小于城镇居民，经济因素依然是制约乡村旅游振兴的关键。第四，有利于挖掘减少旅游损失的资源环境改善策略。改善海水水质能有效挖掘国内滨海旅游需求增长潜力，近岸海域海水污染物浓度降低后国内滨海旅游业损失值明显降低。第五，有利于挖掘旅游需求增长的潜在资源环境因素。旅游需求主要由经济因素决定，而且价格和收入是关键性因素；非经济因素也显著影响旅游需求，资源和环境因素备受关注。在诸多资源环境因素中，气候资源和环境资源等相对外生，且会对旅游需求会产生较强约束。第六，有利于构建国内旅游可持续发展的供求策略框架，挖掘我国旅游可持续发展的经典模式。供求策略框架包括生态化政策、多元化政策、一体化政策和差别化政策，经典模式包括人与自然兼顾型、资源环境主导型和社会经济推动型。

（三）独到价值

第一，构建了停留时间内生的旅游需求函数，将资源环境经济学的主流分析方法运用于旅游经济问题分析。旅游需求问题的研究在旅游经济学领域更多的是一种经验研究，一种基于收入和时间约束的效用最大化理论为旅游需求问题研究提供了经济学基础。停留时间内生的旅游需求函数突破了将停留时间作为旅游需求代理变量的分析框架，认为停留时间是一种手段或机制，它为传统旅游需求指标（旅游收入或旅游人数）和其他经济、非经济因素架起了桥梁。第二，提出了逆向估计和正向模拟的两种思路来考察旅游需求变化的资源刚性约束。旅游需求变化资源刚性约束的常规逻辑是资源变化会对旅游需求产生何种影响，即将来的一种可能性；具体表现为一个外生资源性冲击会对旅游需求产生何种影响，如面板向量自回归中的脉冲响应分析。另一种思路是，用过去的一种可能性来进行反事实估计；具体表现为环境污染所导致的旅游损失估计，该损失值也就是环境改善所可能带来的旅游需求的增长潜力。第三，聚焦环境和气候资源对国内旅游需求的影响，为美丽中国和生态文明建设提供旅游贡献。我国正努力将旅游业打造成国民经济的战略性支柱产业和人民群众更加满意的现代服务业。为了匹配旅游业的地位和作用，美丽中国和生态文明建设中的旅游贡献必不可少，走旅游可持续发展之路是破解国内旅游需求资源刚性约束的必然要求。

第二节 研究思路和研究方法

一、研究思路

遵循"研究问题—文献综述—研究主题—研究方法—研究目标"的思路，围绕经济影响因素、资源环境成因、资源约束机制和可持续发展模式四类主题，采用旅行成本模型、污染损失曲线、面板向量自回归（PVAR）、结构时间序列模型（STSM）和熵值赋权法等方法对环境资源、气候资源、海洋资源等资源刚性约束机制进行研究，如图0-3所示。

基于旅游资源过度开发、旅游季节性和旅游业发展的资源环境约束等现实问题，国内旅游需求的影响因素、国内旅游需求的资源环境成因、国内旅游需求的资源约束机制和旅游可持续发展对策及模式四类问题被重点关注。首先，就经济影响因素而言，旅行成本是旅游需求的决定因素，基于对旅行成本的结构分解，一个包含停留时间的旅行成本模型被用于估计旅游需求函数。其次，资源环境是影响旅游需求的重要非经济因素，然而资源环境到底对旅游需求产生多大的影响甚少被关注，基于旅游业损失值考察旅游增长潜力被用来测度旅游需求变化的资源环境成因。再次，选取了大气污染物指标二氧化硫（SO_2）

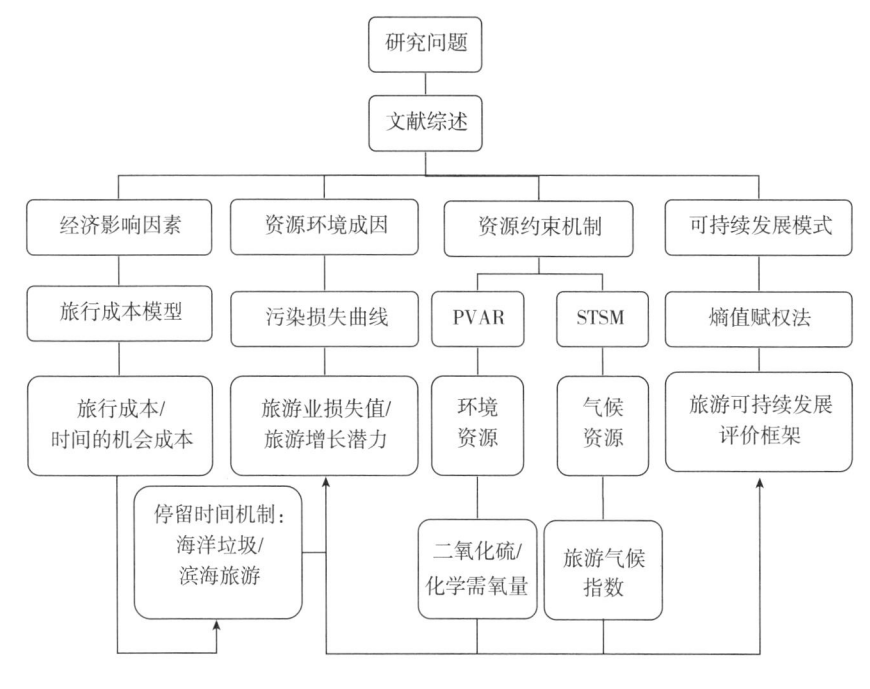

```
                    ┌──────────┐
                    │ 研究问题 │
                    └────┬─────┘
                    ┌────┴─────┐
                    │ 文献综述 │
                    └────┬─────┘
      ┌──────────┬───────┼────────┬──────────┐
 ┌────┴─────┐┌───┴────┐┌─┴──────────┐┌───┴──────┐
 │经济影响因素││资源环境成因││ 资源约束机制 ││可持续发展模式│
 └────┬─────┘└───┬────┘└─┬──────┬──┘└───┬──────┘
 ┌────┴─────┐┌───┴────┐┌─┴──┐┌──┴─┐┌───┴──────┐
 │旅行成本模型││污染损失曲线││PVAR││STSM││ 熵值赋权法 │
 └────┬─────┘└───┬────┘└─┬──┘└──┬─┘└───┬──────┘
 ┌────┴─────┐┌───┴────┐┌─┴──┐┌──┴─┐┌───┴──────┐
 │旅行成本/ ││旅游业损失值/││环境││气候││旅游可持续发展│
 │时间的机会成本││旅游增长潜力││资源││资源││ 评价框架 │
 └──────────┘└───┬────┘└─┬──┘└──┬─┘└──────────┘
           ┌────┴─────┐┌─┴────┐┌┴─────┐
           │停留时间机制:││二氧化硫/││旅游气候│
           │海洋垃圾/ ││化学需氧量││ 指数 │
           │滨海旅游 ││     ││    │
           └──────────┘└──────┘└──────┘
```

图 0-3　研究思路

和水体污染物指标化学需氧量（COD）来考察环境资源的外生冲击对旅游需求产生的短期或长期影响，选取旅游气候指数（包含湿度、温度、日照和风速等气象要素）来考察气候资源对旅游需求变化的影响。第四，以海洋垃圾污染为例，基于包含停留时间的旅行成本模型，从滨海旅游视角探讨游客的环境感知到底如何影响其支出，即资源环境对旅游需求影响的停留时间机制。最后，旅游需求的资源环境约束机制要求构筑起旅游可持续发展的供求策略框架，要求在梳理地区实践的基础上推进旅游可持续发展模式的总结与推广。

值得指出的是，经验研究所采取的数据均为国内旅游需求数据，包括国内旅游收入或国内旅游人数等，因此，严格来说，旅游需求的资源刚性约束机制系资源环境对国内旅游需求的影响。相应结果是否具有更广阔的应用空间有待进一步验证。与此同时，正如图 0-1 所示，资源的分类纷繁复杂且往往不可穷尽，选取环境资源和气候资源进行研究既体现了刚性约束的要求，也是生态文明建设的迫切需要，因为二氧化硫、化学需氧量和垃圾污染等是中国环境治理的重中之重。鉴于此，资源刚性约束下国内旅游需求变化趋势与对策研究的思路可以进一步具体化。

思路一：探索国内旅游需求经济影响因素的稳健性。国内旅游需求的影响因素众多，关键性的因素包括价格因素、收入因素、时间因素等。从一般的经验研究来看，国内旅游需求函数的估计过程往往仅是对相关影响因素进行分类并回归，缺少微观经济学的理论逻辑。思路一旨在基于消费者效用最大化理论估计国内旅游需求函数，并着重探讨停留时间对国内旅游需求函数估计所可能产生的不同影响，具体如对国内旅游需求成本弹性和收入弹性稳健性的影响。

思路二：探索国内旅游需求资源刚性约束的条件性。基于刚性约束的考察，外生的环境资源和气候资源被用以揭示国内旅游需求变化的资源约束机制。然而，即便是外生的环境资源和气候资源，人们也并不确定到底是哪些具体的指标会对国内旅游需求产生影响，生态文明制度中总量控制制度所重点关注的那些指标率先被选择。当环境资源和气候资源的具体指标显著影响国内旅游需求时，阶段差异、城市差异和要素差异（不同的资源类指标）进一步揭示出国内旅游需求资源刚性约束的条件性，即刚性约束会因时因地因要素而异。

思路三：探索应对国内旅游需求变化的差异化策略。经济因素所刻画的具体影响可以相对容易地转化为旅游经济政策，譬如基于弹性分析的一系列成本优化政策和收入激励政策等。然而，如何在刚性约束中提炼柔性对策是差异化策略研究的难点。在传统的旅游政策中纳入生态化政策是一种趋势，也是旅游为美丽中国建设和绿色发展贡献行业力量时所必须关注的重要方面。

总之，"资源""刚性约束""国内旅游需求""变化趋势"和"应对策略"构成资源刚性约束下国内旅游需求变化趋势与应对策略研究的系列关键词。首先，旅游需求是核心，围绕旅游需求及其决定因素的相关研究是基础。虽然按照不同的原则旅游需求可以被区分为国内旅游需求和国际旅游需求以及城市居民旅游需求和农村居民旅游需求等，但是旅游需求的决定因素主要有两类，一类是经济因素，另一类是非经济因素。其中，非经济因素又包括人口社会因素和资源环境因素。就资源环境与旅游需求的关系而言，两者相互影响但其中资源环境对旅游需求的影响研究偏弱，主要集中于气候变化、滨海垃圾和旅游资源本身。鉴于此，本书研究框架可以具体化为图0-4。

二、研究方法

按照不同的分类标准，研究方法包括：定性分析和定量分析；实证分析和规范分析；静态分析、比较静态分析和动态分析等。定性研究着重从质的方面分析和研究某一事物的属性，如国内旅游需求的增长性和季节性、资源约束类型及其刚性等；定量研究着重从量的方面分析和研究某一事物的属性，如用数据来验证国内旅游需求的增长性和季节性，用模型来揭示资源约束的刚性作用机制等。具体来说，定性研究有比较分析法和案例分析法等，定量研究有数理分析法和计量分析法。[①]在推进定性研究时，规范的分析方法被广泛应用，主要回答

---

① 沈满洪、谢慧明、李玉文：《中国水制度研究》，人民出版社2017年版，第16页。

绪　论

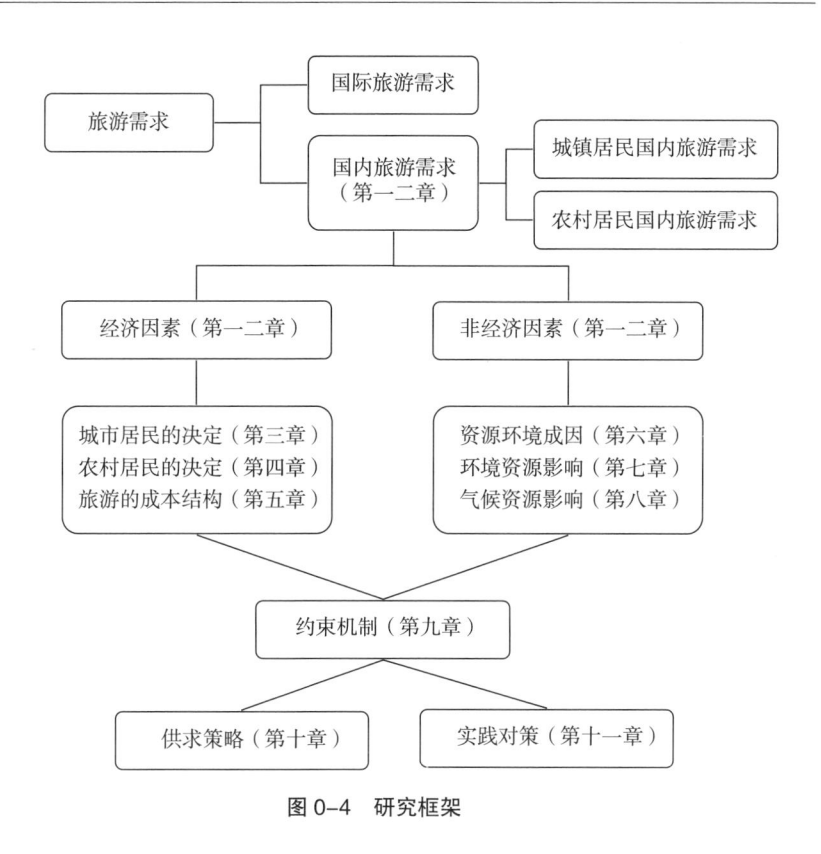

```
旅游需求 ─┬─ 国际旅游需求
         └─ 国内旅游需求 ─┬─ 城镇居民国内旅游需求
            （第一二章）    └─ 农村居民国内旅游需求

经济因素（第一二章）        非经济因素（第一二章）

城市居民的决定（第三章）     资源环境成因（第六章）
农村居民的决定（第四章）     环境资源影响（第七章）
旅游的成本结构（第五章）     气候资源影响（第八章）

约束机制（第九章）

供求策略（第十章）    实践对策（第十一章）
```

图 0-4　研究框架

应该是什么、应该怎么办，尤其是在对策研究部分；在推进定量研究时，实证的分析方法被广泛运用，主要回答是什么、怎么办，统计分析和经验研究部分是重点。在调查研究的基础上，基于实证研究结果规范地分析和阐述了理论假说和政策启示。

（一）田野调查法

为了撰写好本书，研究团队选取了北京、广州、杭州、武汉、洛阳等重点城市以及新安江流域、太湖流域等地进行了实地调研。主要调研城市旅游业发展情况，尤其是生态旅游和观光旅游的发展情况；旅游需求的变动情况，包括游客的客源地、年龄、家庭收入、出行方式等；气象站点的分布与运作情况。通过走访典型景区、典型旅游企业和典型旅游研究机构，结合网络调查，获得了旅游季节性研究的基础数据；通过在舟山、宁波、台州和温州等地的问卷调查，获取了2017年浙江滨海旅游景区的海洋垃圾污染情况、滨海游客的环境感知情况以及游客的基本旅游信息等。

（二）数理分析法

在旅行成本模型中讨论了停留时间外生和内生设定对国内旅游需求函数估计的具体影响。在停留时间外生的情形下引入资源环境因素系考察资源环境因素对旅游需求的直接影响，在停留时间内生的情形下引入资源环境因素系考察资源环境因素对旅游需求的直接和间接影响。数理分析旨在通过比较静态的分析方法探讨资源环境变量对旅游次数和旅游支出等旅游需求变量的直接和间接影响机制。此外，熵值赋权法被用于景区旅游可持续发展水平中权重的确定。

（三）计量分析法

横截面、时间序列和面板的分析被广泛地运用于旅游经济问题研究，如旅游需求和旅游经济增长等。本书主要采用面板数据模型分析旅游需求的影响因素，含静态面板和动态面板；采用面板向量自回归方法分析旅游需求的动态决定因素及其响应机制；采用结构时间序列模型预测国内旅游需求的变化趋势。计量分析旨在揭示旅游需求变化的长期和短期机制，刻画环境资源和气候资源等对旅游需求影响的显著性，预判国内旅游需求的变化趋势及约束效应。

（四）比较分析法

比较分析法是鉴别模型优劣、制度好坏、政策轻重的重要方法。本书主要比较分析了三个方面：一是不同模型之间的比较，如固定效应和随机效应模型的比较；二是不同情境的比较，如强气候资源刚性约束和弱气候资源刚性约束下国内旅游需求变化趋势的比较；三是不同策略和政策工具的分类比较，如生态化政策、多元化政策、一体化政策和差别化政策。

第三节 重点难点和可能创新

一、重点难点

(一) 国内旅游需求影响因素及其变化趋势

国内旅游需求影响因素众多，旅游需求的决定理论有待解构和重构。第一，就国内旅游需求的经济影响因素而言，旅行成本解构是精准估计旅游需求价格弹性的基础，该弹性大于1还是小于1直接决定着扩大旅游需求的成本策略是否有效；与此同时，旅行成本的解构会影响到旅游需求收入弹性，该弹性与1之间的大小关系则将决定扩大旅游需求的收入策略是否有效。由此可见，精准估计旅游需求的价格和收入弹性要求细致解构国内旅游需求的经济影响因素。第二，就国内旅游需求的非经济因素而言，在众多资源环境类影响因素中寻找到合适的代理指标并揭示那些显著影响国内旅游需求的资源环境指标是重点也是难点。根据中共中央国务院印发的《生态文明体制改革总体方案》，资源总量管理制度涉及土地、水、森林、草原、湿地和海洋等。水是生命之源、生产之要、生活之基，在整个生态系统中扮演着极其重要的作用。因此优先从水环境视角切入研究资源环境对国内旅游需求的具体影响既体现了新时代生态文明体制机制改革的具体要求，也是对研究可行性的一种把握和度量。资源环境因素还包括气候资源和滨海垃圾等。第三，就国内旅游需求的变化趋势而言，增长性、季节性、跳跃性和地区差异性等是国内旅游需求变化的基本特征，精准预测国内旅游需求的变化趋势是难点。基于影响因素考察的计量分析法、结构时间序列模型和基于效用理论的 AIDS 模型等是重要的预测方法。在综合预测方法以及影响因素的基础上更精准地分析国内旅游需求变化的资源环境成因是重中之重，其中包含资源环境因素的旅行成本模型构建和国内旅游需求函数估计是难点。

（二）资源刚性约束与国内旅游需求的匹配

在众多资源类型中，到底哪些资源会对国内旅游需求产生约束乃至刚性约束有待深入挖掘。第一，环境资源和气候资源等外生地决定国内旅游需求。根据外生和内生性判别原则，旅游资源与国内旅游需求系内生关系匹配；水污染物（如化学需氧量、无机氮、活性磷酸盐、化学需氧量和石油），大气污染物（二氧化硫），垃圾污染（如塑料瓶、烟蒂、易拉罐）以及气象要素（如温度、湿度、降雨量、日照和风速）等被用于刻画外生的环境和气候资源。第二，多资源要素对国内旅游需求的约束机制研究。从要素关系视角来看，有些要素独立地作用于国内旅游需求，如化学需氧量和二氧化硫。有些要素之间会存在相互作用的可能，如在污染损失率法中无机氮、活性磷酸盐、化学需氧量和石油等水污染物的损失值不是简单的加总，存在综合过程。第三，混合资源要素对国内旅游需求的约束机制研究。相对于污染物综合的自然和物理过程，有些资源要素之间的匹配是人为的和社会的，譬如旅游气候指数。温度、湿度、降雨量、日照和风速等要素会分别对国内旅游需求产生影响但显著性会大打折扣。经混合，旅游气候指数将会显著影响国内旅游需求，而且在不同的时间和空间维度均表现出稳健的结果，修正的旅游气候指数或更具有统计意义。第四，资源要素与国内旅游需求的滞后匹配。滞后期问题是旅游需求预测的难点，更精准的预测对滞后期提出了更高的要求。在研究国内旅游需求变化时考虑资源环境要素，资源环境的滞后期问题首当其冲。从数据来看，化学需氧量滞后五期和二氧化硫滞后七期是统计的要求，更优的滞后匹配有待在经验中累积。

（三）应对国内旅游需求变化的可持续策略

旅游可持续发展是各国和各地区旅游发展的共识，是应对资源刚性约束下国内旅游需求变化的必然选择。应对国内旅游需求变化的可持续策略可以区分为理论和实践两个层面。理论层面上，旅游可持续发展策略的研究重点是构建全面系统的政策矩阵，如何对旅游可持续发展策略进行分类梳理是政策矩阵构建的难点，在供求框架下讨论生态化政策、多元化政策、一体化政策和差别化政策及其政策组合的内涵、特征及其创新是关键。实践层面上，旅游可持续发展策略的研究重点是提炼具体可行的典型模式。旅游可持续发展是一个综合命题，不同机构和不同学者对它的理解不同，如何构建旅游可持续的评价框架是提炼典型模式的关键。在构建起资源环境、社会、经济、管理和教育5个一级指标和生物多样性、资源丰富性、价值独特性、环境质量、生态环境、资源利用、传统文化保护等30个二级指标的基础上，再需确立相应的三级指标，如是否禁止出售野生动物制品、珍稀和濒危物种数目、观赏性动植物数目等。旅游可持续发展指数计算的难点在于权重的设置。客观赋权和主观赋权是两类重要的方法，基于熵值原则的客观赋权法被用于此次经验研究。与此同时，典型模式的提炼也是难点，在247个5A级景区中寻找典型景区及其对应的发展模式并非易事。此外，不论是供求策略还是典型模式均是对资源刚性约束机制在对策层面上的回应，但该回应没有办法做到一一对应，只能是在理论和战略层面的一种综合回应。譬如，城乡经济因素要求制定差别化政策、旅游损失的资源环境成因要求制定生态化政策、环境资源和气候资源对国内旅游需求的影响要求制定多元化政策等。资源环境主导型和人与自然兼顾型发展模式所提出的对策建议更具针对性、操作性和可行性。

二、创新观点

（一）关于国内旅游需求成本结构与收入效应的研判

城市居民旅游需求函数的实证研究表明，旅行成本、时间成本和居民收入是旅游需求的决定因素；旅游需求收入弹性的绝对值大于旅行成本弹性的绝对值，城市旅游产业发展的居民收入激励政策较之于成本竞争策略更有效；旅游需求的旅行成本弹性和时间成本弹性差异显著，减少旅行成本政策较之于缩短旅行时间政策更能提高城市的旅游收入；旅游需求和停留时间的影响因素存在异同，扩大旅游需求和延长停留时间的选择面临"两难"但也可"两顾"。农村居民旅游需求函数的实证研究表明，绝对收入水平稳健地正向作用于旅游需求，但需求的收入弹性小于1；相对收入水平与农村居民国内旅游需求之间存在"倒U"型关系；总成本和旅行成本与农村居民国内旅游需求呈负相关，两者的成本弹性均小于1且接近于0，时间机会成本对农村居民国内旅游需求并未产生显著影响。

（二）关于国内旅游需求与资源刚性约束关系的研判

旅游需求与资源之间的双向关系显而易见，尤其是当资源被界定为旅游资源时，旅游需求与资源之间的内生关系显著。剔除旅游资源，环境资源、气候资源、垃圾污染等外生资源对国内旅游需求形成了刚性约束。刚性约束体现为两个方面：一是环境或气候变化所导致的旅游损失巨大，经济机会成本估计从逆向思维逻辑讨论了刚性约束，单海水污染导致的47个滨海城市的旅游损失在2014年达到了70多亿元；二是环境或气候等外生冲击会对国内旅游需求变化产生显著的影响，污染减排与旅游需求相互影响但两者关系的显著性因污染物而异，气候舒适度对国内旅游需求季节性的影响因地区而异，旅游气候指数季节性正在局部强化国内旅游需求季节性。

（三）关于旅游需求决定机制与环境影响的若干研判

中国居民旅游需求的影响因素包括经济和非经济两个方面。经济因素包括经济发展水平和相对经济发展水平；非经济因素包括文化繁荣和主要污染物排放量，文化繁荣以地区文化支出为代表性指标，主要污染物包括化学需氧量和二氧化硫。研究结果表明，经济发展水平和相对经济发展水平当期正向影响旅游需求；文化支出对旅游需求的单向影响机制十分显著，而旅游需求对文化支出的作用却十分有限；化学需氧量与旅游需求负相关，二氧化硫与旅游需求的负相关关系并不显著；文化和环境等非经济因素需在更长时间跨度上对旅游需求产生作用，稳态处非经济因素影响旅游需求的长期累积效应可达约50%，与经济发展水平影响旅游需求的长期累积效应相当。

（四）关于修正的旅游气候指数对预测精确度影响的研判

一方面，传统旅游气候指数和修正旅游气候指数情形下国内旅游需求结构时间序列模型的预测精确度不同，修正旅游气候指数相对有效地提高了地区旅游需求预测精确度，且白昼舒适度指数和降水指数是最重要的气候因素；另一方面，不同省市国内旅游需求对气候资源刚性约束的敏感性不同，存在强气候资源刚性约束和弱气候资源刚性约束。气候资源刚性约束的强弱对于"十三五"时期旅游需求变化趋势的预判具有重要影响。

（五）关于生态化、多元化、一体化、差别化旅游可持续发展政策的研判

国内旅游可持续发展的供求策略包括生态化政策、多元化政策、一体化政策和差别化政策，且可进一步细分为12小类政策，各政策之间存在替代或互补关系。由于替代性政策可以进行优化选择，而互补性政策可以实现耦合强化，国内旅游可持续发展政策创新包括：组合构建旅游资源资产管理与旅游资源有偿使用生态补偿政策；全面落实旅游市场细分优化与旅游产品合理定价政策；强化实施旅游收入市场激励与旅游消费政府激励政策；双向耦合选择偏好差别化满足与旅行成本差异化定位政策。

（六）关于人与自然兼顾型、资源环境主导型和社会经济推动型发展模式的研判

旅游可持续发展包括资源环境、社会、经济、管理和教育五个维度，基于熵值赋权法的各维度客观权重占比依次为0.3177：0.2903：0.3675：0.0076：0.0167。旅游可持续发展水平在景区之间差异显著，各景区在五个维度上所持有的比例也千差万别，在修正赋权方法的情况下我国可持续旅游实践的典型模式包括人与自然兼顾型、资源环境主导型和社会经济推动型。游客偏好于选择旅游可持续发展指数高的景区，尤其是选择具有高经济得分和低管理得分的景区。这意味着资源环境主导型或存在更大的发展瓶颈而人与自然兼顾型和社会经济推动型由于兼顾了经济因素而成为游客的潜在选择。

第一章 资源刚性约束下国内旅游需求文献综述

旅游需求是资源刚性约束下国内旅游需求变化趋势与对策研究的基础，受经济因素和非经济因素共同影响。伴随着气候变化、环境恶化和生态衰竭，资源环境等要素日益被非经济因素研究关注。旅游需求受气候资源、环境资源和旅游资源的影响，然而真正对旅游需求形成约束的资源在经验研究中主要集中于气候变暖对滑雪旅游的影响、季节波动对观光旅游的影响、旅游资源对特色旅游的影响、海洋垃圾对滨海旅游的影响。为了破解旅游需求的资源环境约束和推进旅游可持续发展，生态旅游、绿色旅游、低碳旅游、旅游循环经济等理论应运而生。缓解旅游需求资源环境约束的中国实践可圈可点。资源刚性约束下国内旅游需求研究展望包括国内旅游需求函数的稳健估计、国内旅游需求的资源环境影响、国内旅游需求的资源约束机制、旅游可持续发展的框架与模式等。

第一节 国内旅游需求的内涵外延与定量指标

一、旅游需求的内涵外延

旅游需求是旅游经济学研究的核心。旅游需求包含消费意愿和有支付能力两层含义。旅游需求是在一定时期内在各种可能的旅游价格下消费者愿意并且能够购买的旅游产品和服务的数量。[①] 厉新建和张辉（2002）在研究旅游需求时认为还必须考虑闲暇时间的约束，即旅游需求是在一个特定的时期内，有旅游欲望和足够闲暇时间的消费者在各种可能的旅游价格下愿意并且能够购买的旅游产品的数量。[②] 一般而言，旅游需求可以根据旅游地是国家疆土之内和国家疆土之外划分为国内旅游需求和国际旅游需求。顾名思义，国内旅游需求即为旅游者在一定时间内，有能力支付本国旅游产品并且有闲暇时间和消费意愿购买本国旅游产品的数量。然而，旅游产品是一种特殊的商品；若将其作为一般化的商品来考虑，会忽略很多旅游产品的微观特征。因此，有必要考察其多种性质以反映游客的偏好。[③]

首先，旅游产品存在异质性。艾弗森（Iverson，2012）将旅游产品定义为游客在旅游体验期间所需的一篮子不同商品和服务，包括交通、住宿、餐饮、旅游景点和旅游购物商品。[④] 旅游产品总是由一系列异质的产品和服务组合而成。这一方面是因为没有一个产业能够生产所有游客购买的产品，另一方面是因为任何一个经济活动的分支都不只为游客提供商品或服务。产品组成成分的异质性决定了旅游产品的异质性。鉴于旅游产品是多种旅游类型的复杂集合，旅游经济学中研究的需求主要是指旅游市场中具有显著同质性的部分，可以通过两个标

[①] 黄蓉：《中国城镇居民的国内旅游需求研究》，博士学位论文，华中科技大学，2015年，第16页。

[②] 厉新建、张辉：《旅游经济学：理论与发展》，东北财经大学出版社2002年版。

[③] Seddighi, H. R. & A. L. Theocharous, "A Model of Tourism Destination Choice: A Theoretical and Empirical Analysis", *Tourism Management*, Vol. 23, No. 5（2002）, pp. 475-487.

[④] Iverson, T., "The Economics of Tourism Destinations", *Springer Texts in-Business & Economics*, Vol. 39, No. 7（2012）, pp. 73-130.

准来实现：一是领土标准，即指的是某一特定目的地、特定地区或特定国家等的旅游需求；二是类型标准，即对沙滩旅游、文化旅游、遗产旅游或乡村旅游等的需求。旅游产品的异质性决定了旅游需求的范围。

其次，旅游信息极具不对称性。由于游客自身偏好存在差异，不同游客对相同的旅游景点往往存在不同评价；由于旅行产品的异质性，同一游客又难以根据以往的偏好选择新的旅游目的地。游客与旅游地之间的这种信息不对称直接影响一部分有旅游意愿、旅游时间和支付能力的游客没能实现旅游计划。未实现旅游计划的游客或相应经济价值不计入旅游产值，但它却是旅游需求研究的重要部分，文献中将之称为潜在旅游需求。[1] 根据传统的偏好理论，旅游者在了解所有旅游产品信息的基础上根据自身偏好进行最优的出行决策。该理论没有区分实际旅游需求和潜在旅游需求。旅游产品信息的不对称性决定了旅游需求研究的双重性。

最后，旅游需求统计具有广义和狭义视角。狭义的旅游需求指在一定时间内，游客在某一地区消费某种类型的旅游产品的数量，即旅游消费需求。广义的旅游需求还包括游客愿意支付且有能力支付但却没有发生消费的旅游产品数量，即潜在旅游消费需求。譬如，阿巴斯卡尔、弗拉克和米恩（Abascal, Fluker & Min, 2015）研究发现，澳大利亚国内旅游者对本国土著旅游存在认知上的障碍导致澳大利亚的土著旅游产品需求量低。[2] 鲁哈宁、惠特福德和麦克伦南（Ruhanen,

---

[1] 冯学钢、王琼英：《中国旅游产业潜力评估模型及实证分析》，《中国管理科学》2009年第17期。

[2] Abascal, T. E., M. Fluker & M. Jiang, "Domestic Demand for Indigenous Tourism in Australia: Understanding Motivations, Barriers, and Implications for Future Development", *Journal of Heritage Tourism*, Vol. 10, No. 1 (2015), pp. 1–20.

Whitford & Mclennan, 2015）指出意图并不总能转化为参与，旅游意图和实际参与旅游的行为之间存在差距。[1]

二、旅游需求的定量指标

文献甚少定义旅游需求或国内旅游需求，大多热衷于采用量化指标来刻画和表征旅游需求。国内旅游需求、国际旅游需求或旅游需求指标的区别只在于旅游地是否在旅游者所属的国家疆土之内，具体指标并没有太大差异。由于旅游需求有狭义和广义之分，学者们会使用不同的定量指标。广义旅游需求是一种旅游意愿，包括实现了的旅游意愿和未实现的旅游意愿，广义旅游需求数据一般来源于调查。根据调查时间，旅游意愿分为两类：第一类为事前旅游意愿，即首次去某地旅游的意愿，如中国城市居民的出境旅游需求；对特定旅游目的地的旅游意愿；以及对不同旅游目的地的旅游意愿进行排序。[2] 第二类为事后旅游意愿，即再次去某地旅游的意愿，如重新访问的意愿。[3] 第一类旅游意愿通过探究游客对全新旅游的态度和行为模式，了解影响其

---

[1] Ruhanen, L., M. Whitford & C. L. Mclennan, "Indigenous Tourism in Australia: Time for a Reality Check", *Tourism Management*, Vol. 48（2015）, pp. 73–83.

[2] Huang, S. S. & X. Wei, "Chinese Outbound Travel: Understanding the Socioeconomic Drivers", *International Journal of Tourism Research*, Vol. 20, No. 1（2018）, pp. 25–37; Zhang, A. P., L. S. Zhong & X. Yong, et al., "Tourists' Perception of Haze Pollution and the Potential Impacts on Travel: Reshaping the Features of Tourism Seasonality in Beijing, China", *Sustainability*, Vol. 7, No. 3（2015）, pp. 2397–2414; Becken, S., X. Jin & C. Zhang, et al., "Urban Air Pollution in China: Destination Image and Risk Perceptions", *Journal of Sustainable Tourism*, Vol. 25, No.1（2017）, pp. 130–147; Awaritefe, O. D., "Destination Environment Quality and Tourists' Spatial Behaviour in Nigeria: A Case Study of Third World Tropical Africa", *International Journal of Tourism Research*, Vol. 5, No.4（2003）, pp. 251–268.

[3] Liang, R. D. A. & S. Chen, W. Tung, et al., "The Influence of Food Expenditure on Tourist Response to Festival Tourism: Expenditure Perspective", *International Journal of Hospitality & Tourism Administration*, Vol. 14, No. 4（2013）, pp. 377–397; Li, J., P. L. Pearce & A. M. Morrison, et al., "Up in Smoke? The Impact of Smog on Risk Perception and Satisfaction of International Tourists in Beijing", *International Journal of Tourism Research*, Vol. 18, No. 4（2016）, pp. 373–386.

决策过程的因素，第二类旅游意愿考察的是游客对已经游历过的旅游景点的满意度、忠诚度、重访意愿和推荐意愿。

狭义旅游需求一般根据货币标准和人数标准来衡量。考虑到数据的可用性和一致性，游客人数、旅游支出或旅游收入是实证研究中最常用的旅游需求指标。首先，大部分学者偏好游客人数，即对旅游景点产品的需求数量，与传统需求定义的需求量相对应。[①] 在此基础上，旅游人次除以旅游者所在地区的总人数而重新构造的旅游倾向指标也是一类人数标准的旅游需求指标。[②] 其次，旅游支出也是衡量旅游需求的重要定量指标。[③] 同理，旅游支出除以人数得出的旅游人均支出指标也被用于指代旅游需求。[④] 最后，停留时间是新型的旅游需求指标。旅游人数和旅游支出或收

[①] Athanasopoulos, G. & R. J. Hyndman, "Modelling and Forecasting Australian Domestic Tourism", *Tourism Management*, Vol. 29, No. 1（2008）, pp. 19–31; Goh, C., "Exploring Impact of Climate on Tourism Demand", *Annals of Tourism Research*, Vol. 29, No. 4（2012）, pp. 1859–1883; Massidda, C. & I. Etzo, "The Determinants of Italian Domestic Tourism: A Panel Data Analysis", *Tourism Management*, Vol. 33, No. 3（2012）, pp. 603–610; Ridderstaat, J., M. Oduber & R. Croes, et al., "Impacts of Seasonal Patterns of Climate on Recurrent Fluctuations in Tourism Demand: Evidence from Aruba", *Tourism Management*, Vol. 41, No. 2（2014）, pp. 245–256; Falk, M. & X. Lin, "Sensitivity of Winter Tourism to Temperature Increases Over the Last Decades", *Economic Modelling*, Vol. 71（2018）, pp. 174–183.

[②] Bujosa, A., A. Riera & C. M. Torres, "Valuing Tourism Demand Attributes to Guide Climate Change Adaptation Measures Efficiently: The Case of the Spanish Domestic Travel Market", *Tourism Management*, Vol. 47（2015）, pp. 233–239; 杨永:《影响国内旅游需求因素的实证分析》,《北方经济》2010年第11期。

[③] Uysal, M. &R. W. Mclellan, "A Linear Expenditure Model for Tourism Demand", *Annals of Tourism Research*, Vol. 18, No. 3（1991）, pp. 443–454; Downward, P., L. Lumsden & R. Weston, "Visitor Expenditure: The Case of Cycle Recreation and Tourism", *Journal of Sport & Tourism*, Vol. 14, No. 1（2009）, pp. 25–42; Wang, Y. & M. C. G. Davidson, "A Review of Micro-analyses of Tourist Expenditure", *Current Issues in Tourism*, Vol. 13, No. 6（2010）, pp. 507–524; Gozgor, G. & S. Ongan, "Economic Policy Uncertainty and Tourism Demand: Empirical Evidence From the USA", *International Journal of Tourism Research*, Vol. 19（2017）, pp. 99–106.

[④] Yap, G. & D. Allen, *Investigating Other Leading Indicators Influencing Australian Domestic Tourism Demand*, Elsevier Science Publishers B.V., 2011; Yang, Y., Z. H. Liu & Q. Qi, "Domestic Tourism Demand of Urban and Rural Residents in China: Does Relative Income Matter?", *Tourism Management*, Vol. 40, No. 1（2014）, pp. 193–202.

入主导了过去四十年的旅游需求建模和预测研究。[①]停留时间越来越受到学者们的青睐和重视。[②]旅游者决定留在度假胜地的时间长短是旅游的基本特征，它对旅游目的地有着重要的影响，如入住率和旅游收入。[③]

狭义旅游需求的三类指标高度相关但都从不同侧面刻画了旅游需求。首先，收集数据的方式以及编制方法存在差异。旅游人数一般根据旅游者购买门票、乘车出行、旅行社上报数据统计得到，游客过夜停留次数是根据宾馆、酒店入住情况统计得到，旅游支出一般通过对访问者调查得到。其次，反映了旅游需求的不同侧重点且能体现不同的研究目的。旅游产品的供应商对旅游人数更感兴趣，因为他们需要根据旅游人数的变动调整旅游产品供给。酒店业更关心游客停留时间，因为停留时间直接影响酒店收入。旅游支出或收入则被各级政府关切。最后，影响因素及其影响程度不同。使用两类数据预测旅游需求时预测的精准性存在差异。[④] 旅游需求总量模型要优于人均模型，

[①] Song, H. Y., G. Li & S. F. Witt, et al., "Tourism Demand Modelling and Forecasting: How should Demand be Measured?" *Tourism Economics*, Vol. 16, No. 1（2010）, pp. 63–81.

[②] Allen, D., G. Yap & R. Shareef, "Modelling Interstate Tourism Demand in Australia: A Cointegration Approach", *Mathematics & Computers in Simulation*, Vol. 79, No. 9（2009）, pp. 2733–2740; Oterogiráldez, M. S., M. lvarezDíaz & M. González gómez, "Estimating the Long-run Effects of Socioeconomic and Meteorological Factors on the Domestic Tourism Demand for Galicia（Spain）", *Tourism Management*, Vol. 33, No. 6（2012）, pp. 1301–1308; Falk, M., "Impact of Long-term Weather on Domestic and Foreign Winter Tourism Demand", *International Journal of Tourism Research*, Vol. 15, No. 1（2012）, pp. 1–17; Falk, M., "Impact of Weather Conditions on Tourism Demand in the Peak Summer Season Over the Last 50 Years", *Tourism Management Perspectives*, Vol. 9（2014）, pp. 24–35; Kberl, J., F. Prettenthaler & D. N. Bird, "Modelling Climate Change Impacts on Tourism Demand: A Comparative Study From Sardinia（Italy）and Cap Bon（Tunisia）", *Science of the Total Environment*, Vol. 543（2015）, pp. 1039–1053; Falk, M. & M. Vieru, "International Tourism Demand to Finnish Lapland in the Early Winter Season", *Current Issues in Tourism*, No. 1（2017）, pp. 1–15.

[③] Alegre, J. & L. Pou, "The Length of Stay in the Demand for Tourism", *Tourism Management*, Vol. 27, No. 6（2006）, pp. 1343–1355.

[④] Sheldon, P. J., "Forecasting Tourism: Expenditures Versus Arrivals", *Journal of Travel Research*, Vol. 32, No. 1（1993）, pp. 13–20.

支出模型最准确。①

第二节 国内旅游需求的经济与非经济影响因素

一、经济因素对旅游需求的影响

价格和收入是影响旅游需求的两大关键因素。价格具有三类含义：第一类含义指的是旅行成本。旅行成本包括门票、旅行的货币费用、旅行的时间成本、花费在景点上的时间成本。②交通费用是旅行成本的重要组成部分，主要受客源地和目的地之间距离的影响。尼古拉和马士（Nicolau & Más，2006）认为距离影响目的地的选择，会对旅游需求产生负面影响。③艾伦、亚谱和谢里夫（Allen, Yap & Shareef, 2009）指出住宿价格、国内机票价格、娱乐餐饮价格会对澳大利亚短期洲际旅游需求产生负面影响，而燃油价格、国内机票价格会对澳大利亚长期洲际旅游产生负面影响，且洲际游客对国内机票价格的变化比燃料价格更敏感。④时间成本考察的是旅途中及景点里花费的时间机会成本，一般根据游客的工资水平折算，与中国城市出游率之间呈反向关系。⑤

第二类含义指的是消费者价格指数（CPI）。消费者价格指数通常被

---

① Song, H. Y., G. Li & S. F. Witt, et al., "Tourism Demand Modelling and Forecasting: How should Demand Be Measured?", *Tourism Economics*, Vol. 16, No. 1（2010）, pp. 63–81.

② 弗里曼：《环境与资源价值评估》，中国人民大学出版社 2002 年版。

③ Nicolau, J. L. & F. J. Más, "The Influence of Distance and Prices on the Choice of Tourist Destinations: The Moderating Role of Motivations", *Tourism Management*, Vol. 27, No. 5（2006）, pp. 982—996.

④ Allen, D., G. Yap & R. Shareef, "Modelling Interstate Tourism Demand in Australia: A Cointegration Approach", *Mathematics & Computers in Simulation*, Vol. 79, No. 9（2009）, pp. 2733–2740.

⑤ 谢慧明、沈满洪、李中海：《中国城市居民旅游需求函数的实证研究》，《旅游学刊》2014 年第 9 期；谢慧明、俞梦绮、沈满洪：《中国城市居民国内旅游需求的成本结构与邻居效应》，《城市与环境研究》2016 年第 4 期。

用来衡量通货膨胀水平或居民生活成本，是一篮子消费品购买价格的指数。这一指数在国际旅游需求中被广泛应用，因为各国之间 CPI 存在显著差异，而且它也是衡量各国之间通货膨胀水平和居民生活水平差异的指标。在大国旅游模式中，各州、省、市之间 CPI 的差异也可被用来刻画旅游成本。萨尔曼、舒库尔和伯格曼温伯格（Salman, Shukur & Bergmannwinberg, 2007）研究表明瑞典旅游需求的 CPI 弹性为 1.62% 至 27.92%，大于德国和英国。[1]

第三类含义指的是替代品价格水平。由于国际旅游和国内旅游互为替代品，因此国际旅游的价格水平同样影响着国内旅游需求。[2] 学者倾向于研究相对价格对国际旅游需求的影响，再以此考察国内旅游需求的变化。因为相对价格是对客源地和目的地之间购买力的比较，使用相对价格比单纯使用某地区的价格水平更为重要。[3] 由于消费者实际消费的商品和服务的价格往往是不可得的，实际汇率被用来当作相对价格水平的常用指标。[4] 汇率下降使得更多的游客出国旅游从而降低国内旅游需求。[5] 当然，实际汇率不可避免地受国家贸易平衡政策的影响，

---

[1] Salman, A. K., G. Shukur & M. L. V. Bergmannwinberg, "Comparison of Econometric Modelling of Demand for Domestic and International Tourism: Swedish Data", *Current Issues in Tourism*, Vol. 10, No. 4（2007）, pp. 323-342.

[2] Salman, A. K., G. Shukur & M. L. V. Bergmannwinberg, "Comparison of Econometric Modelling of Demand for Domestic and International Tourism: Swedish Data", *Current Issues in Tourism*, Vol. 10, No. 4（2007）, pp. 323-342; Massidda, C. & I. Etzo, "The Determinants of Italian Domestic Tourism: A Panel Data Analysis", *Tourism Management*, Vol. 33, No. 3（2012）, pp. 603-610.

[3] Martins, L. F., Y. Gan & A. Ferreira-Lopes, "An Empirical Analysis of the Influence of Macroeconomic Determinants on World Tourism Demand", *Tourism Management*, Vol. 61（2017）, pp. 248-260.

[4] Song, H. Y. & G. Li, "Tourism Demand Modelling and Forecasting-A Review of Recent Research", *Tourism Management*, Vol. 29, No. 2（2008）, pp. 203-220; Cheng, K. M., "Tourism Demand in Hong Kong: Income, Prices, and Visa Restrictions", *Current Issues in Tourism*, Vol. 15, No. 3（2012）, pp. 167-181.

[5] Yap, G., "The Impacts of Exchange Rates on Australia's Domestic and Outbound Travel Markets", *Mathematics & Computers in Simulation*, Vol. 93（2013）, pp. 139-150.

使用价格竞争力指数来衡量相对价格能减少偏误。[1]

收入水平是影响国内旅游需求的又一关键因素。克嫩和艾克伦（Coenen & Eekeren, 2003）研究了瑞典家庭收入水平对国内旅游需求的影响，不同家庭类别的国内旅游需求收入弹性都在1左右。[2]这意味着国内旅游既不是必要品也不是奢侈品。杨、刘和齐（Yang, Liu & Qi, 2014）认为收入水平对中国城乡居民国内旅游有着显著影响，但使用个人可支配收入作为收入效应的主要指标会忽略游客在经济社会中的地位。[3]如果一个居民绝对收入（个人可支配收入）较高，但由于所在城市的平均收入也很高，这位居民的相对收入（个人可支配收入与城市/省份的平均收入的比值）不高，相应地也会对旅游需求产生负向影响。家庭债务水平是不同于个人可支配收入的收入指标，可以理解为负的可支配收入。居民用于偿还债务的可支配收入占比为45%，旅游花费占可支配收入的21%。[4]艾森索普拉斯和海因德曼（Athanasopoulos & Hyndman, 2008）提出了相反的观点。[5]他们认为债务水平可以被视作衡量消费者信心的变量，即当消费者对未来有信心时，才会举债。因此，债务水平的增加不会导致旅游需求的减少。

---

[1] Seetaram, N., P. Forsyth & L. Dwyer, "Measuring Price Elasticities of Demand for Outbound Tourism Using Competitiveness Indices", *Annals of Tourism Research*, Vol. 56（2016）, pp. 65-79.

[2] Coenen, M. & L. V. Eekeren, "A Study of the Demand for Domestic Tourism by Swedish Households Using a Two-staged Budgeting Model", *Scandinavian Journal of Hospitality & Tourism*, Vol. 3, No. 2（2003）, pp. 114-133.

[3] Yang, Y., Z. H. Liu & Q. Qi, "Domestic Tourism Demand of Urban and Rural Residents in China: Does Relative Income Matter?", *Tourism Management*, Vol. 40, No. 1（2014）, pp. 193-202.

[4] Crouch, G. I., H. Oppewal & T. Huybers, et al., "Discretionary Expenditure and Tourism Consumption: Insights From A Choice Experiment", *Journal of Travel Research*, Vol. 45, No. 3（2007）, pp. 247-258; Dolnicar, S., G. I. Crouch & T. Devinney, et al., "Tourism and Discretionary Income Allocation. Heterogeneity Among Households", *Tourism Management*, Vol. 29, No. 1（2008）, pp. 44-52.

[5] Athanasopoulos, G. & R. J. Hyndman, "Modelling and Forecasting Australian Domestic Tourism", *Tourism Management*, Vol. 29, No. 1（2008）, pp. 19-31.

国内和国际旅游需求的收入弹性备受关注。加林穆尼奥斯（Garín-Munoz 2004）估算的马德里国际旅游需求收入弹性为1.76，斯尔（Sr, 2009）估算的阿根廷、巴西、哥伦比亚、委内瑞拉到阿鲁巴的国际旅游需求收入弹性在1.52—2.34之间。[①] 马洛尼和罗哈斯（Maloney & Rojas, 2005）发现国际旅游需求收入弹性大于2。[②] 国际旅游需求的收入弹性大于1意味着国际旅游需求是奢侈品。这一特征往往用来与国内旅游需求进行比较。如果没有国际旅游，国内旅游作为正常品（甚至是奢侈品），收入的提高会引起国内旅游的提高。但由于两者的相互替代，收入的提高会同时对国内旅游需求产生正负效应，总效应难以确定。收入水平对国内旅游需求总效应的影响结果大致分为三类。第一类，国内旅游需求的收入效应为正向。虽然国际旅游会挤占国内旅游需求，但国内旅游需求收入效应的正向部分更大，最终的总效应为正。例如马丁和坎普斯索里亚（Eugeniomartin & Campossoria, 2011）研究了15个欧洲国家的国际旅游和国内旅游需求收入弹性后发现国内旅游需求弹性较小而国际旅游更富弹性。[③] 第二类，国内旅游需求没有收入效应。这是由于收入提高对国内旅游需求的正反两个效应相互抵消。萨尔曼、舒克尔和伯格曼温伯格（Salman, Shukur & Bergmannwinberg, 2007）在研究收入对国内旅游和国际旅游的影响时发现，收入对国际旅游存在

[①] Garín-Munoz, T., "Madrid as a Tourist Destination: Analysis and Modelization of Inbound Tourism", *International Journal of Tourism Research*, Vol. 6, No. 4 (2004), pp. 289-302; Sr, M. V., "Tourism Demand Response by Residents of Latin American Countries", *International Journal of Tourism Research*, Vol. 11, No. 1 (2009), pp. 17-29.

[②] Maloney, W. F. & G. V. M. Rojas, "How Elastic are Sea, Sand and Sun? Dynamic Panel Estimates of the Demand for Tourism", *Applied Economics Letters*, Vol. 12, No. 5 (2005), pp. 277-280.

[③] Eugeniomartin, J. L. & J. A. Campossoria, "Income and the Substitution Pattern between Domestic and International Tourism Demand", *Applied Economics*, Vol. 43, No. 20 (2011), pp. 2519-2531.

显著影响而对国内旅游却不存在任何统计学上的显著影响。[1]第三类，国内旅游的收入效应是负向的。由于国际旅游是奢侈品，收入的提高会造成国际旅游消费的大幅度提升。这就造成了国际旅游对国内旅游的更大挤占，收入水平对国内旅游的正向效应不及国际旅游对国内旅游的挤占。艾伦、亚谱和谢里夫（Allen, Yap & Shareef, 2009）发现收入增加可能导致澳大利亚国内旅游需求下降。[2]

二、人口社会等非经济因素对旅游需求的影响

直观的非经济因素有性别、年龄、教育、时间等。人口统计因素会影响游客的出游行为。玉曲和许（Wang, Qu & Hsu, 2016）认为个人对旅游目的地的期望受性别因素影响。[3]男性游客的期望更多地依赖于认知形象，女性游客则更多地依赖情感形象，两种不同的旅行期望会产生不同的旅游需求。尼基蒂娜和沃伦索娃（Nikitina & Vorontsova, 2015）认为年龄会改变旅游需求，65岁以上老人会形成一种高龄旅游需求。[4]高龄旅游往往更加倾向于医疗旅游形式，对酒店的服务人员数量提出了更高的要求；没有时间限制的高龄旅游者往往会选择在价格低廉且游客较少的"淡季"出行。贝尔尼尼和克拉科利奇（Bernini &

---

[1] Salman, A. K., G. Shukur & M. L. V. Bergmannwinberg, "Comparison of Econometric Modelling of Demand for Domestic and International Tourism: Swedish Data", *Current Issues in Tourism*, Vol.10, No. 4 (2007), pp. 323–342.

[2] Allen, D., G. Yap & R. Shareef, "Modelling Interstate Tourism Demand in Australia: A Cointegration Approach", *Mathematics & Computers in Simulation*, Vol. 79, No. 9 (2009), pp. 2733–2740.

[3] Wang, C. Y., H. L. Qu & M. K. Hsu, "Toward an Integrated Model of Tourist Expectation Formation and Gender Difference", *Tourism Management*, Vol. 54 (2016), pp. 58–71.

[4] Nikitina, O. & G. Vorontsova, "Aging Population and Tourism: Socially Determined Model of Consumer Behavior in the 'Senior Tourism' Segment", *Procedia-Social and Behavioral Sciences*, Vol. 214 (2015), pp. 845–851.

Cracolici, 2015)认为教育水平也是旅游决策的重要因素。[1]受过高等教育的个人更有可能获得适当的工作岗位和更高的收入水平用于旅游等非基本需求,更容易获取信息进而增强发现新目的地和享受新体验的欲望。时间是另一影响旅游需求的非经济因素。个体通过决策将时间在带薪工作和休闲旅游之间进行配置。工作时长的减少会为使一个家庭花更多的时间去旅游和休假。[2]中国黄金周制度和休假制度会对旅游需求产生影响。[3]

社会因素会改变旅游地的吸引力进而改变旅游需求,可以从便利性和安全性两个角度理解。基础设施是影响旅游地便利性的重要因素。霍尔曼、穆勒和法伊勒(Hallmann, Müller & Feiler, 2014)研究发现基础设施建设会影响游客感知满意度。[4]交通系统和旅游市场相互依赖,交通网络是旅游业成功的关键因素。[5]另一个对旅游需求产生影响且与基础设施密切相关的因素是拥堵。拥堵状况可以理解为基础设施的人均使用情况,它不仅受基础设施建设影响,同时还受旅游城市、旅游景区的人数影响。伊娃哈市和伊藤(Iwahashi & Ito, 2015)研究发现虽然

---

[1] Bernini, C. & M. F. Cracolici, "Demographic Change, Tourism Expenditure and Life Cycle Behaviour", *Tourism Management*, Vol. 47 (2015), pp. 191–205.

[2] Cai, L. A. & B. J. Knutson, "Analyzing Domestic Tourism Demand in China-A Behavioral Model", *Journal of Hospitality & Leisure Marketing*, Vol. 5, No. 2–3 (1998), pp. 95–113; Kim, W. G. & H. Qu, "Determinants of Domestic Travel Expenditure in South Korea", *Journal of Travel & Tourism Marketing*, Vol. 13, No. 1–2 (2002), pp. 83–95.

[3] York, Q. Y. & H. Q. Zhang, "The Determinants of the 1999 and 2007 Chinese Golden Holiday System: A Content Analysis of Official Documentation", *Tourism Management*, Vol. 31, No. 6 (2010), pp. 881–890.

[4] Hallmann, K., S. Müller & S. Feiler, "Destination Competitiveness of Winter Sport Resorts in the Alps: How Sport Tourists Perceive Destinations?", *Current Issues in Tourism*, Vol. 17, No. 4 (2014), pp. 327–349.

[5] Yazdi, S. K. & B. Khanalizadeh, "Tourism Demand: A Panel Data Approach", *Current Issues in Tourism*, Vol. 20 (2016), pp. 1–14; Pagliara, F., F. Mauriello & A. Garofalo, "Exploring the Interdependences Between High Speed Rail Systems and Tourism: Some Evidence from Italy", *Transportation Research Part a Policy & Practice*, Vol. 106 (2017), pp. 300–308.

收入和交通费用可以解释游客初次来到日本冲绳景区旅游的需求，但是拥堵指数确是影响游客再次访问该景区的重要因素。[1]阿尔巴拉德乔、冈茨·莱兹马特和马特内兹·加卡（Albaladejo, González-Martínez & Martínez-García，2016）在研究西班牙旅游景区的声援效应（滞后需求对当前旅游需求的影响）时发现景区声誉会受拥挤状况影响。[2]

安全性是游客选择旅游目的地的另一社会因素。游客对安全的关切出于他对风险的考虑。正如匹赞姆和曼斯费尔德（Pizam & Mansfeld, 1996）所认为的那样，休闲旅游是一项享乐的活动，大多数游客不会花他们辛苦赚来的钱去一个安全可能受到威胁的目的地。[3]哈德瑞、萨博瑞和豪斯克阿姆（Ghaderi, Saboori & Khoshkam, 2016）使用国家安全指数作为安全性的正面衡量指标研究后发现，安全指数对发达国家旅游业发展具有积极影响。[4]更多的研究使用负面指标研究安全性对旅游需求的影响。洛德和杰克曼（Lorde & Jackman, 2013）发现对游客的犯罪行为，尤其是谋杀，对旅游需求会产生直接影响；[5]犯罪率对海岛旅游需求产生负面影响。布朗（Brown, 2015）发现媒体的负面报道会加剧犯罪案件对旅游需求的负面影响。[6]2005年美国媒体对阿鲁巴发生

---

[1] Iwahashi, R. & T. Ito, "Empirical Analysis of the Dynamics of Tourists Using a Simple Stochastic Model: Case of Okinawa", *Review of Urban & Regional Development Studies*, Vol. 27, No. 2（2015）, pp. 89-103.

[2] Albaladejo, I. P., M. I. González-Martínez & M. P. Martínez-García, "Nonconstant Reputation Effect in a Dynamic Tourism Demand Model for Spain", *Tourism Management*, Vol. 53（2016）, pp. 132-139.

[3] Ghaderi, Z., B. Saboori & M. Khoshkam, "Does Security Matter in Tourism Demand?", *Current Issues in Tourism*, 2016, pp. 1-14.

[4] Pizam, A. & Y. Mansfeld, *Tourism, Crime and International Security Issues*, New York: Wiley, 1996.

[5] Lorde, T. & M. Jackman, "Evaluating the Impact of Crime on Tourism in Barbados: A Transfer Function Approach", *Tourism Analysis*, Vol. 18, No. 2（2013）, pp. 191-193.

[6] Brown, C. B., "Tourism, Crime and Risk Perception: An Examination of Broadcast Media's Framing of Negative Aruban Sentiment in the Natalee Holloway Case and Its Impact on Tourism Demand", *Tourism Management Perspectives*, Vol. 16, No. 5889（2015）, pp. 266-277.

的一件犯罪案件的长期负面报道加剧了美国公众对阿鲁巴的愤慨，致使阿鲁巴地区的旅游业出现长期衰退。唐和谭（Tang, C. F. & E. C. Tan, 2015）发现，2001年9月的恐怖袭击事件和严重急性呼吸系统综合症、禽流感等卫生疫情对马来西亚旅游需求产生负面影响。[①]艾哈迈德普德、查艾安和凯沃依（Ahmad Puad, Chaiaun, & Cheewooi, 2014）分别研究了恐怖袭击、战争、自然危害、疾病暴发对旅游需求的影响，研究结果表明突发危机和人为危机后的旅游需求会回温，但持续的危机和自然危机后的旅游需求不会回温。[②]

三、资源环境等非经济因素对旅游需求的影响

旅游是一种依托于自然资源的享乐型活动，主要包括气候资源、环境资源和旅游资源。凯特露莎和马特扎克斯（Katerusha & Matzarakis, 2016）认为气候是决定旅游业发展的重要资源环境因素。[③]气候是度假体验的一个内在组成部分。旅游活动是在当地气候条件下组织的，气候决定了一个特定的区域是否适合旅游。[④]气候资源对旅游需求的影响可以根据时间跨度的长短分为短期的气候和长期的气候。短期的气候指的是特定时间特定地点的大气状况，也被称为气象或者天气。长期的气候指的是某一地区长期的大气状况。天气决定了特定旅游活动的

[①] Tang, C. F. & E. C. Tan, "The Determinants of Inbound Tourism Demand in Malaysia: Another Visit With Non-stationary Panel Data Approach", *Anatolia An International Journal of Tourism & Hospitality Research*, Vol. 27, No. 2 (2015), pp. 1–12.

[②] Ahmad, P. M. S., O. Chaiaun & H. Cheewooi, *Crisis Typologies and Tourism Demand*, Anatolia: 2014, pp. 302–304.

[③] Katerusha, O. & A. Matzarakis, "Thermal Bioclimate and Climate Tourism Analysis for Odessa, Black Sea", *Geografiska Annaler*, Vol. 97, No. 4 (2016), pp. 671–679.

[④] Martín, M. B G., "Weather, Climate and Tourism: A Geographical Perspective", *Annals of Tourism Research*, Vol. 32, No. 3 (2005), pp. 571–591.

最佳时刻，是被旅游者体验的气候。气象和天气往往通过直接影响游客的旅行体验和满意度来影响旅游需求。科扎克（Kozak, 2002）对前往马略卡和土耳其的1872名英国和德国游客进行调查后发现，享受良好的天气是他们出行的原因。[①] 理查森和卢米斯（Richardson & Loomis, 2004）发现气温是影响旅游需求的重要因素，福尔克（Falk, 2014）也提出日照时长和降雨量对旅游需求存在显著影响。[②] 总的来说，旅游研究主要使用的气象变量有温度、降雨量、日照时长、湿度和风速等。也有学者偏向于同时考虑多种气象因素对旅游需求的影响。[③] 然而，这些变量大部分是高度相关的。将这些变量纳入旅游需求模型可能会导致估计有偏差。[④] 纳达尔（Rosselló-Nadal, 2014）也指出将温度与其他气象变量纳入旅游需求模型会产生多重共线性。[⑤] 针对此类问题，奥特罗吉拉德斯、阿尔瓦雷兹迪亚斯和冈萨雷斯（Oterogiráldez, lvarezDíaz & Gonzálezgómez, 2012）研究发现北大西洋涛动对主要在大西洋地区和地中海地区观测到的温度、风暴、降水和风速具有重要影响，可以作为综合气象因素的代理变量。凯特露莎和马特扎克斯（Katerusha & Matzarakis, 2016）和法拉扎德哈和马特扎克斯（Farajzadeh & Matzarakis,

---

[①] Kozak, M., "Comparative Analysis of Tourist Motivations By Nationality and Destinations", *Tourism Management*, Vol. 23, No. 3（2002）, pp. 221-232.

[②] Richardson, R. B. & J. B. Loomis, "Adaptive Recreation Planning and Climate Change: A Contingent Visitation Approach", *Ecological Economics*, Vol. 50, No. 1（2004）, pp. 83-99; Falk, M., "Impact of Weather Conditions on Tourism Demand in the Peak Summer Season Over the Last 50 Years", *Tourism Management Perspectives*, Vol.9（2014）, pp. 24-35.

[③] 吴普、葛全胜、齐晓波等：《气候因素对滨海旅游目的地旅游需求的影响——以海南岛为例》，《资源科学》2010年第32期。

[④] Zheng, J., J. L. Swall & W. M. Cox, et al., "Interannual Variation in Meteorologically Adjusted Ozone Levels in the Eastern United States: A Comparison of Two Approaches", *Atmospheric Environment*, Vol. 41, No. 4（2007）, pp. 705-716.

[⑤] Rossellő-Nadal, J., "How to Evaluate the Effects of Climate Change on Tourism", *Tourism Management*, Vol. 42（2014）, pp. 334-340.

2009）认为生理等效温度可以作为反映人类热舒适性感知的各种气象参数的汇总。还有一种思路是构造基于各种气象因素的旅游气候指数。① 相对于气象因素，气候对旅游需求的影响相对间接。一方面，气候变化会影响旅游业的生态环境。譬如降水量显著下降对水资源储量造成严重影响，温度升高和降水量下降使森林更易受到火灾，空气和海水温度的升高有利于某些生物体（如蚊子、藻类）的扩散，诸如此类会影响旅游活动的正常提供。另一方面，长期的气候变化趋势会影响旅游需求，如全球气温升高会造成海平面上升进而间接影响旅游业。②

环境资源是旅游需求的另一约束因素，大部分研究围绕环境污染展开。环境污染会损害人体健康，旅游地的环境污染除了危害游客的身体健康还会对旅游需求造成潜在影响。梅西、贝尔和卢米斯（Mace, Bell & Loomis, 2004）认为污染物会对游客身体造成伤害之外更会造成一种心理上的损害。③ 空气质量往往是游客进入旅游地最先注意到的问题。李、皮尔斯和莫里森（Li, J., P. L. Pearce & A. M. Morrison, 2016）研究发现雾霾危机会降低北京国际游客的满意度，从而引起游客重访意

---

① Oterogiráldez, M. S., M. lvarezDíaz & M. Gonzálezgómez, "Estimating the Long-run Effects of Socioeconomic and Meteorological Factors on the Domestic Tourism Demand for Galicia (Spain)", *Tourism Management*, Vol. 33, No. 6(2012),pp. 1301–1308; Katerusha, O. & A. Matzarakis, "Thermal, Bioclimate and Climate Tourism Analysis for Odessa, Black Sea", *Geografiska Annaler*, Vol. 97, No. 4（2016）, pp. 671–679; Farajzadeh, H. & A. Matzarakis, "Quantification of Climate for Tourism in the Northwest of Iran", *Meteorological Applications*, Vol. 16, No. 4（2009）, pp. 545–555; 沈玲佳：《气候资源刚性约束下国内旅游需求变化趋势与对策研究》，硕士学位论文，浙江理工大学，2017 年。

② Martín M. B. G., "Weather, Climate and Tourism: A Geographical Perspective", *Annals of Tourism Research*, Vol. 32, No. 3（2005）, pp. 571–591; Rosselló-Nadal, J., "How to Evaluate the Effects of Climate Change on Tourism", *Tourism Management*, Vol. 42（2014）, pp. 334–340.

③ Mace, B. L., P. A. Bell & R. J. Loomis, "Visibility and Natural Quiet in National Parks and Wilderness Areas", *Environment & Behavior*, Vol. 36, No. 1（2004）, pp. 5–31.

愿的降低。[①]贝肯、金和张等（Becken, S., X. Jin & C. Zhang, et al., 2017）调查了600名将中国作为旅游地的美国和澳大利亚居民后发现他们特别关注中国的空气质量。[②]唐和谭（Tang, C. F. & E. C. Tan, 2015）将二氧化碳排放量作为环境污染的衡量指标研究环境污染对旅游需求的影响。[③]结果表明，二氧化碳排放量将对马来西亚的旅游需求产生负面影响。海洋污染也会对旅游需求产生影响。倪国江、孙明亮和吕明泉（2015）指出严重的海洋污染会使得景区在未来一段时间内关门歇业。[④]除了环境污染对旅游需求的约束外，有学者研究了水资源存量约束对旅游需求的影响，如加西亚和赛维纳（Garcia & Servera, 2003）认为水资源是约束马略卡岛旅游业发展的重要因素，巨大需水量和沙滩退化造成马洛卡的旅游业正变得难以为继。[⑤]

旅游资源禀赋对旅游生产力的分布有着深刻的影响。旅游资源一词包含着两种含义：一是旅游吸引物，即对旅游者具有吸引力并让他们造访的自然和人文事物；二是旅游业资源，即旅游业中各种能创造价值的资源。[⑥]早期旅游吸引物的研究主要考虑旅游景点的个数。王凯

[①] Li, J., P. L. Pearce & A. M. Morrison, et al, "Up in Smoke? The Impact of Smog on Risk Perception and Satisfaction of International Tourists in Beijing", *International Journal of Tourism Research*, Vol. 18, No. 4（2016）, pp. 373–386.

[②] Becken, S., X. Jin & C. Zhang, et al., "Urban Air Pollution in China: Destination Image and Risk Perceptions", *Journal of Sustainable Tourism*, Vol. 25, No. 1（2017）, pp. 130–147.

[③] Tang, C. F. & E. C. Tan, "The Determinants of Inbound Tourism Demand in Malaysia: Another Visit with Non-stationary Panel Data Approach", *Anatolia An International Journal of Tourism & Hospitality Research*, Vol. 27, No. 2（2015）, pp. 1–12.

[④] 倪国江、孙明亮、吕明泉：《溢油污染对滨海旅游业的损害研究》，《环境与可持续发展》2015年第40期。

[⑤] Garcia, C. & J. Servera, "Impacts of Tourism Development on Water Demand and Beach Degradation on the Island of Mallorca（Spain）", *Geografiska Annaler*, Vol. 85, No. 3—4（2003）, pp. 287–300.

[⑥] 徐菊凤、任心慧：《旅游资源与旅游吸引物：含义、关系及适用性分析》，《旅游学刊》2014年第29期。

（1999）主要考察了全国重点风景名胜区、国家级自然保护区、国家级森林公园、国家历史文化名城、全国重点文物保护单位等五项占主导地位的旅游资源。[①] 根据这五类景点数量，他计算了各地旅游资源的绝对丰度、相对丰度、总丰度、组合指数及整体优势度等指标。此类研究忽略了景区之间的异质性，故有部分研究探究某一具体景点对游客的吸引力。潘宝明（1999）研究了扬州的文物保护对旅游发展的影响。[②] 戎玉中（2017）详细分析了杭州南宋文化对游客的吸引力。[③] 不过，异质性研究的评价方法往往是定性的，不同旅游资源对旅游者的吸引力不能够比较。随着旅游资源研究的深入和评价方法的更新，学者们开始关注旅游资源可持续性的评价。[④] 旅游资源可持续性评价的指标主要包括生物多样性、资源丰度、价值独特性、传统文化保护等。

[①] 王凯：《中国主要旅游资源赋存的省际差异分析》，《地理与地理信息科学》1999年第3期。
[②] 潘宝明：《历史文化名城的文物保护与旅游发展——扬州的得失引发的名城文物保护的忧思》，《旅游学刊》1999年第14期。
[③] 戎玉中：《长袖善舞，杭州南宋文化游》，《杭州》（周刊）2017年11月22日。
[④] Lü, Y., L. Chen & B. Fu, et al., "A Framework for Evaluating the Effectiveness of Protected Areas: The Case of Wolong Biosphere Reserve", *Landscape and Urban Planning*, Vol. 63, No. 4（2003）, pp. 213–223; Choi, H. & E. S. Turk, "Sustainability Indicators for Managing Community Tourism", *Tourism Management*, Vol. 27, No. 6（2006）, pp. 1274–1289; Barzekar, G., A. Aziz & M. Mariapan, et al., "Delphi Technique for Generating Criteria and Indicators in Monitoring Ecotourism Sustainability in Northern Forests of Iran: Case Study on Dohezar and Sehezar Watersheds", *Folia Forestalia Polonica*, Vol. 53, No. 2（2011）, pp. 130–141; Aall, C., "Sustainable Tourism in Practice: Promoting or Perverting the Quest for a Sustainable Development?", *Sustainability*, Vol. 6, No. 5（2014）, pp. 2562–2583; Ashok, S., H. R. Tewari & M. D. Behera, et al., "Development of Ecotourism Sustainability Assessment Framework Employing Delphi, C & I and Participatory Methods: A Case Study of KBR, West Sikkim, India", *Tourism Management Perspectives*, Vol. 21（2017）, pp. 24–41; Mosammam, H. M., M. Sarrafi & J. T. Nia, et al., "Typology of the Ecotourism Development Approach and an Evaluation From the Sustainability View: The Case of Mazandaran Province, Iran", *Tourism Management Perspectives*, Vol. 18（2016）, pp. 168–178; Ziaabadi, M., M. Malakootian & M. Mehrjerdi, et al., "How to Use Composite Indicator and Linear Programming Model for Determine Sustainable Tourism", *Journal of Environmental Health Science & Engineering*, Vol. 15, No. 1（2017）, p. 9; 卢松、陈思屹、潘蕙：《古村落旅游可持续性评估的初步研究——以世界文化遗产地宏村为例》，《旅游学刊》2010年第1期。

第三节 国内旅游需求的资源约束与应对策略

一、旅游需求资源约束的经验研究

（一）气候变暖对滑雪旅游需求的约束

滑雪是人们青睐的冬季体育运动。滑雪旅游需求对气候的变化高度敏感，气候变化给大型国际滑雪旅游业带来的风险备受关注。随着全球气温的上升，旅游地积雪厚度会下降，滑雪者旅游意愿会下降。[1] 在澳大利亚，如果自然积雪减少，6%的人表示他们会去其他地方滑雪，74%的人表示他们的滑雪次数会减少。[2] 在瑞士，83%的受访者认为气候变化会威胁滑雪旅游业；如果滑雪者知道接下来的五个冬季会缺雪，32%的滑雪者会减少滑雪次数，4%的受访者会放弃滑雪。[3] 达姆、格雷尔和兰德格伦（Damm, Greuell & Landgren, 2016）考察了自然降雪条件与每月过夜停留之间的关系，结果表明在气温升高2摄氏度情况下，欧洲每个冬季面临1010万的旅游住宿减少量。[4] 福尔克和林（Falk, M. & X. Lin, 2018）发现冬季气温上升1摄氏度将导致住宿游

---

[1] Scott, D., G. Mcboyle & A. Minogue, "Climate Change and Quebec's Ski Industry", *Global Environmental Change*, Vol. 17, No. 2（2007）, pp. 181—190; Scott, D., S. Gssling & C. M. Hall, "International Tourism and Climate Change", *Wiley Interdisciplinary Reviews Climate Change*, Vol. 3, No. 3（2012）, pp. 213-232.

[2] Pickering, C. M., J. G. Castley & M. Burtt, "Skiing Less Often in A Warmer World: Attitudes of Tourists to Climate Change in An Australian Ski Resort", *Geographical Research*, Vol. 48, No. 2（2010）, pp. 137-147.

[3] Behringer, J., R. Buerki & J. Fuhrer, "Participatory Integrated Assessment of Adaptation to Climate Change in Alpine Tourism and Mountain Agriculture", *Integrated Assessment*, Vol. 1, No. 4（2000）, pp. 331-338.

[4] Damm, A., W. Greuell & O. Landgren, et al., "Impacts of +2℃ Global Warming on Winter Tourism Demand in Europe", *Climate Services*, Vol. 7（2016）, pp. 31-46.

客人数下降8%。[1]

（二）季节性波动对观光旅游需求的约束

旅游季节性是指旅游业在短期内的失衡。它是旅游业发展的显著特征，是影响旅游业发展的重要因素，对经济、社会、生态等方面有较为不利的影响，是目前旅游业面临的严峻挑战。[2]旅游季节性既会降低资源利用率，又会带来巨大的环境压力。旅游需求季节性变动主要是因为气候和社会两大因素。气候因素指的是季节和气象的更替，社会因素包括文化社会、道德标准、假期、节日、年龄等因素。[3]基于旅游目的，旅游需求可分为观光旅游需求、商务旅游需求、探亲访友旅游需求、宗教旅游需求等；其中观光旅游需求呈现出较大的季节性波动，而非观光旅游需求的季节性波动相对较小。黄和平（2016）基于观光旅游和会议旅游等八种不同旅游动机的细分市场测量了不同旅游市场的季节性波动，结果显示观光旅游相对其他旅游需求呈现出更高的季节性波动。[4]罗德里格斯、马丁内斯-罗吉特和帕夫洛夫斯卡（Rodríguez, Martínez-Roget & Pawlowska, 2012）发现学术旅行的停留时间更长能够降低观光旅游的季节性波动。[5]

---

[1] Falk, M. & X. Lin, "Sensitivity of Winter Tourism to Temperature Increases Over the Last Decades", *Economic Modelling*, Vol. 71 (2018), pp. 174–183.

[2] 强朦朦、谢慧明：《浙江省国内旅游需求季节性的测度及其气候因素研究》，中国生态经济学学会会员代表大会暨生态经济与生态城市学术研讨会会议，2016年7月，第342—357页。

[3] Baron, R. R. V., "Seasonality in Tourism: A Guide to the Analysis of Seasonality and Trends for Policy Making", *Economist Intelligence Unit*, 1975, pp. 1–5; Butler, R., "Seasonality in Tourism: Issues and Implications", *Tourism Review*, Vol. 53, No. 3 (2001), pp. 18–24; Spencer, D. M. & D. F. Holecek, "Basic Characteristics of the Fall Tourism Market", *Tourism Management*, Vol. 28, No. 2 (2007), pp. 491–504.

[4] 黄和平：《我国旅游季节性的区域差异与开发策略研究》，博士学位论文，华东师范大学，2016年。

[5] Rodríguez, X. A., F. Martínez-Roget & E. Pawlowska, "Academic Tourism Demand in Galicia, Spain", *Tourism Management*, Vol. 33, No. 6 (2012), pp. 1583–1590.

（三）旅游资源对特色旅游需求的约束

城市旅游与滨海或高山环境等地区的旅游研究不同且更为复杂。城市目的地的吸引力更多地取决于它所提供的产品品种而不是任何单一组成部分。[1] 相对于同时提供各种综合旅游产品的城市旅游来说，其他旅游往往只提供某种特色的旅游产品。此时，旅游资源是关键。特色旅游需求源于游客对特色旅游产品的偏好。布尔（Bull, 1999）认为森林可以提供多达 120 种不同的娱乐活动，英国的林地每年吸引 1.7 亿成年人，森林吸引游客的巨大潜力是不容否认的。[2] 希尔桑达格、哈肖和科扎克（Hilsendager, Harshaw & Kozak, 2017）也认为森林会影响游客的感官和总体满意度。[3] 与此同时，乡村是战后日本的一个精神家园，是一个不变的情感归属地；星空也是一种独特的旅游资源，其独特的景色能够吸引更多的游客；野生动物也是一类旅游资源，人类对动物行为有着解读的欲望且人类对野生动物旅游会产生特殊的情感；前川等（Maekawa, et al., 2013）指出山地大猩猩是乌干达和刚果民主共和国的独特旅游产品。[4] 葡萄园景观和优质葡萄酒是意大利葡萄酒旅游的重

---

[1] Garín-Muoz, T., "Madrid as a Tourist Destination: Analysis and Modelization of Inbound Tourism", *International Journal of Tourism Research*, Vol. 6, No. 4（2004）, pp. 289-302.

[2] Bull, C. J., "The Tourism Potential of England's Community Forests", *International Journal of Tourism Research*, Vol. 1, No. 1（1999）, pp. 33-48.

[3] Hilsendager, K., H. Harshaw & R. Kozak, "The Effects of Forest Industry Impacts upon Tourist Perceptions and Overall Satisfaction", *Leisure/Loisir*, Vol. 41, No. 2（2017）, pp. 1-26.

[4] Knight, J., "From Timber to Tourism: Recommoditizing the Japanese Forest", *Development & Change*, Vol. 31, No. 1（2000）, pp. 341-359; Rodrigues, A. L. O., A. Rodrigues & D. M. Peroff, "The Sky and Sustainable Tourism Development: A Case Study of a Dark Sky Reserve Implementation in Alqueva", *International Journal of Tourism Research*, Vol. 17, No. 3（2015）, pp. 292-302; Curtin, S., "Nature, Wild Animals and Tourism: An Experiential View", *Journal of Ecotourism*, Vol. 4, No. 1（2005）, pp. 1-15; Maekawa, M., A. Lanjouw & E. Rutagarama, et al., "Mountain Gorilla Tourism Generating Wealth and Peace in Post-conflict Rwanda", *Natural Resources Forum*, Vol. 37, No. 2（2013）, pp. 127-137.

要资源；在美国纳帕地区，葡萄酒是旅游目的地市场的独特竞争力。[①] 正因如此，特色旅游资源的破坏和缺失制约着特色旅游的发展。肯尼亚旅游业的持续低迷或许就是因为肯尼亚一直只能提供有限的海滩和野生动物旅游产品。[②]

（四）海洋污染对滨海旅游需求的约束

海洋污染由于其扩散范围大、持续性强、难以控制等特点给滨海旅游业发展带来巨大威胁。麦尔格姆、坎贝尔和鲁尔（Mcilgorm, Campbell & Rule, 2011）基于2008年海洋废弃物造成的损失率（0.3%）和海洋旅游业的国内生产总值（2070亿美元）估计出亚太地区21个经济体面临的年度海洋垃圾造成的损失为6.22亿美元。[③] 奥菲亚拉和布朗（Ofiara & Brown, 1999）认为1988年发生在新泽西州的海洋污染和残渣清理给该州带来的经济损失范围为1.597亿—3.791亿美元。[④] 甬洪和李等（Yong, C. J., S. Hong & J. Lee, et al., 2014）计算的2011年韩国巨济岛上大量海洋垃圾因为大雨冲刷造成的旅游损失值为2900万—3700万美元，游客人数从2010年的890435人减少到2011年的330207人。[⑤] 除

[①] Nunes, P. A. L. D. & M. L. Loureiro, "Economic Valuation of Climate-Change-Induced Vinery Landscape Impacts on Tourism Flows in Tuscany", *Agricultural Economics*, Vol. 47, No. 4 (2016), pp. 365-374; Jones, M. F., N. Singh & Y. Hsiung, "Determining the Critical Success Factors of the Wine Tourism Region of Napa From A Supply Perspective", *International Journal of Tourism Research*, Vol. 17, No. 3 (2013), pp. 261-271.

[②] Akama, J. S. & K. I., Ondimu "Tourism Product Development and the Changing Consumer Demand: A Case Study of Kenya", *Asia Pacific Journal of Tourism Research*, Vol. 6, No. 1 (2001), pp. 56-62.

[③] Mcilgorm, A., H. F. Campbell & M. J. Rule, "The Economic Cost and Control of Marine Debris Damage in the Asia-Pacific Region", *Ocean & Coastal Management*, Vol. 54, No. 9 (2011), pp. 643-651.

[④] Ofiara, D. D. & B. Brown, "Assessment of Economic Losses to Recreational Activities from 1988 Marine Pollution Events and Assessment of Economic Losses from Long-term Contamination of Fish within the New York Bight to New Jersey", *Marine Pollution Bulletin*, Vol. 38, No. 11 (1999), pp. 990-1004.

[⑤] Yong, C. J., S. Hong & J. Lee, et al. "Estimation of Lost Tourism Revenue in Geoje Island from the 2011 Marine Debris Pollution Event in South Korea", *Marine Pollution Bulletin*, Vol. 81, No. 1 (2014), pp. 49-54.

了海洋垃圾，海洋溢油污染也会对旅游造成影响。倪国江、孙明亮和吕明泉（2015）指出溢油污染对滨海旅游产生的损害是多方面的，不仅包括海水水量受损、生物多样性下降、观光设施损害，还包括景区门票收入的减少和相关服务业的萎缩。[①]

二、缓解旅游需求资源约束的理论基础

（一）可持续旅游理论

旅游可持续发展理论源于经济可持续发展。美国海洋生物学家卡森（Carson）在1962年出版了《寂静的春天》，标志着人类开始关心经济发展中的生态环境问题。1987年，《我们共同的未来》首次明确提出经济可持续发展概念：可持续发展就是要把发展与环境结合起来，使人们取得的经济发展既满足当代人的需要又不危害未来子孙后代满足他们自己需求的能力。基于此，世界贸易组织将旅游可持续定义为既要能满足当前旅游目的地与旅游者的需要又要能满足未来旅游目的地与旅游者的需要。然而，这个概念太过模糊。[②] 布拉姆韦尔和莱恩（Bramwell & Lane, 1993）认为可持续旅游旨在减少由旅游业、游客、环境和社区之间的复杂作用所产生的摩擦和紧张，能保障自然和人文资源的质量和长期生存能力。[③] 世界旅游组织在1995年将可持续旅游定义为："在满足今天的旅游者和旅游地居民需求的同时，保护并增强未来发展机会的一种旅游方式。通过对资源的管理满足人们经济、社会和审美的要求，

[①] 倪国江、孙明亮、吕明泉：《溢油污染对滨海旅游业的损害研究》，《环境与可持续发展》2015年第40期。

[②] 章杰宽、姬梅、朱普选：《国外旅游可持续发展研究进展述评》，《中国人口·资源与环境》2013年第23期。

[③] Bramwell, B. & B. Lane, "Sustainable Tourism: An Evolving Global Approach", *Journal of Sustainable Tourism*, Vol. 1, No. 1 (1993), pp. 1-5.

同时维护文化完整、保持生态系统的完整性和生物多样性"。同年,《可持续旅游发展宪章》将可持续旅游定义为:"旅游与自然、文化和人类生存环境成为一个整体,即旅游、资源、人类生存环境三者的统一,以形成一种旅游业与社会经济、资源、环境良性协调的发展模式"。

尽管目前对于可持续旅游的概念没有统一的表述,但可持续旅游具有以下若干内在属性。首先,旅游经济的可持续性。包括两个方面,一方面主张在保护自然生态系统基础上实现经济持续增长,另一方面主张基于发展的自然资源和生态环境管理。其次,人与人关系的公平性。公平性不仅包括旅游资源在当代人之间实现公平的分配,还包括代际发展机会的公平性。当代人关系的公平性体现在可持续旅游在为旅游者提供高质量旅游环境的同时改善当地居民生活水平。代际的公平性体现在满足当代人高品质旅游需求的同时不损害后代对旅游资源的平等利用机会。最后,人与自然的协调性。可持续旅游强调尊重自然、保护自然,与之和谐相处。在开发过程中维持旅游供给地区生态环境的协调性、文化的完整性。旅游发展不能超越资源和环境的承载能力,在满足旅游发展的同时,降低旅游的负面影响,提高旅游资源的旅游效率。循环经济、绿色经济、生态经济和低碳经济是环境危机和能源危机产生后旨在解决人类可持续发展问题相继出现的几种经济形态,是实现可持续发展的重要途径。[①] 与之相对应,旅游可持续发展包括绿色旅游、生态旅游、旅游循环经济和低碳旅游等发展模式。

(二)绿色旅游与生态旅游

绿色旅游起源于绿色经济。绿色经济是指通过正确地处理人与自然及人与人之间的关系,高效且文明地实现对自然资源的永续利用,

---

① 杨美蓉:《循环经济、绿色经济、生态经济和低碳经济》,《中国集体经济》2009年第30期。

从而使生态环境持续改善和生活质量持续提高的一种生产方式或经济发展形态。[1] 绿色旅游则是一种以原生自然环境为基础,以保护环境为核心的旅游。其概念由法国参议员欧贝尔首次提出,目的是让久居喧闹都市的人们到恬静的乡村度假,在绿色的海洋中遨游,重新认识大自然的价值,释放都市紧张压力感,同时促进乡村经济的发展及城乡文化的交流。[2] 生态旅游起源于生态经济,生态经济是指地球生态圈内人类经济活动的总和,涉及生态、经济、社会三大系统层面,包含着人口、技术、制度、伦理、法律等因素,是人类经济活动与生命支持生态系统协调可持续发展的经济模式。[3] 生态旅游则由世界自然保护联盟于1983年率先提出,国际生态旅游学会根据旅游的目的和作用将之定义为,"为了解当地环境的文化与自然历史知识,有目的地到自然区域所做的旅游,该旅游活动在尽量不改变生态系统完整性的同时创造经济发展机会,让自然资源的保护在财政上使当地居民受益"。[4] 绿色经济和生态经济在概念上极其类似。正如滕藤(2012)所指出的,绿色是一种生态概念,绿色经济和生态经济的领域相当吻合,绿色经济可以作为生态经济的同义词。[5] 在此基础之上发展起来的绿色旅游理论和生态旅游理论也具有极大的相似性。施惟仑和张维瑛(2000)认为绿色旅游是生态旅游的高级形态。时临云(2008)认为广义的绿色旅

---

[1] 杨云彦、陈浩:《人口、资源与环境经济学》,湖北人民出版社2011年版。
[2] 张瑞德、蔡承智:《绿色旅游与农村经济发展相互作用初探》,《经济研究导刊》2009年第26期。
[3] 王万山:《生态经济理论与生态经济发展走势探讨》,《生态经济(中文版)》2001年第5期。
[4] Brandon, K., "Ecotourism and Conservation: A Review of Key Issues", *Ecotourism & Conservation A Review of Key Issues*, 1996, p. 53.
[5] 滕藤:《有关生态经济理论与实践的思考》,中国生态经济学学会论文,2012年3月,第6页。

游包含生态旅游。张瑞林（2012）认为生态旅游与绿色旅游本质相同，绿色旅游是生态理念指导下的一种旅游。① 鉴于绿色旅游与生态旅游具有相同内涵，两者均包含两层含义。第一层是回归自然，是指去往相对没有被污染或破坏的自然区域的旅行活动。② 第二层含义是保护环境，即将旅游地整体作为保护对象，保护旅游地生态系统免遭破坏。

（三）低碳旅游

低碳旅游是可持续旅游在应对气候变化过程中演变出来的新发展理论，是低碳经济理论在旅游业的运用。随着低碳经济理论在各行各业的运用，低碳旅游是低碳经济中最活跃的组成部分。蔡萌和汪宇明（2010）认为低碳旅游是指在旅游发展中通过运用低碳技术、推行碳汇机制和倡导低碳旅游消费方式等手段，以更少的碳排放量为代价，获得更高的旅游体验质量和更大的旅游经济、社会、环境效益的一种方式。③ 发展低碳旅游的目的主要是在发展旅游的过程中控制和减少温室气体排放，是低碳经济在行业层面的实践，是实现低碳经济的重要组成部分。④ 它要求通过食、住、行、游、购、娱的每一个环节来体现节约能源、降低污染，以行动来诠释和谐社会、节约社会和文明社会的建设。⑤ 低碳旅游关注旅游业的能耗与碳排放，关注旅游目的地的生态系统承载力，关注碳补偿与碳中和等。⑥ 因此，低碳旅游的内涵包括：

---

① 施惟仑、张维瑛：《绿色旅游是生态旅游的高级形态》，《安徽大学学报》2000年第1期。时云云：《日本的绿色旅游及其对我国的启示》，《生态经济（学术版）》2008年第2期。张瑞林：《与生态旅游相关的几个概念比较研究》，《价值工程》2012年第33期。

② Ceballos-Lascurain, H., "Tourism, Ecotourism and Protected Areas: The State of Nature-Based Tourism around the World and the Guidelines for Its Development", *IUCN*, 1996.

③ 蔡萌、汪宇明：《低碳旅游：一种新的旅游发展方式》，《旅游学刊》2010年第25期。

④ 王谋：《低碳旅游概念辨识及其实现途径》，《中国人口·资源与环境》2012年第8期。

⑤ 史云：《关于低碳旅游与绿色旅游的辨析》，《旅游论坛》2010年第6期。

⑥ 唐承财、钟林生、成升魁：《旅游地可持续发展研究综述》，《地理科学进展》2013年第6期。

一是旅游生产低碳化,即旅游景区、酒店住宿等旅游生产部门积极采取低碳技术降低生产过程中的能源消耗以达到降低碳排放的目的;二是旅游消费低碳化,即宣传和引导游客自觉地采取低碳出行方式,在衣和行各个方面减少碳足迹和二氧化碳的产生与排放;三是事后低碳化,即需通过碳补偿和碳中和等手段抵消旅游过程中产生的过多碳足迹。

(四)旅游循环经济

循环经济是物质闭环流动型经济的简称,于 20 世纪 60 年代由美国经济学家鲍尔丁在他的"宇宙飞船理论"中首先提出。所谓循环经济是以资源的高效利用和循环利用为目标,以减量化(Reduce)、再利用(Reuse)、再循环(Recycle)为原则(称为 3R 原则),以物质闭路循环和能量梯次使用为特征,按照自然生态系统物质循环和能量流动方式运行的经济模式。[①]旅游循环经济遵循 3R 原则强调旅游的闭路物质循环,以低消耗、低排放、高效率为基本特征,推动建立集约型旅游经济增长,最终实现永续发展的一种旅游经济发展模式。[②]3R 原则是旅游循环经济所遵循的基本原则,也是旅游循环经济的核心。减量化属于输入端的方法,旨在减少旅游产品生产和消费过程中的物质量,使用较少的原料和能源给游客提供较为优质的旅游产品,同时减少旅游供应商造成的环境污染和能源消耗。再利用属于过程端的方法,目的在于提高旅游产品和旅游资源的利用效率。旅游活动的核心产品主要是自然旅游资源和人文旅游资源,再利用要求旅游供给者保护和维持资源产品可以被旅游者多次共同使用和循环使用。再循环是输出端方法,是指通过利用可再生能源技术、废物再回收处理技术等循环经济

[①] 冯之浚:《循环经济导论》,人民出版社 2004 年版。
[②] 周彬:《旅游循环经济的概念模型与发展模式研究》,《渔业经济研究》2010 年第 10 期。

技术实现生态旅游产业的可持续发展，提高生态旅游的附加价值。①

三、缓解旅游需求资源约束的实践策略

（一）区域联动开发突破资源约束

我国旅游发展是沿着一条从"小旅游"向"大旅游"发展的道路走过来的。②以区域联动开发战略和全域旅游战略为代表的"大旅游"能有效缓解20世纪我国"小旅游"发展过程中的单一旅游产品约束，能有效缓解旅游产业发展的资源瓶颈和环境约束。区域旅游联动开发是指在一定的地域范围内各旅游地打破行政区划界限，根据旅游资源的内在关联性、地理空间的邻近性、旅游产品的互补性进行区域间的联合与协作，以区域旅游整体的力量参与竞争进而实现各旅游地的共同发展。③区域旅游联动可以使区域旅游空间关系不断协调从而突破传统行政区划的限制，可以把更多的边缘区融合进核心区形成规模更大的核心从而扩大区域旅游业的竞争力。譬如，庐山和鄱阳湖两毗邻地均为世界级的生态旅游地，两地生态旅游有联动开发的可行性，且可在联动开发的基础上打造世界级的旅游产品。④王有宁、赵丽艳和刘峰贵等（2009）认为青海和西藏地域相邻、自然条件相似、文化习俗相仿。⑤如果青藏两地能够实施资源互补与共享战略，旅游区域合作可以加强

---

① 朱鹏：《基于循环经济理论框架的生态文化旅游发展机制研究——以大湘西区域为例》，《管理世界》2014年第6期。
② 张辉、岳燕祥：《全域旅游的理性思考》，《旅游学刊》2016年第31期。
③ 邱继勤、朱竑：《川黔渝三角旅游区联动开发研究》，《地理与地理信息科学》2004年第20期。
④ 张辉、沈中印、李松志：《庐山—鄱阳湖区域生态旅游联动开发研究[J]》，《生态经济》2011年第5期。
⑤ 王有宁、赵丽艳、刘峰贵等：《青藏地区区域旅游联动开发机理与模式》，《经济地理》2009年第29期。

区域旅游资源整合和区域旅游整体形象的塑造，进而实现两地旅游的双赢互利并可能对青藏两地乃至整个西部的其他产业产生辐射带动作用。

在2016年1月29日召开的全国旅游工作会议上，国家旅游局局长李金早指出，推进全域旅游是贯彻落实"创新、协调、绿色、开放、共享"发展理念的重要途径，是旅游业提质增效可持续发展的必然选择，是新时期我国旅游发展的总体战略。2017年，全域旅游被写入国家政府工作报告，已上升为国家战略。厉新建、张凌云和崔莉（2013）指出全域旅游是指各行业积极融入其中，各部门齐抓共管，全城居民共同参与，充分利用目的地全部的吸引物要素，为前来旅游的游客提供全过程和全时空的体验产品，从而全面地满足游客的全方位体验需求。[①]张辉和岳燕祥（2016）从要素视角定义了全域旅游，它是要改变以旅游资源单一要素为核心的旅游开发模式，构建起旅游与资本、旅游与技术、旅游与居民生活、旅游与城镇化发展、旅游与城市功能完善的旅游开发模式，推动我国旅游要素由旅游资源开发向旅游环境建设转型。[②]杨振之（2016）认为全域旅游的核心内涵是在旅游资源富集地区，以旅游产业为主导或引导，在空间和产业层面合理高效优化配置生产要素，以旅游产业来统筹引领区域经济发展，持续增强区域竞争能力。[③]

（二）特色措施推进绿色发展生态发展

由于气候条件、地理位置和要素禀赋的差异，不同地区不同景区面临着不同的发展困境，景区或地方政府会采取相应的特色措施，主

[①] 厉新建、张凌云、崔莉：《全域旅游：建设世界一流旅游目的地的理念创新——以北京为例》，《人文地理》2013年第3期。
[②] 张辉、岳燕祥：《全域旅游的理性思考》，《旅游学刊》2016年第31期。
[③] 杨振之：《全域旅游的内涵及其发展阶段》，《旅游学刊》2016年第31期。

要包括旅游绿色发展举措、旅游低碳发展举措和旅游循环发展举措。旅游绿色发展举措主要针对旅游景点开发利用过程的生态破坏问题。王文斌和马捷（2007）针对九寨沟景区设计出了旅游景区分流体系，在景区外加大替代旅游产品开发，缓解九寨沟景区因人流过多而产生的环境容量压力。[①] 昌晶亮和邹映（2015）针对大湘西旅游发展提出开发绿色旅游商品的措施，如通过利用其丰富的森林资源创建猕猴桃、养蜂等生态农业，建立"一村一品、一村一特"的旅游商品开发模式。[②] 唐静、祝小林和王婷婷（2017）提出乡村生态旅游的新模式，在改善村落自然生态环境的同时注重文化的生态化保护，即通过环境旅游和文化旅游的双重措施满足游客在乡村旅游中的"养眼""养心"和"养生"需求。[③] 旅游低碳发展举措主要应对旅游发展中的气候变化难题。黄莹、廖翠萍和赵黛青（2014）认为构建绿色交通系统可以较少的成本有效地缓解海岛旅游业发展的碳压力。[④] 赵黎明、陈喆芝和刘嘉玥（2015）提出了低碳旅游政府监督措施，即地方政府可通过强化碳排放奖惩力度、调节单位产品排放标准、提供技术指导与信息咨询服务进行有效监督。[⑤] 张宏、黄震方和琚胜利等（2017）调查研究了苏南古镇旅行者的低碳旅游行为，并针对低碳旅游行为中的薄弱环节提出了相应措施，

---

① 王文斌、马捷：《九寨—黄龙核心景区游客分流体系构建研究》，《特区经济》2007年第224期。
② 昌晶亮、邹映：《大湘西地区绿色旅游产品开发初探》，《中南林业科技大学学报（社会科学版）》2015年第9期。
③ 唐静、祝小林、王婷婷：《我国乡村旅游绿色发展探讨》，《环境保护》2017年第45期。
④ 黄莹、廖翠萍、赵黛青：《东澳岛低碳旅游发展途径及政策研究》，《科技管理研究》2014年第34期。
⑤ 赵黎明、陈喆芝、刘嘉玥：《低碳经济下地方政府和旅游企业的演化博弈》，《旅游学刊》2015年第30期。

包括倡导自带生活物品、提倡绿色食品、鼓励旅游者低碳出行等。① 旅游循环发展举措主要针对旅游发展中的资源浪费问题。北京蟹岛度假村通过旅游循环经济措施实现了旅游产业高效健康发展，包括能源再利用措施、水循环利用措施、资源化循环利用。②

（三）环保攻坚战保障旅游可持续发展

旅游蓬勃发展在带来经济效益的同时环境资源的外部性问题日益凸显。为了减缓或消除景区或旅游区域旅游环境质量下降的趋势及旅游不可持续现状，必须采取正确而有效的环境控制及保护手段。③ 大气环境保护事关人民群众切身利益，事关经济持续健康发展，以 PM2.5 为特征污染物造成的大气污染问题形势严峻。国务院在 2013 年发布了《大气污染防治行动计划》，专项整治全国大气污染问题。《大气污染防治行动计划》实施以来，全国城市空气质量总体改善，多数省份 PM2.5 或 PM10 年均浓度下降幅度达到或超过《大气污染防治行动计划》规定的中期目标要求。空气污染的治理改善了旅游者的舒适度和感官体验、改善了旅游的景观质量，为旅游可持续发展提供了保障。生态环境对旅游发展至关重要。一方面，生态环境是旅游地的吸引要素，也是旅游发展的重要生态资本。另一方面，旅游活动带来的生态环境破坏影响生态文明建设和整体生态服务价值的增值。作为生态文明建设的重要途径之一，旅游生态补偿应受到重视。④ 为进一步健全生态保护补偿

---

① 张宏、黄震方、琚胜利等：《苏南古镇旅游者低碳旅游行为优化对策研究——以昆山市周庄、锦溪、千灯古镇为例》，《生态经济（中文版）》2017 年第 33 期。

② 邹统钎：《绿色旅游产业发展模式与运行机制》，《中国人口·资源与环境》2005 年第 15 期。

③ 郑芳、米文宝、文琦：《旅游经济发展中的环境经济政策应用及研究进展》，《生态经济（中文版）》2013 年第 4 期。

④ 刘敏、刘春凤、胡中州：《旅游生态补偿：内涵探讨与科学问题》，《旅游学刊》2013 年第 28 期。

机制，2016年国务院发布《关于健全生态保护补偿机制的意见》，目标任务是：到2020年，实现森林、草原、湿地、荒漠、海洋、水流、耕地等重点领域和禁止开发区域、重点生态功能区等重要区域生态保护补偿全覆盖……促进形成绿色生产方式和生活方式。生态补偿覆盖了可能有的旅游资源禀赋要素，旅游生态补偿拓宽了生态补偿的补偿要素边界。此外，主要污染物总量减排、水环境质量改善和环境风险的管控也是旅游可持续发展需要实现的环保攻坚战的行业目标。

第二章 中国国内旅游需求时空特征与变化趋势

国内旅游抽样调查结果显示，2016 年我国国内旅游收入 3.94 万亿元，国内旅游人数 44.4 亿人次，国内旅游收入是全年旅游业总收入的 84%。当国内旅游逐渐成为中国三大旅游市场的中坚力量时，国内旅游需求问题就变得愈发重要。资源刚性约束下，把脉国内旅游需求变化趋势和应对策略需要率先对国内旅游和旅游需求的相关概念进行全面辨析，需要深入了解国内旅游需求的时空特征，需要准确把握国内旅游需求的变化趋势。

第一节 国内旅游需求的战略背景

一、国内旅游需求的两个维度

国内旅游需求可以从旅游需求和国内旅游两个维度进行解读。就旅游需求而言，张辉（1991）指出旅游需求是指在一定时间内旅游者具备一定支付能力和余暇时间所表现出的对旅游劳务需要的数量，刻画的是价格与需求的关系。[1] 保继刚、楚义芳和彭华（1993）指出旅游需求是指在一定时间内、一定价格水平上，旅游者愿意而且能够购买

---

[1] 张辉：《旅游经济学》，陕西旅游出版社 1991 年版，第 89—100 页。

的旅游产品的数量，即旅游者对某一旅游目的地的需求数量。[①] 谢彦君（1999）认为旅游需求是一定时期内核心旅游产品的各种可能价格和在这些价格水平上潜在旅游者愿意并能购买的数量关系。[②] 而国内旅游一般指的是旅行者在本国内的出游，旅行者的访问地在其居住国的政治疆域内。换言之，国内旅游需求是指人们为了休闲、商务或其他目的，离开他们惯常的环境，到某些地方去以及在某些地方停留，但停留时间不超出一年。[③] 也有学者认为国内旅游为离开常住地，停留时间超过6小时但不超过1年，不以求职赚钱为目的的外出活动。[④] 由此可见，国内旅游需求是指一国的常驻居民在本国的政治疆域内，在一定时间内、一定价格水平上，旅游者愿意而且能够购买的旅游产品的数量以及对旅游目的地相关要素的特定需求。国内旅游需求是旅行者对国内旅游目的地需求的综合表现，具体体现为国内旅游总收入、国内旅游总人次、国内旅游出行方式、国内旅游出游率、国内旅游出行目的等。后续书中相应国内旅游需求的指标与《中国旅游统计年鉴》和《中国国内旅游抽样调查资料》的口径保持一致。

二、国内旅游业的发展战略

（一）国家战略

相较于出境旅游和入境旅游，国内旅游业起步晚但发展快。这离不开国家层面的战略支持。一方面，国务院、国家旅游局等都着力制

[①] 保继刚、楚义芳、彭华：《旅游地理学》，高等教育出版社1993年版，第33—51页。
[②] 谢彦君：《基础旅游学（第一版）》，中国旅游出版社1999年版，第101—123页。
[③] 张运来：《我国国内旅游需求影响因素分析及趋势预测方法应用研究》，硕士学位论文，东北林业大学，2002年。
[④] 黄蓉：《中国城镇居民的国内旅游需求研究》，博士学位论文，华中科技大学，2015年。

定更加有利于刺激国内旅游需求的法律法规。1993年出台的《关于积极发展国内旅游的意见》（国办发〔1993〕75号）明确提出要逐渐建立统一开放有序竞争的国内旅游市场。该意见标志着国内旅游成为整个旅游产业的重要组成部分。1998年，中央经济工作会议上确定了旅游产业的重要战略地位。为了进一步促进国内旅游需求的发展，1999年9月18日国务院发布了新修订的《全国年节纪念日放假办法》。2009年，《国务院关于加快发展旅游业的意见》（国发〔2009〕41号）确立了旅游业作为国家战略性支柱产业的崭新地位。2014年国务院对《全国年节纪念日放假办法》在2007年修订的基础上再修订，并将休假时间予以延长，从而保障了国内旅游需求的快速增长。另一方面，根据国家旅游局发布的《中国旅游发展报告（2016）》显示，中国旅游业的重要战略还包括"515战略"、"旅游+"战略、全域旅游战略、"一带一路"旅游发展战略等。其中，"515战略"是指2015—2017年中国旅游业发展的"五大目标，十大行动，52项举措"；"旅游+"战略是指为相关产业和领域发展提供旅游平台；全域旅游战略是指以旅游业带动和促进当地经济社会协调发展。

（二）区域战略

区域一体化是区域战略的一种具体表现，它是旅游产业发展的必然趋势，也是旅游业对接国家区域战略，使区域旅游业发展获得持久动力的基础，[①]如皖南国际文化旅游示范区。《皖南国际文化旅游示范区建设发展规划纲要》表明，该区域战略借助优异的区位条件、优良的生态环境、深厚的文化底蕴、丰富的旅游资源等优势，以黄山市、池

---

① 葛全胜、席建超：《新常态下中国区域旅游发展战略若干思考》，《地理科学进展》2015年第34期。

州市、安庆市和宣城市为核心区，以黄山、池州、安庆、宣城、铜陵、马鞍山、芜湖七市为主体进行建设。①该区域战略具有鲜明的文化旅游特色，体现出一种文化旅游资源整合的开发模式。都市圈是区域战略的另一种表现形式。它是国家旅游创新发展的战略平台，汇聚了传统的旅游发展要素和新兴的旅游发展要素，②如武汉城市圈。2007年，武汉城市圈被国务院正式批准为全国资源节约型和环境友好型社会建设综合配套改革试验区。它是指以中部地区最大城市武汉为圆心，以周边城市黄石、鄂州、黄冈、孝感、咸宁、仙桃、天门、潜江为扩散区所组成的城市圈，因而又称为"武汉圈""1+8"城市圈。武汉城市圈作为中部崛起战略以及长江经济带建设的重要引擎，同时也作为我国承东启西协调发展的战略支点，其经济社会的全面发展具有重要的战略意义。③城市层面的区域战略使得各城市之间的旅游业得到了更好的资源互补和协作发展。

（三）城市战略

地区战略的基本构成要素是城市。每个城市不论是从文化底蕴还是资源禀赋上都具有一定的独特性，因而每个城市的旅游发展根据先天的优势条件以及后天的经济社会发展需要制定不同的战略规划。城市旅游在现代化的社会里服务于城市发展战略，因此城市战略应具有培育"城市旅游力"的战略视野和发展思路。以浙江省杭州市为例，自2001年起杭州开始实施"旅游西进"战略。该战略进行了城乡旅游

---

① 程晓丽、胡文海：《皖南国际旅游文化示范区文化旅游资源整合开发模式》，《地理研究》2012年第31期。
② 陆林：《都市圈旅游发展研究进展》，《地理学报》2013年第68期。
③ 王博、吴清、罗静：《武汉城市圈旅游经济网络结构及其演化》，《经济地理》2015年第35期。

统筹发展的探索和实践，以打造并推进杭州旅游城乡一体化为着力点，在拓展杭州的旅游空间、提升旅游中心城市的形象、加快"大杭州、大旅游、大发展"格局的形成、实现区域经济社会协调发展、推进杭州旅游国际化等方面起到了积极的作用。[①] 又以"天府之国"成都为例，成都的城市旅游主要表现为打造"世界现代田园城市"。成都根据不同地区资源禀赋，划分了两带生态及旅游发展区、优化型发展区、提升型发展区、扩展型发展区四大总体功能区。总体而言，城市战略为各城市国内旅游需求发展交上了一份令人满意的答卷。

三、国内旅游需求的刚性约束

国内旅游需求的时空变化与发展趋势不仅会受到发展战略的影响，也会受到其他约束，如成本约束、收入约束、时间约束、资源约束等。

（一）成本约束

居民对某一旅游目的地的访问会受到旅行费用的约束。旅行费用是指居民访问某个目的地的旅行成本，这种旅行成本方面的限制性可称为成本约束。旅行成本主要包括门票、旅行的货币费用、旅行的时间成本等，根据旅行成本模型的实证研究可以发现旅行成本、时间机会成本以及总成本对旅游需求都存在一定的影响，但各种影响存在显著差异。[②] 总体上，旅行总成本与国内居民出游率之间显著负相关。[③]

[①] 《杭州日报》：《十年"旅游西进"战略造就了大杭州旅游目的地和集散地》，2010年8月31日，见 http://hzdaily.hangzhou.com.cn/hzrb/html/2010-08/31/content_929099.htm。

[②] 谢慧明、沈满洪、李中海：《中国城市居民旅游需求函数的实证研究》，《旅游学刊》2014年第9期。

[③] 谢慧明、沈玲佳、沈满洪：《国内旅游业可持续发展的供求策略研究》，《旅游论坛》2016年第9期。

（二）收入约束

居民收入水平在短期内通常较为固定，不会有大幅度的变动，但旅行费用会因为旅游目的地的不同而不同，因此收入固定性相对于成本不确定性使得收入成为影响国内旅游需求的另一刚性约束。居民收入水平是影响以出游率表示的城市居民国内旅游需求的最主要因素。[1]同时，实证研究表明提高城市居民收入能够增加城市居民国内旅游需求。[2]

（三）时间约束

闲暇时间的增加是国内旅游需求增长的主要动力之一。但总体而言，居民的闲暇时间较多源自国家规定的法定假期，出游时间的选定也受到闲暇时间的约束。有学者指出旅游作为一种积极的休闲方式越来越受到人们的青睐，而在旅游产品供求矛盾背后的因素众多，中国的休假制度是一个重要的源头性制度安排。[3]研究表明假期制度改革有助于推动旅游消费的增加，但是国内旅游质量的提高还有待于带薪休假的普及、节假日放假办法的改善和居民消费观念的转变。[4]

（四）资源约束

不同旅游目的的资源禀赋不同，地区国内旅游需求的发展模式会有所不同。气候资源是旅游资源的重要组成部分，是影响国内旅游需求的重要因素，它更是一种宝贵的自然资源，对旅游活动具有根本性

---

[1] 翁钢民、徐晓娜、尚雪梅：《我国城市居民国内旅游需求影响因素分析》，《城市问题》2007年第4期。
[2] 张洪、程振东、王先凤：《城市居民国内旅游需求影响因素分析及对策研究》，《资源开发与市场》2014年第6期。
[3] 张世满：《休假制度与旅游需求实现之间的制约因素》，《旅游学刊》2009年第11期。
[4] 贺德红、周志宏：《国内旅游影响因素分析研究》，《特区经济》2009年第10期。

的影响。[①] 气候资源作为重要的旅游资源对游客的出游决策和旅游行为能产生直接或间接的影响，进而影响到旅游流在特定时间段内的时空变化。[②] 除气候资源外，景区的交通设施、游客容量、旅游管理等也是旅游资源的组成部分。谢慧明、沈满洪和李中海（2014）指出有限的生态产品供给和不断增加的生态产品需求之间的矛盾日益凸显，具体表现为假日旅游会引发的旅游管理部门与游客之间的矛盾和旅游资源的供求矛盾，以及旅游淡旺季会引发的旅游资源配置效率低下和旅游业的产出波动等问题。[③]

第二节　国内旅游需求的时序特征

一、国内旅游需求的增长性

无论从国内旅游的整体发展情况来看还是从各省市的发展来看，国内旅游需求最显著的特征便是其增长性。一方面，国内旅游人数实现了从1984年的2亿人次增长至2016年的44.4亿人次，年均增长率为10.58%，国内旅游收入从1984年的80亿元增长至2016年的39000亿元，年均增长率为28.19%。具体来说，国内旅游需求的增长可以分为三个阶段，如图2-1所示。第一阶段是国内旅游业的起步发展阶段：1984—1992年。其间，国内旅游收入年均增长率为27%，国内旅游人数年均增长率为7%。尽管在该阶段国内旅游发展速度较为平缓，但国

[①] 李鹏飞：《海南岛旅游气候资源及其影响力评价》，硕士学位论文，海南师范大学，2013年。
[②] 马丽君：《中国典型城市旅游气候舒适度及其与客流量相关性分析》，博士学位论文，陕西师范大学，2012年。
[③] 谢慧明、沈满洪、李中海：《中国城市居民旅游需求函数的实证研究》，《旅游学刊》2014年第9期。

内旅游收入以及国内旅游人数平稳上升，国内旅游需求保持稳步增长。第二阶段是国内旅游业的加速发展阶段：1993—2003年。在此阶段中，国内旅游收入年均增长率为36%，国内旅游人数年均增长率为9%。国家政策的支持促使国内旅游需求的发展再上新台阶，具体如1998年的中央经济工作会议和1999年9月18日国务院发布新修订的《全国年节纪念日放假办法》。第三阶段是国内旅游的成熟发展阶段：2004—2016年。其间，国内旅游需求保持着稳健的发展速度，没有较大落差，年均国内旅游收入增长率为21%，国内旅游人数增长率为13%。

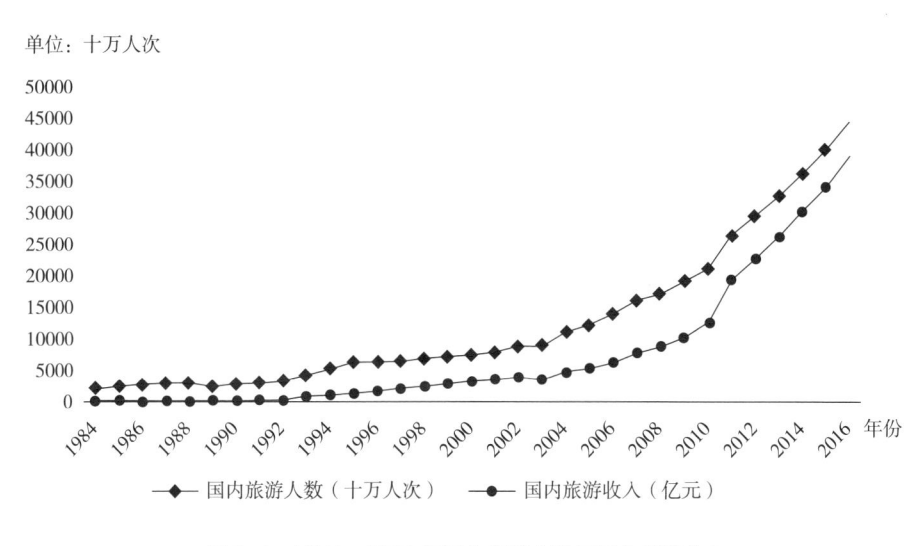

图 2-1 1984—2016 年国内旅游人数与国内旅游收入

资料来源：《中国统计年鉴》《中国旅游统计年鉴》。

另一方面，从省级层面的国内旅游来看，北京、浙江、四川、海南、广东五省市的国内旅游人数增长性依然突出。如图 2-2 所示：2002—2016 年间，各省市国内旅游人数总体呈现上升走势，其中海南省国内旅游人数增长较为平稳；北京市国内旅游人数从 2002 年开始一

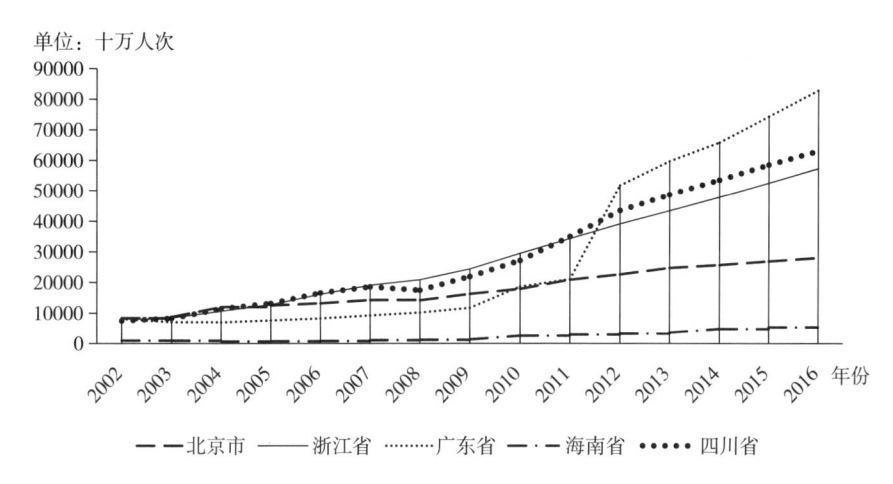

第二章 中国国内旅游需求时空特征与变化趋势

单位：十万人次

图 2-2 2002—2016 年北京、浙江、广东、海南和四川国内旅游人数

资料来源：《中国统计年鉴》《中国旅游统计年鉴》。

直处于领跑地位，2005—2010 年曾一度被浙江赶超；浙江省国内旅游人数保持较快增长，在五个省市中保持在中间水平；广东省国内旅游需求发展较快，处于一直不断赶超的状态，2012 年开始排在五省市中的第一位；四川省国内旅游人数总体走势也较快。

二、国内旅游需求的季节性

国内旅游需求呈现出显著的季节性时间特征。这与法定假期的增加与调整和气候性条件密切相关。一方面，黄金周国内旅游收入以及旅游人数占据全年国内旅游收入的比重较大，2000—2016 年间黄金周的旅游收入占全年旅游总收入的年均比重为 17.85%，旅游人数占全年旅游总人数的年均比重为 20.5%。法定假期在 3 天及 3 天以上的小长假可称为旅游黄金周，黄金周的国内旅游收入和旅游人数持续攀升，如表 2-1 所示。由表 2-1 可见，2000—2007 年，除 2003 年（由于非典事件），其余年份的黄金周国内旅游收入和旅游人数总体走势持续攀升；

黄金周国内旅游收入年均增长率为21.59%，黄金周国内旅游人数年均增长率为22.9%。2008—2016年（黄金周不包括五一劳动节），国内旅游收入与旅游人数总体走势也是稳步提升。尽管2008年由于金融危机影响，国内旅游需求有所下降，但黄金周国内旅游需求占全年国内旅游需求的比重仍处于上升走势，黄金周国内旅游收入占全年国内旅游收入的平均比重为14.27%，黄金周国内旅游人数占全年国内旅游人数的平均比重为14.27%。

表2-1 黄金周国内旅游收入与旅游人数[①]

年份	旅游收入（亿元）	黄金周旅游收入（亿元）	黄金周旅游收入占比（%）	旅游人数（亿人次）	黄金周人数（亿人次）	黄金周旅游人数占比（%）
2000	2831.9	574	20.23	7.44	1.26	16.94
2001	3522.36	736	20.90	7.84	1.83	23.34
2002	3878	865	22.31	8.78	2.19	24.95
2003	3442.3	603.6	17.53	8.7	1.49	17.13
2004	4710.7	1077	22.86	11.02	2.68	24.32
2005	5285.86	1243	23.52	12.12	3.02	24.92
2006	6229.74	1512	24.27	13.94	3.57	25.61
2007	7770.62	1816	23.37	16.1	4.17	25.90
2008	8749.3	1189	13.59	17.12	2.65	15.48
2009	10183.69	1516	14.89	19.02	3.37	17.72
2010	12579.77	1812	14.40	21.03	3.79	18.02
2011	19305.39	2278.5	11.807	26.41	4.55	17.23
2012	22706.22	3119	13.74	29.57	6.01	20.32
2013	26276.12	3403.6	12.95	32.62	6.31	19.34
2014	30311.9	3716.6	12.26	36.11	7.06	19.55
2015	34195.1	5661.3	16.56	40	7.9	19.75
2016	39000	7117.32	18.25	44.4	8	18.02

资料来源：《中国统计年鉴》《中国旅游统计年鉴》和《中国旅游业统计公报》。

① 2000—2007年黄金周统计数据为"春节""五一"和"十一"的统计值；2008年开始《中国旅游业统计公报》统计口径有变动，黄金周数据变为"春节"和"十一"的统计值。

另一方面，旅游业对气候的依赖性较高，国内旅游需求亦如此。一年四季，总体以春秋季的舒适度较高，较适合居民出游。但由于地理位置的不同，各个省市适宜旅游的季节并不完全相同。以北京、浙江、四川、海南、广东五省市的国内旅游人数为例，[①]北京、海南的国内旅游人数数据的统计口径为星级饭店接待住宿者情况，而浙江、四川、广东为国内旅游人数，单位均为万人次。由图2-3可以看出，五省市全年国内旅游人数在四季之间存在一定差异，其中4月份和7月份国内旅游人数高于1月份和12月份，是我国国内旅游的高峰期。同时，海南与北京国内旅游人数近8年来处于相对比较平稳的走势，海南省由于处于热带北缘，属热带季风气候，冬季气温较为适合出行，故而国内旅游人数在12月份相对于其他月份出游人数较多。浙江、四川、广东则属于是在4月份与7月份国内旅游人数较多。

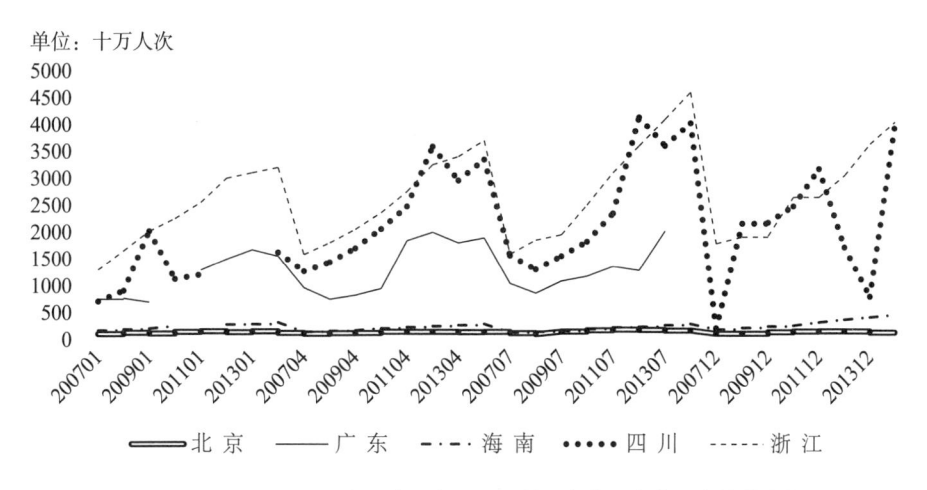

图2-3　2007—2014年北京、浙江、四川、海南、广东国内旅游人数

资料来源：北京、浙江、四川、海南、广东五省（市）旅游局或统计局。

---

① 其中广东省2007—2008年12月份，2009年12月，2010年1月和12月，2011—2013年12月以及2014年7月和12月数据缺失。

三、国内旅游需求的突变性

国内旅游需求在呈现较好的增长性和较明显的季节性的同时还会表现出一定的突变性，即在旅游人数持续增长的情况下会出现突然下降。从图 2-4 可以看出，1984—2016 年国内旅游收入与旅游人数总体处于上升的走势，但 1989 年和 2003 年国内旅游人数和国内旅游收入均有所下降。具体来说，1989 年和 2003 年国内旅游人数分别为 24000 万人次和 87000 万人次，同比分别下降 20%、0.91%，国内旅游收入分别为 150 亿元和 3442.27 亿元，同比分别下降 19.79%、11.24%。

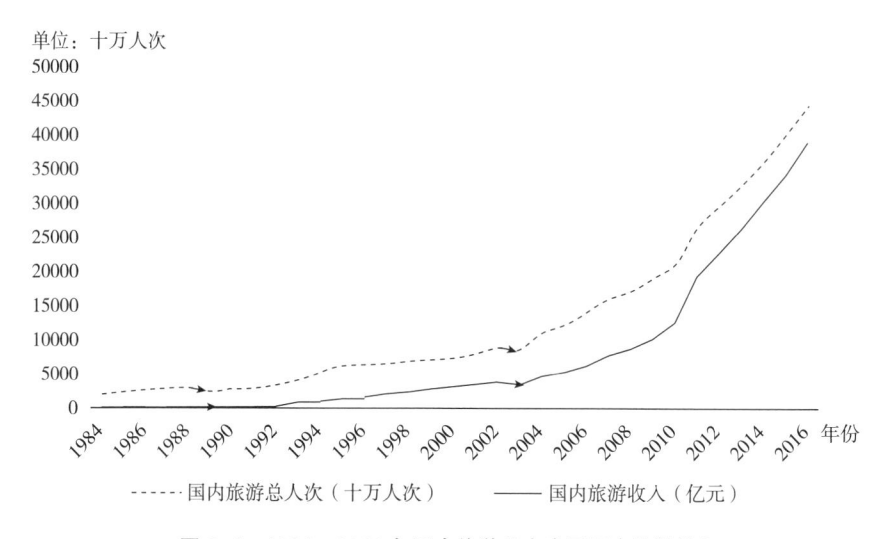

图 2-4 1984—2016 年国内旅游总人次及国内旅游收入

资料来源：《中国统计年鉴》《中国旅游统计年鉴》。

同时，由图 2-5 可以看出，2003 年、2008 年、2014 年是黄金周旅游收入和旅游人数上升走势中突变的几个年份。其中，2003 年和 2008 年两年是突变下降的点，2014 年是国内旅游需求突变速度加快的转折点。2003 年黄金周国内旅游收入和旅游人数较上一年分别下降 30.22% 和 31.96%，黄金周国内旅游收入和旅游人数占全年国内旅游需求比重分别下降4.78%和7.82%。2008年黄金周国内旅游收入和旅游人数较上一年分别下降34.53%和36.45%，黄金周国内旅游收入和旅游人数占全年国内旅游需求比重分别下降9.78%和10.42%。2014年之后，黄金周国内旅游收入和旅游人数增长速度快，2015年黄金周国内旅游收入和旅游人数较上一年分别上升52.31%和11.89%，黄金周国内旅游收入和旅游人数占全年国内旅游需求比重分别上升4.29%和0.21%。这些突变与2003年的非典、2008年的金融危机和2014年的《全国年节纪念日放假办法》等特殊节事密切相关。

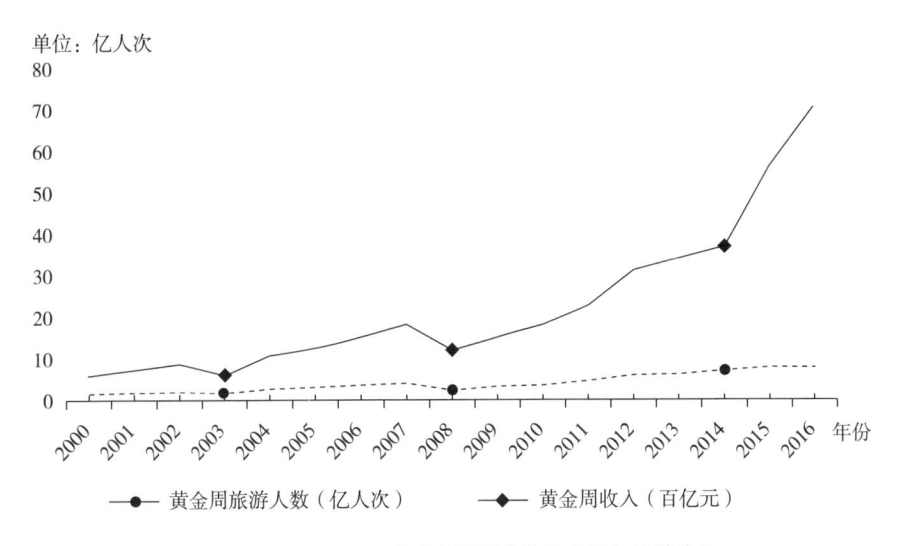

图2-5　2000—2016年黄金周国内旅游人数与旅游收入

资料来源：《中国旅游业统计公报》及各省份旅游统计年鉴。

第三节　国内旅游需求的空间特征

一、国内旅游需求的地区差异

由于我国地域辽阔、地域跨度大，东中西部地区乃至各个省份之间地理环境和旅游资源禀赋的差异使得国内旅游需求在各个地区之间形成鲜明的对比,并呈现出显著的空间差异。首先,东中西部国内旅游人数与旅游收入地区差异显著。根据各省国民经济与社会发展统计公报以及旅游统计年鉴,2002—2016 年东中西部地区国内旅游人数如图 2-6 所示。国内旅游人数在东中西部地区之间差异显著,东部地区旅游人数相较于中西部地区一直遥遥领先,且年均东部地区国内旅游人数是中部地区国内旅游人数的 1.74 倍,是西部地区国内旅游人数的 1.95 倍;年均中部地区国内旅游人数是西部地区国内旅游人数的 1.12 倍。与此同时,东部地区较之于中西部地区的客流量相对稳定。例如由于 2003 年暴发非典,中西部地区国内旅游人数分别下降 8.51% 和 3.74%,但东部地区却保持着 15.61% 的增长率。此外,从东中西部国内旅游人数的增长率可以看出,2002—2016 年东部地区国内旅游人数年均增长率为 15.4%,而中西部地区国内旅游人数年均增长率分别为 18.05% 和 18.36%,中西部国内旅游增长潜力较大。

2014 年全国 31 个省(自治区、直辖市)国内旅游人数如图 2-7 所

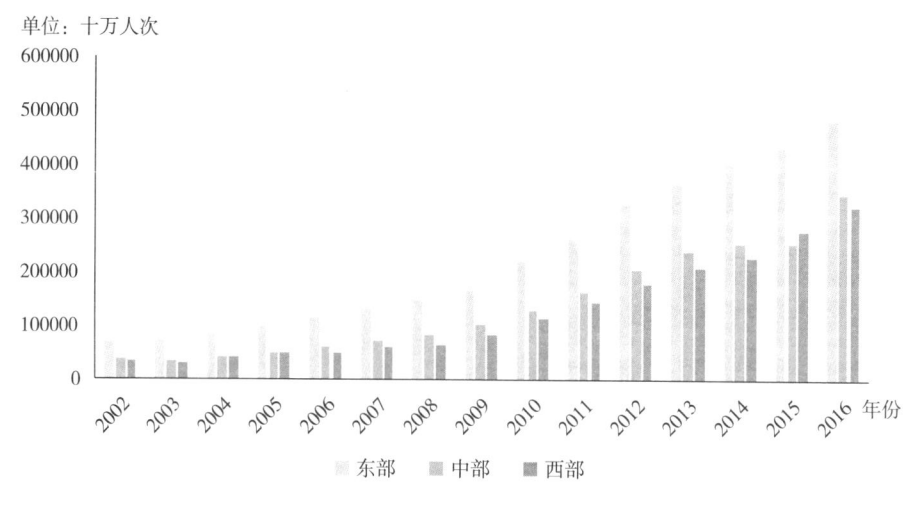

图 2-6 2002—2016 年东、中、西部国内旅游人数

资料来源:《中国统计年鉴》《中国旅游统计年鉴》、各省市《国民经济和社会发展统计公报》。

示。总体来看，东中部省（自治区、直辖市）国内旅游人数高于西部地区，沿海省（自治区、直辖市）国内旅游人数高于内地，气候湿润地区国内旅游人数高于气候干燥地区。具体来说，沿海省（自治区、直辖市）的国内旅游人数（如山东、广东、江苏、浙江等）总体比内陆（如山西、江西等）多，旅游人数最多的广东省是旅游人数最少的西藏的43倍多。江苏、浙江、四川等气候比较湿润的省份国内旅游人数比较为干燥的甘肃、青海等也明显高得多。

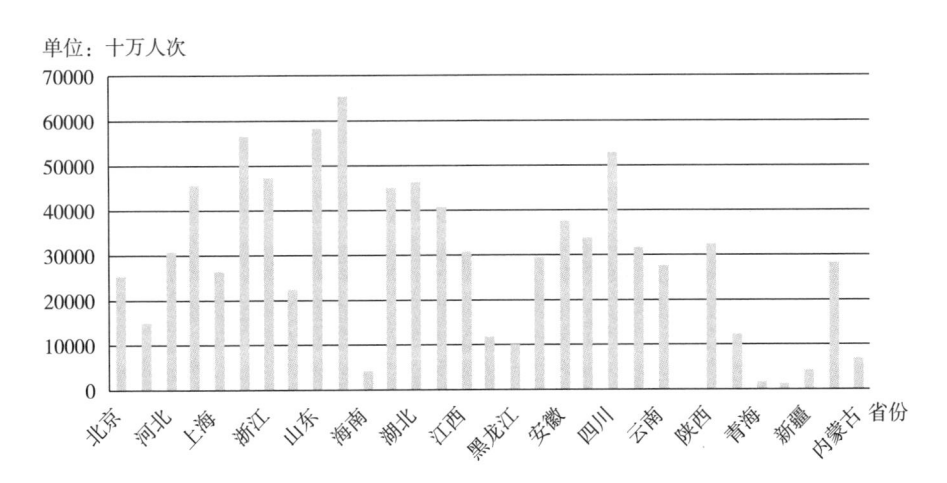

图2-7　2014年全国31个省（自治区、直辖市）国内旅游人数

资料来源：各省（自治区、直辖市）2014年《国民经济和社会发展统计公报》。

二、国内旅游需求的城市差异

国内旅游需求不仅在各个地区和省份之间表现出一定的差异，在同一省份的不同市区之间也会表现出一定的空间差异。从全国所有省会城市国内旅游需求的占比情况来看，国内旅游的流向空间主要集中在中心城市。一般而言，各省省会城市的发展相较于周边城市往往更加成熟，集聚人群也更为密集。图2-8刻画了省会城市国内旅游人数占整个年度国内旅游人数的比重,即中心城市国内旅游需求量的份额。由图 2-8 可知,省会城市国内旅游人数占据整个年度国内旅游人数的比重呈持续增长的走势,省会城市国内旅游人数占比年均贡献度高达 40.27%。其中,占比最高的年份出现在 2016 年,省会城市国内旅游人数占比年均贡献度高达 49.1%。进一步对每年占比的增长率进行分析可以发现,省会城市国内旅游人数占整个年度全国国内旅游人数的比重的增长率走势存在一定的放缓现象,甚至出现了负增长。如 2003 年、2004 年、2011 年的增长率分别为 -2.44%、-5.42%、-3.45%。这表明中心城市游客流量有被其他周边城市分流的可能,周边城市的基础设施建设以及旅游服务体系在追赶中心城市。

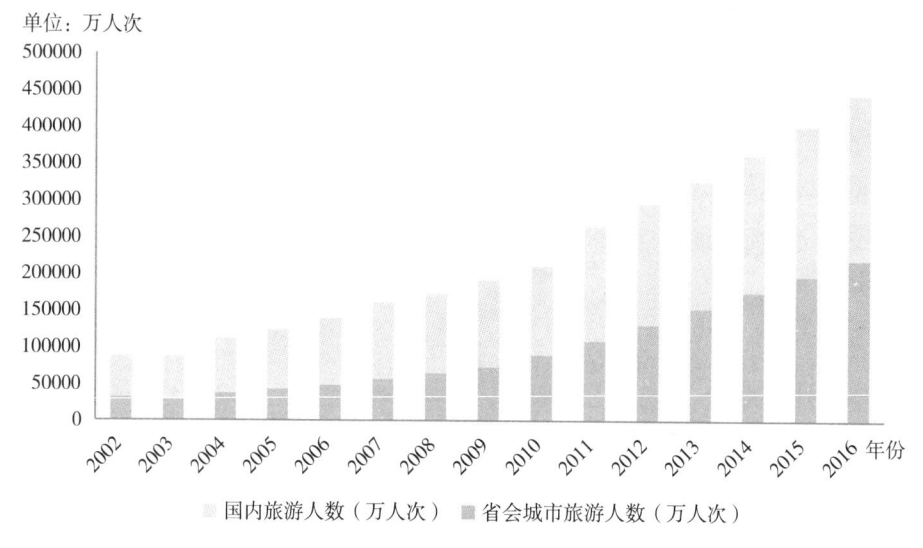

图 2-8　2002—2016 年各省会城市国内旅游人数占全年国内旅游人数占比

资料来源:《中国统计年鉴》《中国旅游统计年鉴》及各省会城市统计年鉴。

尽管同一个省份的地理环境与资源禀赋可能没有太大差异,但各地级市之间的经济发展水平、基础设施的投入与建设等方面差异明显。

第二章　中国国内旅游需求时空特征与变化趋势　　71

图 2-9 给出了浙江省 2002—2015 年 5 个地级市的国内旅游人数对比情况。图 2-9 表明，国内旅游人数位居前列的城市有杭州、宁波、绍兴，旅游人数较为靠后的城市有舟山和衢州，2015 年杭州市国内旅游人数是舟山市国内旅游人数的 3.13 倍；和旅游人数相差最少的宁波市相比，杭州市国内旅游人数也是宁波的 1.52 倍。

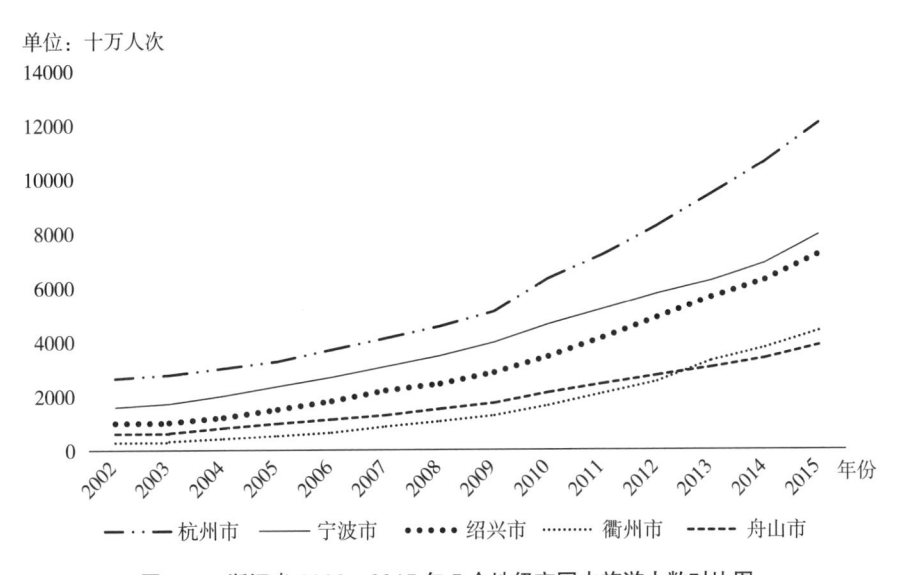

单位：十万人次

图 2-9　浙江省 2002—2015 年 5 个地级市国内旅游人数对比图

资料来源：《浙江省旅发展报告》《浙江旅游统计便览》。

三、国内旅游需求的城乡差异

由于城乡居民在收入和教育水平等方面存在较大差异，城乡居民旅游需求的差距也较大。图 2-10 通过比较 1993—2016 年城乡居民出游率（指的是一个地方旅游人次占当地居住人口的比重）来揭示我国城乡居民在旅游需求上的差异。由图 2-10 可知，1993—2016 年城市和农村出游率一致保持不断增长的趋势，城市出游率年均比率为 175.3%，农村出游率年均为 91.3%，城市出游率高于农村出游率。1993—2016

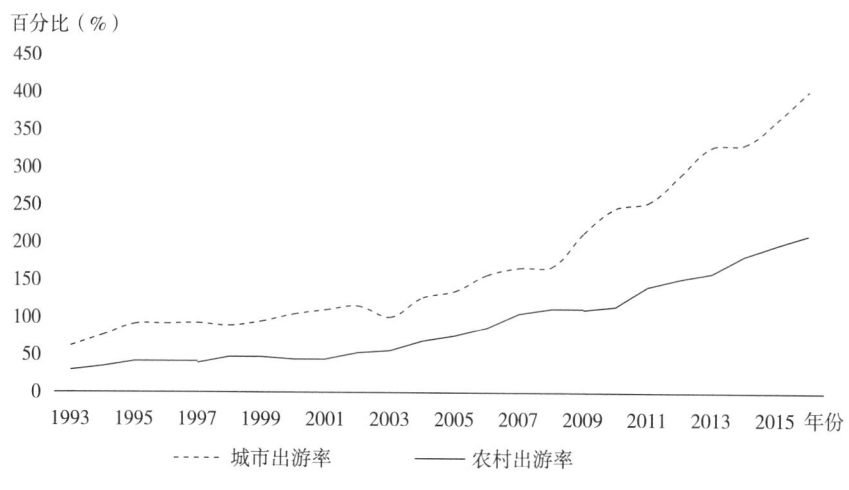

图 2-10 1993—2016 年城市与农村居民国内旅游出游率

资料来源:《中国统计年鉴》《中国旅游统计年鉴》。

年城市出游率由 61.64% 提升至 402.91%，农村出游率由 29.35% 提高至 210.26%。城市居民可能由于收入水平高、出行便利、追求精神层面享受等原因更多地选择旅游，而农村居民由于收入水平较低、出行交通不便等原因导致其出游率较低。通过城乡居民出游率增长率的对比可以发现，城市出游率年增长率约为 8.92%，农村出游率年增长率约为 9.32%，农村与城市居民出游率的增长率存在收敛趋势。

图 2-11 通过比较 1997—2016 年城乡居民人均国内旅游花费来进一步揭示我国城乡居民在旅游需求上的差异。由图 2-11 可以看出，1997—2016 年城乡居民人均国内旅游花费总体趋于上升，城镇居民人均国内旅游花费涨势较为平稳，年人均国内旅游花费增长率为 3.44%；农村居民人均国内旅游花费有一定程度的爬升，年人均国内旅游花费增长率为 10.15%。2016 年城镇居民人均国内旅游花费较之于 1997 年的增长率为 65.99%，而农村居民人均国内旅游花费较之于 1997 年的增长率为 288.99%。这说明农村居民的人均国内旅游花费潜力大于城镇居民。

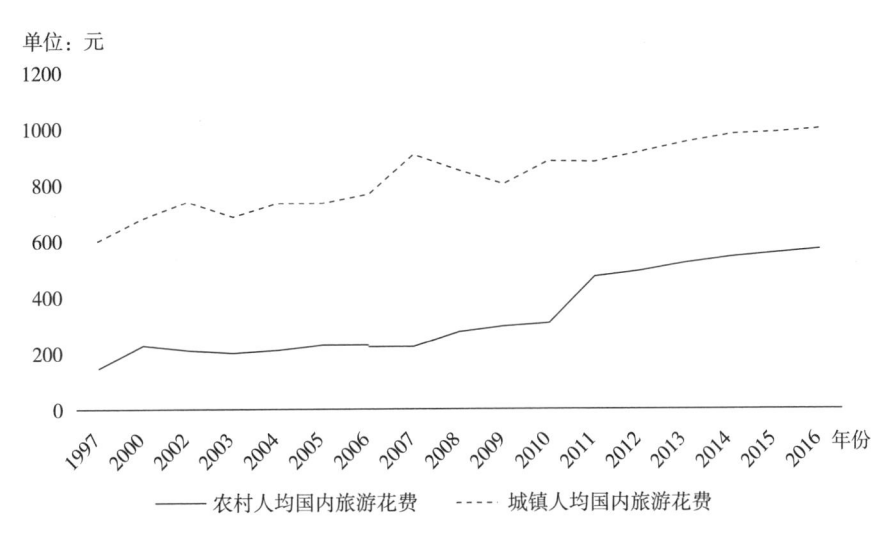

图 2-11　1997—2016 年城镇与农村居民人均国内旅游花费

资料来源：《中国旅游业统计公报》。

第四节　国内旅游需求的变化趋势

一、国内旅游需求的数量变化趋势

国内旅游需求的数量变化具有显著的时间和空间特征，影响国内旅游需求的因素主要涉及人口数量、居民可支配收入、经济发展水平等因素。首先，1984—2016 年我国常住居民的人口数与国内旅游人数的相关性分析表明，两者存在显著正相关。这意味着，随着我国常住居民人口数的不断增加，国内旅游人数会随之不断增加。其次，1994—2016 年我国城市居民人均可支配收入与国内旅游收入的相关性分析表明，两者也存在显著的正相关关系。这意味着，未来一段时间内城市居民人均可支配收入的增加会促进国内旅游需求的增加。最后，2009 年《国务院关于加快发展旅游业的意见》（国发〔2009〕41 号）确立旅游业作为国家战略性支柱产业以来，旅游业作为全球第一大"绿色产业""无烟产业"和"生态产业"得到各国和地区的青睐，具体表现为国内旅游收入对我国国内生产总值的贡献度逐渐上升。据统计，国内旅游收入对我国国内生产总值的占比年均为2.68%，且贡献度维持持续上升的走势。1984年，国内旅游收入对国内生产总值的贡献度为1.11%，2016年国内旅游收入对GDP的贡献度达到了5.24%，同比增长327%。基于国内旅游收入与国内旅游收入占国内生产总值比例之间的正相关关系，随着我国国内旅游收入的增加，国内旅游收入对国内生产总值的贡献度会随之不断增大。

二、国内旅游需求的质量变化趋势

根据国务院《质量振兴纲要（1996—2010）》和国家旅游局《旅游服务质量提升计划》，旅游业必须全面提升服务质量以最大限度满足旅游消费者需求。旅游服务质量提升主要包括提升旅游目的地质量、提升旅游企业服务质量、提升旅游行业自律水平、提升国民旅游素质。第一，旅游出行方式多样化趋势对旅游企业服务质量提出了更高要求。旅游出行方式主要包括自驾游、自由行和互助旅行。自驾车旅行是游客自主安排好路线、里程、时间之后再驾车出游。2014年《关于促进旅游业改革发展的若干意见》明确指出"建立旅舍全挂车营地和露营营地建设标准，完善旅居全挂车上路通行的政策措施"，该政策更推动了自驾车旅游的发展。《中国自驾游年度发展报告（2014—2015）》显示2014年自驾车出游总人数约为22亿人次，较2013年增长8%，约占年度旅游总人数的61%。自由行是一种新兴的旅游方式，由旅行社安排住宿与交通，没有导游随行，饮食由游客自行安排。《中国自由行发报告（2012—2013）》显示，越来越多目的地国家把旅游重心转向自由行。互助旅行是指旅游者利用互联网联系彼此，以互相帮助交换自有资源的方式进行旅游，根据彼此已有资源为对方提供各类帮助和指导，同时再安排合适的时间让对方到你处旅游，并向对方提供相应的服务。这种旅游方式更加的自由、自主、经济，同时能够充分融入当地的生活中去。[①] 新型旅游出行方式改变着传统旅游企业服务方式，或创新旅游企业的供给范式。第二，旅游需求标的多样化趋势对旅游目的地质量提出了更高要求。旅游需求标的多样化主要包括生态化、个性化和"晒"文化等。"旅游生态化是人类反思和矫正传统旅游方式，满足大众旅游需求的变化，适合大众旅游动机的转变，协调人与自然的关系，寻求理想的旅游方式，谋求旅游业可持续发展的必然结果"。[②] 随着游客个性化需求的增加，一些大众热门目的地和常规旅游线路已满足不了消费的需求，个性化旅行将成为未来旅游新趋势。与此同时，随着国民生活水平的不断提高，在生存型消费得到满足之后，居民享受型消费旅游需求也将持续释放。人们不仅仅满足于观看山水、品尝美食的浅层旅游，对于当地文化的了解，旅游景点释放出的文化魅力，也正强烈吸引着国内旅游者。第三，旅游信息获取渠道多元化对提升旅游行业自律水平和提升国民旅游素质提出了更高要求。旅游信息获取渠道主要包括互联网搜索引擎、新兴媒体方式和专业的旅游服务平台。随着互联网应用在旅游业中的普及，旅游者更多地利用互联网搜索引擎查询旅游出行的相关信息。较之于通过搜索引擎以及传统搜寻旅游信息的方式，新兴媒体（如微信、微博等）的出现，为人们查找出行

---

① 吴捷、匡洋：《互助旅游网站发展研究》，《合作经济与科技》2014年第14期。
② 吕逸新、黄细嘉：《旅游生态化与生态旅游建设》，《南昌大学学报（人文社会科学版）》2005年第36期。

方式、路线以及旅游景点等方面的旅游信息提供了更多的便捷。信息化时代的到来，利用信息技术构建数字旅游服务平台对旅游者查找旅游信息产生了很大的影响，然而信息不对称情形下如果没有严格的行业自律标准或良好的国民素质，旅游供给主体和消费主体间的矛盾就会异常尖锐。综上所述，三种变化趋势背后的质量要求符合国家战略和时代要求，其中第二类趋势——旅游需求标的的多样化（如生态化）与资源环境等要素密切相关，也是约束变化的客观表现。

三、国内旅游需求的约束变化趋势

（一）成本约束变化趋势

尽管旅游成本在一定程度上对游客而言是一种刚性约束，但随着社会经济发展水平的不断提升，旅游业逐渐进入大众化消费时代，包括门票、旅行时间机会成本等在内的成本越来越低，成本约束愈渐放宽。根据《中国 5A 级景区门票价格分析与国际比较（2015）》，截至 2014 年年底，我国 5A 级景区门票平均价格为 112 元；近 1/2 景区门票价格在 100—200 元之间，20 家门票价格为 200 元（含）以上。2015 年 9 月，国家发展改革委和国家旅游局下发通知对景区门票价格进行专项整治（为期一年）。2016 年 12 月 9 日，根据专项治理行动情况通报，全国新增 37 个景区实行免费开放或阶段性免费开放，另有 35 个景区主动降低了门票价格。鉴于减少旅行成本政策较之于缩短旅行时间政策更能提高城市的旅游收入，[①] 旅行成本约束会在市场和政府的综合作用下不断放松。

---

① 谢慧明、沈满洪、李中海：《中国城市居民旅游需求函数的实证研究》，《旅游学刊》2014 年第 9 期。

（二）收入约束变化趋势

人均收入增长是国内旅游的重要驱动力。[①] 城市居民人均可支配收入一直以来都保持着较高的增长速度，城乡收入差距大也是收入分配的重点问题，缩小收入差距会进一步促进国内旅游需求的增长。《"十三五"推进基本公共服务均等化规划》中提到调节收入分配应成为政府施政的重点工程之一。收入约束与国内旅游需求之间存在相互影响的关系。收入是影响国内旅游需求的关键因素，同时中国旅游发展能够显著减小城乡收入差距，旅游发展对全国人均收入水平的影响显著为正。[②] 总之，收入约束短期内虽具有较大刚性，但长期中收入增长态势依然明显，收入约束也会趋松，尤其是对国内旅游需求而言。

（三）时间约束变化趋势

外出旅游需要耗费一定时间，如何在闲暇时间有限的背景下有效利用时间、节约时间、降低单位旅游品的时间消耗以增加休闲时间变得十分重要。随着法定假期和黄金周数量的调整，居民可自由支配时间延长。2008年起，我国正式实施"带薪假期"。国家旅游局2016年12月26日发布《"十三五"旅游业发展规划》提出我国将制定带薪休假细则，届时旅行机会成本更会进一步削减。与此同时，政府交通运输设施的建立与完善有效地提高了旅游的时间效率。由此可见，国内旅游需求的时间刚性约束在各方的综合努力下也在不断地得到缓解。

（四）资源约束变化趋势

相比较于成本约束、收入约束和时间约束，在"十二五"和"十三五"时期乃至更长远的阶段上，国内旅游业发展所面临的资源刚性约束更

---

① 孙根年、薛佳：《收入驱动的居民国内旅游模型研究》，《商业研究》2009年第5期。
② 赵磊：《旅游发展能否减小城乡收入差距？——来自中国的经验证据》，《旅游学刊》2011年第26期。

为突出。资源刚性约束的表现一方面是资源型约束，另一方面是气候型约束。谢慧明、沈玲佳和沈满洪（2016）指出国内旅游业可持续发展面临着突出的资源环境约束问题，包括旅游资源的保护与开发、旅游资源保护开发过程中的环境问题以及气候问题等。[①] 随着"全域旅游"和"都市圈"等国家战略的推广，区域内和都市圈内的旅游资源生态环境、公共服务、体制机制、政策法规、文明素质等正在进行全方位、系统化的优化提升。在成本约束、收入约束和时间约束渐行渐宽的背景下唯有资源约束的刚性日益凸显。因此，研究资源刚性约束下国内旅游需求的变化趋势具有重要的理论和现实意义，且十分迫切。

---

① 谢慧明、沈玲佳、沈满洪：《国内旅游业可持续发展的供求策略研究》，《旅游论坛》2016年第9期。

第三章 中国城市居民旅游需求函数的实证研究

伴随我国经济的高速增长，我国城乡居民可支配收入大幅度增加，居民在基本生活有所保障的情形下对旅游资源和环境资源等生态产品的需求不断增加，有限的生态产品供给和不断增加的生态产品需求之间的矛盾日益凸显。这一矛盾在旅游资源的开发和利用过程中突出表现为"假日旅游"所引发的旅游管理部门与游客之间的矛盾和旅游资源的供求矛盾，以及"旅游淡旺季"所引发的旅游资源配置效率低下和旅游业的产出波动。诸如此类问题研究的基础是旅游需求分析，它始终是旅游研究的前沿问题之一。[①] 本章将基于旅行成本模型，采用城市观光旅游的加总数据对城市居民的旅游需求函数进行再估计，以探讨城市居民出游率的决定因素，寻找适合中国城市居民出行的旅游需求函数，并尝试着回答居民出游所关心的旅行成本结构问题和旅游部门所关心的扩大旅游需求和延长停留时间等问题。

---

① 范业正：《旅游者需求与消费行为始终是旅游研究的前沿问题》，《旅游学刊》2005 年第 20 期；Song, H. Y., L. Dwyer & G. Li, et al., "Tourism Economics Research: A Review and Assessment", *Annals of Tourism Research*, Vol. 39, No. 3（2012）, pp. 1653–1682.

第一节 旅游需求函数估计的对象、方法与变量

从旅游经济学角度来看,旅游需求的被解释变量主要是指接待游客人数或旅游收入,包括国内和入境两个方面;解释变量则包括旅游目的地的旅游价格、游客出发地的旅游价格、旅行距离、人口、旅行成本、替代旅游目的地的旅行成本等。[1] 近期,营销支出、公共物品、气候变化等因素逐渐成为旅游需求经验研究的新聚焦点。[2] 从旅游资源的需求角度来看,居民旅游需求函数的估计是旅游资源价值评价的基础。根据旅行成本模型的基本思想,居民旅游需求函数是指居民对旅游目的地的访问次数受旅行成本、时间成本和居民收入等因素的影响。国内诸多学者运用旅行成本模型对我国很多自然景观的旅游需求函数进行了细致地估计,如张家界、九寨沟、黄山等。[3] 然而,学者们基于旅游需求函数所估算的旅游资源价值的置信区间相对较宽,运用不同方法对同一景点所估算出来的结果也存在较大差异。[4]

---

[1] Li, G., H. Y. Song & S. F. Witt, "Recent Developments in Econometric Modeling and Forecasting", *Journal of Travel Research*, Vol. 44, No. 1 (2005), pp. 82–99.

[2] Zhang, H. Q., N. Kulendran & H. Y. Song, "Measuring Returns on Hong Kong's Tourism Marketing Expenditure", *Tourism Economics*, Vol. 16 (2010), pp. 853–865; Chen, C.F. & R. Rothschild, "An Application of Hedonic Pricing Analysis to the Case of Hotel Rooms in Taipei", *Tourism Economics*, Vol. 16 (2010), pp. 685–694; Rigall-I-Torrent, R. & M. Fluvia, "Managing Tourism Products and Destinations Embedding Public Goods Components: A Hedonic Approach", *Tourism Management*, Vol. 32 (2011), pp. 244–255; Goh, C., "Exploring Impact of Climate on Tourism Demand", *Annals of Tourism Research*, Vol. 39, No. 4 (2012), pp. 1859–1883.

[3] 吴楚材、邓立阳、金世东:《张家界国家森林公园游憩效益经济评价的研究》,《林业科学》1992年第28期;李巍、李文军:《用改进的旅行费用法评估九寨沟的游憩价值》,《北京大学学报(自然科学版)》2003年第39期;谢贤政、马中:《应用旅行费用法评估黄山风景区游憩价值》,《资源科学》2006年第28期;许丽忠、张江山、王菲风等:《熵权多目的地TCM模型及其在游憩资源旅游价值评估中的应用——以武夷山景区为例》,《自然资源学报》2007年第22期。

[4] 董雪旺、张捷、蔡永筹等:《基于旅行费用法的九寨沟旅游资源游憩价值评估》,《地域研究与开发》2012年第31期。

一、居民旅游需求函数估计的具体对象

旅行成本模型和条件价值法被广泛地运用于评价湖泊、河流、水溪、河口、森林等资源与环境的经济价值。[1] 国外价值评价的具体对象包括国家森林公园、沙滩、博物馆、剧院、文化遗产、体育运动、霍乱疫苗等，评价对象不断地被延展。[2]

国内居民旅游需求函数估计的相关研究对象均与自然生态问题密切联系在一起，更多的是直接对自然景观的游憩价值进行估计。如九寨沟，温州市南麂列岛国家级海洋自然保护区和达理诺尔国家级自然保护区，宏村古村落，大庆湿地，舟山旅游金山角等。[3]

---

[1] 弗里曼：《环境与资源价值评估——理论与方法》，曾贤刚译，中国人民大学出版社2002年版，第527—527页。

[2] Moeltner, K., "Addressing Aggregation Bias in Zonal Recreation Models", *Journal of Environmental Economics and Management*, Vol. 45, No. 1 (2003), pp. 128–144; Poor, P. J. & J. M. Smith, "Travel Cost Analysis of a Cultural Heritage Site: The Case of Historic St.Mary's City of Maryland", *Journal of Cultural Economics*, Vol. 28, No. 3 (2004), pp. 217–229; Haszar, P. C. & D. W. Seckler, "Effects of Pricing a Free Good: A Study of the Use of Admission Fees at the California Academy of Sciences", *Land Economics*, Vol. 50, No. 4 (1974), pp. 364–373; Forrest, D., K. Grime & R. Woods, "Is It Worth Subsidising Regional Repertory Theatre?", *Oxford Economic Papers*, Vol. 52, No. 2 (2000), pp. 381–397; Jeuland, M., M. Lucas & J. Clemens, et al., "Estimating the Private Benefits of Vaccination against Cholera in Beira Mozambique: A Travel Cost Approach", *Journal of Development Economics*, Vol. 91, No. 2 (2010), pp. 310–322; Loomis, J., O. Tadjion & P. Watson, et al., "A Hybrid Individual-zonal Travel Cost Model for Estimating the Consumer Surplus of Golfing in Colorado", *Journal of Sports Economics*, Vol. 10, No. 2 (2009), pp. 155–167; García-Pozo, A., J. L. Sánchez-Ollero & D. M. Marchante-Lara, "applying a Hedonic Model to the Analysis of Campsite Pricing in Spain", *International Journal of Environment and Resource*, Vol. 5, No. 1 (2011), pp. 11–22.

[3] 李巍、李文军：《用改进的旅行费用法评估九寨沟的游憩价值》，《北京大学学报（自然科学版）》2003年第39期；张茵、蔡运龙：《基于分区的多目的地TCM模型及其在游憩资源价值评估中的应用——以九寨沟自然保护区为例》，《自然资源学报》2004年第19期；董雪旺、张捷、刘传华等：《条件价值法中的偏差分析及信度和效度检验——以九寨沟游憩价值评估为例》，《地理学报》2011年第66期；董雪旺、张捷、蔡永寿等：《基于旅行费用法的九寨沟旅游资源游憩价值评估》，《地域研究与开发》2012年第31期；刘星、叶鹰峰、尤胜炮：《南麂列岛国家级海洋自然保护区的旅游价值评估》，《海洋开发与管理》2006年第5期；王海春、乔光华：《基于旅行费用法的游憩价值评估分析——以内蒙古达理诺尔国家级自然保护区为例》，《技术经济》2009年第28期；张红霞、苏勤：《基于TCM的旅游资源游憩价值评估——以世界文化遗产宏村为例》，《资源开发与市场》2011年第27期；宋立全、张思冲、许瀛元等：《大庆湿地类型及文化旅游价值估算》，《森林工程》2012年第28期；肖建红、于庆东、陈东景等：《舟山普陀旅游金三角游憩价值评估》，《长江流域资源与环境》2011年第20期。

国内外比较研究表明，已有研究更多关注的是不同客源地的居民对特定旅游资源的需求，而甚少从城市视角对居民的旅游需求函数、相关弹性和消费者剩余进行分析。孙睿君、钟笑寒（2005）对全国38个城市2000年和2002年两年共76个样本进行了研究，该研究为居民旅游需求函数的估计提供了新的研究对象和研究视角。

二、居民旅游需求函数估计的研究方法

旅行成本法是估计居民旅游需求函数的合适方法，该方法使用的前提是需要估计居民旅游需求函数。[①]旅行成本模型经过半个多世纪的发展可以分成两大类：一是地区旅行成本模型，二是个人旅行成本模型。不管是地区旅行成本模型还是个人旅行成本模型，作为典型的消费者都会面临单一目的地旅行（Single-site）和多目的地旅行（Multi-site）的选择问题。两两组合构筑了四类旅行成本模型。四类模型所围绕的一个核心变量就是旅行成本。正是由于在一个多目的地的旅行过程中旅行成本需要在不同目的地之间进行分配，旅行成本的剥离问题使得多目的地旅行成本函数估算困难重重。[②]

与关注旅行成本不同，20世纪80年代开始，学者们的研究重点转向研究时间成本以及与时间成本度量相关的变量上。麦康奈尔（McConnell, 1992）给出了在旅行目的地花费的时间内生时的旅行成本需求函数。伯曼和宏景（Berman & Hongjin, 1999）在McConnell-Smith

---

[①] 赵玲、王尔大、苗翠翠：《ITCM在我国游憩价值评估中的应用及改进》，《旅游学刊》2009年第24期。

[②] Caulkin, P. P., R. C. Bishop & N. W. Bouwes, "Ommited Cross-price Variables in the Linear Travel Cost Model: Correcting Common Misperceptions", *Land Economics*, Vol. 61, No. 2 (1985), pp. 182-187.

模型的基础上，探讨了在旅行目的地花费的时间内生时随机效用模型和离散选择模型的运用；该模型的结果更显著且更具有说服力。[1]

国内已有研究中的旅行时间变量都被作为一个外生变量由客源地的平均工资率决定。旅行时间的机会成本并不完全等同于工资率，而是存在一个折算系数，如 1/3。[2] 然而，国内研究甚少从旅行时间内生视角构建居民旅游需求函数。

三、居民旅游需求函数估计的重要变量

居民旅游需求函数刻画的是参观次数与旅行成本的关系。后续研究将旅行时间、停留时间、居民收入、环境质量、参观方式、替代景点、享乐价格等变量逐步引入居民旅游需求函数之中。[3] 其中，最重要的三个变量是旅行成本、停留时间和居民收入，剥离系数是从多目的地旅行成本模型转化为单一目的地旅行成本模型的关键变量。

（一）旅行成本

旅行成本包括门票、旅行的货币费用、旅行的时间成本、花费在景点上的时间成本。[4] 旅行的货币费用主要是指交通成本，即旅行距离

---

[1] Landry, C. E. & K. E. McConnell, "Hedonic On-sight Cost Model of Recreation Demand", *Land Economics*, Vol. 83, No. 2 (2007), pp. 253-267.

[2] 谢贤政、马中：《应用旅行费用法评估黄山风景区游憩价值》，《资源科学》2006 年第 28 期；赵玲、王尔大、苗翠翠：《ITCM 在我国游憩价值评估中的应用及改进》，《旅游学刊》2009 年第 24 期；董雪旺、张捷、蔡永筹等：《基于旅行费用法的九寨沟旅游资源游憩价值评估》，《地域研究与开发》2012 年第 31 期。

[3] Bockstael, N. E., I. E. Strand & W. M. Hanemann, "Time and the Recreational Demand Model", *American Journal of Agricultral Economics*, Vol. 69, No. 2 (1987), pp. 293-302; McConnell, K. E., "On-site Time in the Demand for Recreation", *American Journal of Agricultural Economics*, Vol. 74 (1992), pp. 918-925; Berman, M. D. & K. Hongjin, "Endogenous On-site Time in the Recreation Demand Model", *Land Economics*, Vol. 75, No. 4 (1999), pp. 603-619; 弗里曼：《环境与资源价值评估——理论与方法》，曾贤刚译，中国人民大学出版社 2002 年版，第 527—527 页。

[4] 弗里曼：《环境与资源价值评估——理论与方法》，曾贤刚译，中国人民大学出版社 2002 年版，第 527-527 页。

和单位距离成本的乘积。① 国内研究的旅行费用既包括交通费用，还包括食宿费用、景区内服务，以及购物花费和娱乐花费等。② 旅行估算的难点在于时间机会成本的测度。已有研究中，旅行时间和花费在景点上的时间成本由工资率决定。③ 不同文献的时间成本差异显著，或1/3的工资率，或30%—50%的工资率，或40%的工资率。④

（二）停留时间

在内生旅行成本模型中，停留时间（花费在景点上的时间）内生决定。麦康奈尔（McConnell，1992）内生旅行成本模型中参观次数的决定因素同样会作用于花费在景点上的时间，包括旅行成本、替代成本和时间成本。兰德里和麦康奈尔（Landry & McConnell，2007）进一步界定了花费在景点上的时间的决定因素，如景点上的花费、参观方式、替代景区和其他社会经济变量。国内鲜有学者在估算自然景区的游憩价值时对花费在景点上时间的内生性进行讨论。

（三）居民收入

在传统的个人效用最大化模型中，居民收入作为一个外生的变量，对参观次数和其他希克斯商品束的消费构成了一个强有力的约束。在

---

[1] Loomis, J. B. & R. G. Walsh, *Recreation Economic Decisions: Comparing Benefits and Costs* (the 2nd Edition), Pennsylvania: Venture Publishing Inc, 1997; Englin, J. & J. S. Shonkwiler, "Modeling Recreation Demand in the Presence of Unobservable Travel Costs: Towards a Travel Price Model", *Journal of Environmental Economics and Management*, Vol. 29, No. 3（1995），pp. 368-377；郭剑英：《乐山大佛旅游资源的国内旅游价值评估》，《地域研究与开发》2007年第26期。

[2] 董雪旺、张捷、蔡永筹等：《基于旅行费用法的九寨沟旅游资源游憩价值评估》，《地域研究与开发》2012年第31期。

[3] Cesario, F. J., "Value of Time in Recreation Benefit Studies", *Land Economics*, Vol. 52, No. 1 (1976), pp. 32-41; McKean, J. R., D. M. Johnson & R. G. Walsh, "Valuing Time in Travel Cost Demand Analysis: An Empirical Investigation", *Land Economics*, Vol. 71, No. 1 (1995), pp. 96-105.

[4] Chavas, J. P., J. Stoll & C. Sellan, "On the Commodity Value of Travel Time in Recreational Activities", *Applied Economics*, Vol. 21, No. 6 (1989), pp. 711-722；薛达元、包浩生、李文华：《长白山自然保护区生物多样性旅游价值评估研》，《自然资源学报》1999年第14期；郭剑英、王乃昂：《旅游资源的旅游价值评估——以敦煌为例》，《自然资源学报》2004年第19期。

实证研究的过程中，居民收入指标选择多种多样，主要包括以下几种：通过取均值对分段游客收入进行加权平均、地区人均净收入、人均地区生产总值或城镇居民可支配收入。①

（四）剥离系数

由于多目的地旅游需求函数的估计非常困难，因此诸多学者基于不同的原则设计了剥离系数，从而使得旅行总费用可以转换成单一目的地的旅行费用，多目的地的出游率转变为单一目的地的出游率。剥离系数的确定方法有多种，可以是游览省（市、区）数为1的旅游者所占的比例，可以是被调查景点旅游收入占地区内主要旅游景点收入的比例，可以是在目的地平均停留的时间除以整个旅途的时间花费，也可以是目的地门票价格在该路线组合的所有目的地的门票总和中的比例。②

综上所述，国内旅游需求函数的估计缺乏从宏观视角对中国整体居民出游行为进行深入研究，也鲜有学者从停留时间内生视角对中国居民旅游需求函数进行估计或对相应景点的游憩价值进行评价，而且国内游憩价值估算的研究大多没有将居民收入变量考虑在内和缺少对居民出游动态行为的考察。因此，本章将从居民旅游需求的城市视角出发，基于内生旅行成本模型，在考察居民出游动态行为约束下对中

---

① Landry, C. E. & K. E. McConnell, "Hedonic On-sight Cost Model of Recreation Demand", *Land Economics*, Vol. 83, No. 2 (2007), pp. 253-267; Chen, W. Q., H. S. Hong Y. Liu, et al., "Recreation Demand and Economic Value: An Application of Travel Cost Method for Xiamen Island", *China Economic Review*, Vol. 15, No. 4 (2004), pp. 398-406; 董雪旺、张捷、蔡永筹等：《基于旅行费用法的九寨沟旅游资源游憩价值评估》，《地域研究与开发》2012年第31期。

② 孙睿君、钟笑寒：《运用旅行费用模型估计典型消费者的旅游需求及其收益：对中国的实证研究》，《统计研究》2005年第12期；郭剑英：《乐山大佛旅游资源的国内旅游价值评估》，《地域研究与开发》2007年第26期；张红霞、苏勤：《基于TCM的旅游资源游憩价值评估——以世界文化遗产宏村为例》，《资源开发与市场》2011年第27期；董雪旺、张捷、蔡永筹等：《基于旅行费用法的九寨沟旅游资源游憩价值评估》，《地域研究与开发》2012年第31期。

国居民旅游需求函数进行估计，并就居民旅游的价格弹性和收入弹性进行探讨，从而明确城市旅游资源开发和保护的政策建议。

第二节　旅行成本模型与城市居民旅游需求函数设定

一、停留时间内生的旅行成本模型

基于麦康奈尔（1992）模型，停留时间外生给定情形下居民的旅游需求函数为式（3-1）：

$$x=x(p_x+p_nn,p,y,n) \qquad (3-1)$$

其中，p_x 是指旅行的成本，p_n 是指停留时间的单位机会成本，n 是指停留时间，y 是指居民总收入，p 表征的是消费其他希克斯商品束的成本。当停留时间内生时，居民旅游需求函数变为：

$$x=x(p_x,p_n,p,y) \qquad (3-2)$$

式（3-2）是停留时间内生时居民的旅游需求函数。从变量来看，旅游需求函数包含旅行成本、停留时间成本、消费希克斯商品束的成本和总收入。与此同时，停留时间的决定方程如式（3-3）所示，影响居民旅游需求函数的一系列变量也影响停留时间的长短：

$$t=t(p_x,p_n,p,y) \qquad (3-3)$$

在旅行成本模型中，对于特定舒适性场所的需求函数可能不同，可能存在随时间变化而变化的情形。因此，在估计居民旅游需求函数时应考虑目的地的时间效应。考虑时间效应的需求函数设定有两种方式：一种是假定参观次数随着时间 t 的变化而变化，另一种假定如式（3-4）和式（3-5）所示，由参观次数的滞后期和其他控制变量共同决定。本章采取了后一种假定来刻画居民出游的动态行为约束：

$$x_t = x(p_x, t, p_n, t, p_t, y_t, x_{t-1}, x_{t-2}, \cdots x_{t-i}) \quad (3-4)$$

基于式（3-2），式（3-4）刻画了动态行为约束下的居民旅游需求函数，同理停留时间的估计方程可以设定为：

$$n_t = x(p_x, t, p_n, t, p_t, y_t, n_{t-1}, n_{t-2}, \cdots n_{t-i}) \quad (3-5)$$

其中，t 表示第 t 期，一般是指第 t 年，在那一年参观次数会受到之前 $t-i$ 年（$0<i<t$）参观次数的影响，同时之前若干年在目的地的停留时间也决定着第 t 年游客在目的地的停留时间。式（3-4）和式（3-5）揭示的是游客对于同一目的地旅游需求和停留时间的动态决策过程。在两期（$i=1$）模型中，动态行为约束下的居民旅游需求函数表明上年游客对目的地访问次数会影响到今年游客对该目的地的访问次数。如果游客觉得该目的地很符合他的偏好，那么该游客将会在下一期增加参观次数或延长在该目的地的停留时间，反之则反是。

二、回归方程设定

基于停留时间外生的旅行成本模型，根据式（3-1），结合居民旅游消费函数的重要变量分析，j 地区游客对于旅游产品的马歇尔需求函数可以设定为：

$$x_{j,t} = x(p_{x,j,t} + n \cdot p_{n,j,t}, n_{j,t}, y_{j,t}, x_{j,t-1}, x_{j,t-2}, \cdots x_{j,t-i}, o_{j,t}) \quad (3-6)$$

其中，$x_{j,t}$ 是指游客在第 t 期对 j 地区的人均参观率；由于研究的具体对象是消费者的旅游需求行为，因此假定全国所有旅游景点是同质产品，一个地区特定时间段的出游率就是该地区这个时间段内对同质旅游景点的人均参观率，即区域旅行成本模型中的旅游需求量（孙睿君、钟笑寒，2005）。$p_{x,j,t}$ 是指第 t 期 j 地区的平均旅行成本；$p_{n,j,t}$ 是指

第 t 期 j 地区的停留时间的单位成本;[1]$y_{j,t}$ 是指第 t 期 j 地区的平均人均收入;$x_{j,t-i}$ 表示的是 j 地区滞后 i 期的人均参观率,$o_{j,t}$ 是指第 t 期 j 地区的一些其他社会经济发展特征,包含消费希克斯商品束所需要的成本,具体是指 j 地区的平均年龄、平均受教育年限、家庭月平均收入等。

当停留时间内生时,基于式(3-4),j 地区游客的马歇尔需求函数可以设定为:

$$x_{j,t}=x(p_{x,j,t},p_{n,j,t},y_{j,t},x_{j,t-1},x_{j,t-2},\cdots x_{j,t-i},o_{j,t}) \quad (3-7)$$

根据动态面板数据分析方法,式(3-6)的回归模型可以设定为:

$$x_{j,t}=\alpha+\beta\sum_{i=1}^{I}x_{j,t-i}+\gamma\big(p_{x,j,t}+n_{j,t}\cdot p_{n,j,t}\big)+\phi n_{j,t}+\rho y_{j,t}+\sigma o_{j,t}+u_i+\varepsilon_{j,t} \quad (3-8)$$

其中,u_i 代表不可观测的个体效应,$\varepsilon_{j,t}$ 为随机扰动项。当考察停留时间内生的需求函数时,根据两步检验停留时间内生性的方法,式(3-5)的回归方程设定如下:

$$n_{j,t}=\alpha+\beta\sum_{i=1}^{I}n_{j,t-i}+\gamma p_{x,j,t}+\phi p_{n,j,t}+\rho y_{j,t}+\sigma o_{j,t}+u_i+\varepsilon_{j,t} \quad (3-9)$$

若式(3-9)回归方程显著,那么可以认为停留时间是内生的。基于式(3-7)和式(3-9),考虑时间效应的旅游需求函数回归模型可以设定为:[2]

$$x_{j,t}=\alpha+\beta\sum_{i=1}^{I}x_{j,t-i}+\gamma p_{x,j,t}+\phi p_{n,j,t}+\rho y_{j,t}+\sigma o_{j,t}+u_i+\varepsilon_{j,t} \quad (3-10)$$

根据需求理论,人均参观率与成本相关的变量呈负向关系,与收入相关的变量呈正向关系,人均参观率的滞后项、平均年龄、平均受教育年限等变量的影响不确定。式(3-8)至式(3-10)中居民旅游需

---

[1] 实际上,McConnell(1992)等指的停留时间是在景区内的停留时间(On-site Time),本章用停留夜数指代。

[2] Mc Connell, K. E., "On-site Time in the Demand for Recreation", *American Journal of Agricultural Economics*, Vol. 74(1992), pp. 918–925.

求函数的形式可以多样，主要函数形式有线性、半对数和双对数。[①] 本章将分别基于以上三类函数形式对中国居民旅游需求函数进行估计。

三、资料来源说明

资料来源主要是《中国旅游统计年鉴》和《中国国内旅游抽样调查资料》。由于2008年之后统计口径发生了变化且不再统计停留夜数，因此本章所选择的样本为2000—2007年8年间中国39个城市所构成的面板数据。它们是北京、天津、石家庄、太原、呼和浩特、沈阳、大连、长春、哈尔滨、上海、南京、无锡、苏州、杭州、宁波、合肥、福州、厦门、南昌、济南、青岛、郑州、武汉、长沙、广州、深圳、珠海、南宁、桂林、海口、成都、贵阳、昆明、重庆、西安、兰州、西宁、银川、乌鲁木齐。

鉴于每一旅游细分市场需求函数的异质性，同时考虑到旅游需求函数主要是对目的地旅游景点所提供的精神享受的需求行为和支付意愿，因此有必要对被解释变量（出游率）进行出游目的剥离，剥离系数的设定方式参照孙睿君、钟笑寒（2005）相关研究。各城市人均单目的地观光旅游出游率 = 各城市人口出游率 × 按出游目的分观光旅游所占比例 / 平均游览省数，其中平均游览省数的倒数作为多目的地的一个剥离系数。

在总费用中，旅行成本即为人均观光旅游花费，即 $p_{x,j,t}$。停留时间的单位成本根据工资率的1/3来测算，假定平均年工作时间为250天，

[①] 孙睿君、钟笑寒：《运用旅行费用模型估计典型消费者的旅游需求及其收益：对中国的实证研究》，《统计研究》2005年第12期；李晓西、史培军等译：《自然资源与能源经济学手册（第2卷）》，经济科学出版社2009年版，第195—215页。

工资率指标为在岗职工平均工资。由于旅途时间不可得，时间的机会成本主要考察的是停留时间的机会成本，即 $p_{n,j,t}$=1/3× 工资率/250。平均受教育年限根据不同区间的受教育年数乘以相应比例后进行加权平均获得。同理，地区年龄分布按抽样调查人员不同年龄阶段及相应比例进行加权平均，不同阶段上加权平均的年龄通过取均值的办法获得，在 65 岁以上的年龄段中，该均值是通过（65+2010 年各省平均寿命）/2 的方法获得，2010 年各省平均寿命来自国家统计局网站。此外，居民收入指标为家庭月平均收入，它可根据每一城市不同区间的收入乘以相应比例后进行加权平均获得，其中大于 5000 元的按 5000 元计，其余各区间取的是各区间的均值。

根据上述计算方法所计算出来的各类变量以及其他变量的描述性统计如表 3-1 所示。表中旅行成本、时间的机会成本、工资率、平均收入是用消费者价格指数（以 2000 年为基期）进行平减后的真实值。

表 3-1 变量的描述性统计

变量	均值	标准差	最小值	最大值
各城市单目的地观光旅游出游率（$x_{j,t}$，%）	48.968	29.069	9.018	254.726
总成本（$p_{x,j,t}+n \cdot p_{n,j,t}$，元）	1067.678	642.448	247.852	6399.653
旅行成本（$p_{x,j,t}$，元）	1021.420	630.740	200.300	6288.070
时间的机会成本（$p_{n,j,t}$，元/天）	15.779	4.396	8.129	31.577
停留夜数（$n_{j,t}$，夜）	3.052	1.511	1.000	15.850
居民收入：家庭月平均收入（$y_{j,t}$，元）	2449.856	689.713	736.111	4413.31
工资率（元）	11834.320	3297.056	6096.700	23682.640
被调查者的平均年龄（岁）	41.588	3.407	28.580	53.500
被调查者的平均受教育年限（年）	11.476	0.598	9.980	15.110

注：昆明和桂林两市若干年份 CPI 指数数据缺失，采用移动平均的办法将之补齐。

第三节 城市居民旅游需求函数估计的实证结果

由于估计方程中含有被解释变量的滞后项，通常的 OLS 与固定效应模型估计会出现偏差，所以本章采用了阿雷拉诺和邦德（Arellano & Bond, 1991）提出的 GMM 一阶差分动态面板估计方法与布兰德尔和邦德（Blundell & Bond, 1998）提出的系统 GMM（2SLS）对中国居民旅游需求函数进行对比分析。由于停留时间的内生性问题已经通过不同模型的设定加以解决，故不再在停留时间内生的旅行成本模型中单独考察停留时间变量。为了确保模型估计的有效性，本章做了 Sargan 过度识别和序列相关检验。Sargan（P 值）是指 Sargan 过度识别检验的 P 值，该值大于 5% 表明在 95% 的水平下无法拒绝"所有工具变量均有效"的假设。AR（2）(P 值）是指序列相关检验的 P 值，该值大于 5% 表明在 95% 的水平下接受不存在二阶自相关，可以使用 GMM。关于估计模型中解释变量滞后阶数的选取，本章尝试使用了多种滞后阶数进行检验，以二阶相关系数和 Sargan 统计量较小为原则支持三阶最优。此外，差分 GMM 和系统 GMM 的估计值很接近，不过由于系统 GMM 使用了更多的工具变量，系统 GMM 估计更加准确，这可以通过比较系统 GMM 与差分 GMM 回归结果的标准差大小得到检验。

基于外生旅行成本模型，在居民出游动态行为约束下的中国居民旅游需求函数的估计结果如表 3-2 所示。从估计结果来看，总成本与出游率之间呈负相关关系，平均收入与出游率之间呈显著的正相关关系。然而，总成本和停留夜数两者之间的显著性存在交替现象。[①] 这说

---

① 根据外生旅行成本模型关于总成本的设定，总成本中包含了停留夜数，当将两者同时放入模型中，就可能会导致显著性的交替现象。为了与 McConnell（1992）的回归方程保持一致，本章保留了这一回归结果，而且 VIF 检验表明模型不存在共线性（总成本的 VIF 值为 1.53，停留夜数的 VIF 值为 1.85）。

明停留夜数是一个很重要的变量，该变量的出现即便对于总成本这么重要的需求决定因素而言均能使其作用减弱。因此，有必要引入内生旅行成本模型，从而进一步分析中国居民的旅游需求函数及其行为特征。

表 3-2　外生旅行成本模型下中国城市居民旅游需求函数的估计

	单目的地观光旅游出游率					
	差分 GMM			系统 GMM		
	线性模型	半对数模型	双对数模型	线性模型	半对数模型	双对数模型
滞后一期出游率	0.282** (0.110)	0.049 (0.130)	0.030 (0.150)	0.311** (0.128)	0.057 (0.118)	0.032 (0.132)
滞后二期出游率	0.015 (0.159)	0.170* (0.093)	0.157 (0.098)	−0.011 (0.161)	0.153* (0.092)	0.134 (0.087)
总成本	−0.007** (0.003)	−0.000 (0.000)	−0.052 (0.101)	−0.003 (0.005)	−0.000 (0.000)	−0.007 (0.110)
停留夜数	−3.213 (2.407)	−0.182*** (0.059)	−0.445** (0.191)	−5.214 (3.648)	−0.211*** (0.052)	−0.558*** (0.169)
平均收入	0.017*** (0.005)	0.0002* (0.000)	0.653** (0.324)	0.014* (0.008)	0.0002** (0.000)	0.590** (0.272)
平均年龄	−0.331 (0.561)	0.002 (0.013)	−0.135 (0.585)	0.588 (1.215)	0.002 (0.014)	−0.020 (0.597)
平均受教育年限	3.001 (4.445)	0.003 (0.085)	−0.212 (1.049)	0.746 (4.510)	0.011 (0.074)	−0.104 (0.903)
常数项	−10.855 (51.777)	2.862** (1.218)	−0.175 (2.952)	−14.731 (88.810)	2.896*** (1.104)	−0.478 (2.737)
N	195.000	195.000	195.000	234.000	234.000	234.000
Wald Chi2	54.915	50.858	41.834	71.542	154.259	59.161
Sargan（P 值）	0.458	0.157	0.08	0.164	0.365	0.205
AR（1）(P 值)	0.024	0.011	0.021	0.028	0.001	0.014
AR（2）(P 值)	0.868	0.491	0.414	0.967	0.630	0.519

注：括号内的值为标准差，显著性水平：* 表示 $p<0.1$，** 表示 $p<0.05$，*** 表示 $p<0.01$。

当停留时间内生时，第一步需要分析停留时间的影响因素，从而判定停留时间是否内生。基于式（3-9），停留时间的估计结果如表 3-3 所示。表 3-3 表明，停留夜数的滞后期、旅行成本 $p_{x,j,t}$ 和平均收入是影响居民在目的地停留的三个最重要因素。停留夜数滞后期的正回归系数表明过去旅客在目的地的停留时间越长，下一年旅客在目的地的停留时间更长。虽然游客停留时间的总趋势在下降，而且游客去过一个旅游目的地后特别是多次去一个旅游目的地后，停留时间也会缩短，但是对于一个城市的出游率而言，城市居民出游在外的停留时间与过去的停留时间依然成正比，这与城市居民收入的持续增长和城市居民旅游目的地的可选择性增加密切相关。与此同时，旅行成本越高，居民在目的地所停留的时间越长。一般而言，当游客决定出行后，旅行成本越高会使得游客花费更多的时间去享受此次旅行，较大的沉没成本会使得居民愿意在旅游目的地停留的时间更长。同时，虽然以工资率计算的时间机会成本与停留时间无关，但是平均收入越高意味着居民出行的时间机会成本越高；当以平均收入衡量的时间机会成本越高时，居民在旅游目的地的停留时间将越少。表 3-3 所揭示的最重要结论是，停留时间的估计方程显著，中国居民旅游需求函数需要基于内生旅行成本模型进行估计。

表 3-3 停留时间的估计

	停留夜数					
	差分 GMM			系统 GMM		
	线性模型	半对数模型	双对数模型	线性模型	半对数模型	双对数模型
滞后一期停留夜数	0.402*** （0.033）	0.328** （0.162）	0.249 （0.182）	0.353*** （0.022）	0.398*** （0.063）	0.271*** （0.068）

续表

	停留夜数					
	差分 GMM			系统 GMM		
	线性模型	半对数模型	双对数模型	线性模型	半对数模型	双对数模型
滞后二期停留夜数	0.278*** (0.042)	0.292*** (0.102)	0.267** (0.109)	0.224*** (0.045)	0.312*** (0.083)	0.269*** (0.067)
旅行成本	0.001*** (0.000)	0.0002*** (0.000)	0.328*** (0.092)	0.001*** (0.000)	0.0002*** (0.000)	0.353*** (0.070)
时间的机会成本	−0.008 (0.056)	−0.009 (0.021)	−0.137 (0.282)	0.020 (0.061)	−0.007 (0.021)	−0.096 (0.303)
平均收入	−0.0002 (0.000)	−0.0001** (0.000)	−0.325** (0.164)	−0.0002** (0.000)	−0.0001** (0.000)	−0.287* (0.150)
平均年龄	0.004 (0.024)	0.003 (0.008)	0.102 (0.349)	0.012 (0.018)	−0.000 (0.005)	0.063 (0.230)
平均受教育年限	−0.052 (0.123)	−0.011 (0.047)	0.051 (0.520)	−0.050 (0.108)	−0.015 (0.043)	−0.127 (0.455)
常数项	1.027 (1.965)	0.607 (0.746)	0.664 (2.038)	0.521 (1.491)	0.602 (0.545)	0.632 (1.514)
N	195.000	195.000	195.000	234.000	234.000	234.000
Wald Chi2	784.947	123.902	92.822	1382.388	161.414	155.801
Sargan（P值）	0.204	0.172	0.141	0.333	0.302	0.289
AR（1）(P值)	0.000	0.003	0.008	0.000	0.001	0.001
AR（2）(P值)	0.354	0.393	0.482	0.681	0.420	0.444

注：括号内的值为标准差，显著性水平：* 表示 $p<0.1$，** 表示 $p<0.05$，*** 表示 $p<0.01$。

内生旅行成本模型下中国居民旅游需求函数估计的第二步是根据式（3-10）的界定对相关变量进行回归分析，其回归结果如表 3-4 所示。回归结果表明旅行成本与出游率之间呈显著负相关关系，平均收入与出游率之间呈显著的正相关关系。这与表 3-2 的回归结果一致，即无论是外生旅行成本模型还是内生旅行成本模型，旅行成本和居民收入都是决定中国居民旅游需求函数的两大关键因素。只不过，在内生旅行成本模型中，当时间的机会成本从总成本中分离出来后，旅行成本和时间成本对出游率的影响变得更加稳健。两者的回归系数均显著为负。负的回归系数意味着时间的机会成本增加时人们会减少出游次数。此外，不论是在外生旅行成本模型还是内生旅行成本模型中，平均年龄和平均受教育年限对出游率的影响均不显著，一些其他宏观因素如制度环境和消费结构等或应被纳入此框架中进行深入分析。

表3-4 内生旅行成本模型下中国城市居民旅游需求函数的估计

	单目的地观光旅游出游率					
	差分 GMM			系统 GMM		
	线性模型	半对数模型	双对数模型	线性模型	半对数模型	双对数模型
滞后一期出游率	0.219** (0.108)	0.042 (0.115)	0.038 (0.120)	0.358*** (0.106)	0.074 (0.104)	0.074 (0.119)
滞后二期出游率	−0.040 (0.175)	0.201* (0.119)	0.184 (0.121)	0.005 (0.169)	0.169** (0.085)	0.157* (0.090)
旅行成本	−0.009*** (0.003)	−0.0002** (0.000)	−0.186** (0.074)	−0.008*** (0.003)	−0.0002*** (0.000)	−0.191** (0.083)
时间的机会成本	−3.415* (2.067)	−0.065** (0.033)	−1.146** (0.523)	−0.840 (1.154)	−0.056** (0.022)	−0.933** (0.391)
平均收入	0.014*** (0.005)	0.0003*** (0.000)	0.690*** (0.244)	0.016** (0.007)	0.0003*** (0.000)	0.671*** (0.199)
平均年龄	−0.362 (0.657)	−0.004 (0.017)	−0.229 (0.652)	0.654 (1.186)	0.003 (0.016)	0.059 (0.681)
平均受教育年限	2.886 (4.357)	−0.004 (0.082)	−0.369 (0.924)	0.224 (4.996)	−0.032 (0.083)	−0.644 (0.947)
常数项	46.807 (65.262)	3.585** (1.540)	3.716 (3.256)	−17.468 (106.534)	3.434** (1.372)	2.888 (3.415)
N	195.000	195.000	195.000	234.000	234.000	234.000

续表

	单目的地观光旅游出游率					
	差分 GMM			系统 GMM		
	线性模型	半对数模型	双对数模型	线性模型	半对数模型	双对数模型
Wald Chi2	31.571	42.169	45.989	67.930	66.642	43.974
Sargan（P值）	0.186	0.166	0.128	0.164	0.199	0.157
AR（1）(P值)	0.020	0.007	0.011	0.014	0.004	0.011
AR（2）(P值)	0.956	0.389	0.433	0.973	0.641	0.678

注：括号内的值为标准差，显著性水平：*表示$p<0.1$，**表示$p<0.05$，***表示$p<0.01$。

与此同时，不同类型成本所对应的点弹性发生了变化。旅行成本的需求价格点弹性的估计值对应线性、半对数和全对数模型分别为 -0.167，-0.204 和 -0.191，三者的估计值略大于外生旅行成本模型下的估计值。时间机会成本的需求价格点弹性估计值对应半对数和全对数模型分别为 -0.884 和 -0.933。需求的收入弹性在内生旅行成本模型中的估计值对应三类模型分别为 0.8、0.735 和 0.671，大于外生旅行成本模型的 0.7、0.49 和 0.59，但均小于 1，居民收入对出游率的影响同样缺乏弹性。此外，自回归变量滞后期的回归系数显著为正，与表 3-2 和表 3-3 的结果一致，十分稳健。这表明居民对某目的地的需求会随着时间的推延而增加的结论是稳健的，旅游需求具有累积性。

第四节 关于回归结果及其经济意义的进一步讨论

基于停留时间内生的旅行成本模型，本章对 39 个城市 2000—2007 年国内旅游抽样调查数据进行了实证分析，研究结果表明旅行成本、时间成本和居民收入是中国居民旅游需求函数的关键因素。从实证结果来看，系统 GMM 回归结果的标准差较小，系统 GMM 较优；同时，线性模型、半对数模型和双对数模型的回归结果均相对稳健，而且根据系统 GMM 的估计值应位于普通最小二乘回归结果和固定效应面板数据回归结果之间的原则，半对数模型最优。旅行成本和时间的机会成本与中国城市出游率之间呈反向关系；居民收入与中国城市出游率之间呈正向关系；在外生旅行成本模型中，停留时间较稳健地负向作用于城市出游率；在内生旅行成本模型中，时间的机会成本对出游率具有显著的负向影响。基于中国居民旅游需求函数的结果和弹性分析，本章的主要结论与政策建议如下：

一、旅游需求收入弹性的绝对值大于旅行成本弹性的绝对值，城市旅游产业发展的居民收入激励政策较之于成本竞争策略更有效

由于门票价格是旅行成本的重要组成部分且旅行成本对出游率的影响是缺乏弹性的，因此涨价策略能够很好地提高旅游景点的旅游收入。但是，涨价并不是增加旅游景点收入的唯一有效办法，提高居民收入反而是推动旅游产业发展和提高目的地收入的更有效政策。而且，回归结果表明，总成本或旅行成本的回归系数为负，这说明增加相应成本的旅游产业发展政策不利于提高城市人均参观率。同时，不论是哪类模型所估计的需求收入弹性的绝对值均大于旅行成本弹性的绝对值。因此，提高居民收入的幅度要比减少出游成本的幅度要小得多。当提高居民收入和降低居民出游成本两种方式均可行且实施成本无差异时，旅游产业发展的居民收入激励政策较之于价格竞争战略更有效。

二、居民旅游需求的旅行成本弹性和时间成本弹性差异显著，减少旅行成本政策较之于缩短旅行时间政策更能提高城市的旅游收入

游客对景区的访问次数对旅行成本具有不同的弹性，有些景点的旅游需求价格弹性的绝对值大于1，有些景点的旅游需求价格弹性的绝对值则小于1，如表3-5所示。对比可以发现，旅游需求缺乏价格弹性的估计结果是稳健的。对于缺乏弹性的中国旅游业而言，提高旅行总成本能够增加城市的旅游收入。但是基于总成本的结构差异，旅行成本弹性的绝对值小于时间机会成本弹性的绝对值，这意味着减少旅行成本政策较之于缩短旅行时间政策更能提高城市的旅游业收入。

表3-5 文献中外生旅行成本模型中旅游需求价格点弹性的估计值

具体对象	样本数	线性模型	半对数模型	双对数模型	文献
38个城市（2000年和2002年）	76	−0.450	−0.537	−0.486	孙睿君、钟笑寒（2005）
九寨沟（2009年）	557	—	−3.229*	−3.09	董雪旺、张捷、蔡永寿等（2012）
九寨沟（2000年）	880	—	−0.906*	—	李巍、李文军（2003）
大连市星海公园（2007年）	1027	−0.16*	—	—	赵玲、王尔大、苗翠翠（2009）
张家界（2005）	800	—	−2.16*	—	刘亚萍、潘晓芳、钟秋平（2006）
黄山（2004）	1087	—	—	−1.052	谢贤正、马中（2006）

注：*表示为本章根据文献中相关结果对价格弹性的一个估算值，估算值原则上采用均值进行处理。

三、旅游需求和停留时间的影响因素存在异同，扩大旅游需求和延长停留时间的选择面临"两难"但也可"两顾"

旅行成本和平均收入既是决定旅游需求的两大关键因素，也是影

响游客在目的地停留时间长短的重要因素。从回归系数的结果来看，旅行成本与停留时间呈正相关，与旅游需求呈负相关，因此人们将面临延长旅游的停留时间和减少对目的地的访问次数的"两难"。但是，为了实现"两难若能两顾"的目标，一方面，政府可以向时间结构要旅游产业的发展绩效。针对节假日时间的长短不一，政府可以对长短不同的节假日匹配以需求导向型政策或时间导向型政策。另一方面，固化单边影响因素，如时间的机会成本，从而实现在不对停留时间产生影响的情况下扩大旅游需求。

第四章 中国农村居民旅游需求函数的实证研究

国内旅游市场可以分为城市居民国内旅游需求市场和农村居民国内旅游需求市场。1994—2009年，中国农村居民的国内旅游人次一直是大于城镇居民的；2010年，城镇居民国内旅游人次首次出现反超。就国内旅游总花费而言，城镇居民一直远高于农村居民且两者之间的差距在逐年扩大。是什么原因导致国内旅游人次在城乡之间的错位，又是什么原因使得城市居民国内旅游总花费一直远高于农村居民？本章尝试基于旅行成本模型，从相对收入水平视角，利用中国2000—2007年30个省（自治区、直辖市）的旅游抽样调查数据估计中国农村居民国内旅游需求函数并探讨我国农村居民出游的决定因素。

第一节 农村居民旅游需求函数估计的研究背景

农村居民旅游需求研究起步较晚，研究成果较少，缺乏系统性。[1]长期以来，中国农村居民旅游需求市场不被看好，消费行为不被重视，

---

[1] 余凤龙、黄震方、方叶林：《中国农村居民旅游消费特征与影响因素分析》，《地理研究》2013年第32期。

农村基本上扮演着旅游产品供给者的角色。① 然而，随着大量农民工进城务工，城乡二元结构逐渐缓解，传播媒介的多元化和普及性带来了我国农村居民消费习惯的变化。② 与此同时，农村居民旅游市场逐渐成为中国国内旅游市场中的中坚力量。③ 徐伟等运用探索性数据分析方法对我国农村居民一日游现状及出游目的地进行了空间相关性分析，发现农村居民旅游需求区域差距明显，不同类型的旅游形式具有不同的集聚地区。④ 较之于相关文献研究结果——收入水平、旅游产品价格、闲暇时间、旅游基础设施水平等都是影响国内旅游需求的重要因素，我国农村居民国内旅游需求的影响因素有一定的特殊性。⑤ 由表 4-1 可知，就我国农村居民国内旅游需求影响因素而言，研究数据结构上既有面板数据也有时间序列数据，既有地区数据也有抽样调查的个体微观数据；研究对象上既有全国宏观层面的样本又有像浙江省、甘肃省这样的省级样本；研究方法上既有定量的统计性分析，也有计量经济学方法。

首先，旅行成本模型是估计居民旅游需求函数的一种适当方法。

---

① 邱洁威、张跃华、查爱苹：《农村居民旅游消费意愿影响因素的实证研究——基于浙江省 780 户农村居民的微观数据》，《兰州学刊》2011 年第 3 期。

② 周建、杨秀祯：《我国农村消费行为变迁及城乡联动机制研究》，《经济研究》2009 年第 1 期。

③ 卞显红、陈丹路：《中国农村居民旅游消费需求变迁及影响因素研究》，《北京第二外国语学院学报》2014 年第 36 期。

④ 徐伟、戴其文、把多勋等：《中国农村居民一日游现状与出游目的空间自相关分析》，《旅游学刊》2010 年第 25 期。

⑤ Lim, C., "Review of International Tourism Demand Models", *Annals of Tourism Research*, Vol. 24, No. 4 (1997), pp. 835–849; Cai, L. A. & B. J. Knutson, "Analyzing Domestic Tourism Demand in China-A Behavioral Model", *Journal of Hospitality & Leisure Marketing*, Vol. 5, No. 2-3 (1998), pp. 95–113; Yang, Y., H. L. Ze & Q. Qiuyin, "Domestic Tourism Demand of Urban and Rural Residents in China: Does Relative Income Matter?" *Tourism Management*, Vol. 40, No. 1 (2014), pp. 193–202; Wang, Z., "Factors that Influence the Growth of Chinese Domestic Tourism Arrivals (1985–2007): An Empirical Research Based on the VAR Model", *Asia Pacific Journal of Tourism Research*, Vol. 15, No. 4 (2010), pp. 449–459.

按照居民旅游需求函数的生产方法，旅行成本模型又可分为区域旅行成本模型和个人旅行成本模型。[①] 然而，无论是运用哪类旅行成本模型估计居民的旅游需求函数，游客都会面临多目的地和单一目的地的选择问题。[②] 在实际中，对于多目的地的游客而言其出游率可能存在重复计算，其旅行成本需要在多个目的地之间进行分摊。因此，许多文献采用剥离系数法将多目的地的出游率转化为单目的地的出游率进而运用旅行成本模型对居民的旅游需求函数进行估计。剥离因子一般选择如停留夜数、旅游收入、平均游览省数目以及是否为重复游客等。[③]

表 4-1　关于影响农村居民国内旅游需求特殊变量的阐述

研究对象	影响农村居民国内旅游需求的特殊变量	研究时期	文献
国内农村居民	农村居民人均旅游消费受城镇居民人均旅游消费影响	1994—2009	郑阿丽（2012）
	农民收入增长缓慢，现金收入低、消费观念落后、信息闭塞	1995—2002	周翀燕、李祝舜（2004）
	旅游消费环境差、农业生产和旅游的季节性重叠、旅游服务组织辐射面过窄	1994—1999	邹荣桂、邹爱其（2001）
	宣传力度不够、收入水平较低、旅游意识淡薄及消费习惯变更缓慢	1994—2002	梁留科、曹新向（2005）

---

① 赵玲、王尔大、苗翠翠：《ITCM 在我国游憩价值评估中的应用及改进》，《旅游学刊》2009 年第 24 期。
② 赵玲、王尔大、苗翠翠：《ITCM 在我国游憩价值评估中的应用及改进》，《旅游学刊》2009 年第 24 期；谢慧明、沈满洪、李中海：《中国城市居民旅游需求函数的实证研究》，《旅游学刊》2014 年第 9 期。
③ 谢慧明、沈满洪、李中海：《中国城市居民旅游需求函数的实证研究》，《旅游学刊》2014 年第 9 期；Parroco, A. M., F. Vaccina & S. De Cantis, et al., "Multi-destination Trips: A Survey on Incoming Zourism in Sicily", *Economics Discussion Paper*, No. 2012-2021（2012）；郭剑英、王乃昂：《旅游资源的旅游价值评估——以敦煌为例》，《自然资源学报》2004 年第 19 期；郭剑英：《乐山大佛旅游资源的国内旅游价值评估》，《地域研究与开发》2007 年第 26 期；Wang, D. G., "Tourist Behaviour and Repeat Visitation to Hong Kong", *Tourism Geographies*, Vol. 6, No. 1（2004）, pp. 99-118.

续表

研究对象	影响农村居民国内旅游需求的特殊变量	研究时期	文献
浙江省780户农村居民	受教育程度、信息化程度、是否参保、是否有外出务工者	2009	邱洁威、张跃华、查爱苹（2010）
甘肃省526位农村居民	居民收入水平、旅游产品价格	2010	周文丽（2012）
湖南省四县市	农村居民可自由支配收入低	2001	郑群明、钟林生（2005）
浙江省农村居民	旅游需求和动机、配套服务设施、周边环境	2006、2007	周国忠、郎富平（2009）

其次，停留夜数既是一个剥离因子的具体指标，同时也是旅游需求的重要影响因素。从旅游需求主体——游客的角度看，影响居民旅游需求的因素主要有居民的收入水平、闲暇时间、消费习惯与偏好、出游动机等。[1]从旅游需求的客体方面看，有旅游产品的价格、目的地的旅游资源禀赋、市场营销和交通条件等。[2]农村居民收入的增加，消费观念的转变，追求高质量的生活和精神上的享受，农业机械化的推

---

[1] Lim, C., "Review of International Tourism Demand Models", *Annals of Tourism Research*, Vol. 24, No. 4（1997）, pp. 835–849; Cai, L. A. & B. J. Knutson, "Analyzing Domestic Tourism Demand in China–A Behavioral Model", *Journal of Hospitality & Leisure Marketing*, Vol. 5, No. 2–3（1998）, pp. 95–113; 谢慧明、沈满洪、李中海：《中国城市居民旅游需求函数的实证研究》，《旅游学刊》2014年第9期；滕丽、王铮、蔡砥：《中国城市居民旅游需求差异分析》，《旅游学刊》2004年第19期；赵东喜、刘永涓：《农村居民旅游消费影响因素研究》，《旅游论坛》2010年第3期；周国忠、郎富平：《农民旅游者出游特征、影响因素及对策——以浙江省为例》，《经济地理》2009年第4期。

[2] Yang, Yang., H. L. Ze & Q. Qiuyin, "Domestic Tourism Demand of Urban and Rural Residents in China: Does Relative Income Matter?", *Tourism Management*, Vol. 40, No. 1（2014）, pp. 193–202；周文丽：《西部地区农村居民旅游消费影响因素分析——基于甘肃省526位农村居民的微观调查数据》，《干旱区资源与环境》2012年第8期；Zhang, H. Q., N. Kulendran & H. Y. Song, "Measuring Returns on Hong Kong's Tourism Marketing Expenditure", *Tourism Economics*, Vol. 16, No. 4（2010）, pp. 853–865；赵东喜、刘永涓：《农村居民旅游消费影响因素研究》，《旅游论坛》2010年第3期；翁钢民、徐晓娜、尚雪梅：《我国城市居民国内旅游需求影响因素分析》，《城市问题》2007年第4期。

广和生产力的提升等都可能使得从事农业劳动的农村居民农忙时间减少，旅游需求增加。

最后，在新古典经济学分析框架中，收入和价格是任何类型商品需求的关键因素。对于旅游产品而言，其价格往往难以精确度量故而常以消费者价格指数替代；居民收入水平则成为经济学家考察旅游需求影响因素的重点。通过对已有文献的梳理发现，现有文献中的农村居民收入水平指标多为绝对收入水平，而缺乏对相对收入的考察。与此同时，在仅有的考察相对收入作用的文献中发现，由个人的收入水平在整个地区收入中所处的位置所构造的相对收入指标对于农村居民的国内旅游需求具有显著的正向作用。[1] 此外，文献研究发现城镇居民的旅游需求消费对于农村居民存在显著的示范作用。[2] 本章采用旅行成本模型，着重从相对收入水平——城乡居民收入水平差异视角，运用计量方法对农村居民国内旅游需求函数进行估计。

第二节 旅行成本模型与农村居民旅游需求函数设定

一、旅行成本模型基础

根据麦肯奈尔1992年所给出的停留时间外生情形下的旅行成本模型，估计停留时间外生情形下的农村居民旅游需求函数模型如式（4-1）所示：

$$x = f(q, n, p, y) \quad (4-1)$$

---

[1] Yang, Yang., H. L. Ze & Q. Qiuyin, "Domestic Tourism Demand of Urban and Rural Residents in China: Does Relative Income Matter?", *Tourism Management*, Vol. 40, No. 1 (2014), pp. 193-202.

[2] 余凤龙、黄震方、方叶林：《中国农村居民旅游消费特征与影响因素分析》，《地理研究》2013年第32期；赵东喜、刘永涓：《农村居民旅游消费影响因素研究》，《旅游论坛》2010年第3期。

其中，q 是旅行成本 p_x 与时间的机会成本 $p_x \times n$ 之和，用来表示农村居民出游所花费的总成本，p 表示相关替代产品的价格，y 是指农村居民收入，n 是指停留时间即停留夜数。

考虑到停留时间可能会受到其他相关变量的影响，也就是说停留时间可能具有内生性，因此，把停留时间单独列出，其函数形式为式（4-2）：

$$n = n(p_x, p_t, p, y) \qquad (4-2)$$

若式（4-2）的回归结果显著，则可以认为停留时间是内生的，结合式（4-1），停留时间内生情况下的农村居民国内旅游需求函数如式（4-3）所示：

$$x = f(p_x, p_t, p, y) \qquad (4-3)$$

反之，若式（4-2）中的回归结果不显著，则可以判定停留时间是外生的，农村居民旅游需求函数则基于标准旅行成本模型设定为式（4-4）：

$$x = f(p_x + np_n, p, y, n) \qquad (4-4)$$

其中，p_n 是停留时间的单位机会成本。

二、回归方程设定

（一）停留时间外生

针对农村居民出游情形，首先假设同一旅游目的地的旅游消费者是无差异的；其次假定某一地区某一时间段的人均出游率是对该地区该时间段内同质旅游景点的人均参观率，即旅游需求量。基于标准的旅行成本模型式（4-1），考虑到农村居民对同一目的地的参观次数受到前期的参观次数以及其他变量的影响，我们把某一地区 s 的游客对同一景点的人均参观率设为被解释变量，因此马歇尔需求函数可以设定为式（4-5）：

$$x_{s,t} = f(q_{s,t}, y_{s,t}, n_{s,t}, x_{s,t-1}, ... x_{s,t-i}, a_{s,t}) \quad (4-5)$$

其中，$x_{s,t}$ 是指 s 地区的农村旅游消费者在 t 时期对旅游产品的需求；$q_{s,t}$ 为 s 地区的农村旅游消费者在 t 时期的总旅行费用，包括交通费用，门票和时间的机会成本等费用之和；$y_{s,t}$ 为 s 地区的农村旅游消费者在 t 时期的收入水平；$n_{s,t}$ 为 s 地区的农村旅游消费者在 t 时期的停留夜数；$x_{s,t-i}$ 是指 s 地区的农村旅游消费者滞后 i 期的人均参观率；$a_{s,t}$ 是影响农村居民国内旅游需求的其他变量，包括 s 地区的农村旅游消费者的平均年龄、平均受教育年限、s 地区的旅行社个数、s 地区的交通通达度等。

同时，式（4-5）马歇尔需求函数的回归模型可以设定为式（4-6）：

$$x_{s,t} = \alpha + \beta_1 \sum_{i=1}^{I} x_{s,t-i} + \beta_2 q_{st} + \beta_3 y_{st} + \beta_4 n_{st} + \beta_5 a_{st} + u_s + \varepsilon_{s,t} \quad (4-6)$$

其中，u_s 表示个体效应，$\varepsilon_{s,t}$ 为随机扰动项。

（二）停留时间内生

根据式（4-6），停留时间的内生性检验回归方程如式（4-7）所示：

$$n_{s,t} = \alpha + \beta_1 \sum_{i=1}^{I} n_{s,t-i} + \beta_2 p_{x,s,t} + \beta_3 p_{n,s,t} + \beta_4 y_{s,t} + \beta_5 a_{s,t} + u_s + \varepsilon_{s,t} \quad (4-7)$$

此时有，若式（4-7）回归方程显著，那么停留时间内生。结合式（4-3）与式（4-6），停留时间内生情况下中国农村居民旅游需求函数估计的回归方程设定为式（4-8）：

$$x_{s,t} = \alpha + \beta_1 \sum_{i=1}^{I} x_{s,t-i} + \beta_2 p_{x,s,t} + \beta_3 p_{n,s,t} + \beta_4 y_{s,t} + \beta_5 a_{s,t} + u_s + \varepsilon_{s,t} \quad (4-8)$$

综合文献研究表明，线性—线性、对数—线性、线性—对数和对数—对数的函数形式是旅行成本模型研究中常用的几种函数形式。本章将采用以上四种函数形式对农村居民国内旅游需求函数进行估计。

三、变量选择与数据来源

本章的数据主要来自《中国国内旅游抽样调查资料》(2001—2008)、《中国旅游统计年鉴》(2001—2008)和《中国统计年鉴》(2001—2008)。由于 2008 年之后《中国国内旅游抽样调查资料》的统计口径发生了变化（不再统计各省的停留夜数）。因此，为了保障数据的连贯性和可得性，本章的数据样本为 2000—2007 年间中国 30 个省（直辖市、自治区）的面板数据。实证研究中的各变量如下：

出游率 x_{st} 是指某一年中该省农村人口出游人数占该省农村人口总数的比重。

旅行成本 p_x 即《国内旅游抽样调查资料》中的人均观光旅游花费，包括了交通费用、住宿费用和旅行中的其他花费。

时间的机会成本 p_n 主要是指停留时间的单位机会成本，取工资率的三分之一，即 $p_n=1/3 \times$ 工资率 $/250$。其中一年按 365 天计，除去 52 个法定双休日和 11 天的法定节假日，假定平均年工作时间为 250 天。工资率指标为农村居民家庭人均纯收入。

平均停留夜数 n_{it}，其计算方法和第四章中家庭平均月收入 y_{it} 的方法一致。

农村居民绝对收入指标 y_{st} 为 s 地区在第 t 年的农村居民家庭人均纯收入，来自《中国统计年鉴 2000—2008》。

相对收入 RI，$RI_{s,t} = \dfrac{income-urban}{income-rural}$，其中 $income\text{-}urban$ 是城市居民家庭人均可支配收入，$income\text{-}rural$ 是农村居民人均纯收入。同时构造相对收入的二次项 RI_2 以考察相对收入与农村居民国内旅游需求的非线性关系。

其他解释变量包括平均年龄 Age、平均受教育年限 Education、农村居民家庭固定资产投资 FAI 和各地区的旅行社数量 TAQ。其中平均年龄按不同年龄阶段中的平均值及相应概率进行加权平均，65 岁以上的年龄段按照 65 岁计算；平均受教育年限根据不同学历区间的受教育年数平均值及其所占概率加权平均获得。另外，旅行成本、时间机会成本、工资率、平均收入、农村居民家庭固定资产投资等变量均用 1986 年为基期的消费者价格指数进行平减。各类变量的描述性统计见表 4-2。

表 4-2 变量的描述性统计

变量	均值	标准差	最小值	最大值
出游率 x	12.38	5.65	3.48	35.11
总成本 $Px+nPn$	737.53	391.13	207.74	2680.47
旅行成本 Px	707.60	385.47	199.2	2645.37
时间的机会成本 Pn	4.30	2.12	1.83	13.53
停留夜数 n	7.37	3.12	2	26.42
农村居民人均绝对收入 y	2942.53	902.36	1323	4974
相对收入 RI	3.18	0.74	1.79	7.03
农村居民固定资产投资 FAI	121.12	101.47	5.21	591.54
旅行社数量 TAQ	417.34	297.44	21	1652
平均受教育年限 $Education$	8.94	0.85	6.91	11.98
平均年龄 Age	40.41	3.22	31	50.81

第三节 农村居民旅游需求函数估计的实证结果

停留时间外生情形下的中国农村居民国内旅游需求函数的估计结果如表 4-3 所示。从估计结果看，农村居民绝对收入与出游率呈现显著的正相关关系，旅行总成本与出游率具有负相关关系但其显著性水平并不稳健；同样地，除线性—对数模型外停留夜数对农村居民的国内出游率具有显著的正向影响，表明游客在某地的停留夜数越长其再次出游该地的可能性也越大。据计算，农村居民国内旅游需求的收入弹性位于 0.2012—0.3328 之间，总成本的需求点弹性位于 0.0462—0.0953。此外，农村居民的平均年龄与出游率水平在 1% 水平上显著负相关，农村居民出游多以青壮年为主。

表 4-3 外生旅行成本模型下中国农村居民国内旅游需求函数估计

变量	单目的地观光旅游出游率			
	线性模型	半对数模型		双对数模型
		对数—线性	线性—对数	
$L.x/L.\ln x$	0.3584*** (0.0722)	0.0892 (0.0687)	0.2236*** (0.0741)	−0.0451 (0.0726)
y	0.0014*** (0.0002)	0.0001*** (0.0000)	3.4243*** (0.6302)	0.2012*** (0.0493)
TC	−0.0016*** (0.0003)	−0.0001*** (0.0000)	−0.5929 (0.3655)	−0.0462 (0.0311)
n	0.0646* (0.0339)	0.0067*** (0.0024)	0.2997 (0.2646)	0.0547*** (0.0195)
RI	6.1337*** (1.3588)	0.8128*** (0.2045)	34.3533** (15.2746)	3.3832*** (1.1921)
$(RI)^2$	−0.7081*** (0.1336)	−0.0879*** (0.0201)	−13.0784** (5.9770)	−1.1683** (0.4679)
FAI	0.0157** (0.0075)	0.0011* (0.0006)	4.5901*** (0.6372)	0.4218*** (0.0673)
TAQ	0.0033** (0.0015)	0.0006*** (0.0002)	1.1083*** (0.1649)	0.2000*** (0.0392)
$Education$	−0.2879* (0.1559)	−0.0191 (0.0130)	−2.6238 (2.3986)	−0.0939 (0.2206)

续表

变量	单目的地观光旅游出游率			
	线性模型	半对数模型		双对数模型
		对数—线性	线性—对数	
Age	−0.2334*** (0.0750)	−0.0302*** (0.0050)	−11.8584*** (2.3799)	−1.2037*** (0.2018)
Cons.	1.5421 (3.6628)	1.2594*** (0.4847)	−13.2988 (11.3494)	0.4802 (0.8634)
N	180	180	180	180
Chi2	3135.636	1715.420	1.0e+04	5407.457
Sargan（P value）	0.5306	0.8183	0.5547	0.6605
AR（1）(P value)	0.0002	0.0017	0.0009	0.0407
AR（2）(P value)	0.9180	0.1903	0.8987	0.1311

注：括号内的值为标准差，显著性水平：* 表示 $p<0.1$，** 表示 $p<0.05$，*** 表示 $p<0.01$。

作为影响农村居民国内旅游需求的两个特殊变量，农村居民固定资产投资和旅行社数量均与农村居民出游率呈显著且稳健的正相关关系。农村居民家庭固定资产投资对增加农村居民收入具有长期稳定影响，能为农村居民出游提供稳定的经济保障。[①] 旅行社数量对出游率具有正向影响表明旅行社个数的增加提升了农村居民出游的便捷度。相对收入与农村居民出游率之间存在"倒 U"型关系，其拐点出现在 3.7186—4.6234 之间。这意味着，一定范围内的相对收入水平差距不仅不会降低农村居民的出游，反而存在一定的促进作用。

在估计停留时间内生的中国农村居民国内旅游需求函数之前，先通过式（4-7）判别停留时间是否内生，其估计结果如表 4-4 所示。停

---

① 莫连光、陈光焱：《农村固定资产投资结构与农民纯收入的灰色关联分析》，《中南财经政法大学学报》2008 年第 3 期；邓金钱：《农村固定资产投资对农民收入的影响研究》，《改革与战略》2014 年第 7 期。

留夜数受到绝对收入水平、相对收入水平、旅行成本、农村居民固定资产投资和平均年龄的影响。旅行成本越高农村居民在目的地停留时间越长，而时间机会成本对停留时间的影响则不确定。但是，绝对收入水平与停留时间之间存在1%显著性水平上的负相关关系。这从另一个侧面表明绝对收入水平越高，以平均工资率计算的时间机会成本也越高，游客在某地的停留时间则越短。样本数据中平均年龄的最大值是50.81，平均值为40.41，这一年龄段内人群的收入相对更高也更为稳定，其时间的机会成本也会更大，因此其停留时间较短。

表4-4 停留时间内生性检验

变量	停留夜数			
	线性模型	半对数模型		双对数模型
		对数—线性	线性—对数	
$L.n/L.\ln n$	0.0521** (0.0219)	0.1506*** (0.0382)	−0.0530** (0.0265)	0.0446 (0.0370)
y	−0.0004* (0.0003)	−0.0001** (0.0000)	−2.6966*** (0.9889)	−0.3612** (0.1424)
Px	0.0010*** (0.0003)	0.0002*** (0.0000)	1.5886*** (0.3110)	0.2117*** (0.0461)
Pn	0.0560 (0.1907)	0.0236* (0.0141)	−1.0800 (0.7203)	−0.0367 (0.1715)
RI	6.2984*** (0.9116)	0.5674*** (0.1634)	27.3118*** (5.3986)	2.9623*** (0.7248)
$(RI)^2$	−0.7820*** (0.0970)	−0.0588*** (0.0169)	−10.4412*** (2.0650)	−1.1182*** (0.2627)
FAI	0.0204*** (0.0028)	0.0030*** (0.0003)	2.8804*** (0.8072)	0.4174*** (0.1245)
TAQ	−0.0038*** (0.0012)	−0.0008*** (0.0001)	0.2492 (0.1765)	−0.0787** (0.0353)

续表

变量	停留夜数			
	线性模型	半对数模型		双对数模型
		对数—线性	线性—对数	
Education	−0.3783 （0.4774）	−0.0186 （0.0403）	−2.7142 （2.2943）	−0.5626 （0.3807）
Age	−0.0013 （0.0395）	−0.0153** （0.0078）	−3.2958 （2.3155）	−0.8311*** （0.3191）
Cons.	−1.9178 （5.1085）	1.1724** （0.4841）	7.2423 （12.6176）	4.4394** （1.9092）
N	210.0000	180.0000	180.0000	180.0000
Chi2	2.4e+03	1.2e+03	175.9034	265.7715
Sargan（P value）	0.6217	0.4145	0.3699	0.2578
AR（1）（P value）	0.0686	0.0024	0.0642	0.0035
AR（2）（P value）	0.4732	0.8609	0.7161	0.6451

注：括号内的值为标准差，显著性水平：* 表示 $p<0.1$，** 表示 $p<0.05$，*** 表示 $p<0.01$。

停留时间内生的中国农村居民国内旅游需求函数估计结果如表 4-5 所示。居民的绝对收入水平和相对收入水平仍旧是农村居民出游率的显著且稳健影响因素，绝对收入的点弹性为 0.2660—0.3565，稍大于停留时间外生下的农村居民旅游需求收入弹性；相对收入水平与出游率之间的倒 U 型关系依然存在，拐点处于 3.5260—4.5884。

表 4-5　内生旅行成本模型下中国农村居民国内旅游需求函数的估计

End	单目的地观光旅游出游率			
	线性模型	半对数模型		对数模型
		对数—线性	线性—对数	
$L.x/L.\ln x$	0.3916*** （0.0936）	0.0969 （0.0663）	0.3007*** （0.0872）	0.0413 （0.0845）

续表

End	单目的地观光旅游出游率			
	线性模型	半对数模型		对数模型
		对数—线性	线性—对数	
y	0.0015*** (0.0002)	0.0001*** (0.0000)	3.4570*** (0.6722)	0.2660*** (0.0780)
Px	−0.0015*** (0.0003)	−0.0001*** (0.0000)	−0.5016 (0.3313)	−0.0247 (0.0279)
Pn	−0.0985 (0.2863)	−0.0049 (0.0271)	−0.8776 (1.5804)	−0.2437 (0.1584)
RI	6.3661*** (1.4643)	0.7681*** (0.2379)	25.6204* (14.9317)	3.7861*** (0.4151)
$(RI)2$	−0.7449*** (0.1431)	−0.0837*** (0.0237)	−10.1654* (5.7906)	−1.3739*** (0.1228)
FAI	0.0158** (0.0074)	0.0014*** (0.0004)	4.6060*** (0.7044)	0.5319*** (0.0798)
TAQ	0.0030 (0.0022)	0.0006*** (0.0002)	1.0090*** (0.2079)	0.1956*** (0.0223)
Education	−0.2647 (0.1709)	−0.0145 (0.0098)	−1.7100 (2.1600)	−0.1825 (0.2368)
Age	−0.2755*** (0.0743)	−0.0297*** (0.0050)	−13.0948*** (2.3606)	−1.3407*** (0.1997)
Cons.	2.7448 (4.2621)	1.3415*** (0.4428)	−4.0718 (14.8448)	0.1179 (1.0947)
N	180	180	180	180
Chi2	10949.4362	1537.3924	5613.3148	5509.8556
Sargan（P value）	0.4990	0.7926	0.4948	0.7155
AR（1）（P value）	0.0002	0.0011	0.0008	0.0184
AR（2）（P value）	0.9590	0.1601	0.8619	0.2710

注：括号内的值为标准差，显著性水平：* 表示 $p<0.1$，** 表示 $p<0.05$，*** 表示 $p<0.01$。

旅行成本与出游率在线性和对数—线性模型下存在负相关关系，点弹性为 0.0857 和 0.0708。当把总成本拆分成旅行成本和时间的机会成本后，时间机会成本对出游率的影响并不显著。这主要是因为，农村居民工资收入较低且以工资率计算的时间机会成本并不是很高；同时，农村居民的闲暇时间较多、支配程度更为灵活；因此，以工资率计算的时间机会成本对出游率未产生影响是合理的。这一点在停留时间内生性检验中也得到了验证。此外，农村居民家庭固定资产投资、旅行社数量和平均年龄依旧对出游率产生显著且稳健的影响。

第五章 国内旅游需求成本结构与邻居效应研究

旅游业对城市经济社会发展具有重要作用，甚至是有些城市和国家的支柱产业（如马尔代夫和毛里求斯等）。城市居民是国内旅游需求的主力军，打造具有特色的城市形象和增加城市竞争力能有效地吸引游客。随着经济社会的发展，城市间的联系越来越紧密且已然超越了地理界限。基础设施、劳动力、资本等在旅游产业发展中具有显著的空间溢出效应，旅游行为的空间相关性问题也不断地被揭示出来。[①] 在现代社会，城市居民的出游行为和出游动机的产生与选择还受到各种间接信息的影响。城市居民在信息的接收与交流上受大众传播媒介的影响程度和使用各类网络社交平台的比例与频度远高于农村居民，城市居民的旅游信息交流共享也超越了地理界限，故可能存在以互联网形式等所构筑的"远邻"。鉴于忽视空间相关性可能会导致研究结果的偏差以及地区旅游业发展政策的失效，[②] 本章基于停留时间外生和内生

[①] 吴玉鸣：《考虑空间效应的中国省域旅游产业弹性估计》，《旅游学刊》2010年第8期；徐伟、戴其文、把多勋：《中国农村居民一日游现状与出游目的空间自相关分析》，《旅游学刊》2010年第25期。

[②] 吴玉鸣：《考虑空间效应的中国省域旅游产业弹性估计》，《旅游学刊》2010年第8期；向艺、郑林、王成璋：《旅游经济增长因素的空间计量研究》，《经济地理》2012年第6期。

两类旅行成本模型在定义了三类"邻居"的基础上估计了各类"邻居"的空间溢出效应，简称为"邻居效应"。与此同时，国内旅游需求相关研究大多关注旅行总成本，缺乏对旅行总成本内部结构的考察，包括旅行花费和时间机会成本，故本章将利用中国 2000—2007 年 39 个城市的旅游抽样调查数据在检验旅游需求邻居效应的同时估计不同成本对国内旅游需求的具体影响。

第一节 国内旅游需求的成本结构与空间溢出效应问题

旅游经济学研究中旅游需求是关键问题之一，其中旅游需求的决定因素、旅游需求函数的估计方法和旅游市场的相关性问题是旅游需求问题研究的三个最主要方面。[1] 就旅游需求的决定因素而言，首先需要明确的是旅游需求的衡量指标，使用最多的指标是旅游人数和旅游收入，其次旅游花费和停留时间亦有所涉及。[2] 在决定因素上，收入水平和旅游价格是影响旅游需求的两个关键因素。[3] 随着研究的深入，交通设施、气候变化和环境质量等因素也越来越受到关

---

[1] Li, G., H. Y. Song & S. F. Witt, "Recent Developments in Econometric Modeling and Forecasting", *Journal of Travel Research*, Vol. 44, No. 1(2005), pp. 82–99; Song, H. Y. & G. Li, "Tourism Demand Modelling and Forecasting:A Review of Recent Research", *Tourism Management*, Vol. 29, No. 2 (2008), pp. 203–220; Song, H. Y., L. Dwyer & G. Li, et al., "Tourism Economics Research: A Review and Assessment", *Annals of Tourism Research*, Vol. 39, No. 3 (2012), pp. 1653–1682.

[2] Lim, C., "Review of International Tourism Demand Models", *Annals of Tourism Research*, Vol. 24, No. 4 (1997), pp. 835–849; Song, H. Y. & G. Li, "Tourism Demand Modelling and Forecasting: A Review of Recent Research", *Tourism Management*, Vol. 29, No. 2 (2008), pp. 203–220.

[3] 宋咏梅、孙根年：《中国城市居民旅游购买能力统计分析》，《城市问题》2006 年第 2 期；翁钢民、徐晓娜、尚雪梅：《我国城市居民国内旅游需求影响因素分析》，《城市问题》2007 年第 4 期；Song, H. Y. & G. Li, "Tourism Demand Modelling and Forecasting: A Review of Recent Research", *Tourism Management*, Vol. 29, No. 2 (2008), pp. 203–220.

注。[①]然而，相关研究大多关注的是影响因素本身，而较少考虑其结构特征，如家庭成员的偏好结构。[②]谢慧明、沈满洪和李中海（2014）在旅行成本模型下考察了成本结构，研究发现旅行成本、时间机会成本以及总成本对旅游需求的影响存在显著差异。本章将在考察居民收入和旅游价格时兼论成本结构的具体影响。[③]

国外旅游需求的空间问题研究起步较早，初期关注的是旅游需求的空间差异与变化。[④]之后转向对不同旅游目的地间空间相关性的探索。[⑤]学者们提出了三个机制对其空间相关性进行解释：劳动力流动导致的生产率溢出、市场准入性溢出以及共同推广效应。[⑥]国内相关研究起步较晚，但已有学者开始关注旅游需求的空间相关性。徐伟、戴其

[①] 翁钢民、徐晓娜、尚雪梅：《我国城市居民国内旅游需求影响因素分析》，《城市问题》2007年第4期；Goh, C., "Exploring Impact of Climate on Tourism Demand", *Annals of Tourism Research*, Vol. 39, No. 4（2012）, pp. 1859–1883; Tang, Z., "An Integrated Approach to Evaluating the Coupling Coordination between Tourism and the Environment", *Tourism Management*, No. 46（2015）, pp. 11–19.

[②] Menon, M., F. Perali & M. Veronesi, "Recovering Individual Preferences for Non-Market Goods: A Collective Travel-Cost Model", *American Journal of Agricultural Economics*, Vol. 96, No. 2（2014）, pp. 438–457.

[③] 谢慧明、沈满洪、李中海：《中国城市居民旅游需求函数的实证研究》，《旅游学刊》2014年第9期。

[④] Pearce, D. G., "Spatial Patterns of Package Tourism in Europe", *Annals of Tourism Research*, Vol. 14, No. 2（1987）, pp. 183–201.

[⑤] Mello, M. D., A. Pack & M. T. Sinclair, "UK Demand for Tourism in Its Southern Neighbours", *Christel DeHaan Tourism and Travel Research Institute*, 1999; Gooroochurn, N. & A. Hanley, "Spillover Effects in Long-haul Visitors between Two Regions", *Regional Studies*, Vol. 39, No. 6（2005）, pp. 727–738.

[⑥] Mata, T. D. L. & C. Llano-Verduras, "Spatial Pattern and Domestic Tourism: An Econometric Analysis Using Inter-Regional Monetary Flows by Type of Journey", *Papers in Regional Science*, Vol. 91, No. 2（2012）, pp. 437–470; Patuelli, R., M. Mussoni & G. Candela, "The Effects of World Heritage Sites on Domestic Tourism: A Spatial Interaction Model for Italy", *Journal of Geographical Systems*, Vol. 15, No. 3（2013）, pp. 369–402. Marrocu E. & Paci R., "Different Tourists to Different Destinations. Evidence from Spatial Interaction Models", *Tourism Management*, Vol. 39（2013）, pp. 71–83; Yang, Y. & K. K. F. Wong, "Spatial Distribution of Tourist Flows to China's Cities", *Tourism Geographies*, Vol. 15, No. 2（2013）, pp. 338–363.

文和把多勋等（2010）运用 ESDA 方法研究农村居民一日游出游率和一日游人均花费的空间特征，发现两者均存在高值集聚现象。[①] 陈刚强和李映辉（2011）对中国入境旅游和国内旅游的总人数进行了空间分析，发现旅游总人数在全局和局部上均存在正向空间集聚效应。[②] 以上研究表明，不同地区间的旅游需求存在显著的空间相关性，因此需要引入空间计量分析方法。以意大利、澳大利亚、中国以及其他地区[③]为研究对象的文献已将旅游需求的空间相关性纳入计量模型中。表 5-1 梳理了近期关于国内旅游需求空间溢出文献的研究结果，学者偏向于在目的地——客源地（O-D）框架下估计国内旅游需求；数据结构上既有地区数据也有个体数据，既有面板数据也有截面数据和时间序列数据；估计方法上既包含距离变量下的传统 OLS 和面板估计模型，更有空间计量方法；空间权重矩阵多采用地理权重矩阵。本章尝试通过定义三类不同的空间权重矩阵来界定三类"邻居"，包括空间距离邻近、经济距离邻近和空间—经济距离双邻近的"邻居"，已将空间因素纳入中国城市居民旅游需求函数的估计中。

[①] 徐伟、戴其文、把多勋等：《中国农村居民一日游现状与出游目的空间自相关分析》，《旅游学刊》2010 年第 25 期。

[②] 陈刚强、李映辉：《中国区域旅游规模的空间结构与变化》，《旅游学刊》2011 年第 11 期。

[③] Patuelli, R., M. Mussoni & G. Candela, "The Effects of World Heritage Sites on Domestic Tourism: A Spatial Interaction Model for Italy", *Journal of Geographical Systems*, Vol. 15, No. 3（2013）, pp. 369 - 402; Marrocu E. & Paci R., "Different Tourists to Different Destinations, Evidence From Spatial Interaction Models", *Tourism Management*, Vol. 39（2013）, pp. 71-83; Deng, M. F. & G. Athanasopoulos, "Modelling Australian Domestic and International Inbound Travel: A Spatial - temporal Approach", *Tourism Management*, Vol. 32, No. 5（2011）, pp. 1075-1084; Yang, Y. & K. K. F. Wong, "Spatial Distribution of Tourist Flows to China's Cities", *Tourism Geographies*, Vol. 15, No. 2（2013）, pp. 338-363; Deng, M. F. & G. Athanasopoulos, "Modelling Australian Domestic and International Inbound Travel: A Spatial - temporal Approach", *Tourism Management*, Vol. 32, No. 5（2011）, pp. 1075-1084.

第五章　国内旅游需求成本结构与邻居效应研究　　119

表 5-1　近期关于国内旅游需求空间溢出效应的研究[①]

作者（年份）	样本观测值	研究时期	空间权重矩阵
Marrocu & Paci（2013）	意大利 107 个地区	2009	邻近权重 距离权重
Patuelli 等（2013）	20 个意大利地区	1998—2009	无 （地理距离变量）
Deng & Athanasopoulos（2011）	83 个澳大利亚城市 15000 个个人样本	1998—2008 （季度）	邻近权重
Yang & Wong（2012）	中国 341 个城市	2002—2006	K 最近邻权重
向艺、郑林、王成璋（2012）	中国 31 个省 （直辖市、自治区）	1999—2009	邻近权重
吴玉鸣（2010）	中国 31 个省 （直辖市、自治区）	2001—2007	邻近权重 K 最近邻权重 距离权重
Tamara & Llano-Verduras（2012）	西班牙 17 个地区	2001、2007 （截面）	无 （地理距离变量）

总之，本章尝试在以下两个方面作出改进：第一，把以工资率计算的时间机会成本从旅行成本中区分出来，以便更精确地测度成本结构的影响。第二，通过构建空间权重矩阵定义三类"邻居"，即地理权重矩阵、经济权重矩阵和综合权重矩阵，从而有助于更全面地揭示"邻

[①] Marrocu E. & Paci R., "Different Tourists to Different Destinations. Evidence from Spatial Interaction Models", *Tourism Management*, Vol. 39（2013）, pp. 71–83; Patuelli, R., M. Mussoni & G. Candela, "The Effects of World Heritage Sites on Domestic Tourism: A Spatial Interaction Model for Italy", *Journal of Geographical Systems*, Vol. 15, No. 3（2013）, pp. 369–402; Deng, M. F. & G. Athanasopoulos, "Modelling Australian Domestic and International Inbound Travel: A Spatial–temporal Approach", *Tourism Management*, Vol. 32, No. 5（2011）, pp. 1075–1084; Yang, Y. & K. K. F. Wong, "Spatial Distribution of Tourist Flows to China's Cities", *Tourism Geographies*, Vol. 15, No. 2（2013）, pp. 338–363; 向艺、郑林、王成璋：《旅游经济增长因素的空间计量研究》，《经济地理》2012 年第 6 期; 吴玉鸣：《考虑空间效应的中国省域旅游产业弹性估计》，《旅游学刊》2010 年第 8 期; Mata, T. D. L. & C. Llano-Verduras, "Spatial Pattern and Domestic Tourism: An Econometric Analysis Using Inter-regional Monetary Flows by Type of Journey", *Papers in Regional Science*, Vol. 91, No. 2（2012）, pp. 437–470.

居效应"。这有助于更精确地估计中国城市居民国内旅游需求的收入弹性和价格弹性,为制定旅游业的经济和空间发展政策提供参考。

第二节 模型设定、数据来源和空间权重矩阵说明

一、旅行成本模型及空间计量设定

根据新古典消费理论,一个典型游客的效用函数形式如下 $u(x,n,z)$,其中 x 是旅游需求,n 是游客在某地的停留时间,z 是其他商品。典型游客消费者首先面临着收入约束:

$$y_0 = xc_x + xnc_n + c_z z \quad (5-1)$$

其中,c_x 是单位旅行成本,c_n 是停留时间的单位机会成本,c_z 表示的是其他希克斯商品束的价格,y_0 是游客的收入水平。

时间是另一个重要的约束因素:

$$H^* = \gamma_x x + xn + \theta \quad (5-2)$$

式(5-2)中 H^* 是消费活动的总时间,γ_x 是用于旅行时间,θ 是花费在其他希克斯商品束上的时间。假设 H 表示消费者可用于休闲和工作的可自由支配的总时间,则工作时间 $h = H^* - H$。那么,消费者的工资,即其收入水平是工作时间和工资(w)的乘积,此时式(5-1)将被改写成:

$$y = y_0 + wH^* = x(p_x + p_n n) + pz \quad (5-3)$$

其中 $p_x = c_x + \gamma_x w$ 是指旅行成本,$p_n = c_n + w$ 是指时间机会成本,$p = c_z + \theta w$ 表示消费的希克斯商品束的成本。[①] 式(5-3)是收入和时间双重约束

[①] Mc Connell & K. E., "On-site Time in the Demand for Recreation", *American Journal of Agricultural Economics*, Vol. 74 (1992), pp. 918–925.

方程。

因此，根据效应最大化原则，停留时间外生情形下的旅行成本模型如下：

$$x=x(p_x+p_nn,p,y,n) \quad (5\text{-}4)$$

此时，游客效用最大化只需考虑变量 x 和 z；反之，在停留时间内生的情形下，还需考虑停留时间 n。此时，停留时间内生的旅行成本模型如式（5-5）：

$$x=x(p_x,p_n,p,y,n) \quad (5\text{-}5)$$

鉴于旅游需求存在空间溢出效应，旅行成本模型的具体形式可改写成如下的线性空间面板模型：[1]

$$x=\rho Wx+at_{N\times T}+X\beta+WX\theta+\mu \quad (5\text{-}6a)$$

$$\mu=\lambda W\mu+\varepsilon \quad (5\text{-}6b)$$

其中，i 表示截面地区（$i=1,2,\cdots,N$），t 表示时间（$t=1,2,\cdots,T$），x 是由时间 t 和地区 i 出游率构成的 $N\times T$ 维向量。Wx 揭示了不同地区间出游率的内生交互效应，是一个地区与其"邻居"出游率的加权求和；$t_{N\times T}$ 是常数项 α 的 $N\times T$ 向量；WX 表示的是各类解释变量在不同城市"邻居"间的空间交互效应，其中 X 包括停留时间外生和内生两种情形，停留时间外生时 $X_{EX}=[p_x+p_nm,p,y,n]$，停留时间内生时 $X_{EN}=[p_x,p_n,p,y]$；$W\mu$ 指的是随机扰动项 μ 之间的内生交互效应。ρ 是指空间自回归系数，β 和 θ 均是 $K\times 1$ 维的参数向量（K 是解释变量的个数）；W 是 $N\times N$ 维的非负空间权重矩阵，用以刻画地区之间的地理／经济联系；ε 是随机误差项。

根据式（5-6a）和式（5-6b），当 $\theta=\lambda=0$ 时，可以得到空间滞后

---

[1] Elhorst, J. P., "Spatial Panel Data Models", *Spatial Econometrics*, Springer, pp. 37–93.

模型（SLM），如式（5-7）所示；当 $\theta=\rho=0$ 时可以得到空间误差模型（SEM），如式（5-8）所示；当 $\theta=0$ 时可以得到空间自相关模型（SAC）如式（5-9）：

$$\text{SLM：} x=\rho Wx+\alpha t_{N\times T}+X\beta+\mu \quad\quad (5-7)$$

$$\text{SEM：} x=\alpha t_{X\times T}+X\beta+\mu \quad \mu=\lambda W\mu+\varepsilon \quad\quad (5-8)$$

$$\text{SAC：} x=\rho Wx+\alpha t_{N\times T}+X\beta+\mu \quad \mu=\lambda W\mu+\varepsilon \quad\quad (5-9)$$

实证研究将分别基于上述三个空间计量模型来捕捉旅游需求的空间溢出效应并检验结果的稳健性。

二、变量和数据

本章选取了2000—2007年中国39个城市的国内旅游面板数据。旅行成本模型中的各变量如下：

（一）x_{it} 是城市 i 在 t 年的出游率

旅行成本模型中的出游率仅指观光休闲旅游。为了规避多目的地问题，本章采用剥离系数——平均游览省数对出游率进行剥离。[①] 单目的地观光休闲旅游出游率 x_{it} =（各城市国内旅游人数 × 按出游目的分的观光旅游所占比例）/ 平均游览省数。

（二）$p_{n_{it}}$ 是指停留时间的机会成本

取工资率的三分之一[②]作为停留时间的单位机会成本。其中，工资率为在岗职工平均工资；一年按365天计，除去52个法定双休日和11天的

[①] 孙睿君、钟笑寒：《运用旅行费用模型估计典型消费者的旅游需求及其收益：对中国的实证研究》，《统计研究》2005年第12期；谢慧明、沈满洪、李中海：《中国城市居民旅游需求函数的实证研究》，《旅游学刊》2014年第9期。

[②] 孙睿君、钟笑寒：《运用旅行费用模型估计典型消费者的旅游需求及其收益：对中国的实证研究》，《统计研究》2005年第12期；谢慧明、沈满洪、李中海：《中国城市居民旅游需求函数的实证研究》，《旅游学刊》2014年第9期。

法定节假日，所以年工作时间按 250 天计。因此，$p_{n_{it}}$=1/3× 工资率 /250。

（三）$p_{x_{it}}$ 是指旅行成本

包括交通、住宿和旅行中的其他花费，如门票、膳食等。

（四）y_{it} 是城市 i 在 t 年的家庭平均月收入

《中国国内旅游抽样调查资料》中的家庭平均月收入分为 7 个等级：0—499，500—999，1000—1999，2000—2999，3000—3999，4000—4999，≥ 5000。本章中的家庭平均月收入数据由不同区间段的平均收入乘以该区间的比重加权平均得到，平均收入取区间均值，大于等于 5000 元的按 5000 元计。

（五）平均停留夜数 n_{it}

平均停留夜数 n_{it} 的计算方法和家庭平均月收入 y_{it} 的计算方法一致。停留时间夜数也被分成 7 个等级：0, 1, 2, 3, 4—7, 8—13, ≥ 14，其中停留夜数大于等于 14 天的按 14 天计。

（六）其他解释变量

包括平均受教育年限（EDU）和平均年龄（AGE），用来表征游客的其他特征。抽样调查数据中的受教育年限和年龄均同样是区间变量，因此这两个变量的计算方法与 y_{it} 和 n_{it} 的计算方法一致。

上述指标的数据来源为《中国旅游统计年鉴》（2001—2008）和《中国国内旅游抽样调查资料》（2000—2007）。由于 2008 年以后统计口径发生了变化，国家统计局不再统计停留时间的数据，因此本章所考察的样本区间为 2000—2007 年。39 个城市分别是北京、成都、大连、福州、广州、贵阳、桂林、哈尔滨、海口、杭州、合肥、呼和浩特、济南、昆明、兰州、南昌、南京、南宁、宁波、青岛、厦门、上海、深圳、沈阳、石家庄、苏州、太原、天津、乌鲁木齐、无锡、武汉、西安、西宁、银川、长春、长沙、郑州、重庆、珠海。其中工资率、旅行成本和家庭平均月收入以 2000 年为基期用消费者价格指数进行平减，同时昆明和桂林两个城市缺失的消费者价格指数由移动平均法补齐。各变量的描述性统计见表 5-2。

表 5-2 变量的描述性统计

变量	均值	标准差	最小值	最大值
单目的地观光旅游出游率（x_{ijt}，%）	48.97	29.07	9.02	254.73
总成本（p_x+np_n，元）	1067.68	627.49	234.61	6330.64
旅行成本（p_x，元）	10218	630.74	200.30	6288.07
时间的机会成本（p_n，元）	15.78	4.40	8.13	31.58
停留夜数（n，夜）	3.05	1.51	1	15.85
工资率（w，元）	11834	3297	6096	23682.64
月平均收入（y，元）	2449.86	689.71	736.11	4413.31
平均年龄（AGE）	41.59	3.41	28.58	53.50
平均受教育年限（EDU）	11.48	0.60	9.98	15.11

三、空间权重矩阵

邻居是指住在附近的人，即邻近原则或距离原则所定义的"邻居"。就旅游而言，此时的"邻居"不仅仅局限于地理邻近意义上的邻居，还包括经济邻居。经济邻居是指有相似收入水平的人。鉴于此，本章定义了如下三类"邻居"：

（一）地理权重矩阵（W^D）定义的邻居

由于 39 个样本城市在地理上并不相邻，因此地理空间权重矩阵根据距离阈值定义，距离阈值取为每个城市与其余 38 个城市的最短距离的最大值。在阈值范围内权重取为 1，在阈值范围之外取为 0；阈值的选取以保证不出现孤岛城市为原则，即每个城市都有邻居。

（二）经济权重矩阵（W^E）定义的邻居

它表明两个城市之间的收入水平差距越小则两个城市之间的相似性越高，定义如下：

$$W^E = \frac{1}{(y_{it}-y_{jt})S_{it}}, \text{ 其中 } S_{it} = \sum_j \frac{1}{|y_{it}-y_{jt}|}, j \neq i \quad (5-10)$$

其中，y_{it} 是城市 i 在 t 年的家庭平均月收入，y_{jt} 是城市 j 在 t 年的家庭平均月收入[1]。

（三）综合权重矩阵（W^C）定义的邻居

地理权重矩阵假设所有城市之间的相互影响等价过于理想化，因此本章将地理权重矩阵和城市间的经济差距联系起来建立了综合权重矩阵[2]。其中，E 是衡量地区间收入差异的空间权重矩阵（对角阵），它在刻画地理邻近的同时也能够刻画出地区之间的收入差异：

$$W^C = W^D \times E = W^D \times diag\left(\frac{\overline{y_1}}{\overline{y}}, \frac{\overline{y_2}}{\overline{y}} \cdots, \frac{\overline{y_N}}{\overline{y}}\right) \quad (5-11)$$

其中，$\overline{y} = \frac{1}{N(t_1-t_0+1)}\sum_{t=t_0}^{t_1}\sum_{j=1}^{N} y_{it}$，$\overline{y_1} = \frac{1}{t_1-t_0+1}\sum_{t=t_0}^{t_1}\sum_{j=1}^{N} y_{it}$ 是指城市 i 的家庭平均月收入在所有样本城市中所占的比重，刻画了城市 i 的相对收入水平。这一比值越大表明城市 i 对其邻居的影响越大，邻居城市之间的联系越紧密。

由上述定义可知，三类"邻居"之间既相互区别又相互联系。W^D 定义的邻居是地理意义上的邻居，城市间的距离越近则两者之间的影响越大；W^E 定义的邻居是经济意义上的邻居，城市之间的经济水平越

---

[1] 林光平、龙志和、吴梅：《中国地区经济 σ- 收敛的空间计量实证分析》，《数量经济技术经济研究》2006 年第 4 期。

[2] Case, A. C., H. S. Rosen & J. R. Hines, "Budget Spillovers and Fiscal Policy Interdependence: Evidence from the States", *Journal of Public Economics*, Vol. 52, No. 3（1993）, pp. 285–307.

相似则相互之间产生的影响越大；W^c 定义的邻居是地理和经济双重意义上的邻居，综合考虑了城市之间的地理距离和经济联系。

第三节 三类"邻居"定义下的城市居民旅游需求实证结果

一、地理权重矩阵下的估计结果

表 5-3 给出了外生旅行成本模型下基于地理权重矩阵的中国 39 个城市国内旅游需求的估计结果。表 5-3 中的第 2 列是传统面板固定效应模型的估计结果，第 3 列是式（5-9）面板空间自相关模型的结果，第 5 列和第 7 列分别是式（5-7）空间滞后模型和式（5-8）空间误差模型在固定效应和随机效应下的估计结果。根据 Hausman 检验，SLM 和 SEM 下均是随机效应模型优于固定效应模型。从估计结果看，旅行成本模型中的两个关键变量——总成本和平均收入水平均显著。总成本对出游率具有显著的负向影响，平均收入与出游率呈正相关；旅游需求的总成本弹性为 0.491—0.635，收入弹性为 0.034—0.049，小于总成本弹性。此外，停留时间在 1% 水平上显著正向影响城市居民的出游率。这既保证了时间机会成本对国内旅游需求的负向影响，也在一定程度上揭示了游客的出游偏好。平均年龄与出游率之间存在 U 型的非线性关系，其拐点出现在 44—45 岁之间。这表明年龄在 44—45 岁居民的观光休闲旅游率较低。根据《中国国内旅游抽样调查资料》中的年龄段划分，拐点出现在了 25—44 岁年龄段的截至年份和 45—64 岁年龄段的起始年份。一般而言，该人群的时间机会成本较高，出游率

较小。此外，未发现平均受教育年限对国内旅游需求影响的显著性。

表 5-3　外生旅行成本模型下中国城市居民旅游需求——地理权重矩阵

变量	固定效应模型	地理权重矩阵——出游率（$\ln x$）				
		SAC(SFE)	SLM(SFE)	SLM(SRE)	SEM(SFE)	SEM(SRE)
$\ln(p_x+np_n)$	−0.506*** (0.043)	−0.491*** (0.040)	−0.495*** (0.040)	−0.630*** (0.052)	−0.499*** (0.040)	−0.635*** (0.052)
$\ln n$	0.029*** (0.009)	0.029*** (0.008)	0.028*** (0.009)	0.039*** (0.010)	0.028*** (0.009)	0.039*** (0.010)
$\ln y$	0.049*** (0.012)	0.038*** (0.012)	0.042*** (0.012)	0.034*** (0.013)	0.049*** (0.012)	0.036*** (0.013)
$\ln AGE$	−3.361** (1.530)	−3.366** (1.400)	−3.379** (1.402)	−3.050** (1.532)	−3.370** (1.407)	−3.039** (1.535)
$(\ln AGE)^2$	0.442** (0.207)	0.442** (0.189)	0.444** (0.189)	0.400* (0.207)	0.443** (0.190)	0.399* (0.207)
$\ln EDU$	−0.030 (0.052)	−0.034 (0.048)	−0.033 (0.048)	−0.032 (0.052)	−0.030 (0.048)	−0.031 (0.052)
常数	13.233 + (2.827)			13.493*** (2.835)		13.609*** (2.836)
ρ		0.144** (0.069)	0.100** (0.047)	0.034 (0.046)		
λ		−0.069 (0.082)			0.057 (0.054)	0.028 (0.056)
N	312	312	312	312	312	312
R^2	0.979	0.964	0.972	0.980	0.979	0.981
AIC	−1.2e+03	−1.2e+03	−1.2e+03	−918.114	−1.2e+03	−917.798
Hausman 检验			7.47		7.474	
模型选择			SRE		SRE	

注：括号内的值为稳健的标准差，显著性水平：* 表示 $p<0.1$，** 表示 $p<0.05$，*** 表示 $p<0.01$。固定效应模型为控制面板数据中随个体变化但不随时间变化的一类变量处理方法；基于旅行成本模型设定的国内旅游需求核心解释变量，表 5-3 和表 5-4 选择固定效应回归结果作为三类空间计量回归分析的一个参照。

表 5-4 给出了基于地理权重矩阵下内生旅行成本模型的中国城市居民国内旅游需求的估计结果。内生旅游成本模型揭示出了成本结构，即同时考虑了旅行成本和时间机会成本对国内出游率的影响。结果表明两类成本均与旅游需求呈负相关，且所有模型中估计得到的旅行成本弹性（0.511—0.688）一致大于时间机会成本弹性（0.084—0.093），此时收入弹性却略小于时间机会成本弹性更接近于 0。旅行成本、时间机会成本和收入三者的弹性均小于 1，表明中国城市居民的旅游行为具有一般消费品的特性，即对城市居民而言国内旅游产品并非奢侈品。鉴于此，降低旅行成本和时间机会成本并非是增加旅游收入的有效方式；相反，提价策略对于扩大国内旅游收入而言更有效。

表 5-4　内生旅行成本模型下中国城市居民旅游需求——地理权重矩阵

变量	固定效应模型	地理权重矩阵——出游率（ln x）				
		SAC (SFE)	SLM (SFE)	SLM (SRE)	SEM (SFE)	SEM (SRE)
$\ln px$	−0.528*** (0.043)	−0.511*** (0.041)	−0.522*** (0.040)	−0.688*** (0.058)	−0.528*** (0.040)	−0.687*** (0.056)
$\ln p_n$	−0.092*** (0.024)	−0.086*** (0.022)	−0.084*** (0.023)	−0.092*** (0.025)	−0.093*** (0.023)	−0.092*** (0.025)
$\ln y$	0.043*** (0.012)	0.034*** (0.012)	0.039*** (0.012)	0.027** (0.013)	0.043*** (0.011)	0.026** (0.013)
$\ln AGE$	−2.968** (1.475)	−3.079** (1.356)	−3.005** (1.361)	−2.597* (1.498)	−2.971** (1.365)	−2.614* (1.498)
$(\ln AGE)^2$	0.390* (0.199)	0.405** (0.183)	0.395** (0.184)	0.341* (0.202)	0.391** (0.184)	0.343* (0.202)
$\ln EDU$	−0.043 (0.050)	−0.047 (0.046)	−0.045 (0.046)	−0.046 (0.050)	−0.043 (0.046)	−0.047 (0.050)
常数	12.967*** (2.723)			13.528*** (2.770)		13.528*** (2.767)

续表

变量	固定效应模型	地理权重矩阵——出游率（ln$x$）				
		SAC(SFE)	SLM(SFE)	SLM(SRE)	SEM(SFE)	SEM(SRE)
ρ		0.118*（0.066）	0.057（0.048）	−0.007（0.044）		
λ		−0.104（0.079）			−0.007（0.056）	−0.013（0.056）
N	312	312	312	312	312	312
R^2	0.504	0.963	0.972	0.976	0.974	0.976
AIC	−1.2e+03	−1.2e+03	−1.2e+03	−946.020	−1.2e+03	−946.046
Hausman 检验			9.88		11.35	
模型选择			SRE		SFE	

注：括号内的值为稳健的标准差，显著性水平：*$p<0.1$，**$p<0.05$，***$p<0.01$。

综合比较表5-3和表5-4可以发现，停留时间外生情况下空间随机效应模型优于空间固定效应模型；而在停留时间内生的情况下，空间滞后模型中随机效应较优，空间误差模型下固定效应较优。在距离空间权重矩阵下，空间溢出效应仅在SAC模型下显著。这表明出游率本身存在空间溢出效应，一个城市的旅游需求受到其邻居城市旅游需求的正向影响。

二、经济权重矩阵下的估计结果

表5-5和表5-6分别是在经济权重矩阵下外生旅行成本和内生旅行成本模型的估计结果。由于经济空间权重矩阵是用家庭平均月收入这一变量构造，因此变量估计结果中不包括ln$y$。与地理权重矩阵下的估计结果相比，各变量的显著性基本一致。与表5-3相比，表5-5中

经济权重矩阵下的总成本弹性略大,处于 0.501—0.673。游客的平均年龄与出游率之间的 U 型关系依然成立,拐点亦位于 44—45 岁。

表 5-5 外生旅行成本模型下中国城市居民旅游需求——经济权重矩阵

变量	SAC (SFE)	SLM (SFE)	SLM (SRE)	SEM (SFE)	SEM (SRE)
	经济权重矩阵——出游率($\ln x$)				
$\ln(p_x+np_n)$	−0.501*** (0.039)	−0.505*** (0.039)	−0.634*** (0.051)	−0.511*** (0.043)	−0.673*** (0.057)
$\ln n$	0.032*** (0.009)	0.033*** (0.009)	0.041*** (0.010)	0.036*** (0.009)	0.044*** (0.010)
$\ln AGE$	−3.309** (1.394)	−3.293** (1.395)	−3.022** (1.526)	−3.314** (1.402)	−2.971* (1.557)
$(\ln AGE)^2$	0.436** (0.188)	0.434** (0.188)	0.398* (0.206)	0.437** (0.189)	0.391* (0.210)
$\ln EDU$	−0.016 (0.047)	−0.015 (0.047)	−0.018 (0.051)	−0.012 (0.047)	−0.012 (0.052)
常数			12.873*** (2.845)		13.958*** (2.873)
ρ	0.406*** (0.085)	0.378*** (0.076)	0.251*** (0.081)		
λ	−0.093 (0.150)			0.363*** (0.109)	0.194 (0.131)
N	312	312	312	312	312
R^2	0.937	0.943	0.964	0.980	0.980
AIC	−1.2e+03	−1.2e+03	−921.166	−1.2e+03	−914.071
Hausman 检验		3.73		8.17	
模型选择		SRE		SRE	

注:括号内的值为稳健的标准差,显著性水平:* 表示 $p<0.1$,** 表示 $p<0.05$,*** 表示 $p<0.01$。

表5-5中，SAC模型和SLM模型的空间自相关系数显著为正，均值为0.33[（0.406+0.251）/2]，大于地理权重矩阵下SAC的0.144，表明经济空间权重下的溢出效应增强了129%[（0.33—0.144）/0.144]。在SEM模型中，固定效应下的空间误差系数仍具有1%水平下的正向显著性。以上表明经济权重矩阵下，经济邻居间亦存在溢出效应。如表5-6所示，在以经济权重矩阵估计的内生旅行成本模型中，SAC和SLM模型的空间自相关系数显著为正，其均值0.245[（0.34+0.15）/2]略小停留时间外生时的0.33，SEM中的溢出效应为0.205。另外，经济权重矩阵下旅行成本弹性大于地理权重矩阵下的旅行成本弹性，而时间机会成本的弹性则小于地理权重矩阵下的估计结果。这意味着经济权重矩阵扩大了旅行成本弹性而降低了机会成本弹性，表5-5中的总成本弹性大于表5-4的值，即经济权重矩阵下的总成本弹性（0.501—0.678）大于地理权重矩阵下的总成本弹性（0.491—0.635）。

表5-6 内生旅行成本模型下中国城市居民旅游需求——经济权重矩阵

变量	经济权重矩阵——出游率（$\ln x$）				
	SAC（SFE）	SLM（SFE）	SLM（SRE）	SEM（SFE）	SEM（SRE）
$\ln p_x$	−0.530*** (0.039)	−0.534*** (0.039)	−0.697*** (0.056)	−0.560*** (0.042)	−0.744*** (0.058)
$\ln p_n$	−0.071*** (0.023)	−0.070*** (0.023)	−0.079*** (0.025)	−0.084*** (0.024)	−0.091*** (0.025)
$\ln AGE$	−3.038** (1.358)	−3.005** (1.360)	−2.625* (1.501)	−2.953** (1.378)	−2.527* (1.535)
$(\ln AGE)^2$	0.401** (0.183)	0.396** (0.184)	0.345* (0.203)	0.389** (0.186)	0.332 (0.207)

续表

变量	经济权重矩阵——出游率（ln x）				
	SAC（SFE）	SLM（SFE）	SLM（SRE）	SEM（SFE）	SEM（SRE）
ln EDU	−0.030 （0.045）	−0.028 （0.045）	−0.036 （0.050）	−0.021 （0.046）	−0.033 （0.051）
常数			13.191*** （2.793）		13.907*** （2.829）
ρ	0.340*** （0.083）	0.301*** （0.078）	0.150* （0.082）		
λ	−0.132 （0.142）			0.205* （0.120）	0.041 （0.126）
N	312	312	312	312	312
R^2	0.945	0.952	0.970	0.974	0.976
AIC	−1.2e+03	−1.2e+03	−947.246	−1.2e+03	−943.939
Hausman 检验		5.38		14.68	
模型选择		SRE		SFE	

注：括号内的值为稳健的标准差，显著性水平：* 表示 $p<0.1$，** 表示 $p<0.05$，*** 表示 $p<0.01$。

三、综合权重矩阵下的估计结果

综合空间权重矩阵下停留时间外生和内生时的稳健性检验结果如表 5-7 和表 5-8 所示。综合空间权重矩阵是地理和经济权重矩阵的结合，该定义下的"邻居"不仅在地理距离上相近，而且其经济水平亦相似。表 5-7 和表 5-8 表明，除了平均受教育年限外，所有变量的显著性都具有稳健性。综合权重矩阵下的总成本弹性和旅行成本弹性稍大于地理权重和经济权重下的估计结果，时间机会成本的弹性则是介于两者之间。由此可见，在三类权重矩阵下，总成本和旅行成本的弹性依次呈递增趋势；时间机会成本弹性则是先减弱后又增强，并回到地理权重矩阵下的水平，表明机会成本弹性对于以地理距离定义的邻居十分敏感。

表5-7 外生旅行成本模型下中国城市居民旅游需求——综合权重矩阵

变量	SAC (SFE)	SLM (SFE)	SLM (SRE)	SEM (SFE)	SEM (SRE)
$\ln(p_x+np_n)$	−0.519*** (0.041)	−0.536*** (0.039)	−0.680*** (0.053)	−0.549*** (0.041)	−0.701*** (0.054)
$\ln n$	0.028*** (0.008)	0.028*** (0.009)	0.040*** (0.010)	0.026*** (0.009)	0.041*** (0.010)
$\ln AGE$	−3.362** (1.411)	−3.441** (1.426)	−3.057* (1.568)	−3.458** (1.443)	−3.027* (1.586)
$(\ln AGE)^2$	0.444** (0.190)	0.454** (0.193)	0.403* (0.212)	0.457** (0.195)	0.399* (0.214)
$\ln EDU$	−0.009 (0.047)	−0.009 (0.048)	−0.012 (0.053)	0.001 (0.048)	−0.008 (0.053)
常数			13.958*** (2.896)		14.239*** (2.920)
ρ	0.226*** (0.064)	0.144*** (0.044)	0.057 (0.045)		
λ	−0.134 (0.082)			0.077 (0.054)	0.025 (0.055)
N	312	312	312	312	312
R^2	0.944	0.965	0.978	0.981	0.981
AIC	−1.2e+03	−1.2e+03	−913.605	−1.2e+03	−912.157
Hausman检验		4.56	19.86		
模型选择	SRE		SFE		

注：括号内的值为稳健的标准差，显著性水平：* 表示 $p<0.1$，** 表示 $p<0.05$，*** 表示 $p<0.01$。

与此同时，本章还考察了误差项的空间自相关效应。当单独估计误差项的空间自相关效应时，其显著为正（见表 5-5 和表 5-6）；当表 5-8 同时估计旅游需求的邻居效应和误差项的空间自相关效应时（SAC 模型），误差项的空间自相关效应显著为负。这表明综合权重矩阵下出游率的邻居效应由于一些潜在的随机因素而被削弱。

表 5-8 内生旅行成本模型下中国城市居民旅游需求——综合权重矩阵

变量	SAC (SFE)	SLM (SFE)	SLM (SRE)	SEM (SFE)	SEM (SRE)
$\ln p_x$	−0.539*** (0.042)	−0.566*** (0.038)	−0.744*** (0.059)	−0.585*** (0.038)	−0.749*** (0.055)
$\ln p_n$	−0.084*** (0.022)	−0.080*** (0.024)	−0.091*** (0.025)	−0.096*** (0.024)	−0.093*** (0.025)
$\ln AGE$	−3.100** (1.364)	−3.031** (1.384)	−2.548* (1.537)	−2.953** (1.397)	−2.547* (1.541)
$(\ln AGE)^2$	0.409** (0.184)	0.400** (0.187)	0.335 (0.207)	0.390** (0.189)	0.335 (0.208)
$\ln EDU$	−0.029 (0.046)	−0.026 (0.046)	−0.034 (0.051)	−0.018 (0.047)	−0.033 (0.051)
常数			13.916*** (2.834)		13.985*** (2.837)
ρ	0.191*** (0.062)	0.102** (0.045)	0.009 (0.042)		
λ	−0.156** (0.078)			0.008 (0.055)	−0.012 (0.053)
N	312	312	312	312	312
R^2	0.946	0.966	0.976	0.973	0.976
AIC	−1.2e+03	−1.2e+03	−943.880	−1.2e+03	−943.888
Hausman 检验		11.650		22.147	
模型选择		SFE		SFE	

注：括号内的值为稳健的标准差，显著性水平：* 表示 $p<0.1$，** 表示 $p<0.05$，*** 表示 $p<0.01$。

综合比较表5-3—表5-8，空间自相关模型（SAC）中旅游需求的邻居效应均具有10%水平下的显著性，且无论是停留时间内生还是外生的情况下，旅游需求邻居效应的最大值均出现在经济邻居中，故较之于地理因素，城市间的经济"邻近"在扩大国内旅游需求上的作用更大。因此，扩大城市国内旅游需求应注重与"邻居"城市，尤其是具有相似经济发展水平的"邻居"城市之间进行合作交流。

第六章 旅游需求增长潜力的资源环境成因研究

与经济约束不同，旅游业可持续发展也面临着诸多资源环境约束，尤其是污染导致的环境容量资源约束。从污染损失视角逆向估计资源环境退化所导致的旅游收入减少是探究旅游需求增长潜力资源环境成因的重要思路。本章基于污染损失率法估计了2006—2015年我国47个沿海城市海水污染所造成的国内滨海旅游业经济损失值。研究表明：改善海水水质能有效挖掘国内滨海旅游需求增长潜力，海水污染物浓度与国内滨海旅游需求增长潜力之间存在显著正向关系，近岸海域海水污染物浓度降低后国内滨海旅游业损失值明显降低；国内滨海旅游业海水污染经济损失值在各沿海城市之间存在显著差异，国内滨海旅游需求增长潜力受沿海城市的海水污染物浓度、城市旅游发展水平、地区经济发展水平、城市化水平、工业化水平等因素的影响。

第一节 旅游需求的影响因素及其增长潜力测度视角

旅游经济的持续、快速、健康发展是实现国民经济高质量增长的重要途径。旅游业可持续发展需要处理好两对关系：一是与其他国民经济系统的关系，二是系统内部要素之间的关系，如旅游需求与旅游资源、旅游环境的关系。资源环境的过度消耗会使旅游业可持续发展陷入困境，旅游需求的快速增长会加剧资源环境的负荷。在众多旅游需求影响因素中，旅行成本、时间成本和居民收入是关键因素。谢慧明、沈满洪和李中海（2014）研究发现旅游需求收入弹性的绝对值大于旅行成本弹性的绝对值，城市旅游产业发展的居民收入激励政策较之于成本竞争策略更有效，旅游需求的旅行成本弹性和时间成本弹性差异显著，减少旅行成本政策较之于缩短旅行时间政策更能提高城市的旅游收入。[1]旅游需求还受经济增长速度的影响，餐饮业、零售业和交通运输业的发展能对扩大国内旅游需求起到促进作用。[2]此外，相邻交互效应也很显著，加强城市间的经济联系和处理好游客与其"经济邻居""地理邻居"和"经济地理邻居"的关系能有效地扩大国内旅游需求。[3]

旅游需求的资源环境影响研究主要关注自然资源和生态环境对旅游业发展的重要性。气候资源是一种重要的自然资源，它对旅游业的发展有着直接影响。学者们讨论了气温、日照、降水等对旅游需求的影响。[4]保继刚和楚义芳（1999）认为人体舒适度会对旅游者的旅游意愿产生影响进而影响旅游需求，人体舒适度主要取决于气温、湿度和

---

[1] 谢慧明、沈满洪、李中海：《中国城市居民旅游需求函数的实证研究》，《旅游学刊》2014年第9期。

[2] 雷平、施祖麟：《我国国内旅游需求及影响因素研究》，《人文地理》2009年第24期。

[3] Marrocu, E. & R. Paci, "Different Tourists to Different Destinations, Evidence from Spatial Interaction Models", *Tourism Management*, Vol. 39（2013），pp. 71–83；谢慧明、俞梦绮、沈满洪：《中国城市居民国内旅游需求的成本结构与邻居效应》，《城市与环境研究》2016年第4期。

[4] 吴普、葛全胜、齐晓波等：《气候因素对滨海旅游目的地旅游需求的影响——以海南岛为例》，《资源科学》2010年第32期；曹伟宏、何元庆、李宗省等：《丽江旅游气候舒适度与年内客流量变化相关性分析》，《地理科学》2012年第32期。

风速。① 马丽君（2012）认为气候资源能为旅游者在进行旅游活动时提供条件，会对游客的出游决策和旅游行为产生直接或间接影响，进而影响旅游流在特定时段内的时空变化。② 在环境资源方面，旅游环境容量、旅游承载力和旅游生态足迹等研究侧重探讨旅游业发展的环境效应，旅游发展在带来经济效益的同时也会对资源环境造成消极影响；旅游地旅游环境脆弱性问题突出，旅游地的环境压力巨大。③

资源环境对旅游需求的影响还表现在旅游资源的游憩价值中。资源环境不仅是旅游业发展的依托，其游憩价值更是一种重要的非市场价值，决策者和管理者往往不够重视旅游资源的非市场价值而导致旅游游憩资源价值的低估或弱化。④ 王喜刚和王尔大（2013）基于修正的旅行成本法评估了大连老虎滩海洋公园的游憩价值。⑤ 谢慧明、沈满洪和李中海（2014）基于停留时间内生的旅行成本模型，在考虑游客动态出游行为的情形下，使用中国39个城市2000—2007年国内旅游抽样调查数据，采用广义矩估计方法对中国居民旅游需求函数进行了估计。⑥ 彭文静、姚顺波和李晟（2014）以华山风景名胜区为例修正了个人旅行成本模型并重新估计了该景区的游憩价值。诸如此类研究表明，资源环境是旅游地游憩价值的基础，资源环境质量优良时旅游地的游

---

① 保继刚、楚义芳、彭华：《旅游地理学》，高等教育出版社1993年版，第33—51页。
② 马丽君：《中国典型城市旅游气候舒适度及其与客流量相关性分析》，博士学位论文，陕西师范大学，2012年。
③ Gössling, S., "National Emissions from Tourism: An Overlooked Policy Challenge?", *Energy Policy*, Vol. 59（2013）, pp. 433-442；常耀：《公共休闲旅游资源使用者拥挤感知问题研究》，博士学位论文，浙江大学，2017年。
④ 王喜刚：《滨海游憩环境资源改善的经济价值评价研究》，博士学位论文，大连理工大学，2015年。
⑤ 王喜刚、王尔大：《基于修正旅行成本法的景区游憩价值评估模型——大连老虎滩海洋公园的实证分析》，《资源科学》2013年第35期。
⑥ 谢慧明、沈满洪、李中海：《中国城市居民旅游需求函数的实证研究》，《旅游学刊》2014年第9期。

憩价值高。[1]

资源环境对旅游需求的影响也包括质量退化对旅游地游憩价值的负面影响。陈妙红、邹欣庆和韩凯等（2005）基于污染损失率法测算了连云港的水污染经济损失，其中不同水体污染物对旅游业造成的经济损失不尽相同，水体污染物可以通过破坏水体功能进而影响旅游业。[2]程南洋（2012）认为森林资源能为休闲旅游提供优良生态环境，但森林休闲旅游产业发展面临资源与环境约束，提升森林休闲旅游的服务水平、挖掘森林休闲旅游的文化内涵、提高森林休闲旅游的技术含量等是实现该产业健康、持续发展的重要路径。[3]谢慧明、强朦朦和沈满洪（2016）指出非经济因素如自然环境会在更长的时间跨度上对旅游需求产生影响，污染物排放与旅游需求关系的显著性因污染物而异，水体污染物对旅游需求的影响更显著。[4]

由此可见，旅游需求的资源环境影响可以从正反两类视角来理解。从正向逻辑来看，优良的资源环境是旅游需求增长的基础和保障；从反向逻辑来看，资源环境的退化会阻碍旅游需求增长甚至是减少旅游需求。旅游需求的增长潜力研究习惯于从正向视角推进，譬如旅游需求潜力和旅游供给潜力，中国旅游业产业潜力以及国内旅游需求增长预测。[5]任

---

[1] 彭文静、姚顺波、李晟：《华山风景名胜区旅游价值评估的研究——联立方程模型在TCM中的应用》，《经济管理》2014年第36期。

[2] 陈妙红、邹欣庆、韩凯等：《基于污染损失率的连云港水环境污染功能价值损失研究》，《经济地理》2005年第25期。

[3] 程南洋：《基于资源约束的森林休闲旅游产业发展研究》，博士学位论文，南京林业大学，2012年。

[4] 谢慧明、强朦朦、沈满洪：《中国居民旅游需求的动态决定机制及其影响因素——一个经济、文化与自然环境的综合视角》，《浙江理工大学学报（社会科学版）》2016年第36期。

[5] 冯学钢、王琼英：《中国旅游产业潜力评估模型及实证分析》，《中国管理科学》2009年第17期；冯学钢、杨勇、于秋阳：《中国旅游产业潜力和竞争力研究》，上海交通大学出版社2012年版。

来玲、赵茂宏和赵丽君（2008）指出旅游需求的预测模型主要包括考虑旅游需求影响因素的因果关系计量经济方法、将因果关系与时间序列相结合的结构时间序列模型、基于效用理论的 AIDS 模型。[1]陶伟和倪明（2010）发现不同的预测模型适用的预测类型不同，无适合所有条件的最优模型或方法。[2]沈玲佳（2017）利用结构时间序列模型将京、浙、川、琼、粤四省一市的国内旅游需求分解为趋势、周期、季节等因子并对国内旅游需求进行预测，结果显示旅游需求增长是大势所趋，但面临资源刚性约束。[3]旅游损失估计则是从资源环境退化视角考察旅游需求增长的逆过程。孙金芳和单长青（2010）利用 Logistic 模型法和恢复费用法测算了 2001—2008 年滨州市水污染经济损失。[4]朱发庆等（1993）通过结合詹姆斯等（James etaly，1984）提出的"损失—浓度曲线"建立了污染损失率模型并估算了水污染经济损失。[5]当此类模型与旅游需求等关联起来时，它们也便可以用于估计旅游需求增长潜力的资源环境成因，但相关研究缺乏，从损失视角讨论国内滨海旅游和海洋环境的关系研究更少。

海洋资源和海洋环境对应的是滨海旅游。[6]滨海旅游在国内旅游

---

[1] 任来玲、赵茂宏、赵丽君：《旅游需求预测模型概述》，《统计研究》2008 年第 25 期。
[2] 陶伟、倪明：《中西方旅游需求预测对比研究：理论基础与模型》，《旅游学刊》2010 年第 25 期。
[3] 沈玲佳：《气候资源刚性约束下国内旅游需求变化趋势与对策研究》，硕士学位论文，浙江理工大学，2017 年。
[4] 孙金芳、单长青：《Logistic 模型法和恢复费用法估算城市生活污水的价值损失》，《安徽农业科学》2010 年第 38 期。
[5] 朱发庆、高冠民、李国偲等：《东湖水污染经济损失研究》，《环境科学学报》1993 年第 13 期；詹姆斯等：《水资源规划经济学》，常锡厚等译，水利电力出版社 1984 年版。
[6] 滨海旅游是指以海岛、海洋以及海岸带等自然人文景观为依托，以享受滨海旅游资源为目的的旅游活动。国内滨海旅游是指国家内的居民离开长住地到国内另一地方进行滨海旅游。本章中的国内滨海旅游（业）特指滨海城市的国内旅游（业），国内滨海旅游需求即为滨海城市的国内旅游需求，国内滨海旅游（业）收入即为滨海城市的国内旅游（业）收入，概念范围较宽。

需求中占据重要位置，滨海旅游业与海洋环境资源之间的关系对于推进国内旅游需求增长具有重要的意义。诸多研究已经从经济损失视角研究了海洋资源和海洋环境退化所带来的影响。奥菲亚拉和塞涅卡（Ofiara & Seneca, 2001）认为海洋污染已经造成了相当大的经济损失。[①]楼东、谷树忠和钟赛香（2005）发现我国海洋产业受海洋灾害的影响较大。[②] 王初升、唐森铭和宋普庆（2011）指出我国赤潮灾害年均造成的经济损失达3.15亿元，生态系统服务功能的间接经济损失高达276.85亿元。[③] 中国海洋经济增长与污染并未完全脱钩，海洋经济增长的环境压力依然明显。[④] 就对旅游的影响而言，丰富的海洋资源和良好的海洋环境是沿海城市发展滨海旅游的重要依托，而海水环境的恶化则会阻碍滨海旅游业的可持续发展。现阶段，国内滨海旅游业的生命力因人类的污染行为而不断减弱，旅游需求正受到资源环境恶化的强烈约束；合理开发利用海洋资源和保护海洋环境是国内滨海旅游业健康、良性、协调发展必须要解决好的重大问题。[⑤] 海洋污染问题如若得到改善，海洋生态系统内部也会随之朝着有序、健康方向发展，国内滨海旅游业亦然。[⑥] 只不过，海水污染物浓度会对海洋水体功能造成多大的经济损失？其中旅游业的损失有多大？城市之间旅游业损失的差异又会表现

---

① Ofiara, D. D. & J. J. Seneca, *Economic Losses from Marine Pollution: A Handbook for Assessment*, Island Press, 2001.

② 任来玲、赵茂宏、赵丽君：《旅游需求预测模型概述》，《统计研究》2008年第25期。

③ 王初升、唐森铭、宋普庆：《我国赤潮灾害的经济损失评估》，《海洋环境科学》2011年第30期。

④ Chen, J., Y. Wang & M. Song, et al., "Analyzing the Decoupling Relationship between Marine Economic Growth and Marine Pollution in China", *Ocean Engineering*, Vol. 137（2017）, pp. 1–12.

⑤ 张增强：《我国水污染经济损失研究》，硕士学位论文，中国水利水电科学研究院，2005年；王光升：《中国沿海地区经济增长与海洋环境污染关系实证研究》，博士学位论文，中国海洋大学，2013年。

⑥ 狄乾斌、韩雨汐：《熵视角下的中国海洋生态系统可持续发展能力分析》，《地理科学》2014年第34期。

出怎样的空间差异？诸如此类问题使得我国沿海城市近岸海域海水污染经济损失值测算具有重要的实践意义，它也为探讨旅游需求增长潜力的资源环境成因提供了独特的视角。

第二节 污染损失视角旅游需求增长潜力的逆向估计

一、估计方法

逆向估计时主要采用污染损失率法。[①] 该方法源于詹姆斯等（James etal., 1984）提出的"损失—浓度曲线"。该曲线用以描述水体中某种污染物在特定的水体功能下所引起的经济损失值，且随着污染物浓度的不断增加经济损失值会经历由快速增长到放缓增长的过程，直至水体功能价值的完全丧失。朱发庆等（1993）基于此曲线建立了水污染损失浓度模型。[②] 该模型认为：在某种水体污染物的浓度为 C 时所引起的经济损失值 S 与水体功能价值 K 之比为该污染物对水体功能的损失率 R，即功能损失率为 R。用公式可以表示如式（6-1）所示。其中，A 和 B 为待定系数，$c=C/C_0$，由污染物的特性决定，C 是水体污染物的实际测量浓度，C_0 为环境所允许的某种污染物的限定浓度（该浓度由地方和国家的水质标准来确定）。

$$R = \frac{S}{K} = \frac{1}{1 + A \times \exp(-B \times c)} \quad (6-1)$$

理论上，当水体污染物浓度为 0 时，水污染损失率也应当为 0，即

[①] 赵容丽：《中国沿海城市近岸海域海水污染经济损失测算及影响因素研究》，硕士学位论文，浙江理工大学，2018年。

[②] 朱发庆、高冠民、李国佩等：《东湖水污染经济损失研究》，《环境科学学报》1993年第13期。

当 $C=0$ 时，有 $R=0$。但按照之前的功能损失率公式，当 $C=0$ 时，有 $R=1/(1+A)$。因此，朱发庆和吕斌（1996）对该模型进行了修正以使功能损失率的计算更贴合实际情况。[①] 修正后的功能损失率公式如式（6-2）所示：

$$R = \frac{S}{K} = \frac{1}{1+A\times\exp(-B\times c)} - \frac{1}{1+A} \qquad (6-2)$$

由于每个水体会存在多种污染物，且一个水体会有不同的功能价值，所以一种污染物不仅仅会破坏多种水体功能；与此同时，某一个水体的综合损失率不是各个污染物造成的损失值的简单相加，需要运用概率运算法计算，以消除各个污染物造成的经济损失值之间的交错部分，故综合损失率可以表示为：

$$R_i^{(n)} = R_i^{(n-1)} + [1-R_i^{(n-1)}]\times R_{in} \qquad (6-3)$$

该公式表示每增加一种损失率为 R_{in} 的水体污染物后，增加的损失率为除去原有损失率后的剩余部分与 R_{in} 之积，总损失率为原有损失率与增加损失率之和，其中 $R_i^{(1)}=R_{i1}$。计算时先由各浓度污染物通过式（6-1）计算出单项污染物损失率 R_i，然后用式（6-2）计算出综合污染损失率。[②] 计算 $R_i^{(n)}$ 时，先计算两种污染物的综合损失率 $R_i^{(2)}$：

$$R_i^{(2)} = R_i^{(2-1)} + [1-R_i^{(2-1)}]\times R_{i2} = R_{i1} + R_{i2} - R_{i1}\times R_{i2} \qquad (6-4)$$

以此类推，便可以计算出 $R_i^{(n)}$，即多种污染物对某一水体的综合损失率。基于已有沿海城市近岸海域污染损害程度的评价结果，一般有 $R\leq 0.01$ 为无损害，$0.01<R\leq 0.05$ 为微损害，$0.05<R\leq 0.20$ 为轻损害，$0.20<R\leq 0.50$ 为中损害，$0.50<R\leq 0.90$ 为重损害，$R>0.90$ 表示

---

① 朱发庆、吕斌：《湖泊使用功能损害程度评价》，《上海环境科学》1996年第3期。
② 陈妙红、邹欣庆、韩凯等：《基于污染损失率的连云港水环境污染功能价值损失研究》，《经济地理》2005年第25期。

功能丧失。各种水体污染物造成的功能价值损失应为各功能损失之和：

$$S_z = \sum_{i=1}^{m} S_i \quad (6-5)$$

式中，S_i 为不同水体功能的价值损失，S_z 为加总后的功能价值损失。该方法已经被用于海水污染经济损失值的计算，如李嘉竹、刘贤赵和李宝江（2009），蒋楠、周刚和曹立华（2014）等，但尚无基于此法对沿海城市国内滨海旅游业的经济损失进行测度。[①]

二、海水污染物浓度与参数设定

旅游需求增长潜力的逆估计涉及中国沿海 47 个城市近岸海域 2006—2015 年四种（无机氮、活性磷酸盐、化学需氧量及石油类）海水污染物浓度和城市经济产值等数据。之所以选择 2006—2015 年十年间的四种污染物浓度数据是因为沿海城市海水污染物浓度数据统计始于 2006 年，且根据《中国近岸海域环境质量公报》的统计，无机氮、活性磷酸盐、化学需氧量以及石油四类水体污染物在近岸海域中的污染物浓度较高且造成的危害较大，是近岸海域水体污染中最主要的污染物。[②] 海水污染物浓度的数据均来源于《中国近岸海域环境质量公报》，某些年份的浓度数据存在缺失则由移动平均法补齐。地区经济产值的数据来源于《中国海洋统计年鉴》，国内旅游收入来源于《中国区域经济统计年鉴》，缺失数据也由移动平均法进行补齐。我国沿海城市近岸海域环境损失—浓度基础数据的描述性统计如表 6-1 所示。

[①] 李嘉竹、刘贤赵、李宝江等：《基于 Logistic 模型估算水资源污染经济损失研究》，《自然资源学报》2009 年第 24 期；蒋楠、周刚、曹立华等：《锦州湾海洋污染损失价值估算》，《海洋开发与管理》2014 年第 31 期。

[②] 王子玥、李博：《环渤海地区海洋经济与海洋环境污染关系研究》，《资源开发与市场》2017 年第 33 期。

表 6-1 损失—浓度数据的描述性统计

污染物	观测数	单位	平均值	标准差	最小值	最大值
无机氮	470	毫克/升	0.3011	0.3022	0.038	2.271
活性磷酸盐	470	毫克/升	0.0155	0.0098	0.001	0.0687
化学需氧量	470	毫克/升	1.2	0.6189	0.2	4.1
石油	470	毫克/升	0.0194	0.0166	0.001	0.21
地区经济产值	470	亿元	2371.812	3419.112	102.3	24964.99
国内旅游收入	470	亿元	268.341	431.459	6.082	3224.39

资料来源：《中国近岸海域环境质量公报》《中国海洋统计年鉴》《中国区域经济统计年鉴》，此处地区经济产值和国内旅游收入未做平减处理。

从我国沿海城市近岸海域 2006—2015 年四大污染物浓度的均值来看，无机氮和化学需氧量较之于活性磷酸盐和石油的浓度更高，化学需氧量浓度的平均值最高，活性磷酸盐浓度的平均值最低。活性磷酸盐与石油类水体污染物浓度的标准差较小，表明这两类污染物浓度的波动相较于无机氮与化学需氧量较小。无机氮浓度的最高值是 2.271 毫克/升，出现在 2014 年的浙江嘉兴；最低值是 0.038 毫克/升，出现在 2006 年的广东惠州。活性磷酸盐浓度的最高值和最低值分别为 2014 年浙江嘉兴的 0.0687 毫克/升和 2001 年广东揭阳的 0.001 毫克/升。化学需氧量浓度的最大值和最小值分别为 0.2 毫克/升和 4.1 毫克/升，分别出现在 2007 年的河北沧州和 2008 年的广东揭阳。石油类浓度的最高值为 2006 年河北沧州的 0.21 毫克/升，最低值为 2006 年广东茂名和 2008 年广东江门的 0.001 毫克/升。由此可见，总体上，东海沿岸如上海、嘉兴等城市污染物浓度较之于其他沿海城市更高，南海地区污染物浓度相对于其他三大海域而言较低，但也会因污染物类型而异。

就经济发展水平而言，沿海城市总体上经济水平较发达但城市间差异也较明显。2006 年三亚地区经济产值为 102.3 亿元，系沿海城市十年来最低值；2015年上海地区经济产值为24964.99亿元，系沿海城市十年来最大值。从沿海城市的国内旅游收入来看，国内旅游收入在沿海城市之间的标准差为431.459，最大值与最小值之间差距较大，最大值是最小值的530倍；国内旅游收入最小值出现在广西防城港市，2006年防城港国内旅游收入为6.082亿元；国内旅游收入最大值出现在上海市，2012年上海国内旅游收入为3224.39亿元。这说明城市之间的国内旅游需求分布严重不均。2006—2015年，样本城市中国内旅游收入占地区经济产值的比重均值为11%，2015年海南三亚国内旅游收入占地区经济产值的比例高达64%，国内旅游业在国民经济发展中具有十分重要的地位。

此外，损失值或损失率与参数设定密切相关。在不同的水体功能下，水质的要求及标准不同，滨海旅游业发展要求水体满足海水功能二类水质标准。海水水质达到临界浓度时，损失率为0.01，此时海洋水体功能受到破坏；临界浓度达到极限浓度时，损失率为0.99，海洋水体功能的破坏达到阈值；临界状态按毒理学标准和海水水质标准的递进倍数结合水体功能确定。由于实际估算中毒理资料与递进倍数的获取十分困难，本章借鉴前人已有研究中的 A 和 B 值。近岸海域海水污染物无机氮、活性磷酸盐、化学需氧量和石油类的待定系数 A 和 B 参见表6-2。

表6-2　近岸海域海水污染物的参数设定

参数名	化学需氧量	石油类	活性磷酸盐	无机氮
二类水质标准	3	0.3	0.03	0.3
系数 A	97518.6	622.1	622.1	622.1
系数 B	6.8927	1.838	1.838	1.838

资料来源：功能区水质标准取自《近岸海域环境功能区管理办法》；系数设定参考文献为：陈妙红、邹欣庆和韩凯等：《基于污染损失率的连云港水环境污染功能价值损失研究》，《经济地理》2005年第25期；朱发庆和吕斌：《湖泊使用功能损害程度评价》，《上海环境科学》1996年第3期。

三、估计结果

鉴于经济发展水平、污染排放强度以及近岸海域海水环境质量等存在差异,[①] 每个城市的海水污染经济损失值不同。图6-1展示的是我国沿海11个省市国内滨海旅游业海水污染损失率。从图6-1可以看出,上海市国内滨海旅游业海水污染损失率最高,为23.45%;浙江省和天津市处于较高水平,损失率分别为3.35%和4.05%;河北省、江苏省、福建省、广东省和山东省的海水污染损失率相对较低。广西壮族自治区和海南省的损失率最低,分别为0.22%和0.37%。10年间,47个样本城市的国内滨海旅游业海水污染损失率平均值为3.9%;最低值出现在2010年的广西北海,其损失率为0.13%;最高值出现在2014年的浙江嘉兴,其损失率为99.81%;国内滨海旅游业海水污染损失率梯度差异明显。

图6-2展示的是沿海省市国内滨海旅游业海水污染经济损失值。广东省、广西壮族自治区、海南省国内滨海旅游业损失值较之于其他省份相对较低,国内滨海旅游业海水污染经济损失值分别为0.45亿元、0.084亿元、0.329亿元。辽宁省、河北省、山东省、江苏省、福建省等国内滨海旅游业海水污染经济损失值相差不大。天津市国内滨海旅游业海水污染经济损失值最高,达52.359亿元,是损失值最小的广西的626倍。浙江省近岸海域海水污染造成的国内旅游损失值较之于其他省份也十分巨大,达12.816亿元。10年间,47个样本城市中,国内滨海旅游业海水污染经济损失值的平均值为28.71亿元;最高值出现在上海市,2014年上海市国内滨海旅游业海水污染经济损失值为1950.98亿元;最低值出现在广西防城港市,2006年防城港市国内滨海旅游业海水污

---

① 狄乾斌、计利群:《地域认同视角下沿海城市海洋性特征分析与评价》,《地理科学》2016年第36期。

染经济损失值为 0.019 亿元。综上所述，近岸海域海水污染给我国国内滨海旅游业造成了巨额的经济损失。这意味着改善海水环境质量能极大地提高国内滨海旅游需求，国内滨海旅游业的经济损失实际上就是国内滨海旅游业的潜在增长空间。

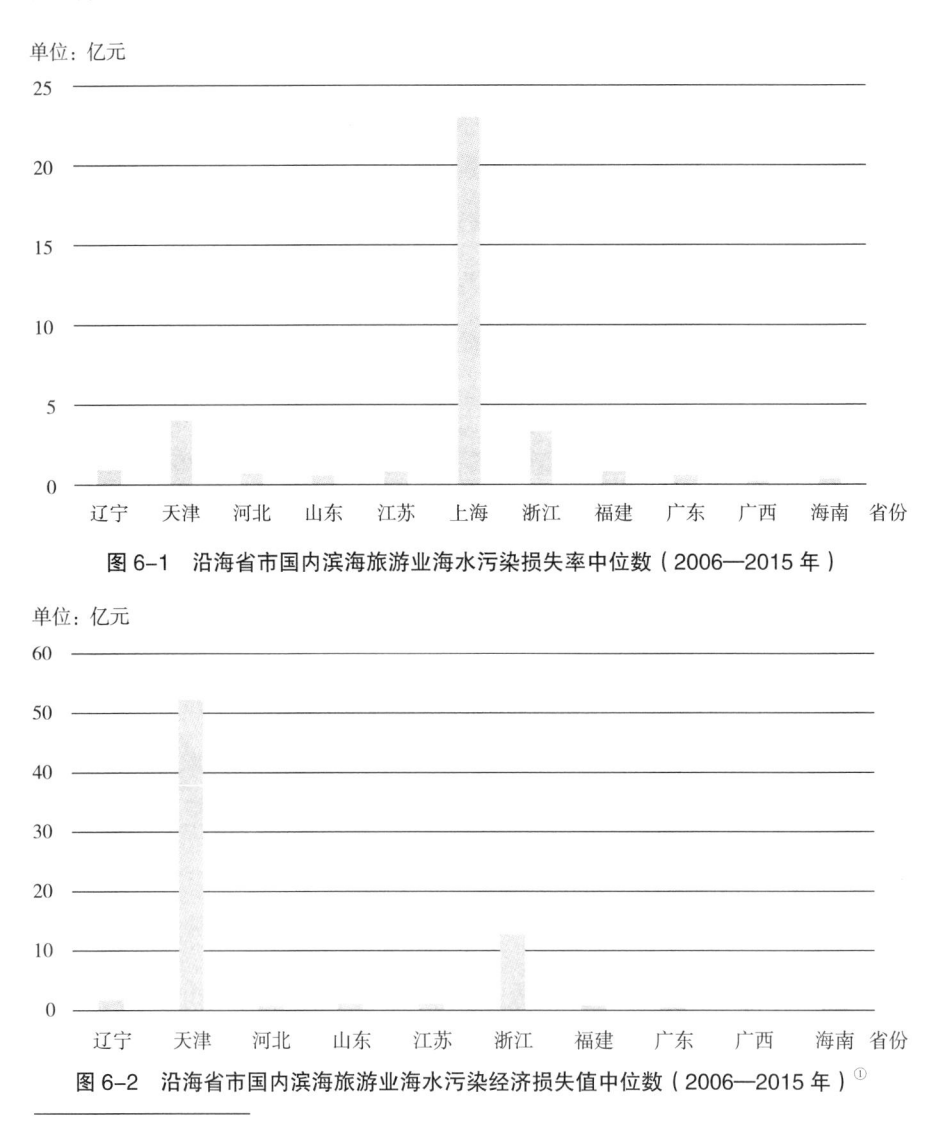

图 6-1　沿海省市国内滨海旅游业海水污染损失率中位数（2006—2015 年）

图 6-2　沿海省市国内滨海旅游业海水污染经济损失值中位数（2006—2015 年）①

① 由于上海市损失值较之于其他沿海省市高出太多，其滨海旅游业海水污染经济损失值中位数为 528.62 亿元，故未在图 6-2 中列示。此图损失值未做平减处理，与表 6-1 保持一致。

图 6-3 展示的是沿海省市国内滨海旅游业海水污染经济损失值占 GDP 的比重。上海市、天津市和浙江省国内滨海旅游业海水污染经济损失值占 GDP 的比重较高，分别为 4.05%、0.97% 和 0.6%。广西壮族自治区、河北省和山东省国内滨海旅游业海水污染经济损失值占 GDP 的比重较低，分别为 0.029%、0.051% 和 0.063%。在全部样本城市中，平均占比为 0.81%；占比最高的是浙江嘉兴，2015 年嘉兴市国内滨海旅游业海水污染经济损失值占 GDP 的比重为 33%。占比最小的是山东东营，2006 年东营市国内滨海旅游业海水污染经济损失值占 GDP 的比重为 0.0062%。为了消除价格因素的影响，沿海省市国内滨海旅游业海水污染经济损失值占 GDP 的比重计算时，国内滨海旅游业海水污染经济损失值与 GDP 均被平减至 2006 年的价格水平；国内滨海旅游业海水污染经济损失值采用 CPI 指数进行平减，GDP 采用 GDP 指数进行平减。结果表明，国内滨海旅游业损失值占城市经济产值的比重均在 1% 之下，上海的比重略高。这意味着，上海市治理海水污染所能带来的滨

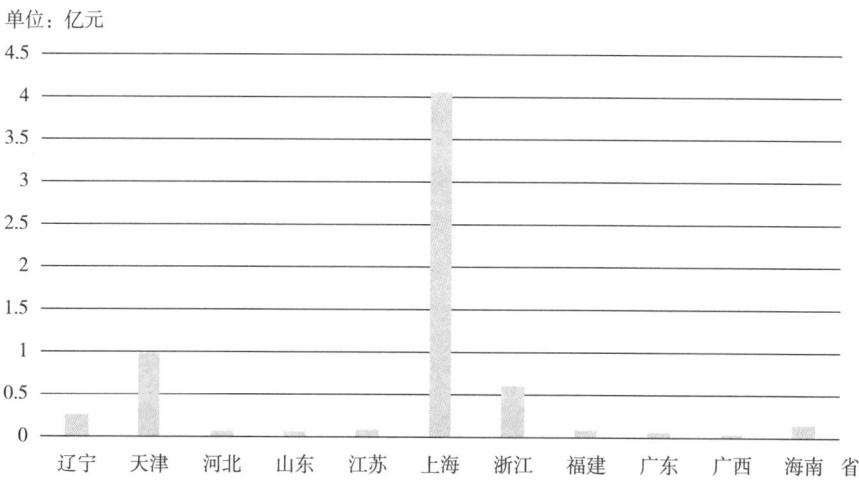

图 6-3 沿海省市国内滨海旅游业海水污染经济损失占 GDP 比重中位数（2006—2015 年）

海旅游增长潜力巨大，或将能提高4个百分点以上的GDP。

图6-4展示了我国47个沿海城市10年间国内滨海旅游业海水污染经济损失值在时序上的变化。总体上，我国国内滨海旅游业海水污染经济损失值10年间呈上升趋势，年均损失值增长率达40%；2006年、2007年、2008年、2009年、2011年损失值相对较低，2014年损失值最高，为76.17亿元；最低值出现在2009年，为9.81亿元。这表明，随着资源环境破坏越来越大，国内滨海旅游业发展的资源约束刚性越来越强。

图6-4 沿海城市国内滨海旅游业海水污染经济损失均值按年份排列（2006—2015年）

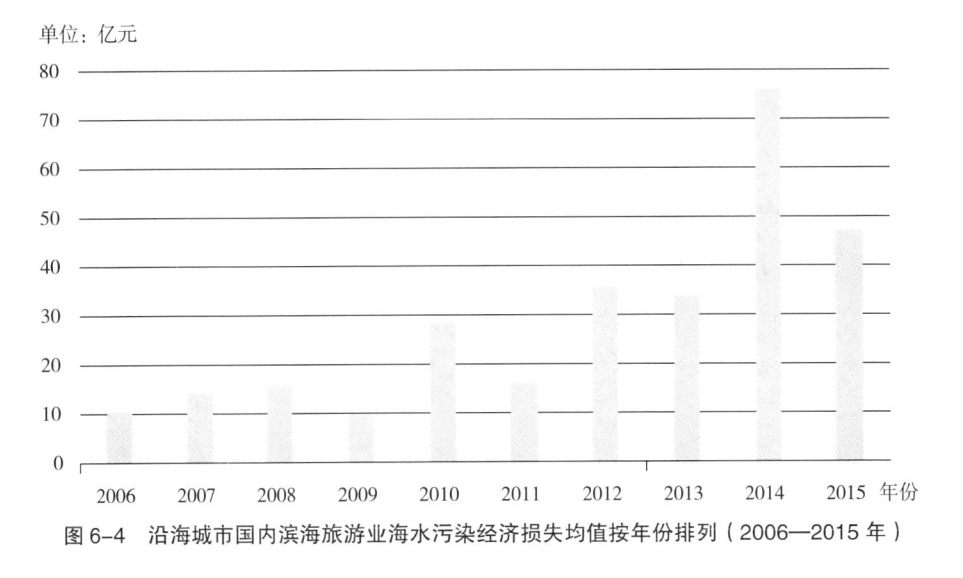

图6-5是我国沿海47个城市海水污染物浓度与国内滨海旅游业海水污染经济损失值之间的关系。海水污染物浓度与经济损失值相差较大，故对损失值和浓度和进行了对数化处理。图6-5中横坐标表示的是四种水体污染物浓度之和，纵坐标表示的是海水污染经济损失值；以数值7为最大值，以横纵轴的中间值3.5划分出四个象限。在图6-5中，没有位于第一象限和第四象限的城市，样本城市均集中分布在第

二和第三象限，绝大多数城市都分布在浓度较低损失值较低的区域，少部分城市分布在浓度较高损失值偏高的区域。OA 为海水污染物浓度与国内滨海旅游业海水污染经济损失值的线性拟合趋势线。如图 6-5 所示，OA 是一条向右上方倾斜的直线。这表明污染物浓度与损失值之间存在正相关关系；大部分城市位于 OA 附近，这意味着大部分城市海水污染物浓度与国内滨海旅游业海水污染经济损失值的关系相似，而离得较远的上海、深圳和嘉兴等较为特殊；海水环境治理可以成为部分城市扩大滨海旅游需求的关键举措。

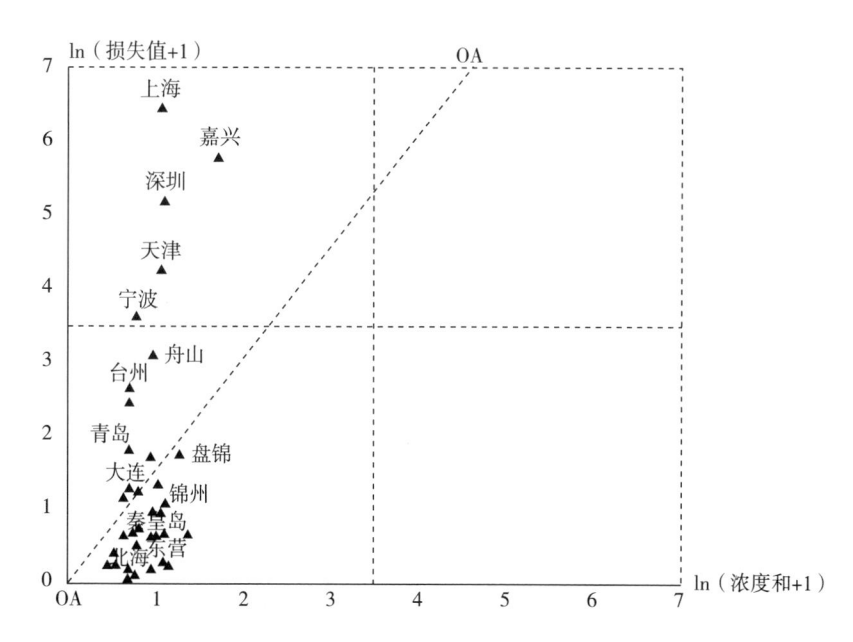

图 6-5 沿海城市国内滨海旅游业海水污染经济损失均值与海水污染物浓度的关系

四、模拟结果

资源环境对国内滨海旅游需求的约束作用十分突出，国内滨海旅游业经济损失值占据着地区经济产值的一定比例，国内旅游业可持续协调发展必须建立在良好的资源环境基础之上。如果近岸海域海水污染物浓度可以降低,那么国内滨海旅游业经济损失值会减少多少,即国内滨海旅游需求(以国内旅游收入刻画)又将增加多少?四种污染物浓度分别降低10%的假设情形能够揭示资源环境改善与旅游业繁荣之间的关系,进而可以回答资源环境改善所能带来的旅游需求增长潜力之谜。

图6-6是污染物浓度降低10%后我国沿海11个省市国内滨海旅游业海水污染损失率中位数的结果。由图可知,损失率最高的城市仍然出现在上海,损失率为15.16%,相较于污染物浓度降低前,损失率下降了7.88%;广西壮族自治区损失率最低,污染物浓度降低后损失率下降了0.07%。浙江省和天津市损失率相对较高,降低污染物浓度后天津市损失率为2.94%,浙江省损失率为2.53%,较之于原损失率分别降低了1.11%和0.84%。就城市而言,损失率最低值仍出现在广西北海,2010年北海市损失率为0.11%;最高值出现在2014年浙江嘉兴,损失

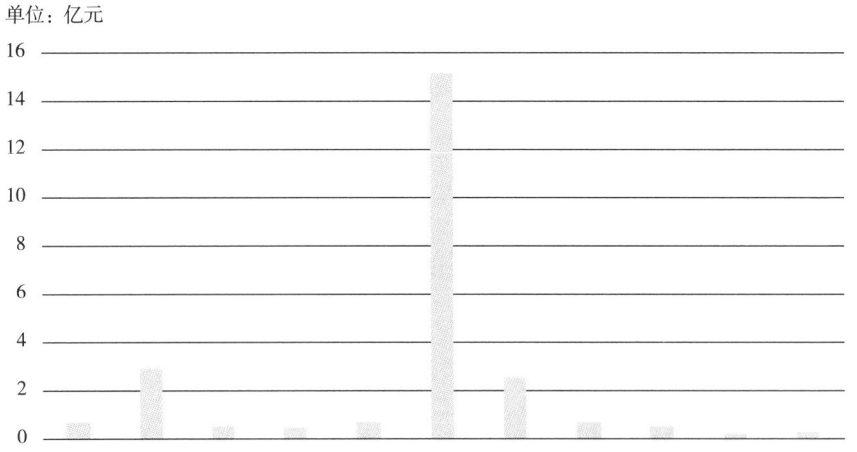

图6-6 四种污染物浓度分别降低10%的假设情形下沿海省市
国内滨海旅游业海水污染损失率中位数(2006—2015年)

率为99.64%。由此可见，污染物浓度的降低确实会减少国内滨海旅游业的损失，且对于原损失率较高的城市而言影响更大。

图6-7是我国沿海10个省市污染物浓度降低10%后国内滨海旅游业海水污染经济损失值的中位数。由于上海市损失值较之于其他沿海省市偏离较大，国内滨海旅游业海水污染经济损失值中位数高达347.9亿元，图中未予以列示。天津市损失值最高，为38.6亿元，相较于污染物浓度降低前，损失值下降了18亿元。广西壮族自治区损失值最低，为0.07亿元，污染物浓度降低后，损失值下降了0.01亿元。浙江省损失值相对较高，降低污染物浓度后损失值为8.95亿元，损失值下降了3.866亿元。其余省份浓度变化前后损失值相差不大。就城市而言，损失值最低值仍出现在广西防城港，2006年防城港市损失值为0.016亿元，最高值为2014年上海市，损失值为1447.35亿元。相较于污染物浓度未降低前，2006年防城港市污染物损失值下降了0.013亿元，2014

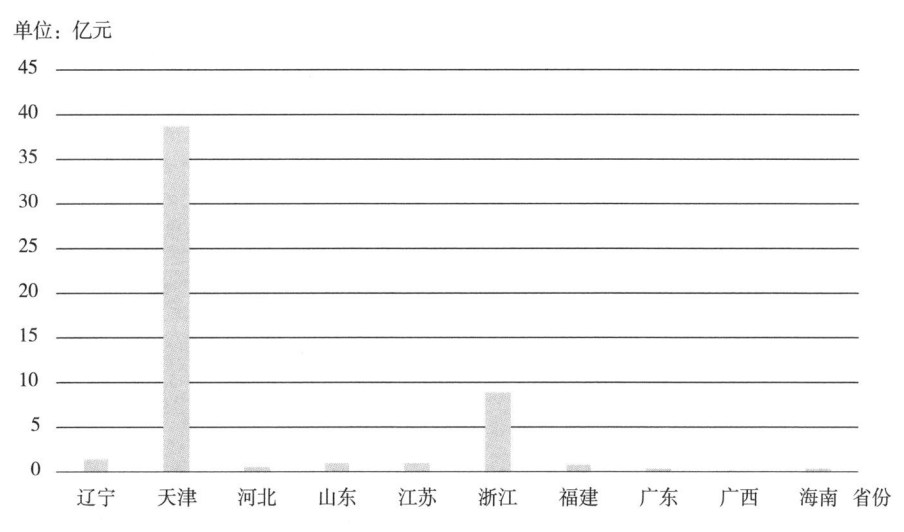

图6-7　四种污染物浓度分别降低10%的假设情形下沿海省市国内滨海旅游业海水污染经济损失值中位数（2006—2015年）

年上海市损失值下降了503.63亿元。污染物浓度未降低前样本城市国内滨海旅游收入平均值为28.71亿元,降低污染物浓度后,样本城市国内滨海旅游收入平均值为22.32亿元。这表明,污染物浓度降低能有效减少国内滨海旅游业损失,资源环境对国内滨海旅游业约束效应十分突出,样本区间内四种污染物浓度10%的变化能够带来国内滨海旅游收入均值变化22.26%,而且原损失值较大的省市能改善得更多。

图6-8是降低污染物浓度后沿海省市国内滨海旅游业海水污染经济损失值占GDP的比重。上海市国内滨海旅游业海水污染经济损失值占GDP的比重最高,为2.67%,显著高于其他省市。上海市损失值占GDP比重较之于实际占比下降了1.38%。辽宁省、天津市和浙江省损失值占比相对接近,分别为0.21%、0.69%和0.45%。河北、山东、江苏、福建等省份占比较小,分别为0.038%、0.054%、0.065%和0.074%。就城市而言,占比最高的是浙江嘉兴,2015年嘉兴市国内滨海旅游业海水污染经济损失值占GDP的比重为32.94%;占比最小的是2006年

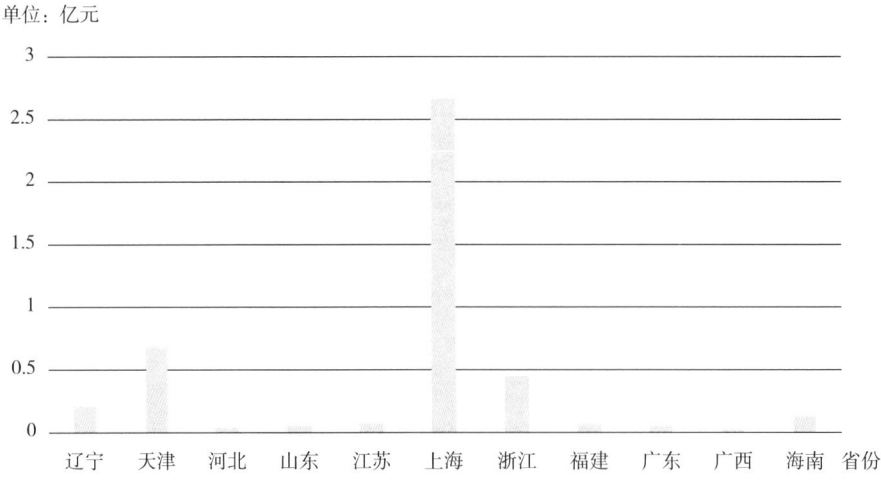

图6-8 四种污染物浓度分别降低10%的假设情形下沿海省市国内滨海旅游业海水污染经济损失值占GDP比重中位数(2006—2015年)

山东东营，比重为0.0048%。较之于污染物浓度未降低前，2015年嘉兴市国内滨海旅游业海水污染经济损失值占GDP的比重下降了0.06%，2006年东营市国内滨海旅游业海水污染经济损失值占GDP的比重下降了0.0014%。

图6-9是污染物浓度降低后我国47个沿海城市国内滨海旅游业海水污染经济损失均值按时间排列结果。总体上，污染物浓度降低后我国国内滨海旅游业海水污染经济损失值在10年间仍呈上升趋势，总体趋势和实际浓度情形下相差不大；年均损失值增长率达37%，增长趋势上有所放缓；2006—2011年损失值相对较低，较之于实际浓度情形更为平缓；2014年损失值最高，为61.31亿元，最低值为2006年的7.62亿元，两个年份约相差54亿元。

图6-9 四种污染物浓度分别降低10%的假设情形下沿海省市国内滨海旅游业海水污染经济损失均值按年排列（2006—2015年）

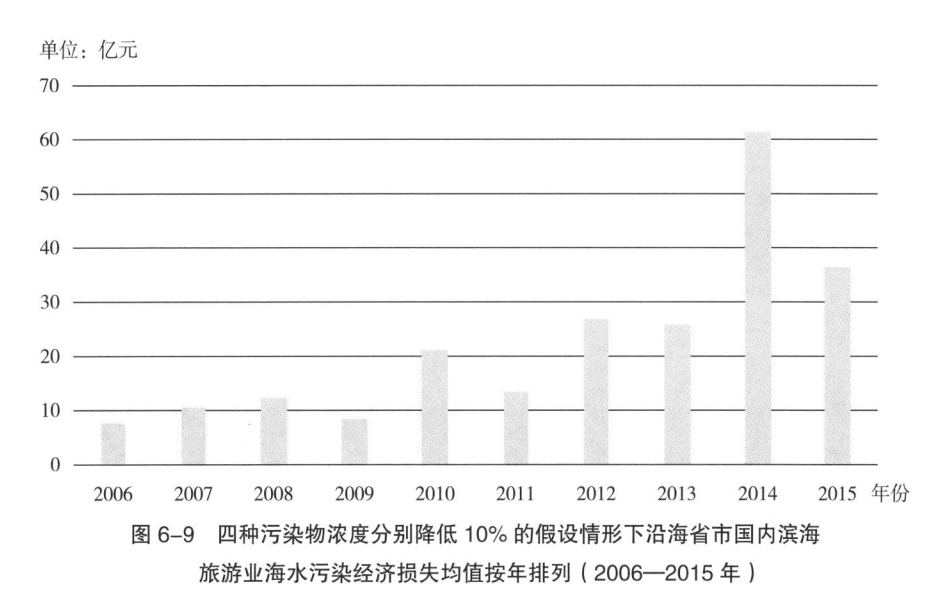

图6-10和图6-11是我国沿海城市国内滨海旅游业海水污染经济损失值在实际浓度与模拟浓度之间的对比。鉴于面板数据特征，此处的损失值是各个沿海城市损失值的10年均值。从图中可以看出，上海

市国内滨海旅游业海水污染经济损失均值在实际浓度与模拟浓度之间的差距最大，相差164.79亿元。损失值均值差最小的是防城港市，实际浓度下的损失均值与浓度降低后的损失均值仅差0.0086亿元。在损失均值较高的城市中，深圳市与天津市在降低浓度之后损失均值下降较多，分别为36.34亿元和17.65亿元；嘉兴市在模拟浓度下的损失均值降低并没有那么显著，仅下降了4.44亿元。尽管各个城市的降幅有所不同，但近岸海域海水污染物浓度的降低确实会使得城市层面国内滨海旅游业海水污染经济损失值有所降低，国内旅游需求增长潜力的资源环境成因突出。图6-10是我国沿海城市国内滨海旅游海水污染经济损失均值最小的15个城市，由图可知降低浓度后城市损失值均有所下降。广西的北海、钦州和防城港国内滨海旅游海水污染经济损失均值最低。图6-11是我国沿海城市国内滨海旅游海水污染经济损失均值最大的15个城市，该类城市降低污染物浓度后损失均值也有所下降。

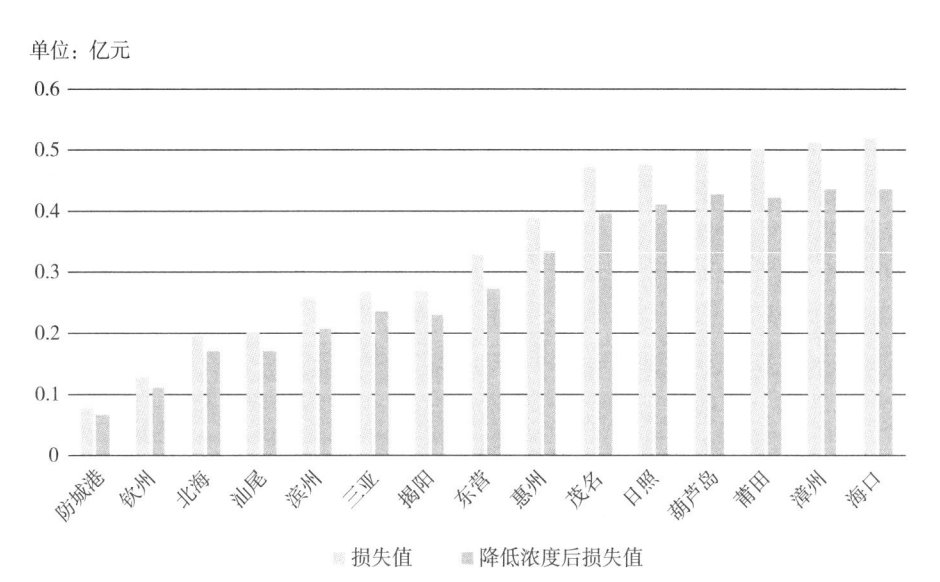

图6-10 沿海城市国内滨海旅游海水污染经济损失均值在真实浓度和模拟浓度之间的对比：损失均值最小的15个城市（2006—2015年）

比较图 6-10 和图 6-11，图 6-11 中的城市损失均值更大，城市之间差异更为显著，城市之间经济水平的差异是引起城市间旅游损失差异的重要因素。

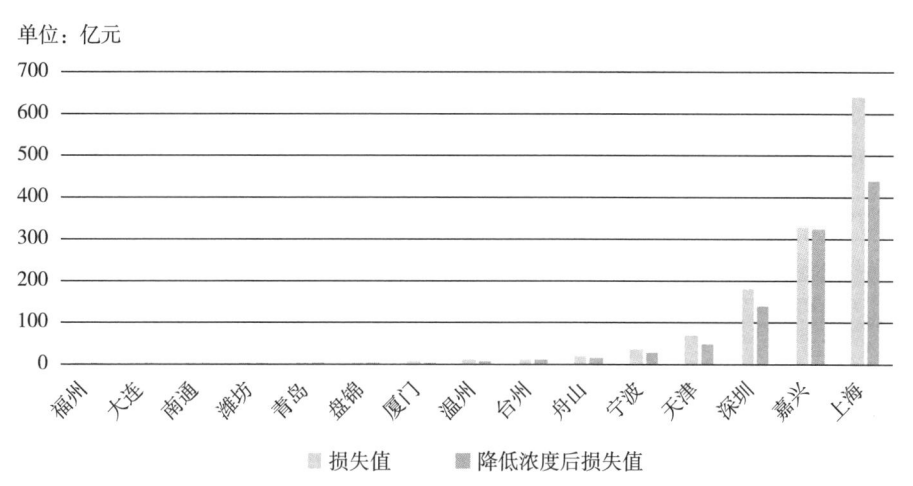

单位：亿元

图 6-11 沿海城市国内滨海旅游海水污染经济损失均值在真实浓度和模拟浓度之间的对比：损失均值最大的 15 个城市（2006—2015 年）

第三节 国内滨海旅游需求增长潜力的影响因素分析

一、变量说明与回归模型设定

海水污染物浓度对国内滨海旅游需求存在显著影响且该影响在城市和各年份之间存在显著差异。为了进一步揭示各种海水污染物浓度对国内滨海旅游需求增长潜力的影响，相应回归模型设定如下：

$$\ln differ_{i,t}=\alpha_0+\alpha_1\ln din_{i,t}+\alpha_2\ln po4p_{i,t}+\alpha_3\ln cod_{i,t}+\alpha_4\ln oil_{i,t}+\alpha_5\ln res_{i,t}+\alpha_6\ln gdp_{i,t}+\alpha_7 ind_{i,t}+\alpha_8 ur_{i,t}+\varepsilon_{i,t} \quad (6-6)$$

被解释变量为国内滨海旅游业在真实浓度和模拟浓度情形下的损失值之差，表征海洋环境质量改善所能带来的国内滨海旅游业增长潜力，用符号 differ 表示。i 表示不同城市，t 表示不同年份。解释变量包括无机氮浓度（din）、活性磷酸盐浓度（po4p）、化学需氧量浓度（cod）、石油浓度（oil）、星级饭店数（res）。式（6-6）中相关变量取为对数旨在降低方差和适当缓解异方差。预期在实证结果中，各个污染物浓度符号为正，且污染物浓度系数越高表明其对国内滨海旅游业海水污染经济损失变化所能造成的影响越大，对国内滨海旅游需求增长潜力的影响也越大。其中，res 表示的是一个城市旅游业的发展程度，一个城市星级饭店数量越多表示这个城市旅游业的发展程度越高，则该城市的旅游需求增长潜力较大。与此同时，国内滨海旅游业增长潜力也会受到沿海地区经济发展水平、工业化水平以及城市化水平等因素的影响（吴振信、余頔和王书平，2011）。[①] 故控制变量包括城市地区经济产值的对数（lngdp）、工业化水平（ind）和城市化水平（ur）。沿海城市经济发展越快，近岸海域的水污染状况越严重，水体的功能损失下降也越大，造成国内滨海旅游业的水污染经济损失值也就越高，国内旅游需求增长潜力越大，故该控制变量的预期符号为正；该系数越大表明沿海城市地区经济的发展对于国内滨海旅游业海水污染经济损失值的影响程度越大，而降低污染物浓度能挖掘出更大的旅游需求增长潜力。工业化水平预期符号为正，工业化水平越高滨海旅游业的水污染经济损失越大，沿海城市的工业发展越发达势必会造成近岸海域水体的污染加剧，滨海旅游需求增长潜力的资源环境成因越突出。此外，沿海发达城市的人口聚集也是造成水体污染的重要因素，以市区人口占城市总人口的比重表示的城市化水预期符号为正，人口聚集造成的水污染经济损失值越高。

[①] 吴振信、余頔、王书平：《人口、资源、环境对经济发展的影响——基于我国省区面板数据的实证分析》，《数学的实践与认识》2011年第12期。

二、资料来源与描述性统计

污染物浓度等变量的描述性统计同表 6-1 所示，其余经济变量的描述性统计如表 6-3 所示。地区生产总值、滨海旅游业损失值、滨海旅游业产值等均为经过平减后的实际值。地区经济产值数据来源于《中国统计年鉴》和《中国工业统计年鉴》，通过 GDP 指数进行平减。differ 表示的是国内滨海旅游业真实浓度和模拟浓度情形下的损失值之差，通过 CPI 进行平减。人口数据来自中国国家统计局及各地区地方统计年鉴。星级饭店数据和工业增加值来源于《中国区域统计年鉴》。若干年份或城市的缺失数据采用移动加权平均法处理。

表 6-3　相关经济变量的描述性统计

变量名	定义	观察值	单位	平均值	标准差	最小值	最大值
gdp	地区经济产值	470	亿元	1518	1881	102	12314
ind	工业化水平	470	—	0.742	0.301	0.003	0.92
ur	城市化水平	470	—	0.413	0.268	0.072	1
wi	用水强度	470	—	0.0016	0.0012	0.0003	0.0082
$differ$	损失值之差	470	亿元	5.319	29.489	0.0025	393.36
res	星级饭店数量	470	个	66.35	64.64	6	584

三、实证结果

式（6-6）的面板数据回归结果如表 6-4 所示。结果表明，海水污染物中无机氮、活性磷酸盐、化学需氧量的浓度与损失值之差均呈正相关；四类污染物对国内滨海旅游需求增长潜力的影响大小排序依次为：无机氮、活性磷酸盐、化学需氧量，石油类污染物的影响不显著。其中，无机氮对国内滨海旅游需求增长潜力的影响弹性最大，弹性系数为 1.454；活性磷酸盐的影响弹性次之，为 0.249；化学需氧量的弹性系数为 0.317。控制变量中，地区经济产值、工业化水平和城市化水平与国内滨海旅游业海水污染经济损失值之间呈显著正相关，与预期相符。地区经济产值的弹性系数为 2.103，工业化水平的弹性系数为 1.204，城市化水平的弹性系数为 1.006。由此可见，国内滨海旅游需求增长潜力不仅会受到经济和人口等因素的影响，资源环境因素的影响也十分显著。

表 6-4　国内滨海旅游需求增长潜力的影响因素：损失值之差视角

变　量	*lndiffer*
ln*din*	1.454***
	（0.0828）
ln*po4p*	0.249***
	（0.0567）
ln*cod*	0.317***
	（0.0905）
ln*oil*	0.0308
	（0.0356）
ln*res*	0.105
	（0.0810）
ind	1.294***
	（0.0951）
ur	1.066**
	（0.4520）
ln*gdp*	2.103***
	（0.3260）
Constant	−14.47***
	（2.2380）
Observations	470
R-squared	0.654
Number of city	47

注：*** 表示 $p<0.01$，即在 1% 的水平下显著；** 表示 $p<0.05$，即在 5% 的水平下显著，* 表示 $p<0.1$，即在 10% 的水平下显著，括号内为标准误。

四、稳健性检验

(一) 增加变量

首先采用增加变量的方式以控制遗漏变量对实证结果可能带来的影响，以体现检验结果的稳健性。能源消耗强度是环境污染的重要影响因素。能源消耗强度可以通过单位 GDP 所消耗的能源数量来衡量，能源消耗强度越高表明生产同样经济产出所需耗费的能源越多，该指标可用以反映能源的利用效率（魏楚和郑新业，2017）。[①] 就海水污染物浓度而言，水资源消耗强度 wi 十分关键，可以定义为供水量除以 GDP，表征每一单位 GDP 所耗用的供水量。wi 数值越大，一单位 GDP 所消耗的供水量越多，资源效率越低。在增加变量 wi 的回归结果中，其预期符号为正，表示资源消耗强度越高。资源强度越大，资源的利用效率越低，水污染经济损失值越高，国内滨海旅游需求潜力越大。各个城市用水量数据来自《中国城市年鉴》。表 6-5 表明，原有变量的符号没有发生任何变化，wi 的弹性系数显著为正且弹性系数值为 230.2。这表明国内滨海旅游需求增长潜力对资源利用效率的敏感性很高。与此同时，式（6-6）的回归结果十分稳健，海水污染物对国内滨海旅游需求增长潜力的确存在正向且显著影响，资源环境对国内旅游需求增长潜力具有显著的约束效应。

表 6-5　国内滨海旅游需求增长潜力的影响因素：增加水资源消耗强度的稳健性检验

变量	ln$differ$
lndin	1.444*** （0.0822）

[①] 魏楚、郑新业：《能源效率提升的新视角——基于市场分割的检验》，《中国社会科学》2017 年第 10 期。

续表

变量	ln*differ*
ln*po4p*	0.247*** (0.0563)
ln*cod*	0.316*** (0.0898)
ln*oil*	0.0383 (0.0354)
ind	1.218*** (0.0983)
ur	1.020** (0.449)
ln*gdp*	2.174*** (0.3240)
ln*res*	0.123 (0.0806)
wi	230.2*** (83.5500)
Constant	-15.31*** (2.2420)
Observations	470
R-squared	0.66
Number of City	47

注：*** 表示 $p<0.01$，即在 1% 的水平下显著；** 表示 $p<0.05$，即在 5% 的水平下显著；* 表示 $p<0.1$，即在 10% 的水平下显著，括号内为标准误。

（二）更换实证方法

为进一步验证实证结果的稳健性，可以在式（6-6）中加入损失值之差的一阶滞后项进行验证，结果如表 6-6 所示。从回归结果来看，被解释变量的滞后一期与被解释变量之间存在显著正相关关系，弹性系数为 0.188。这说明国内滨海旅游业损失值之差具有累积效应。在动态面板结果中，其余变量的显著性也没发生改变，回归结果稳健。

表 6-6　国内滨海旅游需求增长潜力的影响因素：考虑动态性的稳健性检验

变量	ln*differ*
ln*din*	1.437*** （0.0850）
ln*po4p*	0.238*** （0.0597）
ln*cod*	0.241** （0.0950）
ln*oil*	0.0573 （0.0365）
ind	1.071*** （0.1050）
ur	0.738* （0.4420）
ln*gdp*	1.655*** （0.3460）
Ln*res*	0.0767 （0.0836）
L.ln*differ*	0.188*** （0.0354）
Constant	−10.60*** （2.4250）
Observations	423
R-squared	0.659
Number of city	47

注：*** 表示 $p<0.01$，即在 1% 的水平下显著，** 表示 $p<0.05$；即在 5% 的水平下显著；* 表示 $p<0.1$，即在 10% 的水平下显著，括号内为标准误。

第七章　环境资源约束下国内旅游需求变化研究

从《关于加快发展旅游业的意见》（国发〔2009〕41号）到《国务院关于促进旅游业改革发展的若干意见》（国发〔2014〕31号），我国对于旅游需求均有一个明确的定位和目标。前者指出，到2015年，旅游市场规模进一步扩大，旅游业总收入年均增长12%以上，旅游业增加值占全国国内生产总值的比重提高到4.5%，占服务业增加值的比重达到12%。后者明确，到2020年，旅游业增加值占国内生产总值的比重超过5%。不论是旅游人数，还是旅游收入，或是出游率，亦或是旅游业增加值等均从不同角度界定了旅游需求。为了实现这些目标，科学地深入探究我国旅游需求的决定因素及其变化是"十三五"时期乃至更长远旅游规划的重点。根据新古典经济学理论，旅游需求的两大决定性因素是旅游价格和居民收入。[①] 然而，经济因素对旅游需求的动态影响机制尚不明确。与此同时，资源禀赋、环境质量、气候舒适度等也逐渐成为旅游需求的重要影响因素；尤其是在现阶段中国，当总量控制成为改善环境质量的重要制度安排时，环境变量对旅游需求

---

① Song, H. Y., L. Dwyer & G. Li, et al., "Tourism Economics Research: A Review and Assessment", *Annals of Tourism Research*, Vol. 39, No. 3（2012），pp. 1653–1682.

的影响亟待深入探讨。本章将在控制住旅游需求传统解释变量（如旅游价格和居民收入等）的基础上探讨环境变量等非经济因素对中国旅游需求影响的动态决定机制。

第一节 旅游需求及其动态决定机理研究背景

旅游需求问题的研究主要围绕需求的决定因素、需求函数的估计方法以及旅游市场的相关性三个方面展开。[1] 在旅游需求的决定因素方面，经济因素和非经济因素的联合研究能够更全面地揭示游客出游行为的驱动因素并准确地预测旅游需求的变化趋势，非经济因素逐渐成为旅游需求影响因素讨论的重点，如环境等。[2] 在旅游需求函数的估计方法上，自20世纪90年代始，需求模型研究开始转向通过计量回归分析方法对动态旅游需求进行研究，如对故地重游、时滞效应、信息不对称等现象的研究。[3] 近期，动态面板分析方法和面板向量自回归方法正渐受关注。[4] 旅游市场的相关性研究集中体现为在出发地和目的地（origin-destination）的分析框架下讨论旅游需求的空

---

[1] Song, H. Y., L. Dwyer & G. Li, et al., "Tourism Economics Research: A Review and Assessment", *Annals of Tourism Research*, Vol. 39, No. 3（2012）, pp. 1653–1682.

[2] Li, G., H. Y. Song & S. F. Witt, "Recent Developments in Econometric Modeling and Forecasting", *Journal of Travel Research*, Vol. 44, No. 1（2005）, pp. 82–99; Brida, J. G., M. Disegna & L. Osti, "Visitors' Expenditure Behaviour at Cultural Events: The Case of Christmas Markets", *Tourism Economics*, Vol. 19, No. 5（2013）, pp. 1173–1196; Rigall–I–Torrent, R. & M. Fluvia, "Managing Tourism Products and Destinations Embedding Public Goods Components: A Hedonic Approach", *Tourism Management*, Vol. 32（2011）, pp. 244–255.

[3] Morley, C. L., "Dynamics in the Specification of Tourism Demand Models", *Tourism Economics*, Vol. 15, No. 1（2009）, pp. 23–39.

[4] Song, H. Y., L. Dwyer & G. Li, et al., "Tourism Economics Research: A Review and Assessment", *Annals of Tourism Research*, Vol. 39, No. 3（2012）, pp. 1653–1682; 谢慧明、沈满洪、李中海：《中国城市居民旅游需求函数的实证研究》，《旅游学刊》2014年第9期。

间相关性。①

我国旅游需求动态机制及其影响因素的研究主要集中在对某一城市特定阶段上入境游客人数的变化进行分析，如对西安市 1970—1994 年境外游客人数的动态预测。②或是对某一客源国在特定阶段上入境旅游需求的动态分析，如对 1980—2008 年美国客源市场入境旅游需求。③国内旅游需求的动态决定机制研究则关注经济发展水平、居民收入水平以及"食、住、行、游、购、娱"等产业要素在不同程度上对旅游需求产生的显著影响。④诸如此类研究，一方面是在没有控制住地区相关性的基础上讨论旅游需求的动态性，另一方面则主要关注经济因素而甚少关注非经济因素。

旅游需求的非经济影响因素众多，而围绕生态旅游和文化旅游所展开的非经济影响因素是当前旅游需求研究的热点。就生态因素而言，旅游环境容量、旅游承载力和旅游生态足迹等方面的研究重在探讨旅游业发展的环境效应和生态环境约束，或是重点讨论气候变化（气温、日照、降水等）对旅游需求的影响，鲜有在现阶段总量控制制度下对国内旅游需求进行研究。文化旅游集中研究的是某一文化遗产的旅游需求问题，或某一类文化的旅游需求，或从文化心理角度通过规范的分析方法探讨旅游需求的驱动因素，甚少运用实证的研究方法从文化

---

① 吴必虎、唐俊雅、黄安民等：《中国城市居民旅游目的地选择行为研究》，《地理学报》1997 年 第 52 期；Marrocu, E. & R. Paci, "Different Tourists to Different Destinations. Evidence from Spatial Interaction Models", *Tourism Management*, Vol. 39, No. 39（2012），pp. 71–83.

② 王纯阳、黄福才：《基于 VAR 模型的入境旅游需求影响因素研究——以美国客源市场为例》，《江西财经大学学报》2010 年第 1 期。

③ 雷平、施祖麟：《我国国内旅游需求及影响因素研究》，《人文地理》2009 年第 24 期。

④ Gössling, S., "National Emissions from Tourism: An Overlooked Policy Challenge?", *Energy Policy*, Vol. 59（2013），pp. 433–442.

因素的其他层面探讨文化因素对旅游需求的具体影响。[①]

本章尝试运用面板向量自回归（Panel VAR）的方法在控制住地区相关性的基础上探讨旅游需求的动态决定机制及其影响因素，重点是在动态分析框架中讨论经济发展水平和相对经济发展水平等经济因素，以及环境资源和文化支出等非经济因素对旅游需求的脉冲影响机制。本章的框架安排如下：第二部分是旅游需求动态决定机制及其影响因素的相关理论假说；第三部分是模型设定与数据描述；第四部分是理论假说的实证检验；第五部分是结论与政策启示。

第二节　居民旅游需求动态决定机制理论假说

居民旅游需求动态决定机制主要体现为两个层面：一是长期和短期的差异。同一影响因素在长期和短期对旅游需求的影响程度不同，不同影响因素在同一阶段上对旅游需求的影响程度也不相同。二是滞后阶数的差异。有一些影响因素它能够在较短的时间内对旅游需求产生一个相对稳定且十分重要的影响，而有一些影响因素却需要经过一个较长的阶段才对旅游需求产生相对稳定且十分重要的影响。假说1

[①] 吴普、葛全胜：《海南旅游客流量年内变化与气候的相关性分析》，《地理研究》2009年第4期；吴普、葛全胜、齐晓波等：《气候因素对滨海旅游目的地旅游需求的影响——以海南岛为例》，《资源科学》2010年第32期；麻学锋、孙根年、马丽君：《张家界市客流量年内变化与旅游气候舒适度相关分析》，《资源科学》2010年第4期；曹伟宏、何元庆、李宗省等：《丽江旅游气候舒适度与年内客流量变化相关性分析》，《地理科学》2012年第32期；Brida, J. G., M. Disegna & L. Osti, "Visitors' Expenditure Behaviour at Cultural Events: The Case of Christmas Markets", *Tourism Economics*, Vol. 19, No. 5 (2013), pp. 1173–1196；强大双：《南京文化遗产旅游需求研究：以明孝陵为例》，《东南大学学报（哲学社会科学版）》2014年第2期；曾琪洁、吕丽、陆林等：《文化创意旅游需求及其差异性分析——以上海世博会为例》，《旅游学刊》2012年第5期；徐雅琨：《旅游需求的文化心理动因分析》，《北方经济》2010年第21期；在控制住系列经济因素的基础上考虑环境因素的同时兼论文化因素主要是因为省级层面文化数据的可得性，也是对除环境资源和气候资源外其他资源对国内旅游需求影响的一个回应。

是对第二个层面上的动态机制进行回应，而假说 2—假说 4 则是对第一个层面上的动态机制进行阐述。

一、经济发展水平和相对经济发展水平当期正向影响旅游需求（假说 1）

在新古典经济学分析框架中，旅游需求有两个层面的含义：一是微观层面游客的旅游需求；二是宏观层面的旅游总需求。从微观层面探讨游客的旅游需求普遍采取预算约束下的效用最大化分析方法（基数效用理论）或无差异曲线与预算约束线的分析方法（序数效用理论）。无论是边际效用分析方法还是无差异曲线分析方法都表明游客的旅游需求一方面取决于旅游价格，另一方面取决于游客收入。收入效应是需求变动的重要机制，而且需求会伴随着收入的增加而增加。从宏观层面探讨旅游总需求一般是指旅游消费需求，根据凯恩斯消费函数的假定，消费由收入决定，而且边际消费倾向于递减且大于零。这意味着，在静态分析框架下，居民收入在当期正向作用于旅游需求；居民收入在地区加总旅游需求研究中即为地区经济发展水平。与此同时，地区相对经济发展水平也对旅游需求具有重要的影响。已有学者明确指出城乡居民相对收入正向作用于中国国内旅游需求。[1] 本章定义了一个相对经济发展水平指数来验证相对收入的综合影响。一般而言，一个相对富裕地区的居民其出游的概率相对较高，在区域（省）内旅游仍主导区域旅游市场的背景下，地区旅游需求会随着相对经济发展水平的增加而增加。在非"客源地—目的地"微观分析框架中，宏观经济发展水平和相对经济发展水平对以旅游业产出表示的旅游需求也遵循这一规律。

---

[1] Yang, Yang., H. L. Ze & Q. Qiuyin, "Domestic Tourism Demand of Urban and Rural Residents in China: Does Relative Income Matter?", *Tourism Management*, Vol. 40, No. 1（2014）, pp. 193–202.

二、短期中,文化繁荣能刺激旅游需求,旅游需求推动文化繁荣机制或存阻碍(假说2)

相对于生态、环境、资源对观光旅游和度假旅游的重要性而言,文化资源对一些特定的旅游形式而言同样十分重要,如红色旅游等。[①] 相对于已有文化旅游的研究,本章选取了一个与文化产业培育直接相关的指标来刻画文化繁荣,并尝试探索文化繁荣对旅游需求的影响及其反哺机制。一般而言,一个地区文化越繁荣,该地区的旅游吸引力就越强,旅游需求就越旺盛,文化繁荣对旅游需求具有推动作用。另一方面,繁荣区域文化一直而且始终是旅游业发展的重要功能。"以旅游促进文化繁荣、以旅游弘扬地域文化、以旅游带动文化产业和以旅游促进文化交流"是地方政府推动旅游业发展的重要战略思路。[②] 从旅游需求视角来研究文化与旅游的相互关系能够揭示"文化繁荣对旅游需求"和"旅游需求对文化繁荣"的短期脉冲响应机制。文化繁荣对旅游需求有影响显著,而旅游需求对文化繁荣的作用或十分有限。

三、短期中,污染减排与旅游需求相互影响,两者关系的显著性因污染物而异(假说3)

环境因素集中体现为现阶段国家对化学需氧量(COD)、二氧化硫(SO_2)、氨氮(NH-4)和总磷(TP)等污染物的总量控制。自改革开放以来,我国排污总量经历从"排污总量递增、环境污染加剧(1978—2005)"到"排污总量递减、环境污染仍在加剧(2006—2020)",再到

[①] 吴必虎:《红色旅游开发管理与营销》,中国建筑工业出版社2006年版;左冰:《红色旅游与政党认同:基于井冈山景区的实证研究》,《旅游学刊》2014年第29期。

[②] 罗晓春:《对文化与旅游融合发展的思考》,2012年7月23日,见http://theory.people.com.cn/n/2012/0723/c49155-18575014.html。

"排污总量再减，环境质量改善（2021—2030）"三个阶段。[①]旅游资源的开发利用对自然生态资源的依赖度相当高，因此总量控制阶段上污染减排对旅游需求的刺激作用应当十分有效，持续减排对于改善环境质量和通过调整旅游业内部结构来增加旅游需求具有长期的推动作用。另一方面，旅游需求的增加势必增加游客对能源和相关资源的消费，而这类消费势必增加现阶段总量减排的压力，旅游需求的生态环境负效应显而易见。在现阶段总量控制政策背景下，至少是在本章所选择的样本区间上，水体污染物与旅游需求的关系较为显著，而大气污染与旅游需求的关系或不显著。

四、长期中，经济因素对旅游需求的影响趋于稳定，而非经济因素影响持续增强（假说4）

伴随着地区经济发展水平和居民收入的提高，成本和收入等经济因素对旅游需求的影响在一个动态的预测分析框架中渐趋稳定。经济因素是旅游需求的最重要影响因素，然而旅游目的地的制度环境、资源禀赋等非经济因素对旅游需求也同样具有重要的影响。而且，当一个地区的旅游业发展到一定阶段后，即与一个较高的经济发展水平相对应，该地区经济因素对旅游需求的影响力度会趋于稳定，相应的非经济因素，如环境和文化，对旅游需求的影响则会增强。经济因素对旅游需求的影响在一个较短的时间跨度内便可实现，而非经济因素则需要在一个更长时间跨度内对旅游需求产生影响。因此，在一个更长期的分析框架中，在经济影响因素充分发挥作用后，非经济因素对我国旅游需求的影响仍在持续增强。

---

① 沈满洪、周树勋、谢慧明等：《排污权监管机制研究》，中国环境出版社2014年版。

第三节　面板向量自回归模型设定与数据描述

一、计量模型设定

鉴于中国旅游需求的省际差异，中国旅游需求动态决定机制的考察可以基于面板向量自回归（Panel VAR）方法进行。PVAR 模型的方程设定可以根据方程中是否包含外生变量的情形被区分为以下两类：[①] 一类是不包含相互决定变量的 PVAR，另一类是包含相互决定变量的 PVAR。本章选择的是多于一个自变量的 PVAR 模型，p 阶 PVAR 模型形式设定如下：

$$z_{it}=\Gamma_0+\Gamma_1 z_{it-1}+\Gamma_2 z_{it-2}+\cdots+\Gamma_p z_{it-p}+\varepsilon_{it} \qquad (7-1)$$

其中，z 可以是集合 {GDP,,RGDP,ER,CE} 的任意非零子集，其中 ER 包含 COD 和 SO_2。i 为每一个省、自治区或直辖市，t 为年份，若当期记为 t，则 $t-p$ 期表示滞后 p 期，ε 为随机扰动项。Γ_j（$j=0,1,2,\cdots,p$）为回归系数。

二、变量选择

旅游需求的动态决定机制取决于经济发展水平、相对经济发展水平等经济因素和污染减排与文化繁荣等非经济因素对旅游需求的影响。根据《中国旅游统计年鉴》和《中国统计年鉴》中相关数据的可得性、平稳性和有效性，本章所选取的具体指标如下：

[①] Canova, F. & M. Ciccarelli, *Panel Vector Autoregressive Models: A Survey, Advances in Econometics*, JAI Press, 2013.

（一）旅游需求（TR）

文献中使用最频繁的指标有旅游花费（收入）、旅游人数、停留时间长短和停留夜数，[①]其中，旅游花费（收入）指标被广泛地应用于估计旅游需求函数。[②]本章选取中国31个省（自治区、直辖市）（港、澳、台除外）的旅游收入指标来指代旅游需求，并分析旅游需求动态变化的影响因素。

（二）经济发展水平（GDP）和相对经济发展水平（Relative GDP, RGDP）

使用人均地区生产总值来表示和计算，其中相对经济发展水平定义为：

$$RGDP = \frac{GDP_{it}}{\frac{1}{N}\sum_{i=1}^{N}GDP_{it}} \qquad (7-2)$$

其中 $i=1,2\cdots N$, t 为年份。本章研究的是中国31个省（自治区、直辖市），故 $N=31$。经济发展水平和相对经济发展水平与旅游需求之间的预期关系为正。

（三）污染减排（ER）

"十二五"时期的关键性指标有四种，本章选取两种最重要的污染减排指标（化学需氧量和二氧化硫），化学需氧量（COD）为水体污染物指标，二氧化硫（SO_2）是大气污染物指标。选择这两类指标还旨在揭示不同污染物对旅游需求的不同影响。大气污染在特定阶段上对旅游需求的影响可以不显著，但水体污染必负向影响旅游需求，至少游

[①] Li, G., H. Y. Song & S. F. Witt, "Recent Developments in Econometric Modeling and Forecasting", *Journal of Travel Research*, Vol. 44, No. 1（2005）, pp. 82–99.

[②] Song, H. Y. & G. Li, "Tourism Demand Modelling and Forecasting: A Review of Recent Research", *Tourism Management*, Vol. 29, No. 2（2008）, pp. 203–220.

客可以选择水体污染相对较少的地区旅行。两者的差异在于水体污染相对于大气污染更可控。[①]

（四）文化繁荣（CE）

它是旅游需求的又一非经济影响因素。根据《中共中央关于深化文化体制改革推动社会主义文化大发展大繁荣若干重大问题的决定》，文化繁荣意味着为人民提供更好更多的精神食粮，包括坚持正确创作方向、繁荣发展哲学社会科学、加强和改进新闻舆论工作、推出更多优秀文艺作品、发展健康向上的网络文化。诸如此类很难用一个具体的指标来刻画文化繁荣。然而，文化繁荣还要靠市场。[②]因此，本章选取了一个市场化的文化繁荣指标——文化支出来刻画文化繁荣，刻画的是当地的旅游吸引力，属财政支出范畴，不是居民的文化消费支出。文化支出预期能够对旅游需求产生积极的推动作用。

三、变量的描述性统计

本章选取了1991—2012年中国除港、澳、台以外的31个省（自治区、直辖市）的面板数据。2000年以后化学需氧量和二氧化硫的指标数据相对完整，之前的数据缺失相对严重，但为了在更长一个时间段内考察污染减排对旅游需求的影响，本章尽可能地将数据样本拓展为包含更长时间段的一个样本。与此同时，文化支出指标在样本期限内的部分年限也存在缺失情形，如1996—1999年、2001年和2012年；在更早的时间段，各省（自治区、直辖市）又对该指标进行过统计，

[①] Greenstone, M. & R. Hanna, "Environmental Regulations, Air and Water Pollution, and Infant Mortality in India", *American Economic Review*, Vol.104, No. 10（2014）, pp. 3038–3072.

[②] 张贺：《文化繁荣还要靠市场——聚焦现代文化市场体系建设》，《人民日报》2013年11月21日。

因此本章最终选择的样本期限为 1991—2012 年。此外，由于重庆市 1997—2000 年统计数据严重异常（名义旅游收入要大于名义地区生产总值），故作删除处理。

表 7-1 中以货币计量的相应指标均进行了平减处理，基期定为 1990 年。人均 GDP 和旅游收入分别用 GDP 指数和 CPI 指数进行平减。各指标的描述性统计如表 7-1 所示。在回归分析中，为了缓解异方差所带来的估计偏误，所有变量进行对数形式的单调变换，即所有变量取为 $\ln(1+z)$。

表 7-1 变量的描述性统计

变量	观测值	均值	方差	最小值	最大值
旅游收入 TR/亿元	599	201.56	296.31	0.03	2101
经济发展水平 GDP/亿元	682	1067.5	734.71	29.77	3387
相对经济发展水平 RGDP	682	1.11	0.7	0.35	4
文化支出 CE/亿元	340	5.59	5.26	0.21	33.74
化学需氧量 COD/万吨	362	46.25	32.89	0.8	225.7
二氧化硫 SO_2/万吨	522	72	60.96	0.07	889

第四节 居民旅游需求动态决定机制的实证检验

鉴于本章选取旅游收入作为旅游需求的特定指标，旅游需求的经济影响因素包括经济发展水平和相对经济发展水平。在分析我国居民旅游需求的动态机制之前，静态面板分析表明经济发展水平和相对经济发展水平对旅游需求的正向影响十分显著，如表 7-2 所示。

表 7-2 中，不论是固定效应面板模型，还是随机效应面板模型，两者都证明经济发展水平与相对经济发展水平对旅游需求存在正向推动

作用；基于 Hausman 检验，固定效应模型优于随机效应模型，旅游需求的经济发展水平弹性为 0.996—5.693，受其他变量的影响较大，而旅游需求的相对经济发展水平弹性为 1.22—2.026，相对稳定。不过，两者均富有弹性且两者当期对旅游需求的影响较大。至此，假说 1 得证。由于旅游业发展与经济增长之间的双向机制已不断地被证明，[①] 后续分析将重点关注非经济因素对旅游需求的动态影响。

表 7-2 经济发展水平和相对经济发展水平当期正向影响旅游需求

	旅游需求					
	固定效应	随机效应	固定效应	随机效应	固定效应	随机效应
经济发展水平	5.693*** (0.323)	3.355*** (0.452)	−0.159 (0.817)	0.350** (0.138)	0.996* (0.515)	0.556*** (0.166)
相对经济发展水平			2.026*** (0.434)	1.081*** (0.295)	1.220*** (0.360)	1.006*** (0.277)
文化支出			1.103*** (0.183)	1.022*** (0.081)	0.667*** (0.115)	0.759*** (0.068)
化学需氧量					−0.115 (0.118)	−0.080 (0.111)
二氧化硫					0.191 (0.122)	0.136 (0.095)
常数项	−77.152*** (5.128)	−39.995*** (7.454)	3.539 (11.213)	−3.072 (1.913)	−10.031 (7.023)	−3.736* (1.934)
Hausman Test (Chi2) 模型选择	738.75 固定效应		6.32 固定效应		13.27 固定效应	
Obs.	599	599	328	328	284	284
R^2	0.645	0.645	0.809	0.806	0.865	0.863
Chi2	54.98	54.98	365.43	365.43	508.30	508.30

注：括号内的值为稳健的标准差，显著性水平：* 表示 $p<0.1$，** 表示 $p<0.05$，*** 表示 $p<0.01$。

---

① 赵磊：《旅游发展与经济增长——来自中国的经验证据》，《旅游学刊》2015 年第 30 期；赵磊、全华：《中国国内旅游消费与经济增长关系的实证分析》，《经济问题》2011 年第 4 期。

文化支出当期对旅游需求的影响显著为正，其弹性为0.667—1.103。这表明当期地方文化繁荣能够较好地吸引游客并增加当地的旅游需求。然而，当期的污染水平，不论是水体污染还是大气污染，均不能对旅游需求产生显著影响。为了进一步验证文化与环境等非经济因素对旅游需求的短期冲击和长期影响，本章对数据的平稳性、最佳滞后阶数和变量的因果关系进行了检验。本章使用 IPS 和 Fisher 两种方法对各变量序列及其一阶差分序列的平稳性进行了面板数据的单位根检验。[①] 结果显示各变量的一阶差分是平稳的，可以使用 PVAR 来进行分析。与此同时，表7-3给出了各变量的最佳滞后阶数和格兰杰因果检验的结果。结果显示污染减排因素与旅游需求之间互为格兰杰因果，而文化支出因素与旅游需求之间仅存在单向格兰杰因果关系，滞后一期旅游需求不是滞后一期文化支出的格兰杰因。

表7-3　PVAR 模型中非经济因素与旅游需求之间的因果检验结果

原假设 H0	最佳滞后阶数	χ^2	P 值
文化支出不是旅游需求的格兰杰因	1	9.906	0.002
旅游需求不是文化支出的格兰杰因	1	1.027	0.311
化学需氧量排放不是旅游需求的格兰杰因	5	28.48	0.000
旅游需求不是化学需氧量排放的格兰杰因	5	11.41	0.044
二氧化硫排放不是旅游需求的格兰杰因	7	16.00	0.025
旅游需求不是二氧化硫排放的格兰杰因	7	51.79	0.000

注：最佳滞后阶是通过 AIC、BIC、HQIC 准则共同确定，相应值见表4-4。检验结果为利用前向离差化消除个体固定效应后（即经 Helmert 转换）的 χ^2 值和 P 值。

表7-4进一步给出了三类关系的 PVAR 实证结果。从第一对关系

---

① Choi, I., "Unit Root Tests for Panel Data", *Journal of International Money & Finance*, Vol. 20, No. 2 (2001), pp. 249-272; Im, K. S., M. H. Pesaran & Y. Shin, "Testing for Unit Roots in Heterogeneous Panels", *Journal of Econometrics*, Vol. 115, No. 1 (2003), pp. 53-74.

来看，旅游需求与文化支出之间的单向关系是稳健的，与格兰杰因果检验的结果一致。一方面，滞后一期文化支出正向推动旅游需求，其弹性系数为0.247，小于当期旅游需求的文化支出弹性［均值为0.885=（1.103+0.667）/2］，表明旅游需求对当期文化支出的反应更大。另一方面，旅游需求对文化支出的影响不显著，这与"旅游与文化"双向共赢机制不一致。格兰杰因果检验和回归结果均不显著意味着旅游收入对文化支出的反哺机制存在障碍，假说2得证。从第二对关系来看，水体污染物与旅游需求的双向影响机制显著。化学需氧量在滞后二期对旅游需求产生了一个显著的冲击，旅游需求对化学需氧量的显著冲击出现在滞后二期和滞后三期。换言之，旅游需求产生的水体污染将在2—3后集中爆发，而水体污染治理对旅游需求的经济效益也将在两年后显现。从第三对关系来看，大气污染物与旅游需求的关系不显著或不稳定。一方面，二氧化硫不论是当期，如表7-2所示，还是在最佳滞后阶数内对旅游需求始终不显著，这说明大气污染在样本期限内尚不构成影响旅游需求的一个重要因素。另一方面，旅游需求对二氧化硫的影响分别出现在了滞后二期、滞后三期和滞后五期等，而且冲击有正有负且均较小，故可以认为两者之间的因果关系不存在，这可以从图7-2中进一步得到验证。至此，假说3得证。图7-1和图7-2分别报告了基于蒙特卡洛（Monte-Carlo）模拟的各因素对旅游需求和旅游需求对各因素的脉冲响应图。图中横轴表示冲击发生的滞后期数，总期数设定为10年，纵轴表示各因素对冲击的响应值，曲线表示脉冲响应曲线，水平虚线为零水平，点虚线范围±5%的置信区间反映了估计误差范围。

图7-1中，文化支出对旅游需求的冲击呈现出"倒U"型的脉冲

响应机制，即一单位正交化的文化支出增加能够使得旅游需求迅速增加，其峰值将出现在滞后三期，年响应峰值为 9.5%，随后该冲击的旅游需求增加效应将持续减弱，直至回归到水平状态。在化学需氧量对旅游需求的脉冲响应图中，该峰值出现在滞后四期，年响应峰值为 -7.8%，负号表明化学需氧量排放与旅游需求存在负向关系，一单位正交化化学需氧量的排放冲击在滞后四期时将减少该地区 7.8% 的旅游需求。同时，二氧化硫对旅游需求的脉冲响应峰值出现在滞后二期，其年响应峰值为 6.9%，旅游需求对自身的冲击出现在滞后一期，随后该冲击效应不断减弱。这表明，非经济因素对旅游需求的影响十分关键，而且非经济因素对旅游需求的影响程度均较大，年响应峰值达到了 6.9%—9.5%。

表 7-4　PVAR 模型中非经济因素与旅游需求的回归结果

滞后变量	旅游需求	文化支出	滞后变量	旅游需求	COD	滞后变量	旅游需求	SO$_2$
L.TR	0.489*** (0.093)	-0.138 (0.136)	L.TR	0.795*** (0.091)	0.055 (0.042)	L.TR	0.147 (0.362)	-0.014 (0.091)
L.CE	0.247*** (0.078)	0.888*** (0.125)	L2.TR	0.016 (0.012)	-0.024** (0.012)	L2.TR	0.120 (0.119)	0.121*** (0.044)
			L3.TR	-0.008 (0.009)	0.016*** (0.006)	L3.TR	0.243 (0.224)	0.143** (0.061)
			L4.TR	-0.012 (0.015)	0.006 (0.010)	L4.TR	-0.013 (0.026)	-0.007 (0.004)
			L5.TR	0.011 (0.009)	0.004 (0.005)	L5.TR	0.029 (0.033)	0.011*** (0.004)
			L.COD	-0.156 (0.302)	0.726*** (0.156)	L6.TR	0.013 (0.030)	-0.000 (0.005)
			L2.COD	0.230*** (0.062)	0.068 (0.056)	L7.TR	-0.005 (0.023)	0.012*** (0.004)

续表

滞后变量	旅游需求	文化支出	滞后变量	旅游需求	COD	滞后变量	旅游需求	SO$_2$
			L3. COD	0.149 (0.112)	−0.231** (0.108)	L. SO$_2$	−0.903 (0.655)	0.976*** (0.201)
			L4. COD	−0.063 (0.113)	0.143 (0.107)	L2. SO$_2$	0.263 (0.232)	0.004 (0.044)
			L5. COD	0.008 (0.083)	0.095* (0.051)	L3. SO$_2$	−0.249 (0.288)	−0.069 (0.061)
						L4. SO$_2$	0.275 (0.266)	−0.076* (0.004)
						L5. SO$_2$	−0.074 (0.240)	0.054 (0.004)
						L6. SO$_2$	0.190 (0.241)	(0.037) 0.026
						L7. SO$_2$	−0.003 (0.203)	(0.034) −0.011
AIC	−2.162*	AIC	−1.542*			AIC	−2.041*	
BIC	−0.996*	BIC	−0.005*			BIC	−0.242*	
HQIC	−1.690*	HQIC	−0.918*			HQIC	−1.310*	
N	181	N	166			N	151	

注：L_j. 表示滞后 j 期，其中 $j=1, \cdots, 7$，L. 表示滞后一期，即 $j=1$；显著性水平：* 表示 $p<0.1$，** 表示 $p<0.05$，*** 表示 $p<0.01$。

在图7-2中，旅游需求对化学需氧量的冲击峰值出现在滞后二期。旅游需求对文化支出呈现出负向的冲击，但该冲击不显著，因为表7-4中滞后一期旅游需求对文化支出的冲击不显著。旅游需求对二氧化硫的脉冲响应图在水平状态上波动。综合图7-1和图7-2，旅游需求与化学需氧量之间存在显著且重要的双向影响关系，而与二氧化硫的关系则不明确；与此同时，虽然文化支出对旅游需求的单向影响关系十分显著且稳健，但是旅游需求对文化支出的影响不显著，而且旅游需求对文化支出的影响与其对二氧化硫的影响一样不明确，因其脉冲曲线或高于水平值，或低于水平值，最终效应无法确定。

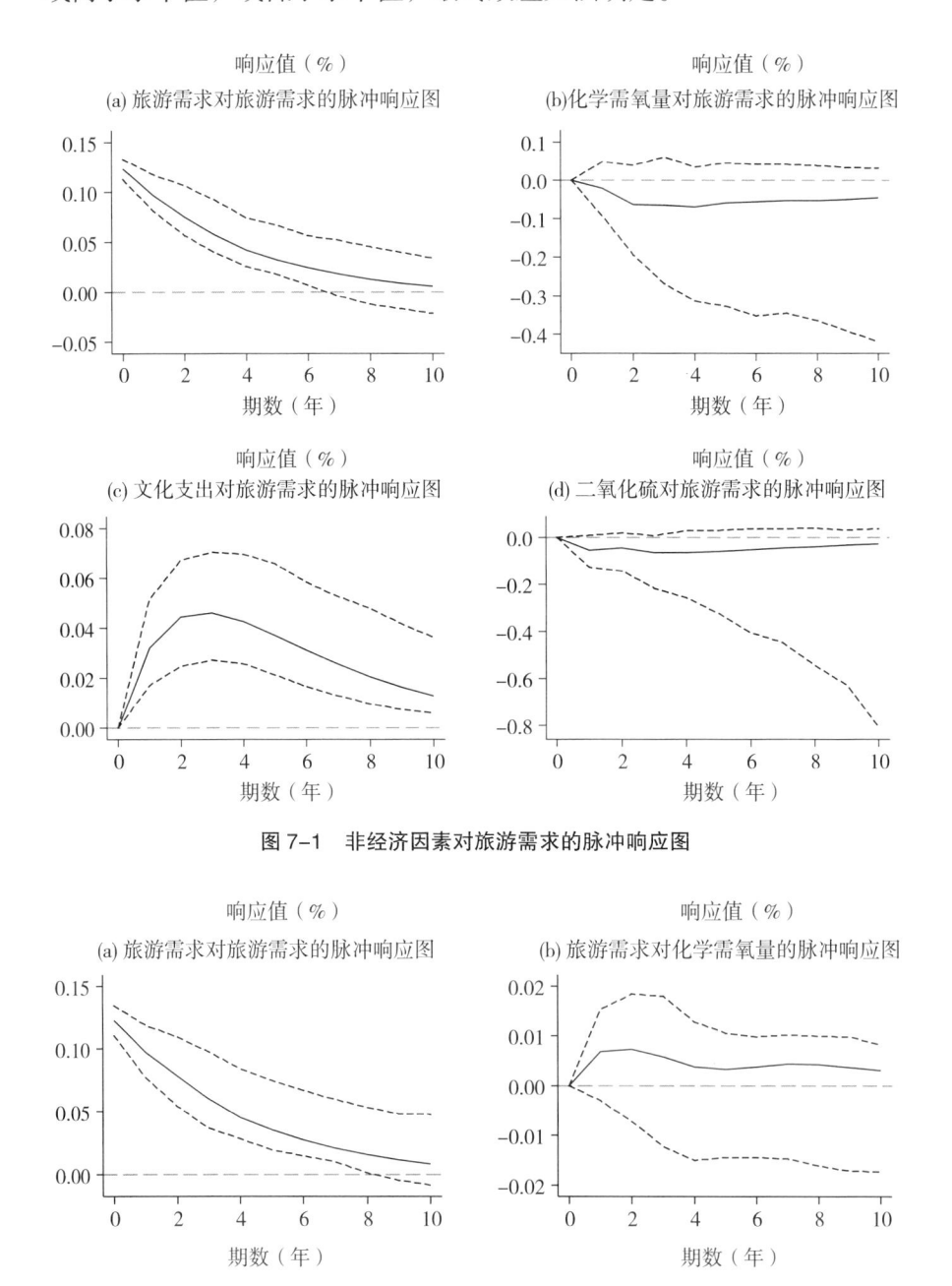

图 7-1　非经济因素对旅游需求的脉冲响应图

第七章 环境资源约束下国内旅游需求变化研究 181

(c) 旅游需求对文化支出的脉冲响应图

(d) 旅游需求对二氧化硫的脉冲响应图

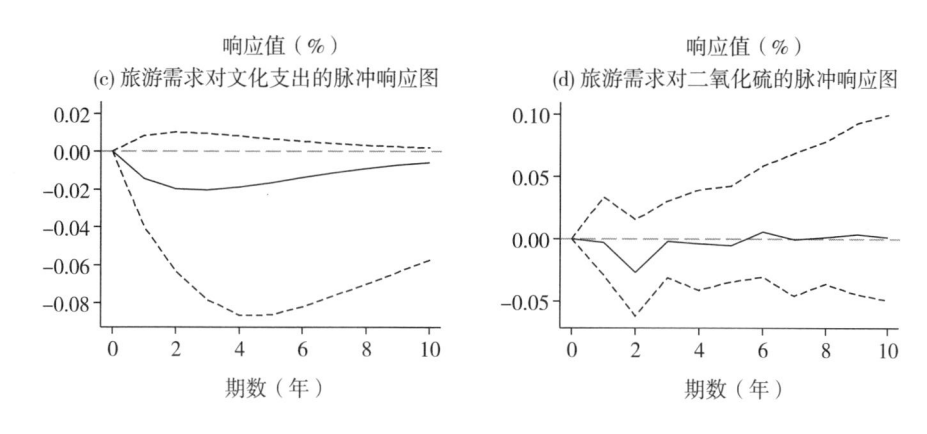

图 7-2 旅游需求对非经济因素的脉冲响应图

注：图 7-2 是基于各非经济因素为被解释变量和旅游需求为解释变量的回归方程所进行的脉冲分析，基于图 7-1 回归方程的结果是一致的，但结果更加准确。

表 7-5 给出了旅游需求的长期决定机制，在长期影响因素中经济因素对旅游需求的贡献依然占据主导地位，长期贡献的稳态水平为 66.6%。动态过程分析表明经济因素从一开始便是影响旅游需求的主导因素，其贡献度大于其他三类贡献度的总和。但是，值得指出的是，经济因素在滞后三期时达到了一个相对高峰，而非经济因素的相对较高累积贡献度均出现在滞后六期或以后，这说明非经济因素对旅游需求的影响需要更长的时期来发挥作用。

表 7-5 方差分解：经济与非经济因素对旅游需求的长期影响分析

滞后期	经济发展水平	文化支出	化学需氧量	二氧化硫
1	0.130	0.000	0.000	0.000
2	0.298	0.066	0.018	0.069
3	0.410	0.161	0.128	0.108
4	0.491	0.244	0.206	0.161
5	0.559	0.304	0.278	0.218
6	0.593	0.343	0.320	0.254

续表

滞后期	经济发展水平	文化支出	化学需氧量	二氧化硫
7	0.621	0.369	0.354	0.281
8	0.647	0.385	0.383	0.301
9	0.660	0.385	0.409	0.315
10	0.657	0.410	0.430	0.326
20	0.666	0.410	0.495	0.352
30	0.666	0.410	0.499	0.354

换言之，经济因素的短期效应非常突出，而非经济因素对旅游需求的影响具有长期性。从非经济因素的内部结构来看，文化因素的稳态较早出现，第10期稳态的累积贡献率为41%；而环境因素（化学需氧量和二氧化硫）则分别需要在更长的时期内才能达到稳态的累积贡献率，需要在30年的水平上达到49.9%和35.4%。这说明，环境因素相对于其他一些非经济因素的贡献率更大，但也需要在更长的时期内发挥作用，假说4得证。总之，分析地区旅游需求需要综合考虑一个地区经济发展水平的同时，还需要考虑非经济因素对旅游需求的贡献。当一个地区经济发展水平对旅游需求的贡献度较高时，通过增加文化支出，或通过污染减排来增加旅游收入是地区旅游经济可持续发展的必由之路。

第八章　气候资源约束下国内旅游需求变化研究

联合国世界旅游组织和联合国机构政府间气候变化专门委员会已连续召开多届国际气候变化和旅游会议讨论旅游业的气候约束问题。[1] 世界旅游组织于2003年在突尼斯召开国际会议，会议以"气候与旅游"为主题并提出气候变化可作为影响旅游业可持续发展的新课题。[2]2008年世界旅游日主题为"旅游：应对气候变化挑战"，同年，国家旅游局发布《关于旅游业应对气候变化问题若干意见》；2015年联合国可持续发展峰会通过的《2030年可持续发展议程》确立了17项可持续发展目标，其中3项与旅游直接相关。在固化思维中，与旅游产业发展并无关联度的可再生气候资源已对旅游业的发展产生了显著影响，而且旅游业受气候变化的负面影响仅次于农业。[3] 因此，气候条件已成为影响旅游需求的重要因素。而且气候资源并不能人为改变，具有刚性。

---

[1] 吴普、席建超、葛全胜：《中国旅游气候学研究综述》，《地理科学进展》2010年第29期。
[2] 马丽君：《中国典型城市旅游气候舒适度及其与客流量相关性分析》，博士学位论文，陕西师范大学，2012年。
[3] Bode, S., J. Hapke & S. Zisler, "Need and Options for a Regenerative Energy Supply in Holiday Facilities", *Tourism Management*, Vol. 24, No. 3（2003）, pp. 257–266.

第一节 气候资源与国内旅游需求

气候资源是旅游资源的重要组成部分，是影响国内旅游需求的重要环境因素。在气候资源对国内旅游需求的影响方面，前期多数学者侧重旅游气候理论研究，主要研究内容包含旅游气候舒适度的评价及旅游需求快速发展的气候资源因素。保继刚、楚义芳和彭华（1999）从人体生理适应性角度出发，认为气候对人体感受的影响程度主要从皮肤温度、出汗量、热感等方面确定，因此人体舒适度主要取决于气温、湿度和风速指标。[①] 而人体舒适度可能对旅游者的旅游意愿产生影响，进而影响国内旅游需求。吴普、葛全胜和齐晓波等（2010）基于引力模型构建了非经济因素影响下的旅游需求模型，主要包括以温度、降水、日照时数等为代表的气候因素；研究发现气候因素对海南旅游者的旅游需求有明显的影响，但气候因素的显著性水平低于经济因素。[②] 随着研究的不断深入，学者们在气候资源对国内旅游需求的影响研究方面开始注重旅游气候舒适度指标的构建。气候资源因素对旅游相关的影响评估方法包括两类：一类是以定性研究为主的指数分析法，另一类是以定量研究为主的模型分析法。邢彩盈、张京红和刘少军等（2015）构建了旅游气候指标，定量评估了海南省各地区的旅游气候资源状况和气候变化的响应特征。[③] 刘少军、张京红和吴胜安等（2014）选取相

[①] 保继刚、楚义芳、彭华：《旅游地理学》，高等教育出版社1993年版，第33—51页。
[②] 吴普、葛全胜、齐晓波等：《气候因素对滨海旅游目的地旅游需求的影响—以海南岛为例》，《资源科学》2010年第32期。
[③] 邢彩盈、张京红、刘少军等：《基于气候指标评估气候变化对海南旅游的影响》，《自然资源学报》2015年第30期。

关气象要素建立了旅游气候指数模型，分析地区旅游气候指数空间分布规律和旅游气候指数对月度客流量的影响。[①] 多数学者在气候资源对国内旅游需求的影响方面比较注重旅游气候舒适度的评价和旅游气候指数的构建，鲜有学者从旅游气候指数构建及修正的视角分析国内旅游需求预测的精确度及其变化趋势。旅游气候指数或气候舒适度对国内旅游需求的积极影响和消极影响并存，需要通过旅游需求的精确预测反观气候资源对国内旅游需求的影响。

旅游需求预测的研究起步较早，始于20世纪60年代，注重定性与定量相结合的方式，偏重于定量分析方法的探索，且在80年代迅速发展并集中产生了大量的研究成果。其研究内容丰富，研究方法多样，尤其在旅游需求模型构建及预测方面，更是有了先进的成果和理念。任来玲、赵茂宏和赵丽君（2008）对旅游需求的预测模型进行了概述，主要包括考虑旅游需求影响因素的因果关系计量经济方法、STSM模型、基于效用理论的AIDS模型。[②] 陶伟和倪明（2010）通过对比国内外在旅游需求预测方面应用的模型发现，不同的预测模型适合的预测类型不同，无适合所有条件的最优模型或方法。[③] 对预测模型精确度的评价也是旅游需求预测研究的一个重要方面。在旅游需求预测精确度评价研究中较为常用的是MAPE、MAE、MSE三种方法。[④] 冈特和翁代尔（Gunter & Onder, 2015）比较了多变量和单变量模型在旅游需求预测

[①] 刘少军、张京红、吴胜安等：《气候变化对海南岛旅游气候舒适度及客流量可能影响的分析》，《热带气象学报》2014年第30期。
[②] 任来玲、赵茂宏、赵丽君：《旅游需求预测模型概述》，《统计研究》2008年第25期。
[③] 陶伟、倪明：《中西方旅游需求预测对比研究：理论基础与模型》，《旅游学刊》2010年第25期。
[④] Li, G., H. Y. Song & S. F. Witt, "Recent Developments in Econometric Modeling and Forecasting", *Journal of Travel Research*, Vol. 44, No. 1 (2005), pp. 82–99.

上的精确度，发现针对不同的客源市场，单变量模型和多变量模型的预测精确度有不同的表现。[①]

总之，气候资源相关的旅游需求研究还是一个新兴的研究领域。气候资源刚性约束下旅游产业发展的相关研究可从两方面着手：第一，影响国内旅游需求的气候资源因素界定及旅游气候指数的修正；第二，气候资源刚性约束下国内旅游需求变化趋势预测及旅游产业可持续发展路径研究。

第二节 基于国内旅游需求弹性的旅游气候指数修正及其测度

一、旅游气候指数的修正

米茨科夫斯基（Mieczkowski）通过线性组合不同气象要素，于1985年提出旅游气候指数（Tourism Climate Index，TCI），具体包括5个气候变量，分别为白昼舒适度指数（CID，权重40%）、日舒适度指数（CIA，权重10%）、降水指数（P，权重20%）、日照指数（S，权重20%）、风速指数（W，权重10%）。根据旅游气候指数与国内旅游需求人数的关系，"四省一市"国内旅游需求人数与旅游气候指数之间的弹性可以被估算和测度出来，结果如表8-1所示。选择"四省一市"固有数据可得性的原因，然而更重要的是2009—2014年，京、浙、川、琼、粤"四省一市"国内旅游人数和旅游收入约占全国的1/3，北京、广东、浙江、四川和海南分属于华北、华南、东南、西南四个地区且

[①] Gunter, U. & I. Onder, "Forecasting International City Tourism Demand for Paris: Accuracy of Uni- and Multivariate Models Employing Monthly Data", *Tourism Management*, No. 46（2015）, pp. 123-135.

分别位于温带季风气候区、亚热带季风气候区与热带季风气候区，具有典型性与代表性。其中，北京和海南为2002年1月至2014年12月，浙江为2007年1月至2014年12月，广东为2000年1月至2012年12月，四川为2004年1月至2014年12月。基于表8-1，在经过归一化处理后，五大旅游气候指标在整个旅游气候指数中所占的比例可以重新确定。根据各省市弹性情况而调整的新权重可以用于修正传统旅游气候指数。修正旅游气候指数（M-TCI）指标构成及权重如表8-2所示。

表8-1 "四省一市"国内旅游需求人数与旅游气候指数指标间的弹性值

旅游气候指标	北京	浙江	四川	海南	广东
CID	0.09	1.52	0.54	2.32	1.16
CIA	0.18	1.79	0.45	1.50	0.60
P	4.46	0.45	0.60	0.06	0.78
S	0.59	0.03	0.03	0.93	0.16
W	0.38	0.66	0.16	2.92	0.38

资料来源：风速指数还包括月最高温度的不同情形，鉴于月最高温度为奇异值的情形较少，故简化了该指数的测度体系；北京、浙江、四川、海南、广东省（市）旅游局或统计局网站；中国气象数据网。

表8-2 修正旅游气候指数（M-TCI）指标构成及权重

指标全称	月度气候指标变量	北京	浙江	四川	海南	广东
白昼舒适度指数（CID）	月平均最高温度（℃）月平均最低相对湿度（%）	2%	34%	30%	30%	38%
日舒适度指数（CIA）	月平均温度（℃）月平均相对湿度（%）	3%	40%	25%	19%	20%
降水指数（P）	月平均降水量（mm）	78%	10%	34%	1%	25%
日照指数（S）	月平均日照时数（h）	10%	1%	2%	12%	5%
风速指数（W）	月平均风速（m/s）	7%	15%	9%	38%	12%

注：权重为本章归一化处理后的结果。

资料来源：Mieczkowski, Z., "The Tourism Climatic Index: A Method of Evaluating World Climates for Tourism", The Canadian Geographer, Vol. 29（1985），pp. 220-330。

传统旅游气候指数以式（8-1）表示：

$$T\text{-}TCI = 4 \cdot CID + CIA + 2 \cdot P + 2 \cdot S + W \qquad (8\text{-}1)$$

修正旅游气候指数 M-TCI 如式（8-2）所示：

$M\text{-}TCI\text{-}北京 = 0.2 \cdot CID + 0.3 \cdot CIA + 7.8 \cdot P + S + 0.7 \cdot W$

$M\text{-}TCI\text{-}浙江 = 3.4 \cdot CID + 4 \cdot CIA + P + 0.1 \cdot S + 1.5 \cdot W$

$M\text{-}TCI\text{-}四川 = 3 \cdot CID + 2.5 \cdot CIA + 3.4 \cdot P + 0.2 \cdot S + 0.9 \cdot W \qquad (8\text{-}2)$

$M\text{-}TCI\text{-}海南 = 3 \cdot CID + 1.9 \cdot CIA + 0.1 \cdot P + 1.2 \cdot S + 3.8 \cdot W$

$M\text{-}TCI\text{-}广东 = 3.8 \cdot CID + 2 \cdot CIA + 2.5 \cdot P + 0.5 \cdot S + 1.2 \cdot W$

二、旅游气候指数的测度——传统 TCI 与修正 TCI 的比较

根据 Mieczkowski 关于旅游气候指数（TCI）各个指标变量的赋值及计算标准，本章分别计算了白昼舒适度指数（CID）、日舒适度指数（CIA）、降水指数（P）、日照指数（S）、风速指数（W），通过式（8-1）得到了京、浙、川、琼、粤四省一市每年 1—12 月的传统旅游气候指数（T-TCI），通过式（8-2）得到了"四省一市"的修正旅游气候指数（M-TCI）。Mieczkowski 关于旅游气候指数 TCI 得分的等级划分标准如表 8-3 所示。根据"四省一市"传统旅游气候指数（T-TCI）和修正旅游气候指数（M-TCI）的测度结果及所属 TCI 评分数值等级，"四省一市"以"好""临界值"为分界点的 TCI 评分数值段所占的百分比堆积柱形图如图 8-1 所示。

表 8-3 传统旅游气候指数 T-TCI 评分分类标准

编号	TCI 评分数值	旅游气候等级划分
1	90-100	理想（Ⅰ）
2	80-89	极好（Ⅱ）
3	70-79	非常好（Ⅲ）
4	60-69	好（Ⅳ）
5	50-59	可接受（Ⅴ）
6	40-49	临界值（Ⅵ）
7	30-39	不适宜（Ⅶ）
8	20-29	非常不适宜（Ⅷ）
9	10-19	极不适宜（Ⅸ）
10	-20-9	不可能（Ⅹ）

资料来源：Mieczkowski, Z., "The Tourism Climatic Index: A Method of Evaluating World Climates for Tourism", *The Canadian Geographer*, Vol. 29（1985），pp. 220-330。

根据测度结果可知，"四省一市" T-TCI 和 M-TCI 测度结果存在明显差异。这种差异不仅仅存在于 T-TCI 或 M-TCI 下省市间的差异，还存在于单一省（市）下 T-TCI 和 M-TCI 之间的差异。传统旅游气候指数权重分配下气候等级评分数值集聚在中间水平，即 40—89 分所占比重较大；修正后，评分数值的集聚现象有所缓解，修正旅游气候指数权重分配下各个 TCI 评分数值段均有一定的占比。这更符合各省市的实际气候特征，如北京市不可能不存在不适宜及以下等级的气候月份，海南省也不可能不存在理想等级的气候月份。单一省（市）下传统旅游气候指数与修正旅游气候指数之间的测度差异也较为明显。在修正 TCI 下北京市旅游气候指数的等级分布更为分散，理想气候等级的比例在不断升高、不适宜气候等级的比例也同样在升高。浙江省和四川省传统旅游气候指数与修正旅游气候指数之间的测度差异与北京市基本一致。在修正的旅游气候指数下，浙江省和四川省旅游气候指数的等级分布同样表现出相对更为分散的特征；海南省的旅游气候指数等级分布范围整体往更优的方向发展，整体的旅游气候状况更佳；广东省非常不适宜及以下的比例存在一定的上升，但非常好等级及以上的比例也有所增加。

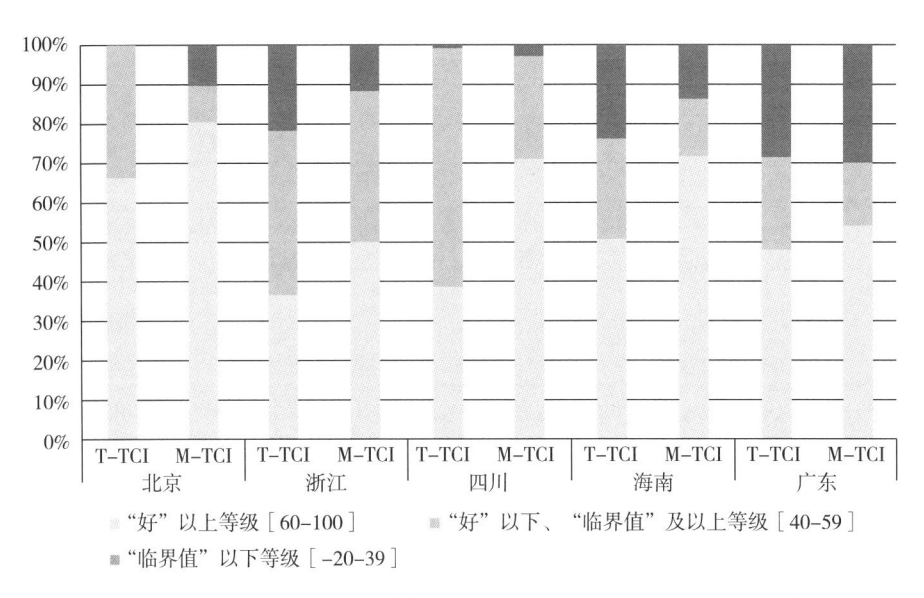

图 8-1 "四省一市"传统及修正旅游气候指数 M-TCI 三大等级百分比堆积柱形图

传统 TCI 与修正 TCI 测度结果表明传统旅游气候指数和修正旅游气候指数在解释"四省一市"国内旅游需求的变化时存在不确定性。究竟哪个旅游气候指数能够更好地作为国内旅游需求的解释变量需要因地制宜。本章将分别以两种旅游气候指数 T-TCI 和 M-TCI 为解释变量，在结构时间序列模型（STSM）框架中对我国国内旅游需求进行预测并对两大旅游气候指数对旅游需求预测精确度的影响进行比较。

第三节 基于旅游气候指数的国内旅游需求预测模型构建

一、国内旅游需求预测的基础模型

国内旅游需求人数所包含的趋势因子、季节性因子和不规则因子均无法直接观察。从已有旅游需求预测方法的成果看,状态空间模型可以估计某一序列中每一期不可观测的状态向量,可以解决传统时间序列模型无法解决的问题。在状态空间模型的基础上,结构时间序列模型将状态向量的各个元素具体化、模型的系数矩阵动态化,形成了更全面的新模型形式,能够直接反映不同元素的影响效应。[1]结构时间序列模型(STSM)最初由卡尔曼(Kalman,1960)提出,是一种在时域上引入状态变量和状态空间概念的状态空间方法(SSF)。20世纪70年代末,卡尔曼滤波方法被引入结构时间序列模型的研究中,即主要通过卡尔曼滤波方法进行估计,满足经济序列参数时变特征的需求,具有更高的预测精确度。[2]因此,本章采用结构时间序列模型(STSM)预测国内旅游需求。

本章参考科芒德尔和库普曼(Commandeur & Koopman,2007)总结的结构时间序列模型状态空间方法研究新成果,将结构时间序列模型应用于以旅游气候指数(TCI)为解释变量的国内旅游需求预测模型中,

---

[1] 张岩:《结构时间序列模型在季节调整中的理论分析与应用研究》,博士学位论文,南开大学,2013年。

[2] Box, G. E. P., Jenkins, G. M. & Reinsel, G. C., *Times Series Analysis: Forecasting and Control*, Wiley: 1997.

该模型数据属于月度数据,具有单个解释变量及单个干预变量。[①]月度数据下的具有解释变量及干预变量的 STSM 基础模型表示如式(8-3)所示。

其中,第一个方程为观测方程,余下方程均为状态方程。可观测时间序列的时间依赖表示为:$t+1$ 时点的状态是 t 时点的状态函数。

μ_t 是 t 时点的不可观测水平数值,ε 是 t 时点的可观测成分的扰动,v_t 是 t 时点的不可观测斜率成分,ξ_t、ζ_t 是 t 时点的状态扰动,假设可观测成分以及水平成分和斜率成分的扰动为零均值,方差分别为 σ_ε^2 和 σ_ξ^2、σ_ζ^2 的正态分布。

$$\begin{aligned}
y_t &= \mu_t + v_t + \gamma_{1,t} + \sum_{j=1}^{k} \beta_{jt} x_{jt} + \lambda_t \omega_t + \varepsilon_t, \quad \varepsilon_t \sim NID(0, \sigma_\varepsilon^2) \\
\mu_{t+1} &= \mu_t + v_t + \xi_t, \quad \xi_t \sim NID(0, \sigma_\xi^2) \\
v_{t+1} &= v_t + \zeta_t, \quad \zeta_t \sim NID(0, \sigma_\zeta^2) \\
\gamma_{1,t+1} &= -\gamma_{1,t} - \gamma_{2,t} - \gamma_{3,t} - \gamma_{4,t} - \gamma_{5,t} - \gamma_{6,t} \\
&\quad - \gamma_{7,t} - \gamma_{8,t} - \gamma_{9,t} - \gamma_{10,t} - \gamma_{11,t} + \omega_t, \quad \omega_t \sim NID(0, \sigma_\omega^2) \\
\gamma_{2,t+1} &= \gamma_{1,t} \\
\gamma_{3,t+1} &= \gamma_{2,t} \\
&\cdots \\
\gamma_{11,t+1} &= \gamma_{10,t} \\
\beta_{t+1} &= \beta_t + \tau_t, \quad \tau_t \sim NID(0, \sigma_\tau^2) \\
\lambda_{t+1} &= \lambda_t + \rho_t, \quad \rho_t \sim NID(0, \sigma_\rho^2) \\
t &= 1, \ldots, n
\end{aligned} \quad (8\text{-}3)$$

二、旅游气候指数影响下国内旅游需求结构时间序列分解

时间序列数据的一般构成中包括四个结构因子,分别是趋势(水平和斜率)、周期、季节、无规律因子。由于趋势、周期、季节、无规律

[①] Commandeur, J. J. F. & S. J. Koopman, *An Introduction to State Space Time Series Analysis*, Oxford: Oxford University Press, 2007.

因子均为不可观测因子,因此需要通过结构时间序列模型分解,即将时间序列数据转化为可观测成分和以数据系统内部相互关系为基础的状态成分,并运用卡尔曼滤波算法实现状态成分中状态向量各个分量的最优估计和预测。本章运用 Ox-Metrics 统计计量软件中的 STAMP 6.0 软件包对我国北京、浙江、四川、海南、广东"四省一市"国内旅游需求时间序列数据进行分解。其中,传统旅游气候指数和修正旅游气候指数作为解释变量 x 用以刻画气候资源刚性约束,2013 年 4 月《中华人民共和国旅游法》的出台作为干预变量 ω。[①] 以旅游气候指数(T-TCI 或 M-TCI)为解释变量、新旅游法出台为干预变量的结构时间序列模型的评估诊断结果如表 8-4 所示。结果表明该模型设定合理,模型报告能通过基本的诊断检验,尽管北京、浙江和广东模型的相对拟合优度 Rs^2 相对较低。STAMP 软件分解后的趋势成分、周期成分和季节成分结果如图 8-2、图 8-3 和图 8-4 所示。

(一)STSM 模型分解后的趋势成分

图 8-2 揭示了"四省一市"在各自的年份跨度内月度国内旅游需求水平的上升趋势。这表明我国国内旅游需求从中长期去看整体呈现一个持续快速增长的态势,国内旅游需求水平稳步提高,且旅游产业发展过程中可能受到的某些特殊影响因素的冲击并没有改变这种增长趋势。这些特殊影响因素不仅包括年度季节性因素,也包括一些极端事件、政策因素等,如 2002 年 11 月至 2003 年中期 SARS 的暴发和 2013 年 4 月《中华人民共和国旅游法》的出台,等等。整体而言,我国国内旅游

---

① 《中华人民共和国旅游法》经 2013 年 4 月 25 日十二届全国人大常委会第二次会议通过,2013 年 4 月 25 日,中华人民共和国主席令第 3 号公布。《旅游法》分总则、旅游者、旅游规划和促进、旅游经营、旅游服务合同、旅游安全、旅游监督管理、旅游纠纷处理、法律责任、附则共 10 章 112 条,自 2013 年 10 月 1 日起施行。

需求水平存在较为稳健的增长，且各省市的增长速度存在一定的差异，这与省市旅游产业发展基础和战略密切相关。旅游资源禀赋较好的地区，合理的旅游产业规划和发展战略使国内旅游需求水平可保证长期上涨。

表 8-4 "四省一市"国内旅游需求 STSM 模型评估诊断结果

	北京	浙江	四川	海南	广东
Level	0.01640**	0.00015***	0.14900	0.000***	0.61387
Slope	0.00001***	0.00000***	0.00258***	0.000***	0.51875
Seasonal chi2 test	0.00011***	0.00000***	0.00000***	0.000***	0.07063*
Outlier 2013（4）	0.86330	0.80037	0.52610	0.75147	0.63568
DW	1.9141	1.9413	1.8829	1.9814	1.9778
Rs^2	0.33938	0.35960	0.65851	0.75635	0.47216

注：显著性水平为：* 表示 $p<0.1$，** 表示 $p<0.05$，*** 表示 $p<0.01$。

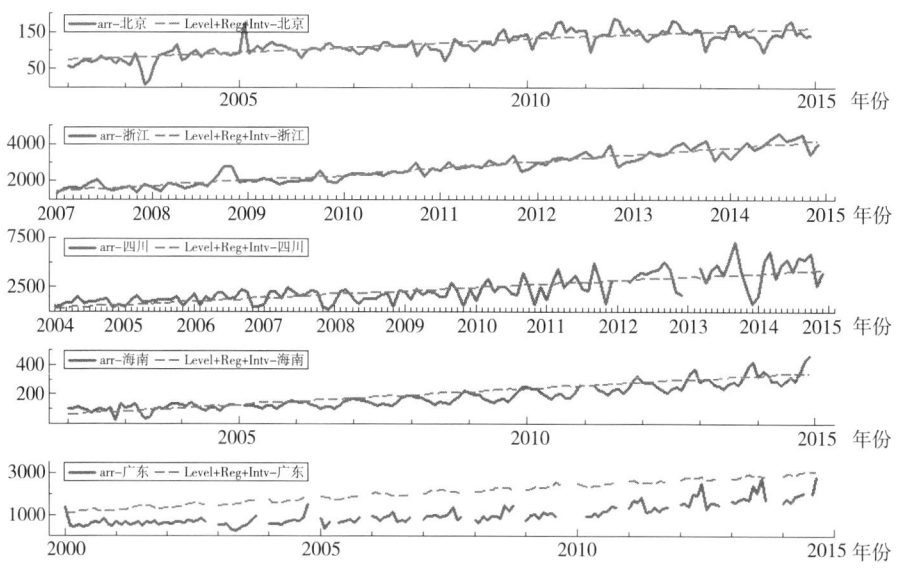

图 8-2 "四省一市"国内旅游需求 STSM 模型分解——趋势成分

注：北京国内旅游需求人数统计口径为星级饭店接待国内旅游人数；浙江、四川、广东国内旅游需求人数统计口径为国内旅游人数；海南国内旅游需求人数统计口径为过夜国内旅游人数。与此同时，各口径数据分别来自广东省统计局和旅游局、北京市旅游局、浙江省旅游局、四川省旅游局、海南省旅游局。单位：万人次。图 8-3 至图 8-10 的数据说明和资料来源同此图。

（二）STSM 模型分解后的周期成分

"四省一市"国内旅游需求时间序列数据 STSM 模型分解后的周期成分如图 8-3 所示，除广东省外，其他四省（市）国内旅游需求均有相对较为明显的周期波动特征。其中，北京市国内旅游需求水平的变化周期较长且十分平稳，且平均跨度 5—6 年为一周期；浙江省国内旅游需求水平的变化周期平均跨度基本为 1 年，但个别年份周期跨度较长，个别年份较短，周期变化并不是特别平稳；海南省国内旅游需求水平的变化周期较短，平均周期跨度基本为半年，周期变化频率较高但并不十分平稳，部分年份甚至看不出较为明显的周期性；四川省国内旅游需求水平的变化周期相对最长，虽然在图 8-3 中四川省国内旅游需求 STSM 模型分解的周期成分并不能十分明显地被观察，但从 2004 年的顶峰到 2008 年的谷底再到 2014 年的顶峰的变化过程还是说明四川省旅游需求水平变化存在一定的周期性。

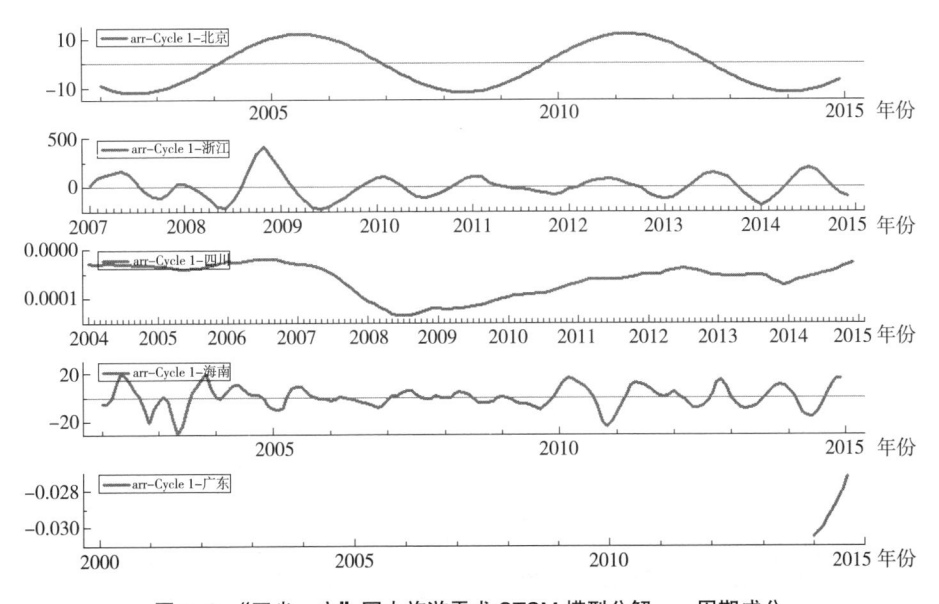

图 8-3 "四省一市"国内旅游需求 STSM 模型分解——周期成分

注：由于广东省 2000 年至 2014 年每年年末两个月无数据，故未能分解出周期成分。

(三) STSM 模型分解后的季节成分

图 8-4 表明国内旅游需求季节特征十分显著。北京市国内旅游需求 2002 年、2003 年和 2004 年全年第二季度相对最低，第三季度相对最高，第一季度和第四季度居中，2005 年起，全年第一季度国内旅游需求相对最低，第三季度相对最高，第二季度和第四季度居中；浙江省国内旅游需求全年第四季度相对最低，第三季度相对最高，第一季度和第二季度居中；四川省国内旅游需求与浙江省的季节性变化模式相似，全年第四季度最低，第三季度最高，第一季度和第二季度居中，但相对浙江省而言，四川省国内旅游需求的季节性波动更为剧烈；海南省国内旅游需求全年第四季度最高，第二季度和第三季度最低，第一季度居中，此种季度变化也是由于海南省的气候长夏无冬；广东省国内旅游需求季节性最为平稳，全年第三季度国内旅游需求最高，第一季度、第二季度和第四季度相对较低。可见，除海南省长夏无冬的气候特征使得相对温度较低的第四季度国内旅游需求水平较高外，其他四省（市）在相对较为舒适的第三季度最高。

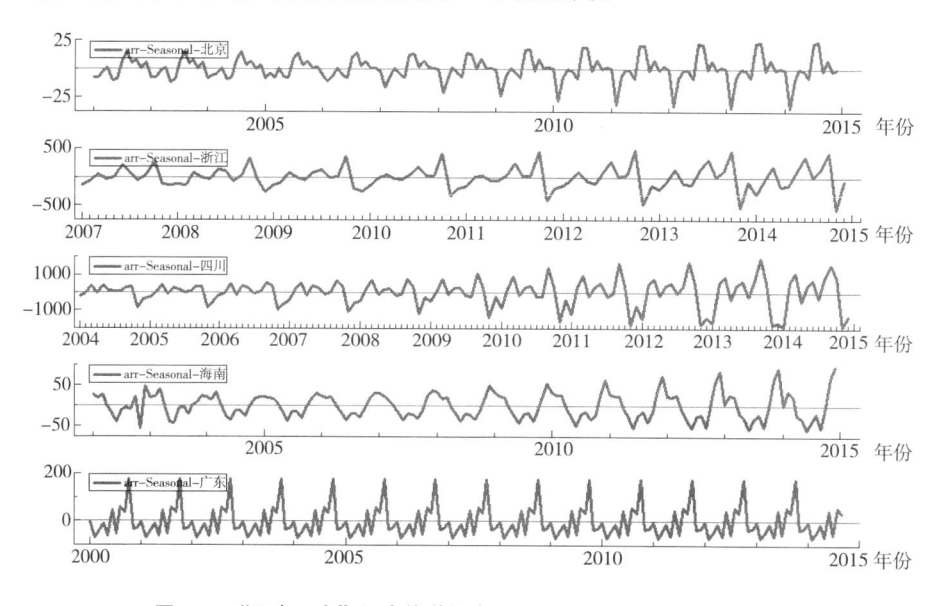

图 8-4 "四省一市"国内旅游需求 STSM 模型分解——季节成分

第四节 气候资源刚性约束下国内旅游需求水平预测

一、基于 STSM 模型的国内旅游需求预测——旅游气候指数约束

为对比国内旅游需求实际值与国内旅游需求预测值,有必要分别以"四省一市"各自的传统旅游气候指数(T-TCI)或修正旅游气候指数(M-TCI)为解释变量,通过结构时间序列模型预测 2013—2014 年的国内旅游需求,并与实际的国内旅游需求进行对比。因此,"四省一市"的国内旅游需求预测存在无气候资源刚性约束、T-TCI 气候资源刚性约束、M-TCI 气候资源刚性约束三种情形;同时,可以比较气候和无气候资源刚性约束下的预测结果、传统与修正旅游气候指数约束下的预测结果。

北京市 STSM 模型国内旅游需求预测结果如图 8-5 所示。由图可知,北京市 2013—2014 年国内旅游需求的预测曲线和实际曲线大致相同,但实际的国内旅游需求低于三种预测的国内旅游需求;修正旅游气候指数约束下的国内旅游需求预测曲线最接近实际曲线;无气候资源刚性约束下的国内旅游需求预测曲线介于 T-TCI 和 M-TCI 约束下的预测曲线之间;传统旅游气候指数约束下的国内旅游需求预测曲线最偏离实际预测曲线。由此可得以下结论:第一,北京市国内旅游需求预测结果的需求水平整体高于实际的国内旅游需求水平,这种结果由预测模型本身未考虑其他影响因素导致,如雾霾、政策不确定性、市内旅游交通拥堵等。[①] 第二,修正旅游气候指数(M-TCI)约束下的国内旅游需求预测水平低于无气候资源刚性约束下的预测水平,且更接

---

① 李静、Philip L.P.、吴必虎等:《雾霾对来京旅游者风险感知及旅游体验的影响——基于结构方程模型的中外旅游者对比研究》,《旅游学刊》2015 年第 30 期。

近实际，说明 STSM 模型在预测过程中若加入修正旅游气候指数的解释变量，将降低北京市国内旅游需求水平，即以旅游气候指数为代表的气候资源的确对北京市国内旅游需求存在一定的刚性约束作用，修正的旅游气候指数作为解释变量预测北京市国内旅游需求具有更佳的精确度，而传统旅游气候指数作为解释变量的需求预测结果提高了整体的需求水平。

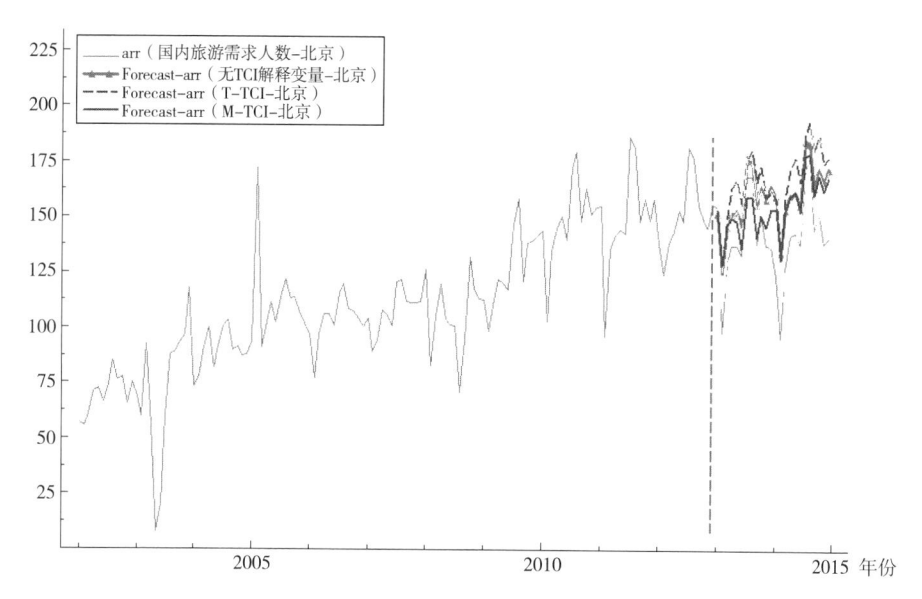

图 8-5　北京市国内旅游需求 STSM 模型预测结果（2013—2014 年）

注：模型预测的置信区间为 68%，曲线由 Ox-Metrics 软件 STAMP 程序运行结果而得。图 8-6 至图 8-9 同。

STSM 模型对浙江省国内旅游需求的预测结果如图 8-6 所示。浙江省 2013 年至 2014 年的国内旅游需求在三种情形下的预测结果与实际水平均较为接近，特别是 2013 年的第四季度和 2014 年的第四季度，预测曲线和实际曲线基本重合，其他月份的预测结果与实际也基本保持一致；无气候资源刚性约束下的国内旅游需求预测曲线最偏离实际；

T-TCI、M-TCI两种旅游气候指数约束下的国内旅游需求预测结果均接近实际曲线，两者差异较小或基本相同。值得指出的是，第一，预测结果存在部分月份需求预测值高于实际值，部分月份需求预测值低于实际值的情况。第二，无气候资源刚性约束下浙江省国内旅游需求预测值低于传统旅游气候指数和修正旅游气候指数约束下的预测值，且T-TCI、M-TCI旅游气候指数约束下国内旅游需求预测结果基本相同。这说明气候资源刚性约束对浙江省国内旅游需求主要存在正向拉动作用，即小幅拉高了浙江省整体的国内旅游需求水平，修正的旅游气候指数对浙江省国内旅游需求预测结果的影响并不明显，与传统旅游气候指数下的预测结果差异也较小。

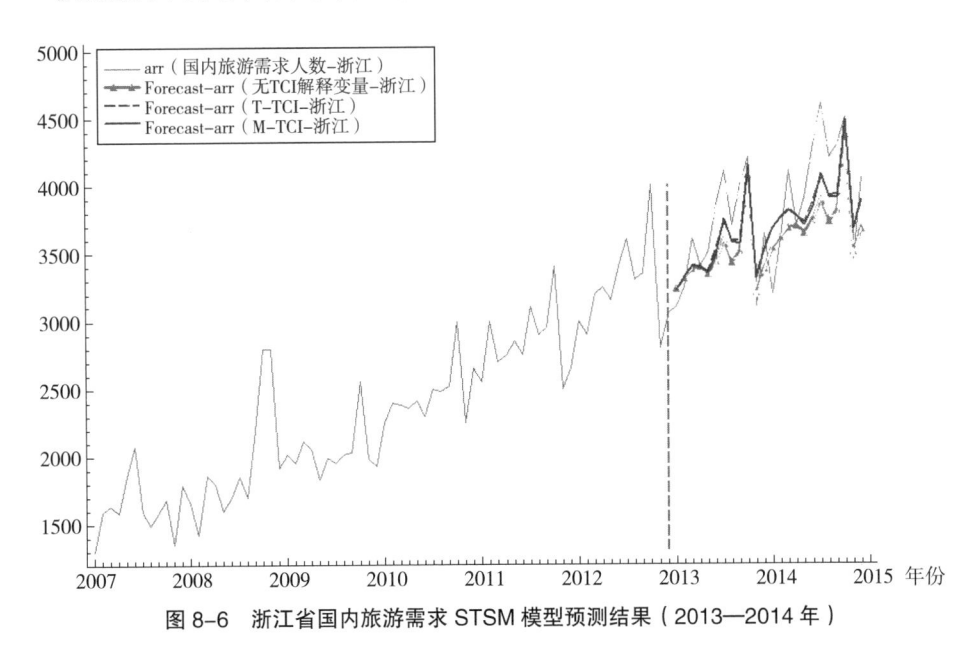

图8-6 浙江省国内旅游需求STSM模型预测结果（2013—2014年）

四川省国内旅游需求的预测结果如图8-7所示。四川省2013年至2014年国内旅游需求的预测结果变化趋势与实际旅游需求相一致，但变化幅度相对更小；无气候资源刚性约束下的国内旅游需求预测结果和 T-TCI、M-TCI 约束下的国内旅游需求预测结果存在较小差异，传统旅游气候指数约束下的预测结果相对更偏离实际预测曲线。具体来说，一方面，四川省国内旅游需求的预测结果与实际旅游需求之间存在月份与季度之间的差异，大部分月份实际水平高于预测水平，如 2013 年第二季度和第三季度，也存在少许月份实际水平低于预测水平，如 2013 年第四季度。2013 年第三季度的实际国内旅游需求存在一个波峰状态，而第四季度又存在一个谷底状态，且变化幅度较大，预测的国内旅游需求也存在相似的变化，但波峰与波谷之间的变化幅度较小。另一方面，无气候资源刚性约束下以及 T-TCI、M-TCI 旅游气候指数约束下四川省国内旅游需求预测结果均较为接近，传统旅游气候指数的预测结果相对其于他预测曲线略高，而无气候资源刚性约束的预测曲线相对略低，修正后的旅游气候指数也相对更为接近四川省旅游需求的实际水平。光从旅游需求预测图形中较难看出三者区别，需要进一步通过预测精确度分析进行判断。

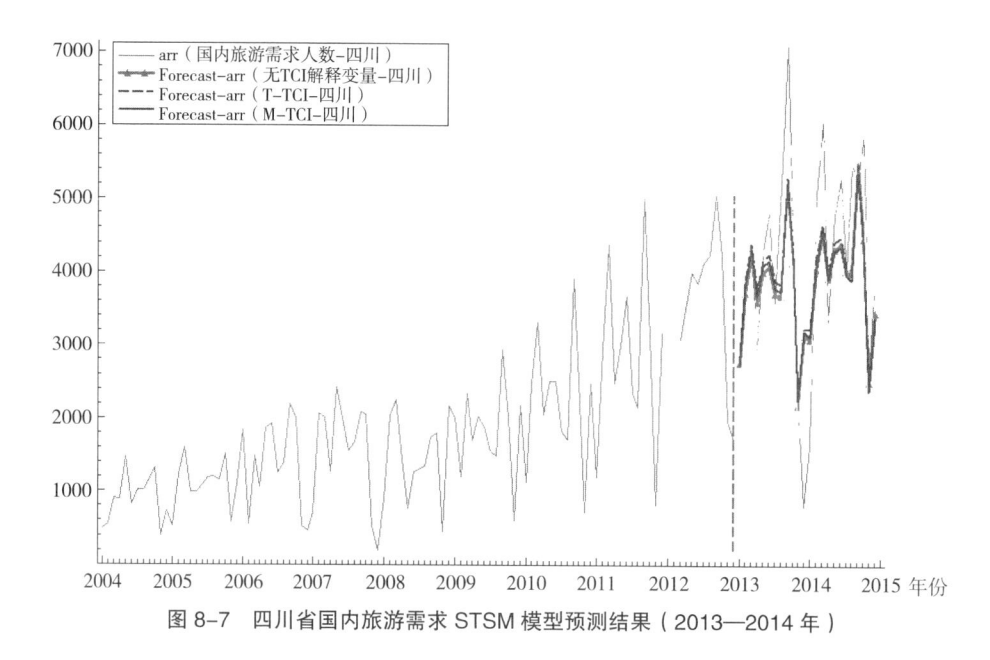

图 8-7 四川省国内旅游需求 STSM 模型预测结果（2013—2014 年）

海南省国内旅游需求的 STSM 模型预测结果如图 8-8 所示。由图可知，2013 年和 2014 年海南省国内旅游需求实际水平与无气候资源刚性约束、传统旅游气候指数约束、修正旅游气候指数约束下的国内旅游需求预测结果之间的差距极小，多条预测曲线与实际曲线基本重合；无气候资源刚性约束下的国内旅游需求预测值与 T-TCI、M-TCI 旅游气候指数约束下的国内旅游需求预测结果存在较小的差别；三种旅游气候指数约束下的海南省国内旅游需求预测结果基本一致。具体来说，第一，海南省国内旅游需求均呈现出上半年实际水平低于预测水平、下半年实际水平与预测水平基本一致的结论。第二，排除 2014 年个别月份预测结果的特殊性，整体来看，无气候资源刚性约束下海南省国内旅游需求预测水平高于传统和修正旅游气候指数约束下的国内旅游需求预测水平，这说明气候资源对海南省国内旅游需求存在一定的约束作用。

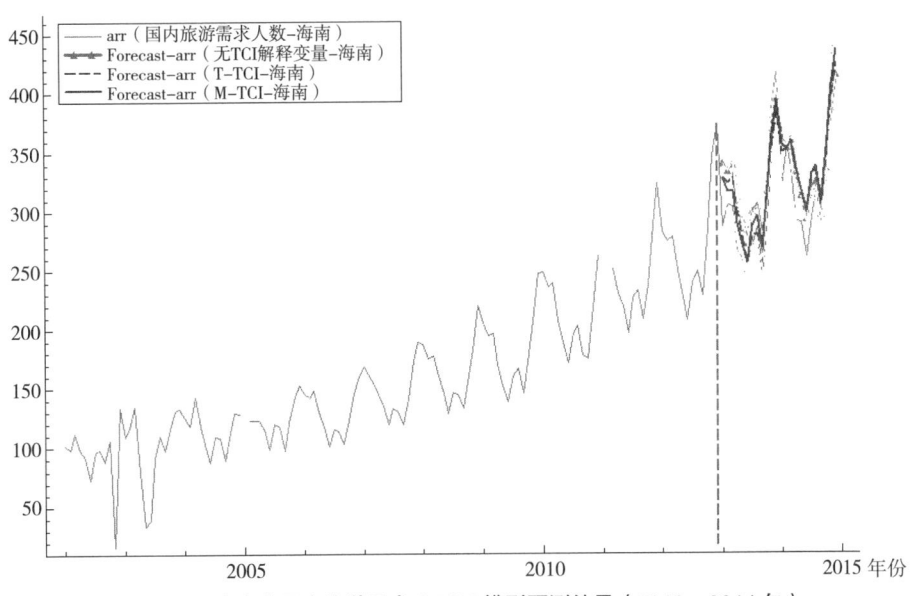

图 8-8　海南省国内旅游需求 STSM 模型预测结果（2013—2014 年）

广东省不同气候资源刚性约束下 STSM 模型预测的国内旅游需求预测如图 8-9 所示。由图可以直观地了解广东省 2013 年和 2014 年国内旅游需求预测水平，实际国内旅游需求与预测的国内旅游需求水平存在一定的差距，但预测曲线与实际需求曲线的变化趋势和幅度基本吻合。虽然广东省部分原始数据缺失等原因有可能造成国内旅游需求的预测结果不够精确，但整体而言，除无气候资源刚性约束下的国内旅游需求预测曲线与实际旅游需求相去甚远外，传统旅游气候指数和修正旅游气候指数约束下的国内旅游需求预测结果还是有部分变化趋势和幅度与实际旅游需求曲线相一致或重合。根据修正旅游气候指数约束下的国内旅游需求预测结果，2013 年和 2014 年上半年与实际的国内旅游需求曲线基本重合，预测精确度极高，而传统旅游气候指数约束下的预测曲线虽然与实际曲线无重合，但两者的变化幅度和趋势是基本一致的。由此可见，广东省 2013—2014 年的国内旅游需求实际水平普遍高于无气候资源刚性约束下和 T-TCI、M-TCI 旅游气候指数约束下的国内旅游需求预测水平；无气候资源刚性约束下的国内旅游需求预测水平低于修正旅游气候指数约束下的预测水平，但部分高于或低于传统旅游气候指数约束下的预测水平；修正旅游气候指数约束下的国内旅游需求预测水平高于传统旅游气候指数约束下的预测水平。由以上分析可知，第一，广东省国内旅游需求的实际水平整体高于三类模型的预测水平。第二，修正旅游气候指数约束下的国内旅游需求预测结果高于其他模型下的预测结果，且最为接近国内旅游需求的实际水平。这表明修正旅游气候指数作为解释变量对于更好地预测广东省国内旅游需求存在更高的价值。

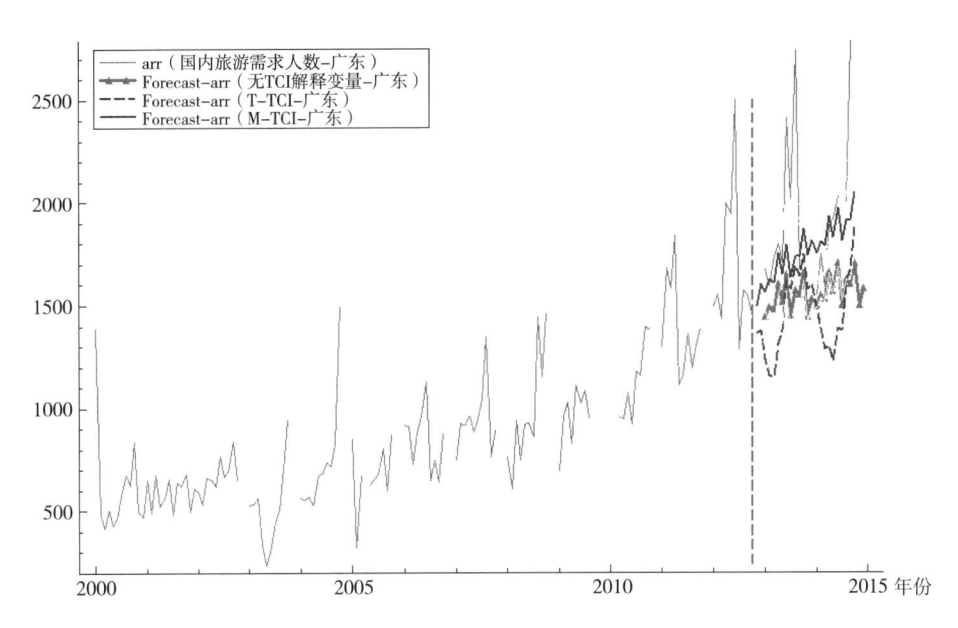

图 8-9　广东省国内旅游需求 STSM 模型预测结果（2013—2014 年）

二、不同旅游气候指数下模型预测精确度的检验及对比

在2013年和2014年两年的预测范围内，北京、浙江、四川、海南、广东"四省一市"在传统旅游气候指数和修正旅游气候指数影响下具有不同的预测精确度。为进一步评估 STSM 模型纳入不同解释变量时的预测精确度，本章以 RMSE（Root Mean Square Error）值为基础进行评估，RMSE 值越小，模型的预测精确度越高。[1] STSM 模型预测2013—2014 年"四省一市"国内旅游需求的预测精确度及精确度排序如表 8-5 所示。由表可知，"京、浙、川、琼、粤"四省一市的预测精确度中海南省最佳，北京市次之，预测精确度从高到低排序依次为海南、北京、广东、浙江、四川。从单一省市看传统旅游气候指数（T-TCI）和修正

---

[1] Song, H. Y., G. Li & S. F. Witt, et al., "Forecasting Tourist Arrivals Using Time-varying Parameter Structural Time Series Models", *International Journal of Forecasting*, Vol. 27, No. 3（2011）, pp. 855-869.

旅游气候指数（M-TCI）对"四省一市"国内旅游需求预测精确度的影响，国内旅游需求分别在 M-TCI、T-TCI、M-TCI、T-TCI、M-TCI 约束下预测精确度最佳。换言之，北京市、四川省、广东省在修正旅游气候指数约束下 STSM 模型对国内旅游需求的预测精确度最佳，浙江省、海南省在传统旅游气候指数约束下 STSM 模型对国内旅游需求的预测精确度最佳。由预测精确度的结果分析可知，相比传统旅游气候指数，修正旅游气候指数约束下北京、四川、广东三省市国内旅游需求的预测精确度有一定程度的提高，而浙江和海南两省的预测精确度在修正旅游气候指数约束下并没有提高，但传统与修正旅游气候指数约束下的预测精确度差距并不十分明显，修正旅游气候指数意义突出。

表 8-5　STSM 模型下"四省一市"国内旅游需求预测精确度（预测范围 2013—2014 年）

TCI 类型	预测精确度	北京	浙江	四川	海南	广东
T-TCI	RMSE	0.226 [2]	2.877 [1]	5.642 [2]	0.095 [1]	1.230 [2]
M-TCI	RMSE	0.088 [1]	4.269 [2]	4.788 [1]	0.118 [2]	0.831 [1]

注：Ox-Metrics 软件 STAMP 运行结果。[1] 和 [2] 是 T-TCI 与 M-TCI 的排序结果。

三、最优旅游气候指数设定下国内旅游需求预测及未来变化趋势

为进一步预测最优预测精确度设定下国内旅游需求的变化趋势，本章以各省市预测精确度最优的旅游气候指数为解释变量，加入 2013 年 4 月新《旅游法》出台的干预变量，对"四省一市"国内旅游需求发展趋势进行预测。同时考虑无旅游气候指数作用情形，以此表征无气候资源刚性约束下的国内旅游需求预测结果。具体情况如表 8-6 和图 8-10 所示。

表 8-6 "四省一市"国内旅游需求未来 2 年、5 年、15 年预测及其精确度

省（市）及 解释变量	预测精确度 RMSE	预测 2 年终值 2017 年年初	预测 5 年终值 2020 年年初	预测 15 年终值 2030 年年初
北京（M-TCI）	0.015	184.053 ［30.65%］	179.045 ［27.09%］	254.231 ［80.46%］
浙江（T-TCI）	2.136	4897.678 ［20.93%］	6071.737 ［49.92%］	9965.285 ［146.06%］
四川（M-TCI）	4.980	4474.033 ［11.85%］	6159.794 ［53.99%］	11778.591 ［194.46%］
海南（T-TCI）	0.085	510.528 ［10.56%］	584.787 ［26.64%］	725.403 ［57.09%］
广东（M-TCI）	1.044	2136.286 ［-23.26%］	2811.757 ［1.00%］	3688.435 ［32.49%］

注：模型预测的置信区间为 68%。

由图表可知，"四省一市"国内旅游需求预测结果整体呈波动上涨趋势，北京市预测精确度最佳，RMSE 值仅为 0.015。精确度从高到低排序依次为北京、海南、广东、浙江、四川。北京市以星级饭店接待住宿者情况为统计口径，其在 2014 年年末的国内旅游需求为 140.88 万人次，预测结果显示到 2030 年年初其国内旅游需求将提高 80% 以上；四川、广东省以国内旅游人数为统计口径，在 2014 年年末的国内旅游需求分别为 4000 万和 2783.95 万人次，到 2030 年年初模型预测其国内旅游需求将分别提高 194% 和 32% 以上。浙江省和海南省以 T-TCI 为解释变量。浙江省以国内旅游人数为统计口径，其在 2014 年年末的国内旅游需求为 4050 万人次，预测结果显示到 2030 年年初其国内旅游需求将提高 146% 以上；海南省以过夜国内旅游人数情况为统计口径，在 2014 年年末的国内旅游需求为 461.78 万人次，到 2030 年年初模型预测

其国内旅游需求将提高 57% 以上。可见，STSM 模型预测未来的结果显示，四川省和浙江省未来的国内旅游需求提高幅度较大，而海南省和广东省则相对较小。

从图 8-10 两条预测曲线变化趋势对比结果看，气候资源对广东和浙江两省具有较为明显的刚性约束作用。特别是广东省，修正旅游气候指数下需求预测曲线较无旅游气候指数约束下的国内旅游需求预测曲线的增长趋势明显放缓，改变了无气候资源刚性约束预测曲线迅猛上升的增长势头；气候资源对海南和北京两地的刚性约束作用一般，部分年份气候资源刚性约束作用较为明显；气候资源对四川省国内旅游需求地约束作用不明显，修正旅游气候指数对该省的旅游需求存在正向拉动作用。

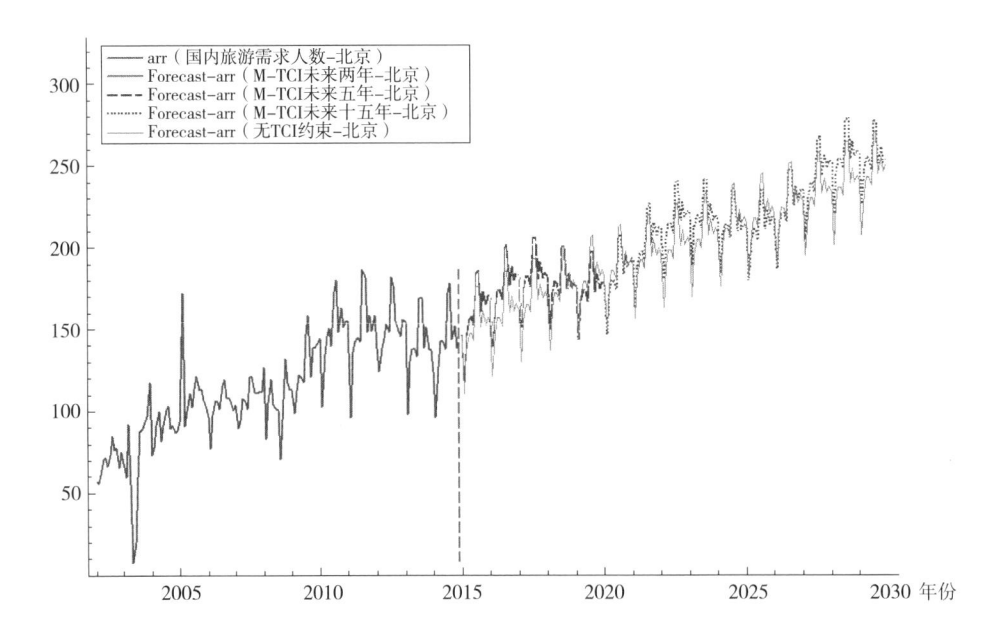

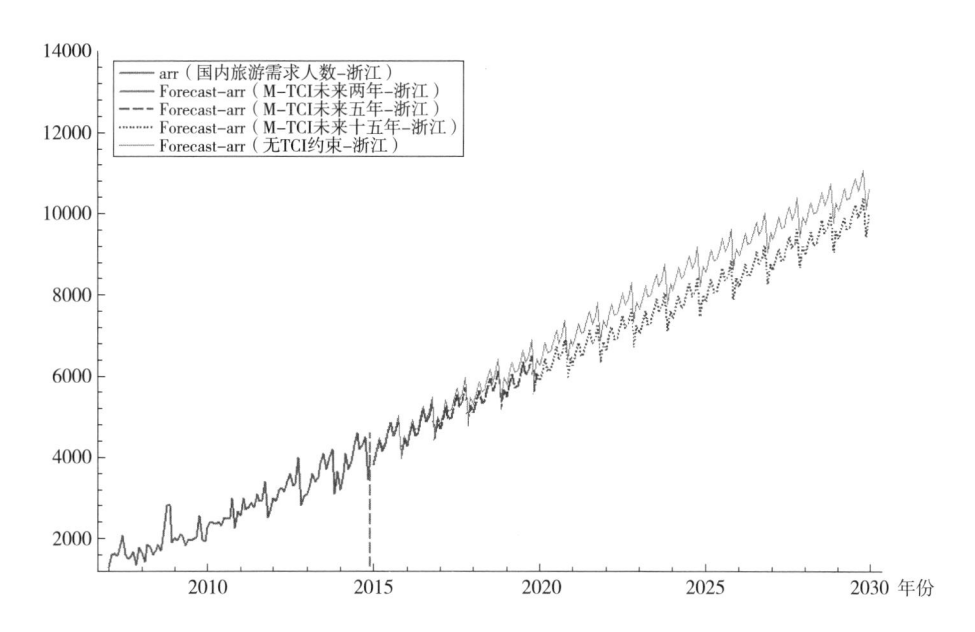

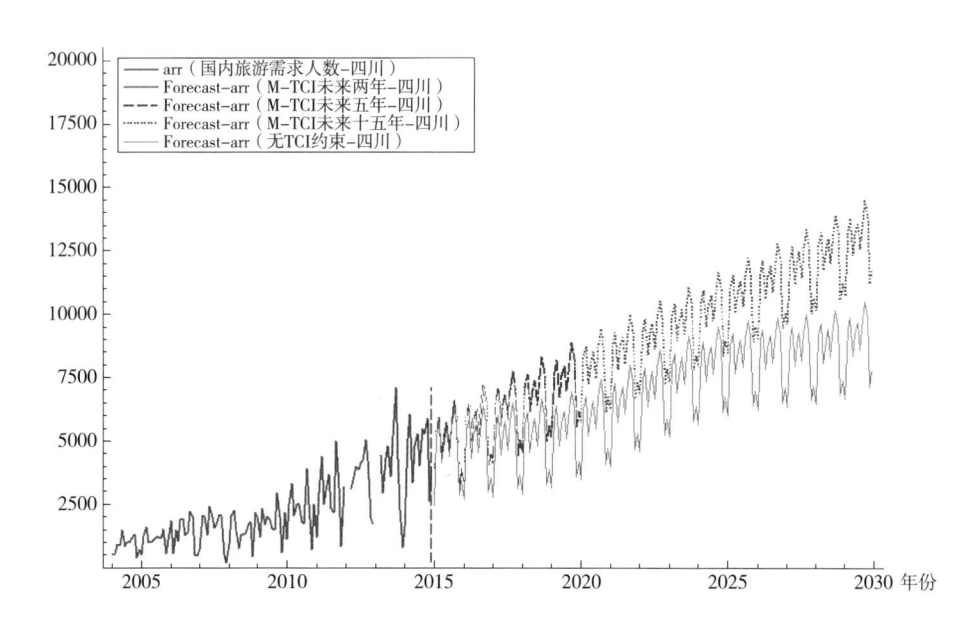

第八章 气候资源约束下国内旅游需求变化研究

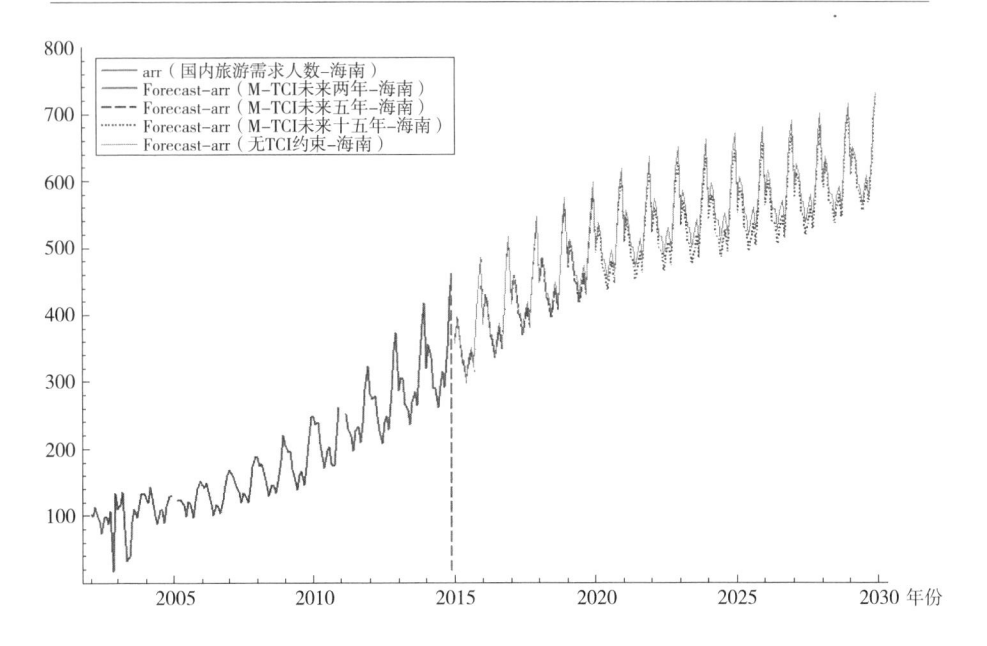

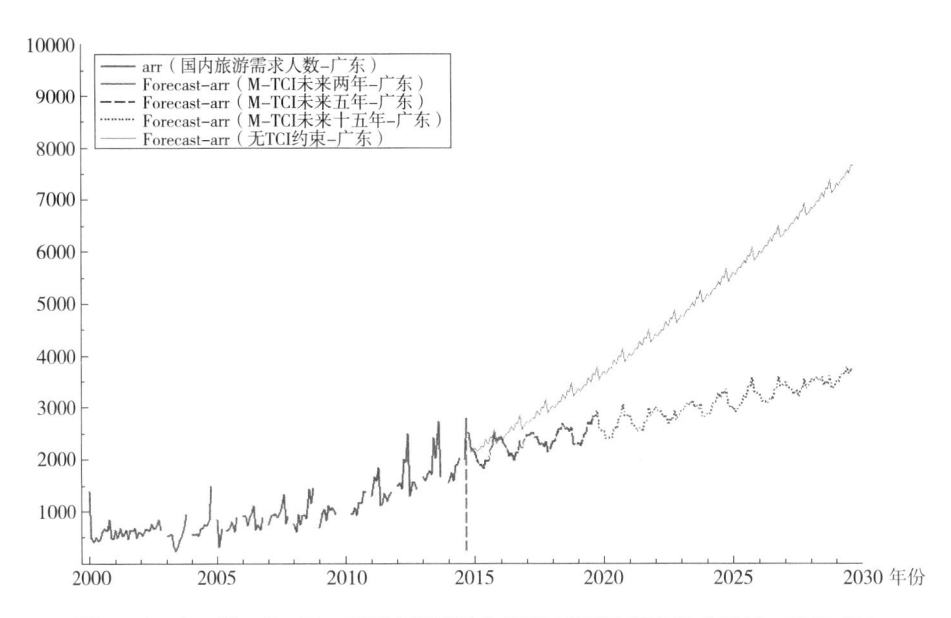

图 8-10　京、浙、川、琼、粤国内旅游需求 STSM 模型预测结果（2015—2030 年）

总之，在传统和修正旅游气候指数对国内旅游需求预测精确度的影响方面，白昼舒适度指数和降水指数是对各省市国内旅游需求影响最大的气候指标。在修正旅游气候指数下，北京市和四川省国内旅游需求受降水指数的影响最大，广东省受白昼舒适度指数的影响最大，在传统旅游气候指数下，浙江省和海南省均受白昼舒适度指数的影响最大。可见，白昼舒适度指数和降水指数作为旅游气候指数中较为重要的两大气候指标，对国内旅游需求有着重要影响，需要重点考虑。传统旅游气候指数和修正旅游气候指数情形下国内旅游需求结构时间序列模型预测精确度不同，修正旅游气候指数相对有效地提高了地区旅游需求预测精确度，不同省市在预测国内旅游需求的过程中需要因地制宜选择最符合当地气候实际的旅游气候指数。旅游气候指数影响下国内旅游需求预测精确度从高到低排序依次为海南、北京、广东、浙江、四川；北京、四川、广东三省（市）在修正旅游气候指数约束下 STSM 模型对国内旅游需求的预测精确度最佳，而浙江和海南两省仍在传统旅游气候指数约束下模型预测精确度更佳。在气候资源刚性约束下国内旅游需求预测结果及变化趋势对比方面，不同省市国内旅游需求对气候资源刚性约束的敏感性不同，存在强气候资源刚性约束和弱气候资源刚性约束之分。由我国"四省一市"无气候资源刚性约束与气候资源刚性约束下的国内旅游需求预测结果可知，四川省国内旅游需求对于气候资源刚性约束的敏感性相对较差，无气候资源刚性约束与气候资源刚性约束下国内旅游需求预测的结果存在差异较小，浙江省和海南省的气候资源刚性约束相对较为敏感，广东省和北京市无气候资源刚性约束与气候资源刚性约束下预测曲线的差异最大，气候资源刚性约束的敏感性最强。"四省一市"国内旅游需求气候资源刚性约束敏感性由强至弱排序依次为：广东、北京、浙江、海南、四川。无气候资源刚性约束和气候资源刚性约束下"四省一市"国内旅游需求变化趋势存在一定差异，气候资源刚性约束的强弱对于"十三五"时期旅游需求变化趋势的预判具有重要影响，进而影响地区旅游业可持续发展政策。

第九章　国内旅游需求变化的资源约束机制研究

经济因素和非经济因素共同作用于国内旅游需求，资源环境等非经济因素在生态产品日益稀缺的背景下变得更加重要。国内旅游需求变化的资源约束机制研究旨在揭示资源对国内旅游需求变化的影响机制，揭示资源环境、停留时间与旅游需求之间的内在关系，提供旅游业可持续发展的重要思路。在考虑停留时间的旅行成本模型中引入资源环境因素一方面为内生的停留时间寻找到了合适的工具变量，另一方面为将旅行成本拓展为包括资源成本和拥挤成本的成本结构提供了思路。本章以滨海旅游为例基于田野调查数据从海洋垃圾视角在停留时间内生旅行成本模型中尝试揭示海洋垃圾对以游客旅游花费衡量的国内旅游需求的具体影响。

第一节　资源环境与国内旅游需求变化研究背景

旅游需求的研究离不开对资源的考察，旅游资源是旅游业可持续发展的基础。[①] 森林、葡萄园、星空、野生动物等构成了旅游资源研究

[①] 郭来喜、吴必虎、刘锋等：《中国旅游资源分类系统与类型评价》，《地理学报》2000年第3期。

的一些具体标的。[1] 伴随旅游业的快速发展，旅游活动对资源环境的负面效应开始凸显，而且该影响是多方面的。一是旅游会影响人地环境。研究表明，大量的旅游足迹会减少植物多样性、加剧土壤流失、破坏文化遗产和影响景区承载力。[2] 二是旅游会影响气候。非绿色交通方式会加大能源消耗与碳排放。[3] 三是旅游会带来污染。譬如，滨海旅游会增加海洋垃圾和水质污染。[4] 事实上，除了旅游资源，环境和气候等资源也会影响旅游需求，环境与旅游的协调程度在一些旅游地已经出现错位；[5] 环境

---

[1] Alonso, A. D., A. Bressan & M. O'Shea, et al., "Perceived Benefits and Challenges to Wine Tourism Involvement: An International Perspective", *International Journal of Tourism Research*, Vol. 17, No. 1（2015）, pp. 66-81; Bull, C, "The Tourism Potential of England's Community Forests", *The International Journal of Tourism Research*, Vol.1,No. 1（1999）, p.33; Nunes, P. A. & M. L. Loureiro, "Economic Valuation of Climate-change-induced Vinery Landscape Impacts on Tourism Flows in Tuscany", *Agricultural Economics*, Vol. 47, No. 4（2016）, pp. 365-374; Rodrigues, A. L., A. Rodrigues & D. M. Peroff, "The Sky and Sustainable Tourism Development: A Case Study of a Dark Sky Reserve Implementation in Alqueva", *International Journal of Tourism Research*, Vol. 17, No. 3（2015）, pp. 292-302.

[2] Törn, A., A. Tolvanen & Y. Norokorpi, et al., "Comparing the Impacts of Hiking, Skiing and Horse Riding on Trail and Vegetation in Different Types of Forest", *Journal of Environmental Management*, Vol. 90, No. 3（2009）, pp. 1427-1434; Olive, N. D. & J. L. Marion, "The Influence of Use-related, Environmental, and Managerial Factors on Soil Loss from Recreational Trails", *Journal of Environmental Management*, Vol. 90, No. 3（2009）, pp. 1483-1493; Teo, P. & S. Huang, "Tourism and Heritage Conservation in Singapore", *Annals of Tourism Research*, Vol. 22, No. 3（1995）, pp. 589-615; 崔凤军：《论旅游环境承载力——持续发展旅游的判据之一》,《经济地理》1995 年第 1 期。

[3] Carlsson-Kanyama, A. & A. L. Lindén, "Travel Patterns and Environmental Effects Now and in the Future: Implications of Differences in Energy Consumption among Socio-economic Groups", *Ecological Economics*, Vol. 30, No. 3（1999）, pp. 405-417; Lin, T. P., "Carbon Dioxide Emissions from Transport in Taiwan's National Parks", *Tourism Management*, Vol.31, No. 2（2010）, pp. 285-290; Martíncejas, R. R. & P. P. Ramírez Sánchez, "Ecological Footprint Analysis of Road Transport Related to Tourism Activity: The Case for Lanzarote Island", *Tourism Management*, Vol. 31, No. 1（2010）, pp. 98-103; 吴普：《离岸岛屿目的地旅游交通能耗与 CO_2 排放测算——以海口市为例》,《旅游学刊》2014 年第 29 期。

[4] Brouwer, R., D. Hadzhiyska & C. Ioakeimidis, et al., "The Social Costs of Marine Litter along European Coasts", *Ocean & Coastal Management*, Vol. 138（2017）, pp. 38-49; Roca, E., M. Villares & M. I. Ortego, "Assessing Public Perceptions on Beach Quality according to Beach Users' Profile: A Case Study in the Costa Brava（Spain）", *Tourism Management*, Vol. 30, No. 4（2009）, pp. 598-607.

[5] 王辉、姜斌：《沿海城市生态环境与旅游经济协调发展定量研究》,《干旱区资源与环境》2006 年第 20 期；周成、冯学钢、唐睿：《区域经济—生态环境—旅游产业耦合协调发展分析与预测——以长江经济带沿线各省市为例》,《经济地理》2016 年第 36 期。

如何影响旅游并没有得到重视。[①]

从资源环境对旅游需求影响的视角来看，研究中的资源更多地指向气象、气候和环境。气象因素，如温度、湿度和日照等，对旅游需求的影响集中体现在旅游气候指数的研究中。[②] 后来逐渐演变为应对气候变化的旅游需求问题研究。[③] 与此同时，工业化带来了严重的环境污染问题，环境污染与旅游业发展之间的关系也成为资源约束研究的重要内容。[④] 资源环境对国内旅游需求的影响研究主要集中于影响因素的探讨，主要关注气候变化和空气污染。就气候要素而言，相关研究主要从两个方面展开。一是探讨气候对旅游需求季节性的影响。[⑤] 二是预测全球气候变化背景下地区旅游需求的变化趋势。[⑥] 气候指标主要包括

[①] 郑芳、陈田、侯迎等：《旅游与环境资源关系研究进展》，《地理科学进展》2010年第29期。

[②] Mieczkowski, Z., "The Tourism Climatic Index: A Method of Evaluating World Climates for Tourism", The Canadian Geographer/Le Géographe canadien, Vol. 29, No. 3（1985）, pp. 220–233.

[③] Amelung, B., S. Nicholls & D. Viner, "Implications of Global Climate Change for Tourism Flows and Seasonality", Journal of Travel Research, Vol. 45, No. 3（2007）, pp. 285–296; Elsasser, H. & R. Bürki, "Climate Change as a Threat to Tourism in the Alps", Climate Research, Vol. 20, No. 3（2002）, pp. 253–257; Gssling, S., "National Emissions from Tourism: An Overlooked Policy Challenge", Energy Policy, Vol. 59（2013）, pp. 433–442.

[④] Becken, S., X. Jin & C. Zhang, et al., "Urban Air Pollution in China: Destination Image and Risk Perceptions", Journal of Sustainable Tourism, Vol. 25, No. 1（2017）, pp. 130–147; Garcia, C. & J. Servera, "Impacts of Tourism Development on Water Demand and Beach Degradation on the Island of Mallorca（Spain）", Geografiska Annaler: Series A, Physical Geography, Vol. 85, No. 3–4（2003）, pp. 287–300; Li, J., P. L. Pearce & A. M. Morrison, et al., "Up in Smoke? The Impact of Smog on Risk Perception and Satisfaction of International Tourists in Beijing", International Journal of Tourism Research, Vol. 18, No. 4（2016）, pp. 373–386; Mace, B. L., P. A. Bell & R. J. Loomis, "Visibility and Natural Quiet in National Parks and Wilderness Areas: Psychological Considerations", Environment and Behavior, Vol. 36, No. 1（2004）.

[⑤] 万田户、冯学钢、黄和平：《江西省山岳型风景名胜区旅游季节性差异——以庐山、井冈山、三清山和龙虎山为例》，《经济地理》2015年第35期；陆林：《山岳风景区旅游季节性研究——以安徽黄山为例》，《地理研究》1994年第4期；强朦朦、谢慧明：《浙江省国内旅游需求季节性的测度及其气候因素研究》，中国生态经济学学会会员代表大会暨生态经济与生态城市学术研讨会会议论文，2016年7月2日；吴普、葛全胜：《海南旅游客流量年内变化与气候的相关性分析》，《地理研究》2009年第28期。

[⑥] 席建超、赵美风、葛全胜：《全球气候变化对中国南方五省区域旅游流的可能影响评估》，《旅游学刊》2011年第26期。

温度、风速、相对湿度、降水量等以及基于相应指标建立起来的综合指数，如特吉旺指数、风寒指数、旅游气候指数。此类研究多由地理学家完成而旅游研究者的介入较少。[1] 就空气污染而言，它如何影响旅游意愿备受关注。[2] 空气污染与国内旅游需求的关系研究聚焦于雾霾因素。在宏观层面，省级面板数据研究表明雾霾会显著降低各地区的旅游客流量。[3] 在微观层面，雾霾影响旅游目的地的选择，而且雾霾可以通过影响游客健康、交通安全及目的地形象降低出游率。[4] 此外，水污染等环境因素也逐渐成为资源刚性约束下国内旅游需求研究的重要对象。[5] 诸如此类研究重点考察的是资源环境因素对旅游需求的影响而甚少涉及潜在机制研究，即资源是如何对旅游需求形成约束的。

旅游需求的资源约束机制存在单一机制与混合机制之分。单一机制是指旅游需求的单因素分析，如气候舒适度指数与旅游需求的关系研究。混合机制是指旅游需求的多因素分析，如气候资源与环境资源的混合分析。囿于数据或实验设计等原因，混合机制研究较少。旅

---

[1] 吴普、席建超、葛全胜：《中国旅游气候学研究综述》，《地理科学进展》2010年第29期。
[2] Becken, S., X. Jin & C. Zhang, et al., "Urban Air Pollution in China: Destination Image and Risk Perceptions", *Journal of Sustainable Tourism*, Vol. 25, No. 1（2017）, pp. 130-147; Garcia, C. & J. Servera, "Impacts of Tourism Development on Water Demand and Beach Degradation on the Island of Mallorca（Spain）", *Geografiska Annaler: Series A, Physical Geography*, Vol. 85, No. 3-4（2003）, pp. 287-300; Li, J., P. L. Pearce & A. M. Morrison, et al., "Up in Smoke? The Impact of Smog on Risk Perception and Satisfaction of International Tourists in Beijing", *International Journal of Tourism Research*, Vol. 18, No. 4（2016）, pp. 373-386; Mace, B. L., P. A. Bell & R. J. Loomis, "Visibility and Natural Quiet in National Parks and Wilderness Areas: Psychological Considerations", *Environment and Behavior*, Vol. 36, No. 1（2004）, pp. 5-31.
[3] 唐承财、马蕾、宋昌耀：《雾霾天气影响北京入境旅游吗？——基于面板数据的实证检验》，《干旱区资源与环境》2017年第31期。
[4] 程励、张同颢、付阳：《城市居民雾霾天气认知及其对城市旅游目的地选择倾向的影响》，《旅游学刊》2015年第30期。
[5] 谢慧明、强朦朦、沈满洪：《中国居民旅游需求的动态决定机制及其影响因素——一个经济、文化与自然环境的综合视角》，《浙江理工大学学报：社会科学版》2016年第36期。

需求的资源约束机制也可分为单向机制与双向机制。单向机制和双向机制的研究集中表现为模型内生性的讨论。一般而言，外生模型设定对应单向机制而内生模型设定对应双向机制。囿于很难寻找到合适的工具变量，双向机制框架也鲜有涉及。旅游需求的资源约束机制还可分为直接机制与间接机制。直接机制考察资源环境对旅游需求的直接影响，而间接机制考察资源环境与旅游需求之间的中间变量。间接机制的研究集中于游客感知视角。因为游客感知是影响旅游需求的关键中间变量，这也是资源约束机制研究的重要视角。李静等基于中外来京游客调查数据运用结构方程模型揭示出雾霾通过危害健康和破坏情绪加重了游客的风险感知，降低了游客的满意度。[1] 程德年等发现空气质量不佳、视觉能见度低、饮水不安全等环境因素是影响中外游客风险感知的重要变量。[2] 辛普森（Simpson）等通过对8000名欧洲旅游者的访谈揭示了空气污染会给游客带来焦躁不安的情绪。[3] 张金凤认为大气污染会降低交通的可见度，加大交通危险性，会给游客带来不好的旅游体验。[4]

环境综合影响国内旅游需求，水、大气、气候等资源环境要素都应该被纳入讨论。不同类型污染物对不同种旅游类型的影响是不同的。譬如，气候要素对于3s（太阳、大海、沙滩）型和滑冰等特别依靠气候要素的旅游会更显著，水体污染对山水景观旅游的影响会更

---

[1] 李静、L. PEARCE, P.、吴必虎等：《雾霾对来京旅游者风险感知及旅游体验的影响——基于结构方程模型的中外旅游者对比研究》，《旅游学刊》2015年第30期。

[2] 程德年、周永博、魏向东等：《基于负面IPA的入境游客对华环境风险感知研究》，《旅游学刊》2015年第30期。

[3] Simpson, P. M. & J. A. Siguaw, "Perceived Travel Risks: The Traveller Perspective and Manageability", *International Journal of Tourism Research*, Vol. 10, No. 4 (2010), pp. 315-327.

[4] 张金凤：《大气环境质量与旅游的交互影响效应分析》，《四川文理学院学报》2011年第21期。

突出，大气污染可能对不同类型的旅游都会有影响。充分讨论不同环境要素的影响对于有针对性的制定营销政策大有裨益，但现有研究关注的环境要素并不全面，一些非常重要的环境因素没有得到应有的重视，如垃圾污染。与此同时，资源环境对旅游的影响方式不同。气候要素对旅游的影响更多的是一个整体，学者们习惯于构建旅游气候指数来进行研究，也包括环境指数。[1]然而，不同资源环境类型对旅游的影响需要分类检验并加以甄别，如可以考察不同垃圾类型等细分层面。此外，资源环境对旅游需求的影响机制也会因模型设定而异。有些影响可能是直接的，而有些影响可能是间接的。游客感知是一类间接机制视角但并没有形成统一的分析范式。旅游需求的指标多种多样，比较常见的是旅游人数和旅游收入，也有少数文献采用停留时间。[2]如果用旅游收入表征旅游需求，资源环境对旅游需求的影响可能就不直接；考虑停留时间后，旅游需求变化的资源约束机制就变得直观。

本章以海洋垃圾污染为切入点，以滨海旅游抽样调查数据为支撑，在停留时间内生的旅行成本模型中探讨旅游需求的资源约束机制，在为停留时间寻找合适工具变量的过程中探讨资源环境对旅游需求的具体影响。停留时间在旅游研究中十分重要。这一方面因为停留时间可以表征微观主体的旅游需求，[3]另一方面因为停留时间与游客的旅游花

---

[1] 周成、冯学钢、唐睿：《区域经济—生态环境—旅游产业耦合协调发展分析与预测——以长江经济带沿线各省市为例》，《经济地理》2016年第36期。

[2] Song, H. Y., G. Li & S. F. Witt, et al., "Tourism Demand Modelling and Forecasting: How should Demand be Easured?", *Tourism Economics*, Vol. 16, No. 1（2010）, pp. 63-81.

[3] Alegre, J. & L. Pou, "The Length of Stay in the Demand for Tourism", *Tourism Management*, Vol. 27, No. 6（2006）, pp. 1343-1355. Lim, C., "An Econometric Classification and Review of International Tourism Demand Models", *Tourism Economics*, Vol. 3, No. 1（1997）, pp. 69-81.

费显著正相关。[①]在全球游客停留时间逐渐下降的背景下，[②]不少景区面临客流量增加而旅游收入却在减少的窘境。鉴于此，本章的核心问题在于探讨沙滩海洋垃圾是否会通过减少游客的停留时间而造成旅游收入的损失？具体来说包括两个部分：一是构建"海洋垃圾—停留时间—旅游需求"传导机制的理论框架并实证检验之，二是基于回归结果定量分析海洋垃圾对旅游收入的具体影响。

第二节　国内旅游需求的资源约束机制理论框架

旅游需求的具体指标主要包括旅游人数、旅游收入、停留时间等，停留时间是容易被忽略的一类指代旅游需求的具体变量。[③]在旅游经济学研究中，停留时间可以被更技术性地处理以便更好地解释以旅游人数或旅游收入刻画的旅游需求变化。[④]在该分析框架中引入资源约束后所形成的分析框架如图9-1所示。图中包含了三类重要的资源：气象、气候和环境；三类重要的旅游需求指标：旅游人数、旅游

[①] Downward, P. & L. Lumsdon, "Tourism Transport and Visitor Spending: A Study in the North York Moors National Park, UK", *Journal of Travel Research*, Vol. 42, No. 4（2004）, pp. 415-420; Garcíasánchez, A., E. Fernándezrubio & M. D. Collado, "Daily Expenses of Foreign Tourists, Length of Stay and Activities: Evidence from Spain", *Tourism Economics*, Vol. 19, No. 3（2013）, pp. 613-630; Nicolau, J. L. &F. J. Más, "Heckit Modelling of Tourist Expenditure: Evidence from Spain", *International Journal of Service Industry Management*, Vol. 16, No. 3（2005）, pp. 271-293; Serra, J., A. Correia & P. M. M. Rodrigues, "Tourist Spending Dynamics in the Algarve: A Cross-sectional Analysis", *Tourism Economics*, Vol. 31, No. 3（2015）, pp. 475-500.

[②] Barros, C. P., R. Butler & A. Correia, "The Length of Stay of Golf Tourism: A Survival Analysis", *Tourism Management*, Vol. 31, No. 1（2010）, pp. 13-21.

[③] Alegre, J. & L. Pou, "The Length of Stay in the Demand for Tourism", *Tourism Management*, Vol. 27, No. 6（2006）, pp. 1343-1355.

[④] Mcconnell, K. E., "On-Site Time in the Demand for Recreation", *American Journal of Agricultural Economics*, Vol. 74, No. 4（1992）, pp. 918-925.

收入①和停留时间；若干类传递机制，如"环境因素—停留时间—旅游收入"或"环境因素—停留时间—旅游人数"。由于停留时间的重要影响，简单地将停留时间作为旅游需求的具体指标可能会忽视掉诸多潜在传递路径，因此有必要在停留时间外生或内生分析框架下讨论旅游需求的变化，尤其是在停留时间内生情形下讨论旅游需求变化的资源约束。

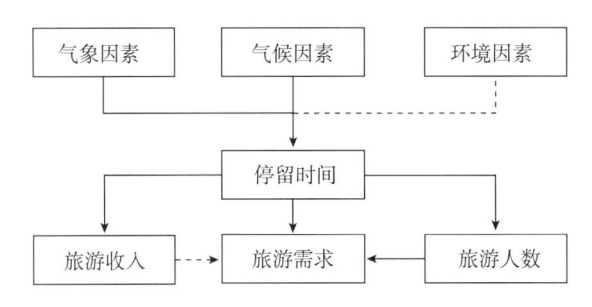

图 9-1 资源约束与旅游需求变化：停留时间机制

在考虑停留时间的旅行成本模型中，典型游客的效用函数可以设定为 $U(x,t,z)$，其中 x 为旅游次数，t 为每次旅行的停留时间，z 为希克斯商品束（其他商品）。该游客面临的预算约束为 $(p_x+tp_t)x+p_z z=y$，其中 p_x 为旅行成本，p_t 为停留时间的机会成本，z 为希克斯商品束的价格，y 为游客收入。②根据效用最大化原则，旅游次数在停留时间外生时由式（9-1）决定：

$$x^{EX}=f^{EX}(p_x+t^{EX}p_t,p,y,t^{EX}) \qquad (9-1)$$

式（9-1）表明，由于停留时间外生，游客最大化效用函数时仅考

---

① 旅游收入和旅游支出会是一个硬币的两面，生产者视角的旅游收入实际上就是消费者视角的旅游支出。基于微观调查数据，本章实证研究部分将从游客支出视角考察景区旅游收入，即以旅游花费刻画景区的旅游收入以表征旅游需求。

② Mcconnell, K. E., "On-Site Time in the Demand for Recreation", *American Journal of Agricultural Economics*, Vol. 74, No. 4 (1992), pp. 918–925.

察 x 和 z 两个变量。当停留时间内生时，x，t 和 z 均为可以选择的变量。停留时间内生时旅游次数由式（9-2）决定：

$$x^{EN}=f^{EN}(p_x,p_t,p,y) \tag{9-2}$$

同理有如式（9-3）所示的停留时间决定方程：

$$t^{EN}=t^{EN}(p_x,p_t,p,y) \tag{9-3}$$

当游客支出由旅行成本和停留时间的机会成本两个部分组成时，游客总支出在停留时间内生和外生两种情形下可以分别表示为：

$$E^{EX}=(p_x+p_t t^{EX})x^{EX}=(p_x+p_t t^{EX})f(p_x+t^{EX}p_t,p,y,t^{EX}) \tag{9-4}$$

$$E^{EN}=(p_x+p_t t^{EN})x^{EN}=[p_x+p_t t^{EN}(p_x,p_t,p,y)]f(p_x,p_t,p,y) \tag{9-5}$$

其中上标 EX 表示停留时间外生情形，上标 EN 表示停留时间内生情形。式（9-4）表明，停留时间外生情形中游客总支出由 $p^*=p_x+p_t t^{EX}$，p,y,t^{EX} 决定；如果停留时间内生，此时游客总支出由 p_x,p_t,p,y 决定。

在考察停留时间的经典旅行成本模型中引入资源约束主要有两种途径：一是资源环境因素影响停留时间，记为 $t(m)$；二是资源环境因素影响效用本身，记为 $U(m)$，其中 m 为资源环境变量，如环境质量。第一条路径已然假设停留时间内生，它受 p_x,p_t,p,y 影响的同时还可能受到环境质量等变量的影响。这符合环境质量与旅游需求之间关系的一般认识。第二条路径相对独立，在停留时间内生和外生情形中均可能存在。

首先考虑简单情形，即仅包含第二条路径。此时典型游客效用最大化问题为：

$$\max_{(x,z)} U[x,t^{EX},z,m]$$
$$s.t. \quad [p_x+t^{EX}p_t]x+p_z=y$$

典型游客的最优决策为：

$$x^{EX}=f^{EX}(p_x+t^{EX}p_t,p,y,t^{EX},m) \qquad (9-6)$$

仅包含第二条约束路径的游客支出方程为：

$$E_1^{EX}=(p_x+p_tt^{EX})x^{EX}=(p_x+p_tt^{EX})f^{EX}(p_x+t^{EX}p_t,p,y,t^{EX},m) \quad (9-7)$$

比较式（9-7）和式（9-4），停留时间外生情形中游客总支出的决定因素由原来的四因素通过增加了 m 而变成了五因素。环境质量对游客总支出的影响由式（9-8）决定：

$$\frac{\partial E_1^{EX}}{\partial m}=\left(p_x+p_tt^{EX}\right)f_m^{EX} \qquad (9-8)$$

其中 $f_m^{EX}=x^{EX}/\partial m$。

其次，考虑两条约束路径的情形，此时典型游客效用最大化问题变为：

$$\max_{(x,t,z)} U\left[x,t(m),z,m\right]$$
$$\text{s.t.} \quad \left[p_x+t(m)p_t\right]x+p_z=y$$

旅游次数在停留时间内生时的决定方程变为：

$$x^{EN}=f^{EN}(p_x,p_t,p,y,m) \qquad (9-9)$$

停留时间的决定则由式（9-10）给出：

$$t^{EN}=t^{EN}(p_x,p_t,p,y,m) \qquad (9-10)$$

此时，包含两条路径的游客支出方程为：

$$E_1^{EN}=(p_x+p_tt^{EN})x^{EN}=\left[p_x+p_tt^{EN}(p_x,p_t,p,y,m)\right]f^{EN}(p_x,p_t,p,y,m) \quad (9-11)$$

比较式（9-11）和式（9-5），停留时间内生情形中游客总支出的决定因素由原来的四因素通过增加了 m 而变成了五因素。虽然从影响因素个数角度看停留时间内外生情形中游客支出的决定因素均增加了环境质量 m，但从决定方程来看资源约束机制已然变得相对复杂。若

第九章　国内旅游需求变化的资源约束机制研究　221

将式（9-8）给出的"环境质量—旅游支出"机制界定为直接机制，那么"环境质量—停留时间—旅游支出"这一间接机制可由式（9-12）给出：

$$\frac{\partial E_1^{EN}}{\partial m} = p_t t_m^{EN} x^{EN} + (p_x + p_t t^{EN}) f_m^{EN} \qquad (9-12)$$

其中 $t_m^{EN} = t^{EN}/\partial m$，$f_m^{EN} = x^{EN}/\partial m$。比较式（9-12）和式（9-8），停留时间内生情形中环境质量对游客支出的影响更为复杂。$(p_x + p_t t^{EN}) f_m^{EN}$ 部分保持相对稳定，从原先的外生停留时间 t^{EX} 变为了内生停留时间 t^{EN}，从原先环境质量对外生旅游次数的边际影响 f_m^{EX} 变为了对内生旅游次数的边际影响 f_m^{EN}。变化较大的部分体现为新增了 $p_t t_m^{EN} x^{EN}$ 部分，即突出了环境质量对停留时间的边际总影响。

综上所述，停留时间是否内生对旅游需求的资源约束而言意义重大，停留时间内生性假设会增强旅游需求的约束机制。从式（9-13）可以看出，如果外生影响在内生情形下的增量忽略不计，那么净内生影响将是决定性的。由于 $p_t > 0, x^{EN} > 0$，该净影响由 t_m^{EN} 决定。经验表明游客愿意在环境好的地方多停留，故一般有 $t_m^{EN} > 0$。因此，净内生影响为正，即存在确定性的增强效应。与此同时，环境质量对游客支出的影响存在不确定性还可能源于停留时间对旅游次数影响的不确定性。[1]"环境质量—旅游支出"的直接机制和"环境质量—停留时间—旅游支出"的间接机制有待在经验研究中进一步明确。

$$\frac{\partial E_1^{EN}}{\partial m} - \frac{\partial E_1^{EX}}{\partial m} = \underbrace{\left(p_t t_m^{EN} x^{EN}\right)}_{\text{净内生影响}} + \underbrace{\left[(p_x + p_t t^{EN}) f_m^{EN} - (p_x + p_t t^{EX}) f_m^{EX}\right]}_{\text{外生影响在内生情形下的增量}}$$

$$(9-13)$$

---

[1] Mc connell, K. E., "On-Site Time in the Demand for Recreation", *American Journal of Agricultural Economics*, Vol. 74, No. 4（1992）, pp. 918-925.

第三节 国内旅游需求的资源约束机制实证研究

一、问卷设计与数据描述性统计

从海洋垃圾与滨海旅游的关系视角研究旅游需求的资源约束机制具有样本的代表性、问题的重要性和数据的可获得性等优势。2008—2017年我国滨海旅游收入对国内生产总值的贡献在1.1%—1.6%左右且具有上升趋势，随之而来的是严峻的海洋垃圾污染形势和突出的海洋环境问题。海洋垃圾与滨海旅游之间的关系研究对于国内旅游需求变化资源约束机制研究而言极具代表性。干净的沙滩是滨海旅游游客最为在意的五个要素之一。[1] 但海洋垃圾却已成为当今世界最为重要的环境问题之一。[2] 联合国环境规划署（UNEP）曾在2003年发起了"海洋垃圾全球倡议"并将其定位于全球挑战。据统计，仅2010年，全球192个沿海国家和地区就产生了2.75亿吨塑料垃圾，最终有480万—1270万吨进入海洋。[3] 这些海洋垃圾降低了沙滩的吸引力，严重影响了游客的旅游体验，并造成了巨大的旅游收入损失。[4]

---

[1] Williams, A. T., N. G. Rangel-Buitrago & G. Anfuso, et al., "Litter Impacts on Scenery and Tourism on the Colombian North Caribbean Coast", *Tourism Management*, Vol. 55（2016）, pp. 209–224.

[2] Programme, U. E., "UNEP Year Book 2011: Emerging Issues in Our Global Environment", *United Nations [UN] Environment Programme*, 2011, p. 79.

[3] Jambeck, J. R., R. Geyer & C. Wilcox, et al., "Marine Pollution, Plastic Waste Inputs from Land into the Ocean", *Science*, Vol. 347, No. 6223（2015）, p. 768.

[4] Munari, C., C. Corbau & U. Simeoni, et al., "Marine Litter on Mediterranean Shores: Analysis of Composition, Spatial Distribution and Sources in North-western Adriatic Beaches", *Waste Management*, Vol. 49（2016）, p. 483. Santos, I. R., A. C. Friedrich & M. Wallner-Kersanach, et al., "Influence of Socio-economic Characteristics of Beach Users on Litter Generation", *Ocean & Coastal Management*, Vol. 48, No. 9（2005）, pp. 742–752.

尽管海洋垃圾对经济社会的影响已经吸引了众多学者的关注，[①]但围绕海洋垃圾对旅游业影响的研究却很少。已有的文献主要从两个角度来估算海洋垃圾对旅游收入的影响：一是估算极端的海洋垃圾污染事件所带来的损失，如奥菲亚拉和布朗（Ofiara and Brown, 1999）估计了1998年美国新泽西港口海洋垃圾污染事件的经济损失，包含旅游收入的经济损失保守估计在37910万—159780万美元。甬、洪和李等（Yong, Hong, & Lee, et al., 2014）基于污染发生前后旅游人数的减少量与人均沙滩花费估算了2011年大量海洋垃圾被冲上沙滩后对巨济岛造成的损失，约为2900万—3700万美元。二是基于调查问卷通过询问海洋垃圾对游客重游沙滩的意愿来估算损失。巴伦斯、瑞安和图尔派（Ballance, Ryan & Turpie, 2000）基于旅行成本模型研究了南非开普半岛的沙滩价值，并通过询问因海洋垃圾而不愿重游的游客比例来估算海洋垃圾造成的损失。克雷林、威廉和图拉（Krelling, Williams & Turra, 2017）发现85%的游客在感觉到沙滩环境差时将选择附近环境较好的沙滩进行替代，每年由此造成的旅游收入损失约为850万美元。

浙江省岸线资源丰富且位于经济发达的中国长三角地区，在浙江省滨海旅游景区开展相关调查研究对于验证旅游需求的资源约束机制具有重要的样本意义。这是因为：一是滨海旅游景区涉及的资源约束最为集中，它有水有山，有海洋有陆地，有垃圾，也有雾霾，是研究

[①] Bergmann, M., B. Lutz & M. B. Tekman, et al., "Citizen Scientists Reveal: Marine Litter Pollutes Arctic Beaches and Affects Wild Life", *Marine Pollution Bulletin*, Vol. 125, No. 1（2017），pp. 535–540; Brouwer, R., D. Hadzhiyska & C. Ioakeimidis, et al., "The Social Costs of Marine Litter along European Coasts", *Ocean & Coastal Management*, Vol. 138（2017），pp. 38–49; Lhr, A., H. Savelli & R. Beunen, et al., "Solutions for Global Marine Litter Pollution", *Current Opinion in Environmental Sustainability*, Vol. 28（2017），pp. 90–99; Pham, C. K., E. Ramirezllodra & C. H. Alt, et al., "Marine Litter Distribution and Density in European Seas, from the Shelves to Deep Basins", *Plos One*, Vol. 9, No. 4（2014），p.e95839.

复合型资源约束的一个重要领域；二是滨海旅游景区资源约束中的人为因素相对较少，如海水水质、空气质量、海洋垃圾，诸如此类资源的公共属性较为突出；三是滨海旅游景区位于沿海城市，游客收入等经济因素已然相对固化，交通等基础设施的建设相对发达，景区的管理和制度建设等相对完善，影响旅游需求的资源环境因素会显得相对重要。

浙江省滨海旅游景区垃圾治理抽样调查问卷旨在提高旅游接待水平、提供质价相符的服务。本问卷包括2道前置删选题，旨在确认调查对象为真正的游客，即您此行的出游时间是否在6小时以上和本旅游景区（点）距离您的住所是否在10公里以上（如选"否"，请终止调查）。这种处理方式可以有效地防止样本偏误。调查内容具体包括五个部分：第一部分是旅游信息，包括客源地、年龄、性别、教育、游客收入、旅行方式及旅行成本等。第二部分是海洋垃圾信息，主要揭示游客对沙滩海洋垃圾的感知，包括对滨海旅游景区沙滩景点中塑料瓶、烟头以及易拉罐等海洋垃圾的感知。第三至第五部分分别为沙滩情境、支付意愿和调查员填写内容。详细问卷内容见附录1，本章主要基于第一部分和第二部分的信息对国内旅游需求变化的资源约束机制进行深入研究。

本次数据采集采取了二次抽样的方法，并于2017年10月在浙江省10个滨海旅游景区展开。首先，选取了浙江省舟山市、宁波市、台州市、温州市四个城市中包含沙滩景点的4A和5A级景区。它们是普陀山风景名胜区、十里金沙景区、大青山国家公园、桃花峪景区、塔湾金沙景区、中国渔村、大鹿岛景区、蛇蟠岛、洞头景区和南麂列岛景区。本次调查预计投放805份，各景区投放问卷数由相应景区的门票总价格决定,各景区的相关信息及实际投放问卷数如表9-1所示。其次,每一个景区内游客的问卷投放采取随机抽样的方式进行,调查员与游客通过一对一的询问方式进行问卷的讲解和填写。

表9-1 抽样调查景区相关信息及问卷数量

景区	等级	地区	成人票	景点票1	景点票2	景点票3	景点票4	总票价	预计投放问卷	有效问卷数量
普陀山风景名胜区	5A	舟山	200					200	164	164
十里金沙景区	4A	舟山	30	60				90	74	71
大青山国家公园	4A	舟山	100					100	82	82
桃花峪景区	4A	舟山	45					45	37	39
塔湾金沙景区	4A	舟山	58					58	48	49
中国渔村	4A	宁波	60					60	50	50
大鹿岛景区	4A	台州	60					60	50	43
蛇蟠岛	4A	台州	0	50	50	50		150	123	122
洞头景区	4A	温州	13	30	30	30	12	115	95	95
南麂列岛景区	4A	温州	100					100	82	82
合计								978	805	797

由表9-1可知,本次调查共计回收问卷808份,桃花峪景区和塔湾金沙景区的实收有效问卷比预计投放问卷分别多了2份和1份。剔除信息不真实和缺失等情况,共回收有效问卷797份。表9-2给出了本次调研对象的基本特征。从客源地上看,90.72%的游客来自外地,9.28%为本市游客。从性别上看,男性占调查人数的41.91%,女性占58.09%。从年龄上看,主要集中在18—45岁。游客的教育水平集中在初中至大学这个层次。游客月收入集中在4000—8000元。与此同时,大部分游客的景区停留时间在3—4小时,平均旅游花费在80—100元。

表 9-2 被调查游客的基本特征

游客特征	定义	停留时间	旅游花费（元）	人数	百分比（%）
客源地	本地	3.23	109.94	74	9.28
	外地	3.92	80.45	723	90.72
性别	男	3.94	89.59	334	41.91
	女	3.79	78.57	463	58.09
年龄	低于 18 岁	4.63	78.64	74	9.3
	18—35 岁	3.74	91.10	371	46.61
	36—45 岁	3.89	68.57	267	33.54
	46—60 岁	3.47	92.13	72	9.05
	大于 60 岁	3.5	61.67	12	1.51
教育水平	小学及以下	3.65	80.92	38	4.78
	初中	3.42	83.95	190	23.9
	高中	4.02	76.34	228	28.68
	大学	4.06	90.31	257	32.33
	硕士及以上	3.73	58.28	82	10.31
月收入	2000 元以下	3.46	95.41	81	10.21
	2000—3999 元	3.33	99.17	108	13.62
	4000—5999 元	3.97	86.81	260	32.79
	6000—7999 元	4.19	64.44	194	24.46
	8000—9999 元	3.67	90.17	64	8.07
	10000—11999 元	3.89	75.21	66	8.32
	12000 元以上	3.8	96.61	20	2.52

就旅游花费与停留时间而言，问卷采用直接询问的方式获得。具体问题为：（1）您在本沙滩的人均花费为？（不包括门票费用）（2）您在本沙滩的游玩时间为几个小时？图 9-2 和图 9-3 为游客人均花费和停留时间的核密度函数分布图。从图中可以看出，游客的停留时间集中在 3—4 个小时之间，过夜游客的人数比例很小。对于人均沙滩旅游

花费，在除去门票费用后，除去个别过夜游客外，游客花费集中在80元左右。图9-4为两者的散点图，从拟合曲线来看，停留时间与人均花费呈正相关关系。

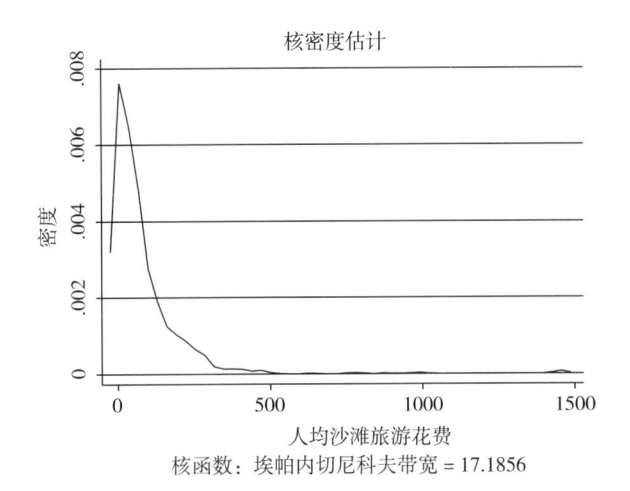

核密度估计

核函数：埃帕内切尼科夫带宽 = 17.1856

图9-2　人均沙滩旅游花费的核密度函数

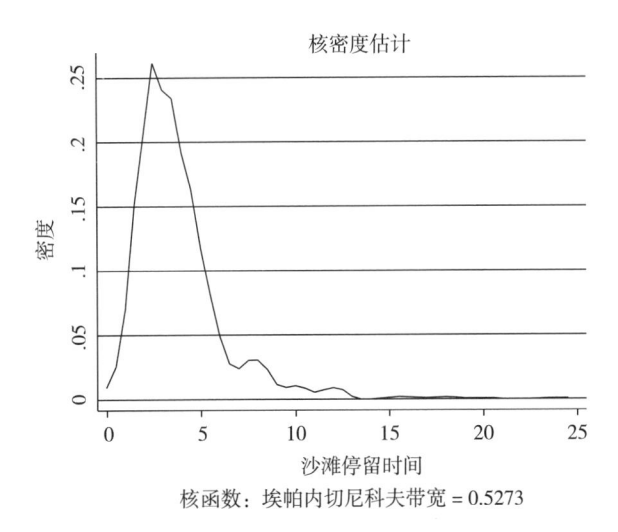

核密度估计

核函数：埃帕内切尼科夫带宽 = 0.5273

图9-3　游客沙滩停留时间的核密度函数

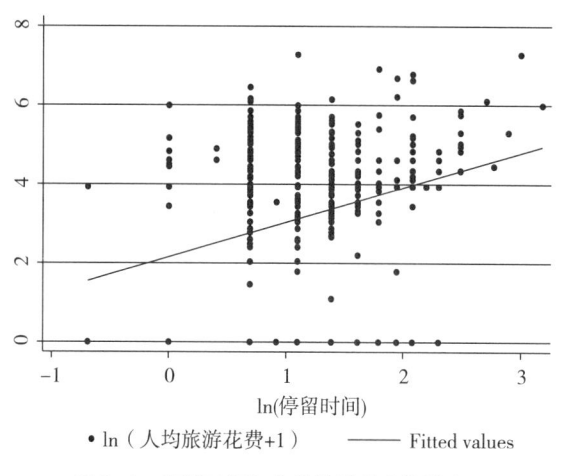

图 9-4　停留时间与人均旅游花费的散点图

沙滩垃圾类型主要考虑塑料瓶/塑料袋、烟头以及易拉罐。为获得游客对沙滩环境的感知，相应问题设置如下：（1）您在沙滩看到"塑料瓶/塑料袋"的频率？（2）您在沙滩看到"烟头"的频率？（3）您在沙滩看到"易拉罐"的频率？对于每个问题，设置的选项有五个：□总是看到 □经常看到 □有时看到 □没怎么看到 □没看到过。从"没看到过"到"总是看到"分别赋值 1—5；值越大代表游客觉得沙滩垃圾形势越严重。此外，以游客旅游支出刻画的旅游需求影响因素还包括游客月收入、年龄、受教育年限、性别、客源地、滨海旅游次数、旅行成本、旅行方式与旅行人数等。表 9-3 为控制变量的赋值方法，表 9-4 为各变量的描述性统计。

第九章 国内旅游需求变化的资源约束机制研究　229

表 9-3　控制变量的赋值方法

控制变量	赋值方法
游客月收入	2000 元以下 =1，2000 元—3999=2；4000 元—5999=3；6000 元—7999=4；8000 元—9999=5；10000 元—11999=6；12000 元以上 =7
年龄	18 岁以下 =1;18—35 岁 =2;36—45 岁 =3;46—60 岁 =4；60 岁以上 =5
教育水平	小学及以下 =1；初中 =2；高中 =3；本科 =4；硕士及以上 =5
性别	男 =1，女 =0
旅游经历	去过海滨旅游的次数
旅行成本	交通成本 + 旅行社费用
旅游方式	自驾 =1，其他 =0
旅游人数	单人 =1，其他 =0

表 9-4　变量的统计性描述

变量	定义	观测值	平均值	标准差	最小值	最大值
主要变量：						
expend	人均旅游花费（元）	788	81.45	152.62	0	1450.13
length	停留时间（小时）	788	3.85	2.48	0.5	24
plastic	看见塑料瓶的频率	788	2.94	0.64	1	5
cigarette	看见烟头的频率	788	2.99	0.77	1	5
can	看见易拉罐的频率	788	2.90	0.73	1	5
控制变量：个人特征						
income	游客月收入（元）	788	3.42	1.45	1	7
age	年龄	788	2.47	0.84	1	5
edu	受教育年限	788	3.19	1.06	1	5
gender	男 =1，女 =0	788	0.42	0.49	0	1
旅行特征						
times	滨海旅游次数	788	3.09	1.26	1	5
cost	旅行成本	788	1137.67	966.61	2.5	7000.00
tw	自驾 =1，其他 =0	788	0.16	0.37	0	1
size	单人 =1，其他 =0	788	0.26	0.44	0	1
worker	环卫工人数量	788	1.81	0.75	0	3

注：797 份有效问卷中 788 份有停留时间信息，故观测值为 788。

二、回归模型设定

在停留时间内生的旅行成本模型中,海洋垃圾对景区旅游收入的影响由式(9-11)给出。该方程揭示了海洋垃圾对景区旅游收入的影响存在两个渠道:一是影响游客去景区的次数,二是影响单次旅游的停留时间进而影响旅游收入。前者实为资源环境影响旅游需求的直接机制,已经得到广泛认可并深入讨论;后者却鲜有涉及,它旨在揭示资源环境影响旅游需求的间接机制。根据式(9-11),单次旅行人均旅游花费由式(9-14)决定:

$$E^{EN}=p_x+p_t t^{EN}=p_x+p_t t^{EN}(p_x,p_t,p,y,m) \quad (9-14)$$

要想估计海洋垃圾对旅游花费的影响需要先估计两个方程:一是海洋垃圾对停留时间的影响,二是停留时间对旅游花费的影响。对数形式停留时间的决定方程可设定为:

$$\ln length_i=a_1\ln m_i+a_2\ln cv_i+\varepsilon_i \quad (9-15)$$

其中,$length$ 为停留时间,m 为看到各类海洋垃圾的频率,cv 为其他控制变量;i 为游客,$\ln$ 为对数转换;a_1 和 a_2 为相应变量的回归系数,ε 为随机扰动项。控制变量主要包括个人特征、旅行特征和目的地特征等。首先需要控制游客的个人特征:年龄、性别、教育、游客收入。[①] 其次需要控制旅行特征:旅行方式、旅行成本、旅行次数、旅行人数等。[②]

[①] Barros, C. P., R. Butler & A. Correia, "The Length of Stay of Golf Tourism: A Survival Analysis", *Tourism Management*, Vol. 31, No. 1 (2010), pp. 13-21; Brida, J. G., M. Meleddu & M. Pulina, "Factors Influencing Length of Stay of Cultural Tourists", *Tourism Economics*, Vol. 19, No. 6 (2013), pp. 1273-1292; Martínez-Garcia, E. & J. M. A. Raya, "Length of Stay for Low-cost Tourism", *Tourism Management*, Vol. 29, No. 6 (2008), pp. 1064-1075; Thrane, C. & E. Farstad, "Domestic Tourism Expenditures: the Non-linear Effects of Length of Dtay and Travel Party Size", *Tourism Management*, Vol. 32, No.1 (2011), pp. 46-52.

[②] Rodríguez, X. A., F. Martínez-Roget & P. González-Murias, "Length of Stay: Evidence from Santiago De Compostela", *Annals of Tourism Research*, Vol. 68 (2018), pp. 9-19; Santos, G. E. D. O., V. Ramos & J. Reymaquieira, "Length of Stay at Multiple Destinations of Tourism Trips in Brazil", *Journal of Travel Research*, Vol. 177, No. 6 (2015), pp. 1208-1215.

此外，目的地特征主要考虑的是景区的环保努力，用环卫工人数量来表示，其他目的地特征通过各个景区的虚拟变量加以控制。基于已有经验研究和数据可得性，式（9-15）可以具体化为。

$$\ln length_i = \alpha_1 \ln m_i + \alpha_2 \ln age_i + \alpha_3 \ln edu_i + \alpha_4 \ln income_i + \alpha_5 \ln cost_i + \alpha_6 \ln times_i +$$
$$\alpha_7 gender_i + \alpha_8 size_i + \alpha_9 tw + \alpha_{10} \ln worker + \mu_i + \varepsilon_i \quad (9-16)$$

其中，age 为年龄，edu 为受教育水平，$income$ 为游客月收入，$cost$ 为旅行成本，$time$ 为去过滨海旅游的次数，$gender$ 为性别，$size$ 为旅行人游，tw 为旅行方式，$worker$ 为景区环卫工人的数量，μ 为各景区的虚拟变量。

停留时间与旅游花费之间的关系相对复杂，大多数文献都采用 OLS 进行估计。[1]然而，不少研究已经证实游客的停留时间存在内生性且忽视内生性的回归结果会有偏。[2]具体来说，有两个原因会导致停留时间的内生性：一是模型遗漏了重要变量。这在此类研究中极易存在，因为停留时间和旅游花费的决策者是同一个微观个体，存在许多变量可以同时对两者产生影响，模型设定无法确保控制住每一个可能有影响的变量。二是自变量与因变量的相互影响。因为游客的旅游花费可能有部分属于"沉没成本"，比如旅游设施门票，此类费用对停留时间会产生影响。

首先，在不考虑停留时间内生的情形下停留时间影响旅游花费的回归方程可以设定为：

---

[1] Fredman, P., P. Fredman & K. Lindberg, "Determinants of Visitor Expenditures in Mountain Tourism", *Tourism Economics*, Vol. 14, No. 14(2008), pp. 297–311; Laesser, C. & G. I. Crouch, "Segmenting Markets by Travel Expenditure Patterns: The Case of International Visitors to Australia", *Journal of Travel Research*, Vol. 44, No. 4（2006）, pp. 397–406; Perez, E. A. & S. C. Juaneda, "Tourist Expenditure for Mass Tourism Markets", *Annals of Tourism Research*, Vol. 27, No. 3（2000）, pp. 624–637.

[2] Berman, M. D. & J. K. Hong, "Endogenous On-Site Time in the Recreation Demand Model", *Land Economics*, Vol. 75, No. 4（1999）, pp. 603–619; Mcconnell, K. E., "On-Site Time in the Demand for Recreation", *American Journal of Agricultural Economics*, Vol. 74, No. 4（1992）, pp. 918–925.

$$\ln expend_i = \beta_1 \ln length_i + \beta_2 \ln cv_i + \varepsilon_i \quad (9-17)$$

其中 $expend$ 为人均旅游花费。就影响因素而言，经验研究中主要涉及游客的个人特征和旅行特征。[①]具体包括年龄、性别、受教育水平、游客月收入、滨海旅游的次数、旅行方式与旅行人数等。在控制景区的个体效应后，式（9-17）可以具体化为：

$$\ln expend_i = \beta_1 \ln length_i + \beta_2 \ln age_i + \beta_3 \ln edu_i + \beta_4 \ln income_i + \beta_5 gender_i + \beta_6 \ln times_i + \beta_7 size_i + \beta_8 tw_i + \mu_i + \varepsilon_i \quad (9-18)$$

若停留时间内生，此时需要采用工具变量法进行处理。工具变量的选取并没有统一的方法，多是根据经济理论或经验进行选取。其基本思路为首先利用工具变量 z 对 $\ln length$ 进行第一阶段回归得到外生的停留时间 $\ln \widehat{length}$，之后再将 $\ln \widehat{length}$ 代入式（9-19）进行第二阶段回归，得到最终的估计方程。第一阶段和第二阶段的回归方程设定如下：

$$\begin{cases} \ln \widehat{length}_i = \gamma_1 z_i + \gamma_2 \ln age_i + \gamma_3 \ln edu_i + \gamma_4 \ln income_i \\ \quad + \gamma_5 gender_i + \gamma_6 \ln times_i + \gamma_7 size_i + \gamma_8 tw_i + \mu_i + \varepsilon_i \ (first-stage) \\ \ln expend_i = \theta_1 \ln \widehat{length}_i + \theta_2 \ln age_i + \theta_3 \ln edu_i + \theta_4 \ln income_i \\ \quad + \theta_5 gender_i + \theta_6 \ln times_i + \theta_7 size_i + \theta_8 tw_i + \mu_i + \varepsilon_i \ (second-stage) \end{cases}$$

$$(9-19)$$

三、回归结果

（一）海洋垃圾对游客停留时间的影响

停留时间影响因素的估计除了使用最小二乘法外，典型估计方法还

---

① Alegre, J., M. Cladera & M. Sard, "Analysing the Influence of Tourist Motivations on Tourist Expenditure at A Sun-and-sand Destination", *Tourism Economics*, Vol. 17, No. 4（2011）, pp. 813-832; Marrocu, E., R. Paci & A. Zara, "Micro-economic Determinants of Tourist Expenditure: A Quantile Regression Approach", *Tourism Management*, Vol. 50（2015）, pp. 13-30; Thrane, C. & E. Farstad, "Domestic Tourism Expenditures: the Non-linear Effects of Length of Stay and Travel Party Size", *Tourism Management*, Vol. 32, No. 1（2011）, pp. 46-52.

有 Logit、Tobit 和 Duration。① 关于估计方法更详尽的讨论参见罗德里格斯等（Rodríguez, et al., 2018）。为了体现结果的稳健性，本章采用 OLS、Ordered Logit 和 Tobit 三种回归方法对模型进行估计，结果如表 9-5 所示。从三个模型的结果来看，变量的系数与显著性高度一致，结果稳健。

表 9-5 海洋垃圾对游客停留时间影响的估计结果

	OLS		Ordered Logit		Tobit	
	Coefficient	St. error	Coefficient	St. error	Coefficient	St. error
ln$plastic$	−0.260***	（0.095）	−0.529***	（0.190）	−0.274***	（0.095）
ln$cigarette$	−0.042	（0.073）	−0.059	（0.149）	−0.050	（0.075）
lncan	−0.161**	（0.080）	−0.302*	（0.162）	−0.152*	（0.080）
lnage	−0.103*	（0.057）	−0.218*	（0.116）	−0.108*	（0.057）
lnedu	0.091*	（0.048）	0.223**	（0.103）	0.096**	（0.049）
$gender$	−0.025	（0.038）	−0.063	（0.078）	−0.030	（0.038）
ln$income$	0.010	（0.048）	0.026	（0.096）	0.012	（0.049）
ln$cost$	0.054*	（0.031）	0.112*	（0.064）	0.058*	（0.032）
ln$times$	0.089**	（0.045）	0.157*	（0.090）	0.088**	（0.044）
tw	−0.146**	（0.067）	−0.286**	（0.134）	−0.136**	（0.066）
$size$	−0.010	（0.052）	0.011	（0.106）	−0.028	（0.055）
ln$worker$	0.078*	（0.047）	0.169*	（0.100）	0.084*	（0.047）
景区	控制		控制		控制	
N	788.000		788.000		788.000	
p	0.000		0.000		0.000	
R^2	0.187		0.056		0.122	

注：* 表示 $p<0.1$，** 表示 $p<0.05$，*** 表示 $p<0.01$。

---

① Alegre, J. & L. Pou, "The Length of Stay in the Demand for Tourism", *Tourism Management*, Vol. 27, No. 6（2006）, pp. 1343-1355. Yang, Y., K. K. F. Wong & J. Zhang, "Determinants of Length of Stay for Domestic Tourists: Case Study of Yixing", *Asia Pacific Journal of Tourism Research*, Vol. 16, No. 6（2011）, pp. 619-633; Fleischer, A. & A. Pizam, "Tourism Constraints Among Israeli Seniors", *Annals of Tourism Research*, Vol. 29, No. 1（2002）, pp. 106-123; Martínez-Garcia, E. & J. M. A. Raya, "Length of Stay for Low-cost Tourism", *Tourism Management*, Vol. 29, No.6（2008）, pp. 1064-1075.

首先，三个模型的估计结果都表明海洋垃圾会显著负向影响游客的停留时间，但塑料瓶和易拉罐显著而烟头却不显著。从系数大小上看，无论是哪一种估计模型，塑料瓶和易拉罐两类海洋垃圾对游客的停留时间影响最大，烟头的影响最小。这因为塑料瓶和易拉罐相较于烟头而言对沙滩的空间挤占更大；而且，因为其较难降解，它们一直是海洋垃圾的主要来源，对沙滩清洁程度的影响也更大。[①]

其次，个人特征中显著的变量有年龄和教育。年龄对停留时间有显著负影响。年龄大的游客为减少健康和安全风险可能会减少沙滩停留时间；游客的教育水平正向影响停留时间说明高教育水平的游客旅游需求更大。个人特征中性别和游客收入对停留时间的影响不显著。游客收入对游客停留时间不显著的可能原因在于大多数游客都是多目的地旅游者，沙滩的停留时间仅仅是其中的一部分。

最后，就旅行特征对停留时间的影响而言，旅行成本显著正向影响停留时间。根据需求理论，旅行成本应该会负向影响停留时间，似乎不合预期。但需要注意的是，此处的旅行成本并没有包括沙滩成本而是游客为了到达沙滩而花费的成本。从这个角度看，游客到达沙滩前的旅行成本越高，心理要求的"补偿效应"就越强，反而会增加在沙滩的停留时间。与此同时，滨海旅游的游玩次数对停留时间的影响为正。理论上说，重游次数会减少停留时间。之所以会出现正相关是因为此处滨海旅游是广义上的，并不是故地重游。游客的滨海旅游次数越多恰恰表明其对滨海旅游的偏好。此外，估计结果还表明旅游方

---

① Bouwman, H., S. W. Evans & N. Cole, et al., "The Flip-or-flop Boutique: Marine Debris on the Shores of St Brandon's Rock, An Isolated Tropical Atoll in the Indian Ocean", *Marine Environmental Research*, Vol. 114（2016）, pp. 58–64.

式会显著影响停留时间,景区的环卫工人数量对游客的停留时间有正向影响。相比其他方式,自驾游的停留时间更短,这和已有研究结论一致。[①]一个合理的猜测是自驾游客对于目的地选择更灵活,在同一地区停留时间反而会更少,而且停车费也可能会是一个影响因素。

（二）停留时间对旅游花费的影响

对于停留时间影响旅游花费的估计,有两点需要说明：一是因为有一部分游客在沙滩的花费为0,因此被解释变量在取对数时进行加1处理,即被解释变量为ln（$expend$+1）。二是在回归前需要检验停留时间是否内生。要检验内生性需要先找到停留时间的工具变量,工具变量要求与旅游花费无关但与停留时间显著相关。满足这一要求的变量即为游客对海洋垃圾的感知与滨海旅游次数。由于游客对烟头并不敏感,因此我们选择的工具变量有三个：ln$bottle$、lncan 和 ln$times$。*Durbin-Wu-Hausman* 内生性检验结果为：P（Chi2=3.658）=0.056,停留时间显著内生性。

为处理停留时间的内生性问题,两阶段最小二乘法（2SLS）的回归结果如表9-6所示。为体现停留时间内生对估计结果的影响,表9-6也给出了OLS的估计结果。首先,进行工具变量有效性检验。Kleibergen-Paap LM 的统计结果为：P（Chi2=12.927）=0.016,说明不存在工具变量不可识别的问题,即工具变量与内生变量存在关系。Hansen J 过度识别检验结果为 P（Chi2=1.553）=0.67,表明所有的工具变量都是外生的,与被解释变量无关,不存在过度识别问题。两个统计量的结果表明上述工具变量的选择是合理的。与此同时,为验证工具变量选择的合理性,本

[①] Yang, Y., K. K. F. Wong & J. Zhang, "Determinants of Length of Stay for Domestic Tourists: Case Study of Yixing", *Asia Pacific Journal of Tourism Research*, Vol. 16, No. 6（2011）, pp. 619-633.

章还采用了对弱工具变量不太敏感的有限信息最大似然估计（LIML）方法进行估计，两者的系数是高度一致的。这进一步佐证了工具变量的有效性。

从结果上看，无论是 OLS、2SLS 还是 LIMI 估计，停留时间都与旅游花费之间存在显著正相关。但若不考虑内生性问题，回归系数将会被低估，OLS 的回归系数仅为 0.984，而 2SLS 却为 2.492。就 2SLS 回归结果而言，除游客收入外，其他所有的控制变量都有显著影响。年龄对游客的花费呈倒"U"型关系，和一些文献的研究结论一致，[1] 拐点出现在 18—45 岁之间（age=2.23）。教育水平对旅游花费有负向的影响。旅行特征的变量同样会影响旅游花费，自驾游与单人游对旅游花费呈负向影响。表 9-5 表明海洋垃圾会影响停留时间，表 9-6 再一次表明海洋垃圾会影响停留时间且停留时间会影响旅游花费，至此"资源环境—停留时间—以游客支出刻画的景区旅游收入"这一旅游需求传导机制成立，资源环境影响旅游需求的停留时间机制得到了验证。

表 9-6　停留时间对旅游花费的影响

	2SLS	LIML	OLS
	ln*length*	ln(*expend*+1)	ln(*expend*+1)	ln(*expend*+1)
ln*length*		2.492*** （0.924）	2.722** （1.095）	0.984*** （0.136）
ln*income*	0.040 （0.046）	0.134 （0.184）	0.122 （0.189）	0.218 （0.176）
ln*age*	−0.280* （0.175）	1.353* （0.714）	1.426* （0.755）	0.803 （0.586）

---

[1] Craggs, R. & P. Schofield, "Expenditure-based Segmentation and Visitor Profiling at The Quays in Salford, UK", *Tourism Economics*, Vol. 15, No. 1（2009）, pp. 243-260; García-sánchez, A., E. Fernández-rubio & M. D. Collado, "Daily Expenses of Foreign Tourists, Length of Stay and Activities: Evidence from Spain", *Tourism Economics*, Vol. 19, No. 3（2013）, pp. 613-630.

续表

	2SLS		LIML	OLS
	ln*length*	ln(*expend*+1)	ln(*expend*+1)	ln(*expend*+1)
ln*age*	0.094 (0.116)	−0.843* (0.438)	−0.871* (0.456)	−0.618 (0.378)
ln*edu*	0.120** (0.051)	−0.463* (0.253)	−0.495* (0.272)	−0.247 (0.185)
gender	−0.026 (0.037)	0.286** (0.143)	0.290** (0.147)	0.266** (0.131)
size	0.005 (0.047)	−0.770*** (0.176)	−0.775*** (0.181)	−0.730*** (0.164)
tw	−0.122* (0.065)	−0.670** (0.261)	−0.644** (0.274)	−0.846*** (0.217)
ln*can*	−0.164** (0.077)			
ln*plastic*	−0.250*** (0.094)			
ln*cigarette*	−0.055 (0.070)			
ln*times*	0.097** (0.045)			
_*cons*	1.783*** (0.181)	−0.728 (1.328)	−1.042 (1.556)	1.343*** (0.434)
景区	控制		控制	控制
N	788.000	788.000	788.000	788.000
R^2	0.180	0.089	0.041	0.235
Prob>chi2	0.000	.	0.000	0.000
DWH			P(Chi2=3.658)=0.056	
Kleibergen-Paap LM			P(Chi2=12.927)=0.016	
Hansen J			P(Chi2=1.553)=0.67	

注：*表示$p<0.1$，**表示$p<0.05$，***表示$p<0.01$。

（三）停留时间内生框架下海洋垃圾对旅游花费的影响

虽然实证结果已经证实海洋垃圾会通过减少游客的停留时间而给景区旅游收入造成损失，但这一影响有多大呢？海洋垃圾对旅游花费的影响可以表示为：

$$\varepsilon_{me} = \frac{\partial \ln(expend+1)}{\partial \ln length} \times \frac{\partial \ln length}{\partial \ln m} \quad (9-20)$$

由于烟头对停留时间的影响并不显著，环境对旅游花费的影响仅讨论塑料瓶和易拉罐情形。基于式（9-20）和表9-6的回归结果，游客看到塑料瓶的频率对旅游花费的弹性影响约为 -0.623，而游客看到易拉罐的频率对旅游花费影响的弹性约为 -0.409。为更直观地体现海洋垃圾的影响，游客看到海洋垃圾的频率从总是看到（5）变为经常看到（4）；有时看到（3）；没怎么看到（2）；没看到过（1）四种情形下，旅游花费的百分比变化和具体数值变化如表9-7所示。根据内生模型结果，四种情形下游客看到塑料瓶的频率变动导致花费百分比变动依次为：14.91%、37.47%、76.98%和172.56%；游客看到易拉罐的频率变动导致花费百分比变动依次为：9.56%、23.24%、45.46%和93.14%。这意味着，清理塑料垃圾最高可以提高景区收入172.56%；景区清理易拉罐所能带来的最高收益是使景区收入提高93.14%的花费。内生模型的结果约为外生模型的3倍。以游客人均花费均值为基准（基准为总是看到，即 $m=5$），相比较于外生模型中的41元/人和24元/人，塑料垃圾和易拉罐的清理能够带来的最高收入分别是141元和76元。从四种情形的变化结果来看，从没怎么看到（2）到没看到过（1）的转变所带来的边际收益是最高的，塑料垃圾清理的边际收益为32元/人，易拉罐清理的边际收益为14元。但是这一步也是最难的，因为它要求实现滨海垃圾"从有到无"的转变。相对而言，从经常看到（4）到有时看到（3）的转变相对具有高边际收益，塑料垃圾和易拉罐清理的边际收益分别为18元/人和11元/人。

表9-7 游客对海洋垃圾感知变化引起的景区旅游收入变动

	基于表9-6估计结果（内生模型）				基于表9-5估计结果（外生模型）			
	百分比变化		数量变化（元/人）		百分比变化		数量变化（元/人）	
	plastic	can	plastic	can	plastic	can	plastic	can
5→4	14.91%	9.56%	12	8	5.87%	3.60%	5	3
5→3	37.47%	23.24%	31	19	13.96%	8.43%	11	7
5→2	76.98%	45.46%	63	37	26.41%	15.62%	22	13
5→1	172.56%	93.14%	141	76	50.94%	29.04%	41	24

注：根据弹性大小计算得到；由于 Ordered Logit 模型的被解释变量为选择停留时间的概率，系数的意义并不适合定量估计变量变动间的相互影响。相比较 Tobit 模型，OLS 模型的拟合优度（R^2）相对较高，故选择此模型得到的变量系数来定量估算海洋垃圾对游客花费的影响。

第十章 国内旅游可持续发展供求策略研究

基于国内旅游需求的经济和非经济影响因素分析以及气候和非气候型约束下的预测分析，本章从资源环境约束、旅游产品结构、区域旅游业发展不均衡等现实问题出发构建了国内旅游业可持续发展的供求策略框架，具体包括生态化政策、多元化政策、一体化政策和差别化政策。

第一节 国内旅游业可持续发展政策的分类讨论

我国国内旅游需求持续增长的背后存在着许多深层次的问题，如资源环境刚性约束问题、旅游产品的结构问题、区域旅游业发展不均衡问题等。早在20世纪90年代末，敖荣军和韦燕生（1999）就指出，我国旅游可持续发展面临着资源衰减和生态环境恶化的巨大障碍。[①] 许涛、张秋菊和赵连荣（2004）认为，旅游业可持续发展面临的突出问题主要是资源环境约束，包括环境影响评价、环境审计、环境容量与环境承载力、生态旅游等。[②] 谢慧明、沈满洪和李中海（2014）指出，居

[①] 敖荣军、韦燕生：《中国可持续旅游的资源环境政策思考》，《旅游学刊》1999年第5期。
[②] 许涛、张秋菊、赵连荣：《我国旅游可持续发展研究概述》，《干旱区资源与环境》2004年第18期。

民对旅游资源和环境资源等生态产品的需求在不断增加,有限的生态产品供给和不断增加的生态产品需求之间的矛盾日益凸显。[①]就旅游产品的结构性问题而言,薛群慧、包亚芳和白鸥(2010)在调查研究的基础上指出,我国国民旅游需求刺激计划的生态效益、社会效益和经济效益离不开旅游产品的营销宣传以及公众对该项计划的认识和参与程度。[②]张世满(2009)指出,旅游产品供求矛盾背后的因素众多,我国的休假制度是一个重要的源头性制度安排。[③]贺德红和周志宏(2009)的研究也表明,假期制度改革有助于推动旅游消费的增加。[④]就区域旅游业发展不均衡问题而言,陈文晖(2003)指出我国国内旅游需求在都市圈和城市群层面需要空间优化。[⑤]张建辉、毕燕和张颖(2010)基于旅游抽样调查数据进一步明确,不论是在城市层面还是在东中西部三大区域层面,城市居民旅游需求均存在不均衡增长现象。[⑥]张洪、程振东和王先凤(2014)认为,提高城市居民收入能够增加城市居民国内旅游需求。[⑦]翁钢民、徐晓娜和尚雪梅(2007)则进一步指出,居民收入水平是影响以出游率表示的城市居民国内旅游需求的最重要因素,而交通因素是影响以人均花费表示的城市居民国内旅游需求的最

[①] 谢慧明、沈满洪、李中海:《中国城市居民旅游需求函数的实证研究》,《旅游学刊》2014年第9期。

[②] 薛群慧、包亚芳、白鸥:《影响国民旅游需求刺激计划效益的因素探析——以浙江旅游消费券研究为例》,《学术探索》2010年第5期。

[③] 张世满:《休假制度与旅游需求实现之间的制约因素》,《旅游学刊》2009年第11期。

[④] 贺德红、周志宏:《国内旅游影响因素分析研究》,《特区经济》2009年第10期。

[⑤] 陈文晖:《我国国内旅游需求的空间特征与空间优化研究》,《中国软科学》2003年第5期。

[⑥] 张建辉、毕燕、张颖:《中国城市居民旅游需求空间差异及变化研究》,《旅游学刊》2010年第2期。

[⑦] 张洪、程振东、王先凤:《城市居民国内旅游需求影响因素分析及对策研究》,《资源开发与市场》2014年第6期。

重要因素。① 诸如此类研究均为探寻国内旅游业可持续发展问题的解决之道提供了重要思路。

针对资源环境问题，李茜和张孝德（2014）提出，要加强生态旅游管理，包括把生态旅游作为战略性国策和严格实施生态旅游专项法律法规等。② 敖荣军和韦燕生（1999）认为，一套既能"源头控制"又能"末端治理"的旅游业资源环境政策体系主要包括实行旅游经济与资源环境的综合决策、建立旅游资源资产化管理制度和价值合理化机制、制定外部成本内部化的环境经济政策、鼓励和发动公众参与旅游资源环境保护、实施可持续旅游的绿色核算等方面。③ 针对旅游产品问题，金炳雄（2011）提出，要着力丰富旅游产品供给，通过推进项目建设、加强薄弱环节建设和重点培育新型产品来实现旅游产品供给上的突破。④ 黄安定（2010）认为，旅游产品开发要实现旅游产品的多元化开发、个性化开发和创新化开发。⑤ 杨文棋（2015）提出，要开发具有不同特色的专项旅游产品、实施品牌集合战略、注重与其他类型资源的融合发展。⑥ 针对城乡结构问题，徐海军、黄震方和侯兵（2010）提出，从农民收入增长、旅游意识培养、旅游产品丰富等方面加快农村旅游市场发展，以此来缩小城乡旅游发展差距。⑦ 刁宗广和张涛（2010）从提高城乡居民可自由支配收入、合理制定景区门

---

① 翁钢民、徐晓娜、尚雪梅：《我国城市居民国内旅游需求影响因素分析》，《城市问题》2007年第4期。
② 李茜、张孝德：《生态旅游管理中环境政策工具的应用探析》，《经济研究参考》2014年第41期。
③ 敖荣军、韦燕生：《中国可持续旅游的资源环境政策思考》，《旅游学刊》1999年第5期。
④ 金炳雄：《浙江省旅游业"十二五"发展规划解析》，《浙江学刊》2011年第5期。
⑤ 黄安定：《论旅游市场需求与旅游产品开发》，《中国商贸》2010年第10期。
⑥ 杨文棋：《国家级旅游资源改革发展创新思考》，《管理世界》2015年第4期。
⑦ 徐海军、黄震方、侯兵：《基于扩大内需的中国农村居民旅游市场开发研究》，《旅游学刊》2010年第25期。

票价格、优化旅游产品结构、加强旅游消费引导四方面提出我国城乡居民国内旅游消费水平提升和消费结构优化路径。[①] 针对供需矛盾问题，宋涛、周建明和蔡建明等（2013）认为，游客偏好是旅游行为的根本推动力，社会应根据客源市场的特点提供符合游客偏好的旅游产品。[②] 王淑新和王学定（2014）指出，我国旅游经济发展需要实现旅游需求政策与供给政策的协调配合。[③]

综上所述，国内旅游业可持续发展的影响因素众多，大体可以分为四类，包括供给侧的资源环境因素和细分市场因素以及需求侧的城乡结构因素和游客偏好因素。然而，针对不同的研究问题学者们所提出的解决思路缺乏系统性和明确分类。本章在系统梳理国内旅游业可持续发展的现实问题和相关文献研究的基础上，构建了国内旅游业可持续发展的生态化、多元化、一体化和差别化供求政策体系，并通过政策评价、替代和互补关系分析提出保障国内旅游业可持续发展的组合策略。

第二节　国内旅游业可持续发展的供求策略框架

国内旅游业可持续发展的供给侧政策包括以资源环境因素为主导的生态化政策和以细分市场因素为主导的多元化政策，分别针对旅游可持续开发和旅游产品供给。国内旅游业可持续发展的需求侧政策包

[①] 刁宗广、张涛：《中国城乡居民国内旅游消费水平和消费结构比较研究》，《人文地理》2010年第25期。

[②] 宋涛、周建明、蔡建明等：《国内客源市场的游客偏好比较分析——以喀什市为例》，《干旱区资源与环境》2013年第27期。

[③] 王淑新、王学定：《供需视角下的中国旅游经济发展——一个面板数据的实证分析》，《经济问题探索》2014年第1期。

括以城乡结构因素为主导的一体化政策和以游客偏好因素为主导的差别化政策，分别针对城乡结构差异和游客选择偏好。基于上述分类，参考哈密尔顿等的可持续发展政策矩阵，[①]国内旅游业可持续发展的供求策略框架如表 10-1 所示。

一、生态化政策

生态化政策立足于资源视角，以"谁所有，谁受益""谁保护，谁受益""谁使用，谁付费""谁损害，谁赔偿"为原则，建立旅游资源资产管理政策、有偿使用政策和生态补偿政策。

（一）旅游资源资产管理政策

旅游资源资产管理政策主要体现在旅游资源机构管理和旅游资源产权交易两个层面。旅游资源机构管理具体指，通过设立旅游资源资产化管理机构有效行使管理国有旅游资源资产的权利。旅游资源产权交易具体指在产权得到充分界定且交易费用不大的情况下，旅游外部性问题可以通过当事人之间的自愿交易来解决。

（二）旅游资源有偿使用政策

旅游资源有偿使用政策就是借助旅游资源税费的合理征收机制，通过对旅游资源市场的合理定价将旅游资源的外部性成本内部化。旅游资源的定价需要考虑旅游资源的开发费用及旅游资源消耗费用，可以通过旅游资源价值核算实现。旅游资源税费征收包括旅游资源使用费征收和旅游环境保护税征收。

---

① K.哈密尔顿等：《里约后五年——环境政策的创新》，张庆丰等译，中国环境科学出版社 1998 年版。

表 10-1　政策矩阵：国内旅游业可持续发展的供求策略

策略分类			具体政策	政策工具	
供求策略	供给侧	生态化政策	旅游资源资产管理政策	旅游资源机构管理	旅游资源产权交易
			旅游资源有偿使用政策	旅游资源合理定价	旅游资源税费征收
			旅游资源生态补偿政策	旅游资源保护资金	旅游精准扶贫基金
		多元化政策	旅游产品合理定价政策	旅游产品定价体系	旅游产品定价监管
			旅游市场细分优化政策	旅游产品市场定位	特色旅游产品研发
			旅游产业链开发政策	旅游产品融合开发	旅游产业融合发展
	需求侧	一体化政策	旅游收入市场激励政策	旅游开发金融服务	乡村旅游创客项目
			旅游消费政府激励政策	旅游消费政府补贴	带薪休假制度落实
			城乡旅游协同发展政策	城乡旅游合作联动	旅游新型城镇化
		差别化政策	选择偏好差别化满足政策	特色旅游项目开发	个性化旅游消费
			旅行成本差异化定位政策	时间成本差异定位	空间成本差异定位
			旅游消费观念引导政策	社会舆论引导	特色旅游推广

（三）旅游资源生态补偿政策

旅游资源生态补偿政策的核心是解决旅游外部性成本内部化问题，让旅游资源保护成果的"受益者"支付相应费用。旅游资源生态补偿政策可以通过设立生态补偿资金和旅游精准扶贫基金实现，即通过可持续地开发贫困地区的旅游资源来对当地政府或旅游开发受害者进行经济补偿。

二、多元化政策

多元化政策立足于产品视角，通过把握市场消费动向开发各层次旅游消费群体迫切需要的旅游产品，主要包括旅游产品合理定价政策、旅游市场细分优化政策和旅游产业链式开发政策。

（一）旅游产品合理定价政策

旅游产品合理定价政策具体指旅游产品定价体系的构建和对旅游产品定价的监管。旅游产品合理定价的实现需要规范化的旅游产品市场定价监管机制，同时需要充分发挥旅游产品消费群体、社会公众及舆论对旅游产品价格的监督作用。

（二）旅游市场细分优化政策

旅游市场细分优化政策从旅游六要素"食、住、行、游、购、娱"出发，针对旅游市场细分下不同层次的旅游消费群体，开发具有不同市场定位的旅游产品，主要包括旅游产品市场定位和特色旅游产品研发。如针对年轻人或学生积极开发特色旅游产品或研学旅游产品，针对老年人开发休闲养生服务型旅游产品。

（三）旅游产业链式开发政策

旅游产业链式开发政策体现在旅游产品融合开发和旅游产业融合发展上。与第一产业的融合发展主要依托产业的生态优势，组合开发特色休闲旅游项目和乡村休闲旅游产品；与第二产业的融合发展主要依托产业创新科技成果，将旅游产品与高需求工业产品进行组合开发；与第三产业的融合发展主要依托其他服务行业，如医疗保健业、健身休闲业、婚庆摄影业等。

三、一体化政策

一体化政策立足于收入视角，从改变城乡二元经济结构出发，通过建立旅游收入市场激励政策、旅游消费政府激励政策、城乡旅游协同发展政策来刺激国内旅游需求。

（一）旅游收入市场激励政策

旅游收入市场激励政策包括旅游开发金融服务和乡村旅游创客项目政策工具。旅游开发金融服务主要是通过建立旅游金融服务体系筹集乡村旅游发展专项资金，用特殊的标准和要求培育乡村旅游市场，使城乡旅游业发展全覆盖和共联动。乡村旅游创客项目通过实施乡村旅游提升计划，引导和支持相关人员在乡村实现旅游创业来提高农村居民可支配收入。

（二）旅游消费政府激励政策

旅游消费政府激励政策包括旅游消费政府补贴和带薪休假制度落实。旅游消费政府补贴主要通过长期发放旅游消费券或优惠券，定期发放乡村特色旅游文化活动消费补贴等形式实现旅游消费的可持续增长。带薪休假制度需要企业积极落实错峰休假和弹性作息制度。

（三）城乡旅游协同发展政策

城乡旅游协同发展政策包括城乡旅游合作联动和旅游新型城镇化。城乡旅游合作联动要实现城乡间旅游产业发展要素的自由流动，通过以优带劣、以强带弱、以先带后推动城乡旅游市场向旅游资源资本的全面开放。新型城镇化建设有利于完善乡村旅游发展规划并推动乡村旅游消费需求品位的提升。

四、差别化政策

差别化政策立足于偏好视角，通过建立选择偏好差别化满足政策、旅行成本差异化定位政策和旅游消费观念引导政策以满足多样化旅游需求。

（一）选择偏好差别化满足政策

选择偏好差别化满足政策是指为满足游客的选择偏好而实施的特色旅游项目开发和个性化旅游消费。特色旅游项目开发主要是根据消费者偏好开发具有现实针对性的差别化特色旅游项目，如生态旅游等。个性化旅游消费是指标准化和个性化有机结合的旅游消费，它能够与智慧旅游等有机结合并推进个性化旅游产品的开发和个性化旅游产业链的构建。

（二）旅行成本差异化定位政策

旅游成本差异化定位政策包括时间成本差异和空间成本差异两个层面。旅游时间成本差异由停留时间决定，不同旅游产品决定游客所需的游玩时间不同，故游客会基于此选择不同的旅游产品。旅游空间成本差异由旅游线路和景点布局决定，旅游线路的设计和景点空间的布局会决定游客的旅行成本。

（三）旅游消费观念引导政策

旅游消费观念引导政策包括社会舆论引导和特色旅游推广。社会舆论引导需要从改变传统的旅游观念出发提高职能部门推进旅游产业和消费者个人需求融合发展的积极性。同时，借助旅游企业和媒体平台推广特色旅游，如老年游、家庭游、健康游、经济游等，进而引导国民改变旅游消费观念，释放潜在旅游消费需求。

第三节 国内旅游业可持续发展的供求政策评价

国内旅游可持续发展的生态化政策、多元化政策、一体化政策、差别化政策各有其特征及其优劣势。

生态化政策主要特点在于其生态效益，强调通过政府手段和市场手段充分发挥经济主体对旅游资源保护的主动权与选择权，故生态效益非常高。从经济效益来看，它一方面通过推动旅游资源市场化来拉动旅游经济增长，另一方面旅游资源生态补偿政策却又类似于转移支付手段，并未实现"造血功能"，故该政策的经济效益较高。与此同时，生态化政策部分地运用了市场机制,其政策约束力和政策灵活度一般。此外,该政策需要政府尽可能全面地了解旅游市场主体的相关信息,信息需求量较大,政策实施成本高。

多元化政策主要立足于旅游产品开发上,生态效益不明显;但从经济效益来看,多元化旅游产品的开发和旅游业链式发展模式可以实现旅游经济的快速增长,其经济效益高。多元化政策需要政府宏观调控,故该政策约束力较高而政策灵活度有所下降。同时,为全面了解旅游产品的相关信息,其信息需求量较高,故政策实施成本较高。

一体化政策的主要特点在于政策激励。由于政策本身与生态资源相关性较弱,其生态效益相对较低。从经济效益看,一体化政策能够带动旅游经济发展相关制度的落实并产生明显的经济效益。由于此类政策落实具有一定的强制性,其政策约束力较高,那么灵活度自然就一般,但个别制度灵活度有高有低。同时,一体化政策中政府激励政策对信息的需求量较高,而市场激励政策对信息需求不高,信息需求量一般,政策实施成本也一般。

差别化政策的特点类似于多元化政策,其生态效益也不明显。从经济效益来看,旅游特色项目开发对旅游经济增长具有正向促进作用,经济效益较为明显。差别化政策并不完全依赖政府的强制性,其政策约束力一般,政策灵活度相对反而较高。此外,只有充分掌握消费者的选择偏好才能落实此制度,因此政策的信息需求量较大,政策实施成本也随之提高。

表10-2从生态效益、经济效益、政策约束力、政策灵活度等方面对这四类政策进行了对比。对比分析表明,一从生态效益看,生态化政策的生态效益高,而多元化政策、一体化政策、差别化政策的生态

效益相对较低；二从经济效益看，生态化政策的经济效益较高，而多元化政策、一体化政策、差别化政策的经济效益相对更高；三从政策约束力看，生态化政策和差别化政策的约束力一般，而多元化政策和一体化政策的约束力较高；四从政策灵活度看，生态化政策、多元化政策、一体化政策的灵活度一般，而差别化政策的灵活度较高；五从信息需求量看，生态化政策、多元化政策、差别化政策的信息需求量较高，而一体化政策的需求量一般；六从政策实施成本看，生态化政策的实施成本最高，多元化政策与差别化政策相对较高，而一体化政策实施成本一般。总之，四大类国内旅游可持续发展供求策略的政策特征各有不同，均有其优越性和局限性，如何实现各类政策的优化组合对国内旅游业可持续发展具有重要意义。

表 10-2　国内旅游业可持续发展供求政策的特征比较

	生态化政策	多元化政策	一体化政策	差别化政策
生态效益	高	较低	较低	较低
经济效益	较高	高	高	高
政策约束力	一般	较高	较高	一般
政策灵活度	一般	一般	一般	较高
信息需求量	较高	较高	一般	较高
政策实施成本	高	较高	一般	较高

第四节　国内旅游业可持续发展的供求政策创新

鉴于替代性政策在制定时需要注意优化选择，互补性政策在制定时需要注意耦合强化，因此探究各类政策举措之间的替代或互补关系势在必行。替代性政策指的是可以单独发挥作用且产生的政策效果相同的两类不同政策。互补性政策指的是可以作用于同一事物的不同方面且某种政策效果的充分实现需要两者共同实施。此外，各类政策之间还可以实现相互融合。

首先，国内旅游可持续发展的可替代供求政策集中体现在生态化政策上：旅游资源资产管理与旅游资源有偿使用政策；旅游资源资产管理与旅游资源生态补偿政策。旅游资源资产管理政策包括以市场手段为主的旅游资源产权交易，旅游资源有偿使用政策则主要对应的是政府机制。由于两者均可以独立地从市场或政府两个视角发挥资源资产作用且均能达到旅游资源资产管理目标，因此旅游资源资产管理政策与旅游资源有偿使用政策存在一定的可替代性。与此同时，旅游资源生态补偿政策与包含以市场手段为主的旅游资源产权交易的旅游资源资产管理政策同样具有一定替代关系。理论上，当旅游资源刚性约束问题面临"市场失灵"时，可优先选择旅游资源有偿使用政策工具和旅游资源生态补偿政策工具；当旅游资源刚性约束问题面临"政府失灵"时，可优先选择旅游资源产权交易政策工具。然而，"市场失灵"和"政府失灵"的风险往往会同时出现，因此旅游资源资产管理、旅游资源有偿使用、旅游资源生态补偿政策需组合使用。由此有政策组合拳一：组合构建旅游资源资产管理政策与有偿使用生态补偿政策。（1）要求弱化不合理的政府管制，利用"看不见的手"建立旅游资源产权交易市场，优化配置国内旅游资源；（2）要求利用"看得见的手"调控旅游资源税费，发挥市场价格信号调控作用来调整旅游资源价格；（3）要求构建完善的旅游资源生态补偿政策，对保护旅游资源的行为进行经济激励。

其次，生态化政策与多元化政策、一体化政策和差别化政策三大类政策之间存在互补关系，生态化政策内部的旅游资源有偿使用与生态补偿政策也可以是互补的。值得指出的是，旅游资源生态补偿政策中的生态补偿系狭义生态补偿，它与有偿使用政策工具一起构成了旅游资源经济价值实现过程的两个方面。与此同时，多元化政策、一体化政策、差别化政策三大类政策之间也基本上为互补关系，它们均从不同角度给出了国内旅游业可持续发展的应对策略。多元化政策从旅游产品视角给出了扩大国内旅游需求和保持国内旅游需求良好增长势头的举措；一体化政策从城乡结构视角给出了城乡旅游资源联合开发和城乡旅游业协同发展的路径；差别化政策从游客偏好视角给出了利用微观机理推动旅游业可持续发展的思路，它们共同构成了"三位一体"的国内旅游业可持续发展框架，三者缺一不可，且相互补充。由此有以下三种可能的互补性政策组合拳创新：

政策组合拳二：全面落实旅游市场细分优化政策与旅游产品合理定价政策。政策组合的落实可以通过准确的市场定位、特色的产品研发、合理的定价体系、有效的监管机制来实现。从"扩旅游内需、促旅游消费"的视角出发，该政策能够将政府与市场进行有机结合并借助旅游产业链式开发思路有效地将特色旅游产品与传统旅游产品进行融合。两类政策存在互补关系，它们在耦合强化过程中的实施效果可以发挥到极致。政策组合拳三：强化实施旅游收入市场激励政策与旅游消费政府激励政策。该组合拳结合了"市场手段"与"政府手段"，能够调动经济主体的积极性和扩大国内旅游需求。一方面，旅游收入市场激励政策通过增加游客收入的方式扩大国内旅游需求；另一方面，旅游消费政府激励政策也能够通过保障游客权利的方式扩大国内旅游需求。此政策组合拳中两类政策的耦合强化也能产生强有力的政策效果。政策组合拳四：双向耦合选择偏好差别化满足政策与旅行成本差异化定位政策。该组合拳的两大政策均属于旅游差别化政策，两者也是互补关系。基于旅行成本差异化、旅游项目差异化、旅游消费差异化等思路，遵循"差异化定位、差别化满足"原则能够实现旅游产品的有效供给。

最后，生态化政策可以融入多元化政策、一体化政策和差别化政策的各方面和全过程，如生态旅游产品设计是一种多元化的政策举措，而且生态旅游业的发展又能够推动乡村生态旅游资源的开发和符合"看得见山、望得见水、记得住乡愁"的游客偏好。生态化政策、多元化政策、一体化政策、差别化政策"四位一体"的关系能进一步验证四大类政策之间的互补关系。由此有政策组合拳五：多位结合旅游生态化政策、多元化政策、一体化政策和差别化政策。生态化政策、多元化政策、一体化政策和差别化政策之间存在两两互补关系。多角度、全方位地将四大类国内旅游供求政策两两耦合能解决和缓解资源刚性约束下国内旅游需求变化过程中所暴露出来的系列问题和矛盾，从而保障国内旅游业可持续发展。

第十一章 旅游可持续发展的地区实践与典型模式

在旅游可持续发展供求策略指引下,各旅游资源禀赋丰富地区采取了各式各样的可持续发展举措。在系数梳理旅游可持续发展理念和标准等基础上从资源环境、社会、经济、管理和教育五个维度对我国247个5A级景区的可持续发展水平进行了评估。在一个包含15个二级指标和26个三级指标的简约旅游可持续发展框架下,客观赋权结果表明旅游可持续发展依赖经济、资源环境和社会三个维度,而对管理和教育的重视程度不够;在修正客观赋权后,资源环境的重要性相对突出,旅游可持续发展水平较高的景区主要集中于东部地区,中西部省份景区可持续发展水平较差且所占比例较高。基于该框架和实践,我国旅游可持续发展模式包括人与自然兼顾型、资源环境主导型和社会经济推动型。

第一节 旅游可持续发展及评价框架

一、旅游可持续发展的内涵与外延

旅游可持续发展是可持续发展思想在旅游业的延伸与实践。传统意义上的旅游可持续发展是指既能满足当前旅游目的地与旅游者的需要又能满足未来旅游目的地与旅游者的需要。然而,可持续发展思想与旅游业的结合可以更加多元。布拉姆韦尔和莱恩（Bramwell & Lane, 1993）认为，可持续旅游旨在减少由旅游业、游客、环境和社区之间的复杂相互作用所产生的摩擦和紧张，能保障自然和人文资源质量及其长期存在价值。[1] 牛亚菲和王文彤（2000）认为，可持续旅游包括三方面含义：一是在为旅游者提供高质量旅游环境的同时改善当地居民生活水平；二是在开发过程中维持旅游供给地区生态环境的协调性、文化的完整性和旅游业经济目标的可获得性；三是保持和增强环境、社会和经济未来的发展机会。[2] 赵媛和仲伟周（2000）则将可持续旅游定义为：增进人们对旅游所产生的环境效应与经济效应的理解，强化其生态环境保护意识；促进旅游业的公平发展；改善旅游接待地区的居民生活质量；向旅游者提供高质量的旅游生活；保护未来社会旅游资源或产业开发赖以存在的生态环境质量等。[3]

文献和实践中存在一些与旅游可持续发展相似的概念，如生态旅游、绿色旅游、低碳旅游、旅游循环经济等。1993年国际生态旅游协会把生态旅游定义为具有保护自然环境和维护当地人民生活双重责任的旅游；国际生态旅游协会根据旅游的目的和作用进行界定，认为生态旅游是为了解当地环境的文化与自然历史知识，有目的地到自然区域所做的旅游，该旅游活动的开展在尽量不改变生态系统完整性的同时创造经济发展机会，让自然资源的保护在财政上使当地居民受益。[4] 伍德（Wood, 1991）在国际生态旅游协会定义的基础上加入认知维度，

---

[1] Bramwell, B. & B. Lane, "Sustainable Tourism: An Evolving Global Approach", *Journal of Sustainable Tourism*, Vol. 1, No. 1 (1993), pp. 1-5.
[2] 牛亚菲、王文彤：《可持续旅游概念与理论研究》，《国际城市规划》2000年第3期。
[3] 赵媛、仲伟周：《国内可持续旅游发展理论综述》，《学海》2000年第3期。
[4] Brandon, K., "Ecotourism and Conservation: A Review of Key Issues", *Ecotourism & Conservation A Review of Key Issues*, 1996.

同时强调生态系统的保护以及保护当地人民的自然优势。[1]哈尼（Honey，1999）在生态旅游的定义中增加了学习和培训，赋予社区政治权利，尊重其文化以及促进人权等内容。[2]卢云亭（1996）从旅游和保护两方面定义生态旅游，并提出"生态旅游是以生态学原则为指针、以生态环境和自然环境为取向所开展的一种既能获得社会经济效益，又能促进生态环境保护的边缘性生态工程和旅游活动。"[3]郭来喜（1997）和吴楚材等（2007）也从各自视角采用不同表述定义了生态旅游，但基本上都强调了环境的保护、经济的发展以及环保知识的学习。[4]事实上，"生态旅游"一词的提出早于可持续发展，最初是指以自然环境为基础的旅游。在20世纪80年代末可持续发展思想被提出后，生态旅游被赋予新的发展观，同时其作为一种可持续旅游得到学界的广泛认同。牛亚菲（1999）、胡爱娟（2002）和章杰宽等（2013）都认同生态旅游是可持续旅游的实现途径或最佳途径。[5]

绿色旅游是一种以原生自然环境为基础，以保护环境为核心的旅游，其概念由法国参议员欧贝尔首次提出。[6]绿色旅游既可指有利于环境或环保的各类旅游产品及服务，又可聚焦地指代乡村旅游。与生态旅游不同，施惟仑和张维瑛（2000）认为，绿色旅游是生态旅游的高

---

[1] Wood, M., "Formulating the Ecotourism Society's Regional Action Plan", in J.A.Kusler（Eds.），*Ecotourism and Resource Comservation*，Madison, WI·Madison Publisher,1991,pp.80–89.

[2] Honey, M., *Ecotourism and Sustainable Development: Who Owns Paradise?*, Saint Louis: Island Press, 1999.

[3] 卢云亭：《生态旅游与可持续旅游发展》，《经济地理》1996年第1期。

[4] 郭来喜：《中国生态旅游——可持续旅游的基石》，《地理科学进展》1997年第16期；吴楚材、吴章文、郑群明等：《生态旅游概念的研究》，《旅游学刊》2007年第22期。

[5] 牛亚菲：《可持续旅游、生态旅游及实施方案》，《地理研究》1999年第18期；胡爱娟：《论开发生态旅游与可持续旅游发展》，《商业经济与管理》2002年第2期；章杰宽、姬梅、朱普选：《21世纪中国的可持续旅游——一个研究述评》，《经济管理》2013年第1期。

[6] 张瑞德、蔡承智：《绿色旅游与农村经济发展相互作用初探》，《经济研究导刊》2009年第26期。

级形态,生态旅游只注重人与自然之间的生态和谐,而绿色旅游注重人与人之间的人际和谐与人自身的身心和谐。[1] 时临云(2008)认为,广义的绿色旅游包含生态旅游。[2] 张瑞林(2012)则认为,生态旅游与绿色旅游本质相同,绿色旅游是在生态理念指导下的一种旅游。[3] 总之,生态旅游和绿色旅游是实现可持续旅游的一种方式,是可持续旅游的具体应用;生态旅游注重"生态",除了强调保护环境和资源外还包括经济效益和对人的环境教育;绿色旅游的重点是"绿色",包括娱乐、交通、营销、经营等各方面的绿色化。

低碳旅游是可持续旅游、生态旅游和绿色旅游在应对气候变化过程中所演变出来的一种新发展理念。蔡萌和汪宇明(2010)认为,"低碳旅游是指在旅游发展过程中,通过运用低碳技术、推行碳汇机制和倡导低碳旅游消费方式,以获得更高的旅游体验质量和更大的经济、社会、环境效益的一种可持续旅游发展新方式"。[4] 王谋(2012)认为,低碳旅游是旅游业为保障气候安全在不牺牲消费体验和质量的前提下,综合利用节能、可再生能源、碳汇等多种途径实现控制及减少温室气体排放的发展方式。[5] 毫无疑问,低碳旅游是旅游可持续发展的一种途径。关于低碳旅游和生态旅游的关系,蔡萌和汪宇明(2010)认为,生态旅游是一种追求"零碳排放"的低碳旅游,而"低碳旅游是对可持续旅游、生态旅游理念的一种行动响应"。[6] 郭蓉等(2011)则认为,

---

[1] 施惟仑、张维瑛:《绿色旅游是生态旅游的高级形态》,《安徽大学学报(哲学社会科学版)》2000年第24期。
[2] 时临云:《日本的绿色旅游及其对我国的启示》,《生态经济》(学术版)2008年第2期。
[3] 张瑞林:《与生态旅游相关的几个概念比较研究》,《价值工程》2012年第31期。
[4] 蔡萌、汪宇明:《低碳旅游:一种新的旅游发展方式》,《旅游学刊》2010年第25期。
[5] 王谋:《低碳旅游概念辨识及其实现途径》,《中国人口·资源与环境》2012年第8期。
[6] 蔡萌、汪宇明:《低碳旅游:一种新的旅游发展方式》,《旅游学刊》2010年第25期。

发展低碳旅游是生态旅游从理念到实践的突破,其相对于生态旅游有更具体的实践追求目标以及量化评价的可操作性。[1]唐承财、钟林生和成升魁(2011)认为,与可持续旅游和生态旅游相比,低碳旅游更强调节能减排、突出低碳技术创新与清洁能源应用。[2]

旅游循环经济是循环经济在旅游业的应用。周彬(2010)、王淑华和张春(2012)、谭业(2012)等均认为,旅游循环经济要求旅游经济发展需要遵循"3R"原则,即旅游过程的减量化、再利用、再循环。[3]李庆雷、李秋艳和明庆忠(2008)认为,旅游循环经济是在生态旅游和可持续旅游基础上提出来的一种旅游发展模式,但是旅游循环经济比生态旅游涵盖范围更广,是实现可持续旅游的最佳模式。[4]谭业(2012)认为,旅游循环经济虽然与可持续旅游关注的焦点、出发点、利益主体、动力机制和实现方式不同,但是旅游循环经济与可持续旅游的目标、适用范围是一致的,且旅游循环经济是可持续旅游的实践模式。[5]周连斌(2013)认为,旅游循环经济是发展低碳经济的有效途径。[6]总之,旅游循环经济强调了旅游的闭路物质循环,是可持续旅游的一种重要实践模式。

综上所述,生态旅游、绿色旅游、低碳旅游、旅游循环经济都是旅游可持续发展的重要途径,其概念被包含于可持续旅游概念中。生态旅

---

[1] 郭蓉、吴长年、何芸等:《从生态旅游到低碳旅游——从理念到实践》,《环境保护科学》2011年第37期。
[2] 唐承财、钟林生、成升魁:《我国低碳旅游的内涵及可持续发展策略研究》,《经济地理》2011年第31期。
[3] 周彬:《旅游循环经济的概念模型与发展模式研究》,《渔业经济研究》2010年第1期;王淑华、张春:《国内旅游循环经济研究综述》,《江苏商论》2012年第3期;谭业:《旅游循环经济与可持续旅游的比较研究》,《经济纵横》2012年第9期。
[4] 李庆雷、李秋艳、明庆忠:《中国旅游循环经济研究动态分析》,《云南师范大学学报》(哲学社会科学版)2008年第40期。
[5] 谭业:《旅游循环经济与可持续旅游的比较研究》,《经济纵横》2012年第9期。
[6] 周连斌:《低碳旅游及相关概念辨析》,《管理学刊》2013年第26期。

游与可持续旅游最为接近，其次是绿色旅游；低碳旅游和旅游循环经济的研究对象和量化评价相对明确，两者是对可持续旅游和生态旅游的深入，故概念和范围相对缩小。由于生态旅游和可持续旅游的概念最为接近，且学者大多认为两个概念虽有差异但内涵相同，甚至有学者从生态旅游的角度评价旅游可持续发展，因此，结合可持续旅游和生态旅游两个概念，旅游可持续发展是指在满足游客旅游需求的同时通过加强环境保护教育以保证对景区环境影响最小，在促进当地收入增长的同时保护好环境，以实现环境、社会、经济协调可持续，以保证为未来人类留有足够资源。

二、旅游可持续发展的原则

旅游可持续发展的原则因概念而定，它对旅游可持续发展评价至关重要。海泽（Hetzer, 1965）提出了最小环境影响、当地文化的最小影响和最大尊重、所在地经济效益最大化和游客效用最大化四个原则。[1] 英联邦旅游部（Commonwealth Department of Tourism，CDT）强调以自然为本进行环境教育和加强可持续管理。[2] 亨特（Hunter, 1995）认为旅游与环境关系应该以自然为基础保持生态可持续，同时进行环保教育并在经济上有利于当地社区。[3] 罗斯和沃尔（Ross & Wall, 1999）强调环境保护、环境教育、经济效益和社区参与原则。[4] 可持续发展也是挪威政府重点关注的一个内容，挪威创新署在2004年针对可持续旅游提

---

[1] Hetzer, W., "Environment Tourism Culture", *Reported Ecosphere*, 1965.

[2] Commonwealth Department of Tourism. *National Ecotourism Strategy Commonwealth Department of Tourism*, Canberra: Australian Government Publishing Service, 1994.

[3] Hunter, C. & H. Green, "Tourism and the Environment: A Sustainable Relationship?", *Tourism & the Environment a Sustainable Relationship*, 1995.

[4] Ross, S., G. Wall & C. Ryan, et al., "Ecotourism: Towards Congruence between Theory and Practice", *Tourism Management*, Vol. 20, No. 1（1999）, pp. 123-132.

出了文化财富、景观的物质和文化完整性、生物多样性等十大原则。[1]阿肖克（Ashok, 2017）提出了为当地社区创造社会经济效益、提高环境意识、加强能力建设以及满足旅游愿望四大原则。[2]中国旅游可持续发展原则可参考国家发改委和国家旅游局2016年出台的《全国生态旅游发展规划（2016—2025年）》。各代表性原则归纳如表11-1所示。旅游可持续发展的五大原则可以归纳为：一是满足游客体验，游客行为影响小；二是进行环境教育，培养环境意识；三是保护景点自然和文化环境及资源；四是旅游收入投入景点环境治理；五是改善当地经济，保障居民权利。

三、旅游可持续发展的标准

不同原则决定了多样标准。巴尔泽卡尔（Barzekar, 2011），崔龙和西拉卡亚（Choi & Sirakaya, 2006），吕等（Lü et al., 2003），莫莎马（Mosammam, 2016），齐亚巴迪（Ziaabadi, 2017）从不同角度运用德菲尔法和层次分析法等构建起了用于评价旅游可持续性和生态性的指标体系。[3]他们的指标体系主要是基于环境、社会、经济三个维度展开。

---

[1] Aall, C., "Sustainable Tourism in Practice: Promoting or Perverting the Quest for a Sustainable Development?", *Sustainability*, Vol. 6, No. 5（2014），pp. 2562–2583.

[2] Ashok, S., H. R. Tewari & M. D. Behera, et al., "Development of Ecotourism Sustainability Assessment Framework Employing Delphi, C & I and Participatory Methods: A Case Study of KBR, West Sikkim, India", *Tourism Management Perspectives*, Vol. 21（2017），pp. 24–41.

[3] Barzekar, G., A. Aziz & M. Mariapan, et al., "Delphi Technique to Generating Criteria and Indicators for Monitoring Ecotourism Sustainability in Northern Forest of Iran: Case Study on Dohezar and Sehezar Watersheds", *Folia Forestalia Polonica*, Vol. 53, No. 2（2011），pp. 130–141; Choi, H. S. C. & E. Sirakaya, "Sustainability Indicators for Managing Community Tourism", *Tourism Management*, Vol. 27, No. 6（2011），pp.1274–1289; Lü. Y., L. Chen & B. Fu, et al., "A Framework for Evaluating the Effectiveness of Protected Areas: The Case of Wolong Biosphere Reserve", *Landscape & Urban Planning*, Vol. 63, No. 4（2003），pp. 213–223; Mosammam, H. M., M. Sarrafi & J. T. Nia, et al., "Typology of the Ecotourism Development Approach and an Evaluation from the Sustainability View: The Case of Mazandaran Province, Iran", *Tourism Management Perspectives*, Vol. 18（2016），pp. 168–178; Ziaabadi, M., M. Malakootian & M. R. Z. Mehrjerdi, et al., "How to Use Composite Indicator and Linear Programming Model for Determine Sustainable Tourism", *Journal of Environmental Health Science & Engineering*, Vol. 15, No. 1（2017），p. 9.

国内学者关于旅游可持续发展的研究主要是对特定景点或特定旅游类型进行评价。李维余（2008）构建了包含环境可持续、资源可持续、社会可持续、经济可持续4个维度的29个指标体系来评价森林生态旅游的可持续性。[1] 卢松等（2010）讨论了古村落宏村的可持续发展情况，建立了一个包含2个维度的32个指标体系。[2] 张萌（2013）为洛阳旅游景点的可持续发展建立了一套评价指标体系，包括资源环境、经济、社会3个维度，共39个指标。[3] 张生瑞等（2017）为世界遗产区生态旅游构建了包含4个维度的30个指标体系。[4] 中国2011年出台实施的《国家生态旅游示范区建设与运营规范》对生态旅游可持续发展作出了具体要求，包括13个维度的114个指标。国内外文献或文件中可持续旅游的标准整理结果见附录2。综上所述，旅游可持续发展甚少关注管理和教育维度，其评价框架可以重构为包含资源环境、社会、经济、管理和教育五方面。

表 11-1 旅游可持续发展代表性原则

作者/组织	年份	代表性原则
Hetzer	1965	最小的环境影响；当地文化的最小影响和最大尊重；经济效益最大化；参与游客最大的娱乐满意度
Hunter	1995	以自然为基础的；生态可持续；环保教育；经济上有利于当地社区
Commonwealth Department of Tourism	1994	以自然为本；环境教育；可持续管理

---

[1] 李维余：《森林生态旅游可持续发展评价指标体系的构建》，《财经科学》2008年第2期。
[2] 卢松、陈思屹、潘蕙：《古村落旅游可持续性评估的初步研究——以世界文化遗产地宏村为例》，《旅游学刊》2010年第25期。
[3] 张萌：《基于AHP的旅游景点可持续发展评价》，《统计与决策》2013年第16期。
[4] 张生瑞、钟林生、周睿等：《云南红河哈尼梯田世界遗产区生态旅游监测研究》，《地理研究》2017年第36期。

续表

作者/组织	年份	代表性原则
Ross & Wall	1999	保护自然区域；教育；代际收益；优质旅游；当地参与
Innovation Norway	2004	文化财富；景观的物质和文化完整性；生物多样性；清洁环境和资源效率；地方生活质量和社会价值；地方控制和承诺；工作质量；旅游雇员；客人的满意和安全；质量体验；经济可持续性和竞争性旅游目的地；经济可持续性和竞争性旅游业务
Ashok 等	2017	保护自然和文化资源；为当地社区创造社会经济效益；环境意识培养和能力建设；旅游愿望的优化
国家发展和改革委员会、国家旅游局	2016	保护优先，合理利用；优化布局，突出重点；统筹协调，融合发展；创新机制，多方参与

四、旅游可持续发展的评价框架

基于旅游可持续发展的原则和标准，包括 5 个一级指标、30 个二级指标、102 个三级指标的旅游可持续发展评价框架如表 11-2 所示。其中，一级指标即为旅游可持续发展的五维标准，二级和三级指标系参考相应文献标准或实践标准归纳得来。该框架涵盖了绿色旅游、低碳旅游和旅游循环经济等诸多方面，较好地遵循了资源环境、社会、经济、管理和教育等原则，全面体现了旅游可持续发展理念，能够综合地反映景区旅游可持续发展水平。

表 11-2 旅游可持续发展的评价框架

一级指标	二级指标	三级指标
资源环境	生物多样性	是否禁止出售野生动物制品
		珍稀和濒危物种数目
		观赏性动植物数目
	资源丰富性	旅游资源规模
		旅游气候舒适期
		美誉度

续表

一级指标	二级指标	三级指标
资源环境	价值独特性	自然景观价值
		文化资源价值
		特定资源情况
	环境质量	水体质量
		空气质量
		森林覆盖率
		环境承载力
		人均温室气体年排放量
	生态环境	地质地貌
		与旅游有关的环境事故发生频率
		土地退耕还林还草
	资源利用	可再生资源集约化利用程度
		污水处理能力和水资源循环使用率
		人均每日能耗
		节能计划情况
	传统文化保护	是否维护、复兴和实施当地的仪式和节日（游戏、舞蹈、骑马、当地摔跤等）
		是否尊重当地宗教文化活动
		是否保留当地习俗和语言
社会	基础设施	游览设施建设情况
		交通通达性
		交通工具是否低能耗、低排放或使用清洁能源
		是否拥有妥善处理污染的设施或措施
	公共卫生与安全	各类场所卫生达标率
		生活垃圾无害化处理率
		垃圾收集箱分布情况
		厕所数量和布局情况
		安全责任事故情况

续表

一级指标	二级指标	三级指标
社会	公共卫生与安全	消防、防盗、救护等设备是否齐全
		是否有安全警告标识
		是否有医疗机构或必要医疗设备
	公共环境	旅游目的地治安状况
		社区居民友善度
		游客对公共环境的满意度
		当地居民满意度
	社会协调性	能否为当地人提供教育和体验机会
		当地社区的市场化程度
		犯罪水平
		土地使用冲突
		游客与当地人之间的冲突
		社会凝聚力的变化
	社区健康与安全	道路拥挤程度
		医院诊所数量
		预期寿命
	人口素质	居民受教育水平
		旅游从业人员素质
		年轻一代对传统知识的继承程度
		有无大学和高等教育中心
经济	服务设施及内容	住宿设施数量
		餐饮设施数量
		土特产生产规模化程度
	市场营销	生态旅游产品种类
		生态旅游产品环保性
		旅游形象塑造程度
		网络宣传
	就业	旅游就业

续表

一级指标	二级指标	三级指标
经济	就业	失业率
		当地居民就业比例
	居民收入	是否鼓励使用本地产品和服务
		是否遵循社区土地使用补偿原则
		居民收益情况
	社区资本形成/投资	社区利润/收入再投资的百分比
		当地信贷是否用于当地企业
		当地居民的创业机会
	经济福祉	特定的收费结构
		门票收入中用于改善居民生活质量的比例
		门票收入中用于改善当地生态环境的比例
	地方政府收入	旅游收入
		住宿价格
		餐饮价格
	旅游需求	游客总人数/总人次
		停留时间
		旅游季节性
		游客总体满意度
管理	管理机构	官员/管理人员的环保意识水平
	经营管理	是否为游客和服务提供者提供行为守则
		旅游经营者是否遵守环境承载能力规范
	制度、法规、政策	环境立法
		是否有生态旅游的制度和政策框架
		对区域一级保护/发展项目的支持程度
	社区参与	居民参与决策
		社区意见表达渠道
		旅游经营收入单列10%用于生态项目
	投诉与处理	游客投诉数量

续表

一级指标	二级指标	三级指标
管理	投诉与处理	是否及时处理投诉
	绿色采购	是否选择有社会责任感的供应商
		是否采购具有绿色认证、安全认证标识商品
		是否执行采伐限额标准
教育	员工培训	员工的环境教育培训种类和数量
	旅游者行为指导	生态旅游教育次数
		生态旅游宣传教育方式
		是否有游客守则
		游客的环保意识
	社区教育	加强居民教育的举措
		生态教育是否纳入社区中小学教学计划
		当地人民的环保意识
		年轻一代参与环保的情况

第二节　旅游可持续发展的地区实践

一、旅游可持续发展评价的简约框架

旅游可持续发展的评价指标理论上可以考虑得非常全面但实践中却相对简约。鉴于指标选取的可行性、代表性和层次性，旅游可持续发展的经验框架如表11-3所示。虽然该评价框架已经大幅精简，但五大标准均给予了保留且相关指标均有代表性问题与之对应。在简约框架中，资源环境标准包括价值独特性、资源丰富性、生态环境和传统文化保护四个二级指标；社会标准包括基础设施、公共卫生与安全、公共环境三个二级指标；经济标准有旅游需求、居民收入、服务设施及内容、地方政府收入和市场营销等，管理标准包括制度、法规、政

策和经营管理两个二级指标，教育标准则以多种方式的生态旅游宣传教育来表征。从表11-3可以看出，二级指标相对抽象，也可能包含更多方面，故需要三级指标来对相应问题做进一步描述与刻画。

表11-3 旅游可持续发展的一个简约框架

一级指标	二级指标	三级指标	指标评分标准
资源环境	价值独特性	自然与文化资源价值情况	是否为世界文化遗产:1(是);0(否)
	资源丰富性	旅游资源规模	周边景点个数
		旅游气候舒适期	气候条件是否避暑:1(是);0(否)
		美誉度	是否受到微博关注:1(是);0(否)
	生态环境	地质地貌完整性	携程网景区景色评分
	传统文化保护	当地仪式和节日的饮食情况	地方特色美食种数
		是否保留当地习俗和语言	是否有历史人物故事:1(是);0(否)
社会	基础设施	交通通达性	景区公交线路数
		游览设施建设	是否有容纳游客休憩的建筑：1(是);0(否)
	公共卫生与安全	厕所数量和布局情况	景区周边公共厕所个数
	公共环境	旅游目的地治安状况	游客出游方式:5(A类);4(B类);3(C类);2(D类);1(E类)
		游客对公共环境的满意度	携程网游客点评数
经济	旅游需求	旅游季节性	推荐旅游的季节:5(四季);3(两到三季);1(一季)
		停留时间	建议游玩时间:5(2天以上);3—2天);1(1天以内)
		游客总人数	携程网已去游客数量
		游客总体满意度	携程网景区综合评分

续表

一级指标	二级指标	三级指标	指标评分标准
经济	居民收入	鼓励使用本地产品和服务	景区额外交通消费（元）
	服务设施及内容	住宿设施数量	景区周边酒店个数
		餐饮设施数量	景区周边餐厅个数
	地方政府收入	住宿价格	景区酒店平均价格（元）
		餐饮价格	景区餐厅平均消费价格（元）
	市场营销	网络宣传	携程网景区性价比评分
		旅游形象塑造程度	携程网景区趣味评分
管理	制度、法规、政策	制度和政策框架	景区优待政策条数
	经营管理	是否遵守环境承载能力规范	景区开放时间小时数
教育	旅游者行为指导	多种方式的生态旅游宣传教育	是否有官方网站：1（是）；0（否）

二、旅游可持续发展指标的量化

携程网是国内酒店、机票和景区相关信息服务的重要平台，能够提供旅游可持续发展评价框架三级指标量化的大数据参考。由于携程网数据会实时更新，故相应数据在2017年5月4日至5月15日10天之内被随机地抽取和记录。资源环境类三级指标的具体评分细则设定如下：是否为世界文化遗产可以刻画自然与文化资源价值及其独特性；周边景点个数、气候舒适期和美誉度三者共同刻画资源丰富性，其中气候舒适期由气候条件是否适合避暑决定，美誉度则由是否收到微博关注刻画；生态环境由游客对景区景色的评分决定；地方特色美食种数和是否有历史人物故事决定社会文化层面的保护情况。就社会而言，景区公交线路数和是否有容纳游客休憩的建筑反映基础设施情况；可以使用景区周边公共厕所个数反映公共卫生与安全，使用游客出游方式和游客点评数刻画公共环境。经济维度的考察包含以下几个方面：

推荐旅游的季节、建议游玩时间、已去游客数量和景区综合评分表征旅游需求，景区额外交通消费（如当地人提供的代步工具）表征居民收入，景区周边酒店个数和餐厅个数表征服务设施及内容，景区酒店平均价格和餐厅平均消费价格用来刻画地方政府收入，景区性价比评分用来表征市场营销。管理维度的可持续性考察包括两个方面：一是景区优待政策条数，二是景区开放时间小时数。教育维度则基于是否有官方网站进行考察。

从评分细则来看，有一些指标能较好地被量化，如价格、政策数、小时数等，但有一些变量尚不能被较好地量化，如是否为世界文化遗产、是否适合避暑、游客出游方式等。为了量化"是否"意义上的标准，一般使用0—1的形式加以量化，即"是"意义上的评分标准设为1，而"否"意义上的评分标准设为0。部分等级意义上的评分标准根据不同等级赋予1、3或5，具体设定规则见表11-3。与此同时，"周边范围"设定如下：酒店数量系景区4公里范围内，餐厅数量系景区2.5公里范围内，交通和公共厕所系景区1.5公里范围内。为了不同区间范围内的评价指标可比较，相应评分被标准化或无量纲化。正相关的指标一般使用式（11-1）标准化，而负相关的标准化一般使用式（11-2）：

$$r_{ij} = \frac{x_{ij} - \min_j\{x_{ij}\}}{\min_j\{x_{ij}\} - \min_j\{x_{ij}\}} \quad (11\text{-}1)$$

$$r_{ij} = \frac{\min_j\{x_{ij}\} - x_{ij}}{\min_j\{x_{ij}\} - \min_j\{x_{ij}\}} \quad (11\text{-}2)$$

其中，r_{ij}指第f个对象的第i个指标的标准化值；x_{ij}指第j个对象

的第 i 个指标的原始数值。$\max_j\{x_{ij}\}$ 代表第 i 个指标在 j 个对象中的最大值，$\min_j\{x_{ij}\}$ 代表第 i 个指标在 j 个对象中的最小值。旅游可持续发展指数根据熵值赋权法对各三级指标进行赋权。信息熵是对不确定性的一种度量。信息量越大，不确定性就越小，熵也就越小。反之则反是。据此，熵值可以判断某个指标的离散程度，指标的离散程度越大，该指标对综合评价的影响（权重）越大；即熵值越小时相应权重越高。具体到26个三级指标层面，计算第 i 个对象的第 j 个指标占该指标的比重可根据式（11-3）得到：

$$f_{ij} = \frac{r_{ij}}{\sum_{j=1}^{n} r_{ij}} \qquad (11\text{-}3)$$

此时，第 i 个指标的熵值定义为：

$$H_i = -k \sum_{j=1}^{n} f_{ij} \ln f_{ij} \qquad (11\text{-}4)$$

其中，$k=1/\ln n$，n 是景区数量。各指标的权重计算公式如下：

$$w_i = (1 - H_i) / (m - \sum_{i}^{m} H_i) \qquad (11\text{-}5)$$

其中，m 是指标数量。根据式（11-4）和式（11-5）所确定的权重可以计算各景区的综合得分，即旅游可持续发展指数。该指数由权重 w_i 与标准化的数据 r_{ij} 相乘得到。由于指标分为五个维度且为了实现各个维度之间的比较，百分制下各维度可持续分值计算公式如下：

$$S_i = \sum_{i} (r_{ij} \times w_i \times 100) \qquad (11\text{-}6)$$

至此，直接基于三级指标权重便可得到旅游可持续发展指数，然而这一得分会低估管理或教育等维度的影响。为了刻画资源环境、社会、经济、管理和教育五个维度在旅游可持续发展中的合理影响，五个维度的一级指标权重被重新赋值，即根据每个维度指标数占所有指标数的比重加以确定。具体地，五个维度的一级指标权重可以通过$\frac{m_t}{t}$确定，其中m_t代表每个一级指标下包含的三级指标数，t代表三级指标总数。此时，旅游可持续发展指数的综合得分由式（11-7）决定。

$$S_r = \sum_{1=1}^{s} S_1 \times \frac{m_t}{t} \qquad (11-7)$$

三、结果讨论

旅游可持续发展评价对象若为景区，绝大部分的评价研究均局限于某一个景区，甚少对大样本景区进行比较研究。本评价对象包括全国247个5A级景区，量化标准包括资源环境、经济、社会、管理和教育五个维度。由于有些景区是由小景区组成——例如苏州园林就是由拙政园、留园和虎丘组成，故基于细分景点的5A级景区量化对象总数是274个。5A级景区是全国旅游景区的最高荣誉，具有广泛的代表性和典型性。根据熵值赋权法得到的三级指标权重如表11-4所示，权重越大代表其对旅游可持续发展指数而言越重要。在所有三级指标中，自然与文化资源价值情况的权重最高，达0.1206。这意味着是否为文化遗产对于旅游可持续发展而言意义重大，而且是单因素分析框架中最重要的影响因素。鼓励使用本地产品和服务的权重次之，景区额外交通消费的权重为0.1015。若将相应权重加总到二级指标层面，此时最高权重的二级指标为基础设施，权重为0.163；资源丰富性和价值独特性紧随其后，权重分别为0.1296和0.1206。在熵值赋权法下，五个维度一级指标的权重之比为0.3177 : 0.2903 : 0.3675 : 0.0076 : 0.0167。客观赋权结果表明旅游可持续发展依次依赖经济、资源环境和社会三个维度，对管理和教育的重视程度不够，后两者加总的权重仅约2%。

表 11-4　基于熵值赋权法的旅游可持续发展指数三级指标权重

一级指标	二级指标	三级指标	权重
资源环境	价值独特性	自然与文化资源价值情况	0.1206
	资源丰富性	旅游资源规模	0.0322
		旅游气候舒适期	0.0444
		美誉度	0.0530
	生态环境	地质地貌完整性	0.0017
	传统文化保护	当地仪式和节日的饮食情况	0.0327
		是否保留当地习俗和语言	0.0331
社会	基础设施	交通通达性	0.0878
		游览设施建设	0.0752
	公共卫生与安全	厕所数量和布局情况	0.0666
	公共环境	旅游目的地治安状况	0.0051
		游客对公共环境的满意度	0.0556
经济	旅游需求	旅游季节性	0.0180
		停留时间	0.0124
		游客总人数	0.0106
		游客总体满意度	0.0016
	居民收入	鼓励使用本地产品和服务	0.1015
	服务设施及内容	住宿设施数量	0.0677
		餐饮设施数量	0.0923
	地方政府收入	住宿价格	0.0431
		餐饮价格	0.0126
	市场营销	网络宣传	0.0046
		旅游形象塑造程度	0.0031
管理	制度、法规、政策	制度和政策框架	0.0014
	经营管理	是否遵守环境承载能力规范	0.0062
教育	旅游者行为指导	多种方式的生态旅游宣传教育	0.0167

为了适当缓解熵值赋权法对管理和教育所持有的偏见，式（11-7）根据每个一级指标所拥有的三级指标数占所有三级指标数的比重对五

第十一章　旅游可持续发展的地区实践与典型模式　　273

个维度重新赋权并计算旅游可持续发展指数。2017年最高和最低可持续发展水平的30个5A级景区评价结果如图11-1所示。就全国所有5A级景区而言，旅游可持续发展指数得分偏低，最高分是58.21，最低分是6.04。旅游可持续发展指数得分较高的前三个景区是丽江古城景区、苏州园林（拙政园）和西湖风景名胜区，分别为58.21、49.20、48.63；旅游可持续发展指数得分较低的三个景区是呼伦贝尔市柴河旅游景区、阿勒泰地区白沙湖景区和喀什地区泽普金湖杨景区，分别为6.75、6.12、6.04。景区之间旅游可持续发展水平的差异较大，景区之间的学习和借鉴是低可持续发展水平地区走旅游可持续发展之路的重要途径。

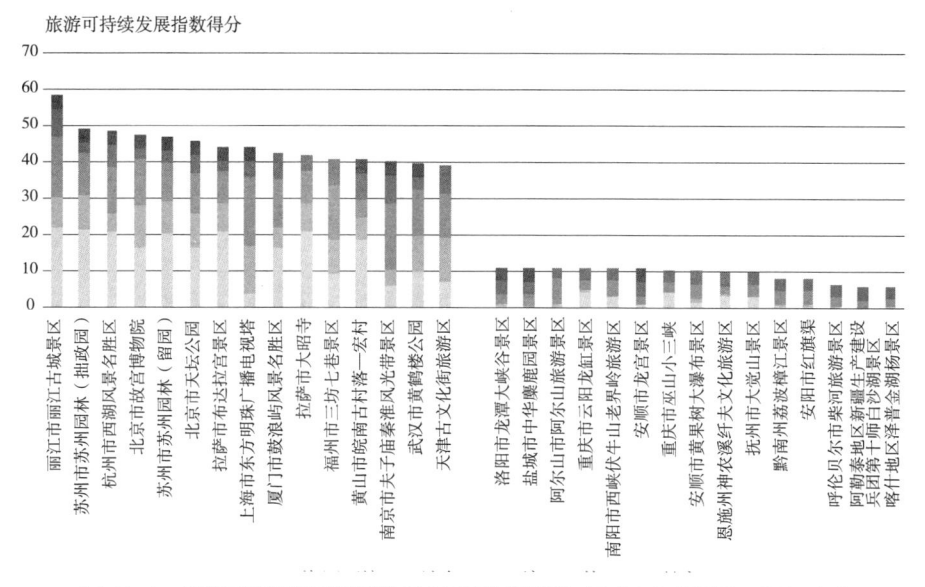

图 11-1　旅游可持续发展指数排序（最高和最低的15个5A级景区，2017年）

若取平均值为基准水平，旅游可持续发展指数的基准水平为22.5。据统计，在274个样本中，高于基准水平的景区有168个，占61.3%。旅游可持续发展水平较高的景区主要集中于东部地区，其中浙江和江苏较多；中西部省份景区可持续发展水平较差且所占比例较高；其中西藏非常特殊，作为一个西部省份其5A级景区旅游可持续发展水平皆高于基准水平。各地区旅游可持续发展水平差异形成的原因主要有两个方面：一是经济权重的差异，中国各地不乏资源环境禀赋优越之地但东中西部经济发展水平的差异十分显著；二是景区建设力度和对生态环境的重视程度存在差异，西藏只有布达拉宫景区和大昭寺两个景区，景区建设力度集中，而且西藏脆弱的生态环境以及布达拉宫和大昭寺的重要地位迫使旅游发展必须注重可持续性。

从资源环境、社会、经济、管理和教育五个维度来看，资源环境的重要性非常突出。图11-2是旅游可持续发展指数前十位和后十位的景区。相对于后十位，前十位在五个维度的表现相对平衡，且资源环境、经济和社会贡献较大。从后十位景区的指数结构来看，五个维度的表现均不佳且结构也不合理；资源环境、社会和教育的作用没有得到深度挖掘，对经济和管理的依赖相对较大。

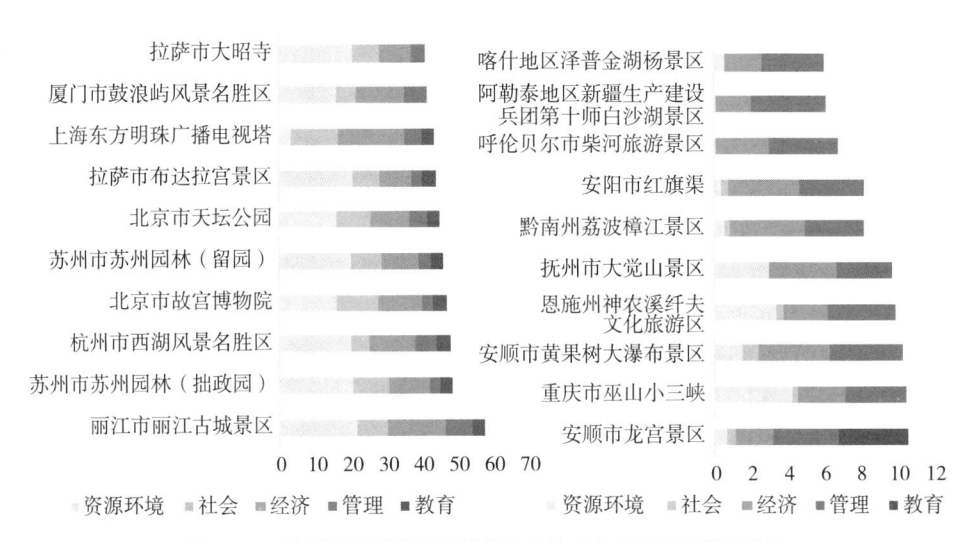

图11-2　旅游可持续发展指数前十位和末十位景区的得分结构

第三节　旅游可持续发展的典型模式

资源环境、社会、经济、管理和教育五个维度相辅相成，两两组合或三三组合能够产生多种旅游可持续发展的重要模式。譬如，"资源环境+经济"模式是指景区发展着重依靠资源环境和经济两要素，"资源环境+社会+经济"模式是指景区发展在资源环境、社会和经济三个维度均具有比较优势。诸如此类，旅游可持续发展模式可以是单因素主导型，也可以是多因素主导型。与旅游可持续发展指数的均值结构相比，景区实践所勾勒的旅游可持续发展模式包括人与自然兼顾型、资源环境主导型和社会经济推动型。

一、人与自然兼顾型

人与自然兼顾型的发展模式是指景区在推动经济社会发展的同时注重环境保护并统筹管理和教育。这种类型的发展模式由于兼顾资源环境、社会、经济、管理和教育五个方面的发展而具有各方面相互协调、相互促进、共同发展的特点。人与自然兼顾型发展模式的主要特征是全面发展。丽江古城景区、杭州市西湖风景名胜区以及北京天坛公园是人与自然兼顾型旅游可持续发展模式的典范。三处景区在五个维度的相应得分值均高于基准水平，如图11-3所示。人与自然兼顾型旅游可持续发展模式比较适合人文景观和自然景观都相对丰富且以历史人文景观为主、自然与人文紧密结合的景区。这类景区的旅游开发重点在于人文景观消费，此类旅游目的地可持续发展需要在充分挖掘人文景观的同时通过管理和教育保护古建筑、传统文化和自然环境。

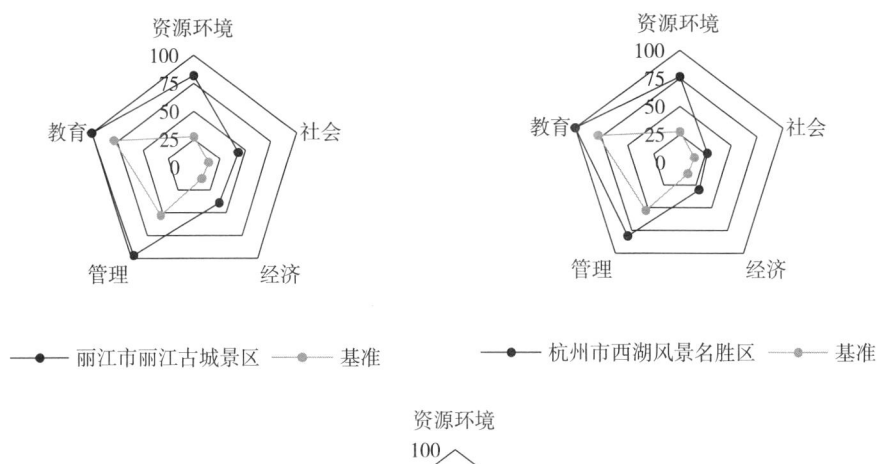

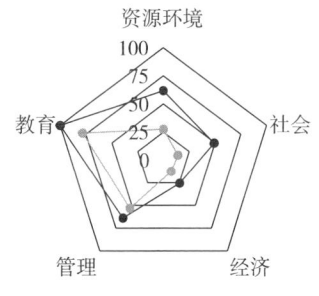

图 11-3　人与自然兼顾型旅游可持续发展模式

二、资源环境主导型

资源环境主导型的发展模式是指景区偏重资源环境因素，而社会和经济的发展则相对落后。资源环境主导型发展模式的主要特征是资源环境优先。庐山风景名胜区、黄山风景区和阿坝州黄龙景区是资源环境主导型发展模式。三处景区吸引游客的主要因素是资源环境，社会和经济两个维度相对较弱甚至低于基准水平，如图 11-4 所示。资源环境主导型发展模式适合以自然景观为主的景区，如湿地旅游区、森林旅游景区、山地旅游景区等。资源环境是此类景区发展的命脉，环境污染、自然资源损耗、自然环境破坏等都会严重影响和阻碍景区旅游的可持续发展。

三、社会经济推动型

社会经济推动型是指景区的社会经济发展水平高且对资源环境的依赖少，教育的作用相对突出。社会经济推动型的发展模式适用于以现代人造设施景观为主的旅游景区，自然景观和历史人文景观较少。这类景区通常位于城市，属于城市旅游范畴。随着城市和社会的发展，其现代化的都市建筑和高质量的服务成为吸引游客来访的重要因素，包括基础设施条件的提高和公共服务的改善。上海东方明珠广播电视塔、上海科技馆以及北京奥林匹克公园是社会经济推动型的典范。三

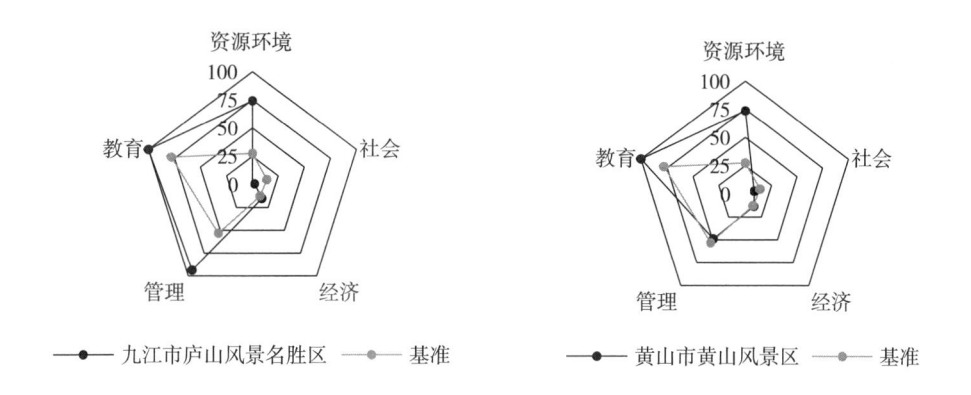

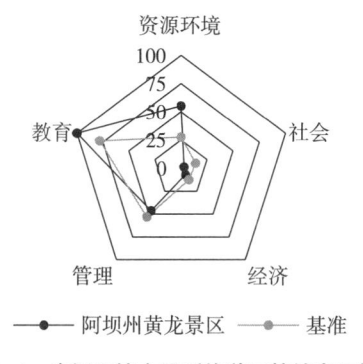

图 11-4　资源环境主导型旅游可持续发展模式

处景区的主要特色是现代化的建筑和高水平的服务设施，社会和经济方面的得分普遍高于基准水平，而资源环境维度的表现则低于基准水平，如图11-5所示。

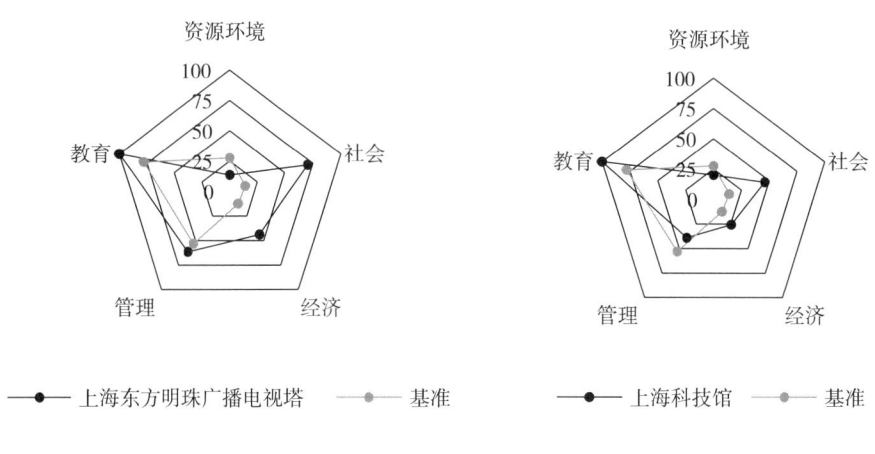

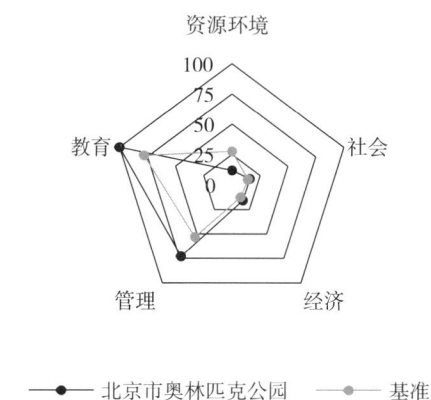

图11-5 社会经济推动型旅游可持续发展模式

四、游客偏好与模式选择

人与自然兼顾型、资源环境主导型、社会经济推动型为其他可持续发展水平较低景区实现跨越式发展提供了模式参考。然而，它们虽然能够推动特定景区走向可持续但同样会面临一系列问题。譬如，虽然有部分景区通过适宜的发展模式成功发展可持续旅游但是大多景区仍然未能成功建立其适宜的发展模式，在某些方面存在短板。与此同时，三种发展模式都是禀赋依赖型。虽然遵循资源禀赋发展能够使产业更加具有竞争性，也更容易获得高收益，但过度依赖资源禀赋会限制旅游的发展路径，同类型景区旅游产品同质化现象严重，原本的禀赋优势反而成为资源短板。因此，景区在选择适宜的发展模式时不仅要克服模式短板同时也要防止资源禀赋的过度依赖。

游客对景区可持续发展之路的偏好可以为景区走旅游可持续发展之路提供差异化策略。在旅游可持续发展指数构造中，游客总人数为已去游客人数，刻画的是携程用户对相应景区的实际需求。与此同时，携程网还统计了潜在游客人数，即想要去该景区旅游的携程用户数。表 11-5 是潜在游客人数与旅游可持续发展指数的回归结果。

表 11-5 旅游可持续发展指数与游客偏好

	潜在游客人数	
	模型 1	模型 2
旅游可持续发展指数	73.21*** （2.68）	
旅游可持续发展指数—资源环境得分		27.51 （0.58）
旅游可持续发展指数—社会得分		−77.16 （−0.75）
旅游可持续发展指数—经济得分		418.9*** （3.28）
旅游可持续发展指数—管理得分		−592.5*** （−2.70）
旅游可持续发展指数—教育得分		43.37 （0.25）

续表

	潜在游客人数	
	模型 1	模型 2
常数项	9112.3*** （12.43）	10855.9*** （9.98）
N	274	274
调整 R^2	0.015	0.064
AIC	5399.4	5389.6
BIC	5406.6	5411.3

注：括号中的为稳健的 t 值，* 表示 $p<0.1$，** 表示 $p<0.05$，*** 表示 $p<0.01$。

模型 1 刻画了潜在游客人数与旅游可持续发展指数之间的总体关系。从结果来看，两者正相关关系十分显著；百分制旅游可持续发展指数提高 1 个点可以增加约 73 位潜在游客；提高景区的旅游可持续发展水平能够显著地提升景区的潜在旅游需求。模型 2 细致地区分了旅游可持续发展指数的结构，资源环境、社会、经济、管理和教育五个维度对潜在游客人数的影响存在显著差异。五个维度中，仅有经济与管理维度的因素对潜在游客人数存在显著影响。就经济与管理而言，经济因素正向作用于潜在游客人数，管理因素反向作用于潜在游客人数。这意味着游客偏好于选择经济自由度高而管理束缚少的景区。鉴于此，从旅游可持续发展指数与游客偏好的关系来看，旅游可持续发展典型模式的发展空间不尽相同。人与自然兼顾型与社会经济推动型由于兼顾了经济发展的因素而备受游客关注，资源环境主导型却有可能因为过度的禀赋依赖而面临更大的发展瓶颈。

第十二章　研究结论与展望

旅游可持续发展需要在扩大国内旅游需求的同时突破资源刚性约束。国内旅游需求是对国内旅游产品的需求，受经济和非经济因素共同影响。经济因素包括价格和收入等因素，非经济因素包括人口社会和资源环境，其中资源环境因素逐渐成为生态文明视域下旅游需求问题研究关注的焦点。本章给出了若干重要结论、对策举措和研究展望。

第一节　重要结论

从要素视角来看，影响旅游需求的资源环境因素包括气候资源、环境资源和旅游资源，不同资源对不同地区不同类型的旅游需求具有正向或负向的影响；从约束视角来看，气候变暖与滑雪旅游需求、季节性波动与观光旅游需求、旅游资源与特色旅游需求、海洋污染与滨海旅游需求是真正构成约束的几对关系；从策略来看，理论层面上的应对策略包括可持续旅游、绿色旅游、生态旅游、低碳旅游和旅游循环经济等思路。

一、国内旅游需求函数的稳健估计：从旅行成本到成本结构

需求是经济学的核心概念，需求函数是市场均衡分析的基础，旅

游需求函数估计是旅游需求问题研究的基础。旅游需求函数估计由来已久。不管是在理论层面还是在经验层面，不管是在微观层面还是在宏观层面，不管是在国内层面还是在国际层面，影响旅游需求的最重要因素都是旅游价格。基于不同的估计结果，有些景区旅游需求的价格弹性大于1而有些景区旅游需求的价格弹性小于1，有些情形下旅游需求的收入弹性大于1而有些情形下旅游需求的收入弹性小于1；基于不同的估计策略，有些研究使用了双对数模型而有些研究使用了单对数模型，有些经验研究是在控制住价格或收入因素后考虑更多的影响因素而有些经验研究直接考察非经济因素的影响。诸如此类，如何估计出稳健的旅游需求函数是旅游需求问题研究中迫切需要解决的重点与难题。旅行成本模型是资源环境经济学中用于估计旅游资源经济价值的一种经典方法，经过多年应用与发展已经具有相对完备的理论基础，能够为估计稳健的旅游需求函数提供理论支撑。与此同时，在旅游需求指标取向偏好于停留时间的大背景下，考察停留时间内生情形下游客的出游偏好能更精准地估计出旅游需求函数，此时的弹性分析结果也将更加稳健。

二、国内旅游需求的城乡二元结构：从城市旅游到乡村旅游

中国城市居民国内旅游需求具有显著的正向空间溢出效应，在进一步区分地理意义、经济意义、地理和经济双重意义三类"邻居"的情况下其空间溢出效应依然显著且稳健，因此充分发挥空间溢出机制是扩大国内旅游需求的重要途径，尤其是经济"邻居"的带动和示范效应。与此同时，旅行成本和时间的机会成本显著地负向作用于中国城市居民国内旅游需求，旅行成本、时间的机会成本和居民收入的国

内旅游需求弹性均小于1，因此提价策略的内在驱动机制值得旅游管理部门在出台"限价令"时予以高度重视并加以克服。此外，城市居民的年龄等微观特征对国内旅游需求同样具有稳健的影响，探究游客的异质性是国内旅游业"个性化"发展的基础。然而，时间机会成本对农村居民旅游需求的影响不显著性，城乡二元结构中农村居民国内旅游需求的经济决定因素是城市居民旅游需求函数估计的有益补充，"对于农村居民而言，旅游是奢侈品"这一观点也有待进一步深入验证。

三、国内旅游需求的影响因素研究：从经济因素到非经济因素

经济因素包括经济发展水平和相对经济发展水平，非经济因素包括文化支出、化学需氧量和二氧化硫。实证结果显示，一是经济发展水平和相对经济发展水平当期对旅游需求具有正向影响，在长期中经济发展水平依然是扩大旅游需求的主导因素。二是文化支出对旅游需求的单向影响机制十分显著，而旅游需求对文化支出的作用却十分有限，文化与旅游的双向影响关系不成立；而且，文化支出对旅游需求的冲击呈现出"倒U"型的脉冲响应机制，年响应峰值可以达到9.5%。三是环境与旅游的相互关系得到了验证，但不同污染物与旅游需求之间的关系不同。在动态分析框架下，化学需氧量与旅游需求之间显著相关，即旅游需求会产生一定的水体污染而减少化学需氧量排放能够有效地刺激旅游需求；然而，二氧化硫与旅游需求的相关关系并不显著，大气污染物减排与旅游需求之间的正向影响关系在样本区间上尚不明确。四是非经济因素对旅游需求的影响更为深远，非经济因素对旅游需求的影响需要在更长的期限内完成；而且在稳态处，非经济因素影响旅游需求的长期累积效应可以达到约50%（如化学需氧量在第

30期达到了49.9%），与经济发展水平影响旅游需求的长期累积效应（经济发展水平在第20期就达到了稳态的66.6%）相当，这表明非经济因素对旅游需求同样具有十分重要的影响。

四、国内旅游需求的资源环境影响：从单一要素到要素组合

在旅游需求函数的估计中，多元分析回归结果往往能够揭示出除了价格和收入等经济因素以外的诸多非经济影响因素。在经验研究中，非经济因素包括人口社会因素与资源环境因素。具体来说，人口和社会因素如性别、年龄、教育、时间、基础设施、拥堵指数、国家安全指数、犯罪率、恐怖袭击、战争、自然危害和疾病暴发等，资源和环境因素如温度、降雨量、日照时长、湿度、风速、风暴、污染物、空气质量、雾霾、二氧化碳、海洋污染、水资源存量、文物保护、南宋文化、全国重点风景名胜区、国家级自然保护区、国家级森林公园、国家历史文化名城、全国重点文物保护单位等。就资源和环境而言，各类因素可以被纳入气候资源、环境资源和旅游资源三大类资源之中。基于"有无影响"的考察，除了被文献研究过的资源外，其他资源环境因素均可成为国内旅游需求资源环境影响研究可以拓展的方向。任何国内旅游需求的研究都离不开旅游资源，它可以内化于旅游需求问题研究。气候和环境资源对国内旅游需求的影响可以从具体污染物（如二氧化硫和化学需氧量）视角切入研究，也可以从多种气候因素（如旅游气候指数）视角切入研究，还可以从滨海垃圾污染（如烟蒂、塑料瓶、易拉罐和渔网等）细分视角切入。从无到有和从单一要素到要素组合的一系列变化可以揭示出国内旅游需求的资源环境影响。

五、国内旅游需求的资源约束机制:从直接机制到间接机制

基于国内旅游需求的资源环境影响考察约束机制存在以下几种情形:一是资源环境对国内旅游需求的负面影响可以认为是一种约束,也是最为直接的约束机制;二是资源破坏和环境污染所导致的国内旅游损失可以认为是一种约束,该约束直接导致了损失,归为直接约束机制;三是资源环境的影响由正变为负,如通过拥挤成本或停留时间等中间变量对国内旅游需求产生影响,此为旅游需求资源约束的间接机制。气候变暖与滑雪旅游需求、季节性波动与观光旅游需求刻画了资源因素对国内旅游需求的负向影响,旅游资源与特色旅游需求、海洋污染与滨海旅游需求刻画了直接损失。四个约束机制的经验研究均探讨了直接机制,间接机制的研究相对缺乏。相对于文献中的四个约束机制,基于要素拓展的直接机制讨论有待深入。譬如,二氧化硫和化学需氧量作为若干"五年计划"总量控制的主要污染物如何对旅游需求产生冲击,旅游气候指数又会对不同气候类型地区的国内旅游需求变化产生何种差异化的影响,特定污染物会对旅游业的发展产生多大的负面影响。与直接机制不同,内生旅行成本模型为旅游需求资源约束间接机制的讨论提供了理论基础,"资源约束—停留时间—旅游需求"的逻辑能够在解构旅行成本结构的基础上揭示旅游需求资源约束的间接机制。具体来说,国内旅游需求变化的资源约束实为成本约束;资源环境与旅游需求之间的桥梁可以是停留时间,停留时间机制使环境感知与旅游收入的关系变得显性;延长停留时间不应是旅游业可持续发展的最终目标,停留时间机制化有助于拓宽应对旅游需求变化的思路。

六、资源环境的国内旅游需求效应:从经济影响看刚性约束

资源环境与旅游需求之间的因果关系显著且明确,从资源环境退化所导致的旅游损失可以从另一侧面看出资源环境对旅游需求的刚性约束。国内旅游需求的资源环境约束效应显著。以滨海旅游为例,2006—2015 年 47 个样本城市国内滨海旅游业海水污染经济损失平均值高达 28.71 亿元,上海市、天津市和浙江省国内滨海旅游业海水污染经济损失值占 GDP 的比重分别为 4.05%、0.97% 和 0.6%,广西壮族自治区、河北省和山东省国内滨海旅游业海水污染经济损失值占 GDP 的比重分别为 0.029%、0.051% 和 0.063%。国内旅游需求存在资源环境等外在约束机制和经济发展等内在驱动机制。就外在机制而言,无机氮、活性磷酸盐、化学需氧量和石油与国内滨海旅游业损失值之差值存在正向关系;就内在机制而言,地区经济产值、城市化水平、工业化水平等因素也在不同程度上影响着国内旅游需求的增长潜力。当模拟浓度设定为近岸海域海水污染物实际浓度的 90% 时,沿海城市国内滨海旅游业损失值显著下降,即在海水污染物排放得以控制的情况下国内滨海旅游需求增长潜力巨大。

七、旅游可持续发展的框架与模式:从政策矩阵到地区实践

破除资源环境约束需要旅游走可持续发展之路。理论上来说,旅游可持续发展有绿色旅游、生态旅游、低碳旅游和旅游循环经济等多条路径;从实践来看,区域联动发展、地区特色举措和环保攻坚战等为旅游可持续发展提供了经验良方。虽然不同的理论和经验研究提供了不同的具体的旅游可持续发展思路,但旅游可持续发展的政策矩阵和地区实践并不系统,有待梳理和重构。国内旅游可持续发展的供求

策略包括生态化政策、多元化政策、一体化政策和差别化政策。生态化政策可以细分为旅游资源资产管理政策、旅游资源有偿使用政策、旅游资源生态补偿政策；多元化政策可以细分为旅游产品合理定价政策、旅游市场细分优化政策、旅游产业链式开发政策；一体化政策可以细分为旅游收入市场激励政策、旅游消费政府激励政策、城乡旅游协同发展政策；差别化政策可以细分为选择偏好差别化满足政策、旅行成本差异化定位政策、旅游消费观念引导政策。国内旅游可持续发展的实践模式包括人与自然兼顾型，如丽江古城景区、杭州市西湖风景名胜区以及北京天坛公园；资源环境主导型，如庐山风景名胜区、黄山风景区和阿坝州黄龙景区；经济社会推动型，如上海东方明珠广播电视塔、上海科技馆以及北京奥林匹克公园。耦合生态化政策、多元化政策、一体化政策和差别化政策是景区通过典型模式成功走上可持续发展道路的制度保障。

第二节 对策举措

一、以区域联动发展为中心突破旅游可持续发展短板约束

区域联动发展是景区突破短板约束的关键。区域旅游资源的整合和统筹能够有效避免资源依赖造成的旅游产品同质化问题。谢慧明、俞梦绮、沈满洪（2016）指出加强城市间的经济联系能有效地扩大国内旅游需求，各区域可以基于经济发展水平和旅游资源禀赋等差异进行合作从而推动旅游可持续发展。[①] 一方面，区域合作可基于各区域

---

① 谢慧明、俞梦绮、沈满洪：《中国城市居民国内旅游需求的成本结构与邻居效应》，《城市与环境研究》2016年第4期。

旅游资源的相似性或差异性进行，突出区域联动。譬如在武汉洪山区，陈峰云等（2002）强调该地区山水旅游建设必须纳入武汉市大旅游的构架，必须加强旅游业的区际联系，必须建立区际合作机制，必须与周边地区形成一个路线相连、产品各异的旅游联合体。[①]另一方面，区域联动的基础是区域之间资源整合与共享。就滨海旅游而言，刘佳（2010）认为由于海域跨度大且涉及区域多，沿海各个地区之间的滨海旅游资源往往是互相关联且可以共享。[②]沿海毗邻地区之间可在滨海资源开发上规划好上下游之间的利弊关系，实现共赢。

旅游的区域联动发展需要在地理和合作形式方面作出突破，如打破行政区域限制、改变传统的单边合作模式、建立多边合作和全面联动的网络状多核辐射的旅游区域联合体。核心—边缘理论由美国学者弗里德曼提出，其将各旅游地视为独立的核心—边缘结构，即分为核心区和边缘区的旅游单元。空间邻近的各个核心—边缘结构可以通过交通纽带和空间协调等方式打破地理行政区划边界，各结构的边缘区融入核心区以形成更大的核心，改变核心区以某高水平旅游景区为核心的形式推进多边合作以建立多核心辐射模式。[③]具体来说，不同地区需要根据地理空间的位置和资源互补状况，通过政府联合领导、建设旅游走廊、整合资源综合管理等方式，建立旅游区域联合体，扩大市场竞争力。旅游区域联合体可分为三个层次，分别是县级联动、市级

---

① 陈峰云、何晓蓉、何琼：《武汉市洪山区山水生态旅游资源开发》，《国土与自然资源研究》2002年第3期。
② 刘佳：《中国滨海旅游功能分区及其空间布局研究》，博士学位论文，中国海洋大学，2010年。
③ 王有宁、赵丽艳、刘峰贵等：《青藏地区区域旅游联动开发机理与模式》，《经济地理》2009年第29期；陈玉涛：《山东半岛蓝色经济区旅游联动开发模式研究》，《生态经济》（中文版）2012年第4期。

联动以及省级联动。县级联动的区域联合体通过各县、乡、村旅游景区的联合,自由组合,形成市内的一个或多个区域联合体。市级联动的区域联合体根据各市内旅游资源的互补性,合理规划省内旅游布局,城市与城市相互联合共享资源和市场,在省内形成不同的区域联合体。省级联动的区域联合体则是考察省内的旅游资源,并与邻近资源互补、市场共享的省份合作联动,在全国东中西不同地区形成区域联合体。

旅游区域联动包括资源、市场、营销、形象和交通五方面联动,与旅游可持续发展的标准相对一致。区域联动的基础是资源联动开发,通过整合区域内部相似或互补的旅游资源,共同开发,合理安排旅游景区分布,并采取"旅游业+"的策略,促进多业融合,形成分布合理、业态多样的旅游格局。区域联动的关键是市场联动,通过共享市场和客源,将各景区的客源引进联合体的其他景区,提高市场对联合体的认同。区域联动还需要实行产品营销的联动,通过各政府、旅游企业及相关行业人员合作共建一支统一的营销队伍,参加国内外旅游交易会,共同进行联合促销,将各景区旅游产品组合销售,提高旅游收益。区域联合体旅游形象的统一塑造能够给予联合体灵魂和内涵,是吸引游客的重要手段。交通设施是联系区域联合体内各景区的纽带,区域的联动必然依靠交通的联动,各地政府需要共同规划和建设。[①]

二、以资源和制度为保障推进旅游可持续发展

旅游资源是旅游活动的基础,旅游法律法规是可持续旅游发展的保障。旅游可持续发展需要恢复生态环境以保证资源可持续,需要健

---

① 张辉、沈中印、李松志:《庐山—鄱阳湖区域生态旅游联动开发研究》,《生态经济》2011年第5期。

全法律法规以提供制度支持。恢复生态环境是指恢复环境承载力，即恢复生态旅游承载力。生态旅游系统承载力既包括生态旅游资源承载力和环境承载力的客观要素，也包括人的观念行为和旅游产业状况的主观要素。[1] 环境承载力的恢复既要考虑资源、环境等客观对象，也要考虑人及与人相关的不同主体。这就首先应坚持"政府主导、分区利用、绿色运营、游客管理、环境教育、社区参与、公众支持"的运行机制，从不同主体出发对生态环境的承载力进行修复，以生态要素与社会要素之间的相互作用关系为切入点，处理好旅游可持续发展各方面之间的复杂关系，统筹协调形成合力，保障旅游环境的可持续性。[2] 其次，必须遵循自然界运行的客观规律，处理好旅游环境和资源的保护与利用关系。以湿地生态旅游为例，对于鸟类繁殖或休憩的时节以及湿地其他生态资源本身修复的季节，可以选择性停止其对外开放使生态旅游系统得以定期修整。此外，还可以利用社会经济运行的规律，根据节假日和季节性导致的淡旺季旅游需求不同合理分配旅游资源。如法定节假日往往是旅游的旺季，生态旅游的消费需求不断增加，因此有必要在旅游需求的淡季定期关闭相关旅游项目用以环境承载力恢复。

健全法律制度需要不断完善国家旅游法和地方性旅游法规，建立协调经济发展和环境保护关系、规范市场参与者行为、包容传统伦理道德、文化习俗和宗教习惯的法律体系，建立生态旅游专项法规，做到旅游管理有法可依。中国旅游业配套的法律制度和管理制度相对丰富。国家层面上，中国在2013年10月1日出台了《中华人民共和国

---

[1] 尚天成、肖岚：《生态旅游系统的承载力》，《天津大学学报》（社会科学版）2006年第8期。

[2] 向宝惠、曾瑜哲：《三江源国家公园体制试点区生态旅游系统构建与运行机制探讨》，《资源科学》2017年第39期。

旅游法》，标志着中国旅游业进入全面依法办事阶段。除了法律，中国在 2010 年和 2016 年相继出台了《中国公民出国旅游管理办法》《导游人员管理条例》《旅行社条例》三个行政法规。在地方层面，各省纷纷出台地方旅游管理条例，包括各省的旅游条例、《大陆居民赴台湾地区旅游管理办法》《旅游行政处罚办法》《旅游安全管理办法》《旅行社责任保险管理办法》、各景区的保护管理办法、世界自然和文化遗产的保护办法、关于旅游价格的管理规定、旅游投诉处理办法、旅游行政处罚裁量标准、旅游质量监督管理工作制度、行政执法监督办法等，涵盖各个方面。

法律制度是保障旅游可持续发展的根本和底线，法律制度的建立能够确立生态价值观在旅游市场中的地位，理顺和规范错综复杂的市场关系。旅游可持续发展的制度保障包含管理制度、产权制度和法律制度。一方面，地区的资源环境是当地旅游开发的基础和依托，在缺乏制度规范的情况下，旅游管理往往存在漏洞，不能有效地管理市场行为，导致资源环境遭到不合理地消耗和破坏，并可能导致不可逆的损耗，最终导致旅游业的衰败。因此，需要创建和健全旅游管理制度，对市场上的投资者、经营者和消费者实施强制性管理手段。另一方面，产权问题是制约景区环境保护和可持续发展的关键。我国景区的经营管理通常采取寻求代理人的方式。各种产权关系的不明晰导致无法对代理人进行有效监督，旅游资源开发和利用效率低下，资源环境得不到保护，无法实现旅游可持续。[1] 中国旅游业的配套制度安排在产权方面最为缺乏，需要尝试建立理顺产权、明确权责的委托代理法律法规

---

[1] 熊元斌、刘好强：《旅游景区可持续发展制度安排研究——以云台山风景区为例》，《珞珈管理评论》2011 年第 2 期。

以保障旅游可持续发展。

三、以资源环境、社会、经济、管理和教育为手段弥补旅游可持续发展短板

（一）以因地制宜为原则开发保护资源

各个景点在区位特征、资源分布及环境属性等方面存在差异，故有必要根据不同旅游地禀赋整合资源，有针对性地进行开发和保护。因地制宜的旅游开发保护要强调生态旅游资源与环境的保护，注重对生态环境保护的宣传，遵循保护与开发并重的原则。在山东鲁北滨海湿地，实现可持续发展应进行退田还草、退耕还林、退盐还草，大力开展生态化建设。[1] 在甘肃省阿万仓湿地，当地旅游可持续发展过程需要突出当地文化，保护植被覆盖率以及防范水体污染。[2] 鉴于不同旅游目的地开发和保护所面临的可持续发展问题各异，规划制定者需要了解和把握具体旅游目的地的特点，制订相应的开发规划，采取有针对性的保护措施以确保规划和举措的顺利实行。

（二）以基础设施为导向完善旅游投资结构

旅游业作为"永不落幕"的朝阳产业具有强大的投资潜力，但实践中大多景区的旅游可持续发展面临投资结构不合理的问题，社会基础设施和公共服务的投资力度不足。加大对基础设施的投入以及环境保护的投资有助于为旅游可持续发展提供支持。一方面，需要针对各类基础设施加大投入，以提升旅游舒适度。2016年，根据携程旅行网发布的消息，舒适度已经成为中国游客出行前考虑的首要因素，43.4%

---

[1] 吕建树、刘洋：《黄河三角洲湿地生态旅游资源开发潜力评价》，《湿地科学》2010年第8期。
[2] 钟林生、李萍：《甘肃省阿万仓湿地旅游开发生态风险评价及管理对策》，《地理科学进展》2014年第33期。

的人会在出行前优先对舒适度作出评判，安全性、可玩性、购物便捷、美食等位列其后。通过加大基础设施投资提升生态旅游舒适度能够有效推动旅游可持续发展。另一方面，明确旅游投资的方向性和针对性。可持续旅游投资是一个投资需求旺盛、回报率高的领域，需要引导相关主体的投资进入不同类型旅游的关键领域，如乡村旅游中的基础设施投资等，避免重复投资。

（三）以产业集群为思路推进旅游融合发展

旅游可持续发展必然需要在产业链建设的基础之上融合不同产业提供多样化的旅游产品，从而打破单一旅游产业发展的瓶颈使景区资源得到充分利用。一方面，多样化的产业集群是旅游可持续发展过程中各个旅游产业之间的协同。将资源禀赋与相应产业结合以实现协同发展在丰富旅游业态的同时能促进旅游可持续发展。刘康（2004）认为在山东滨海旅游的发展可以利用沿海渔区的环境优势开发渔村度假产品。[①]通过结合海洋渔业资源开发滨海旅游不仅丰富了滨海旅游体验项目，而且也拓展了海洋渔业发展空间，产生了良好的经济效益和生态效益。另一方面，多样化的产业集群要求以旅游资源为基础的相关产业协调发展。既要以共性相联系，又要以各自特色强化竞争力。各个省份乃至城市所打造的可持续旅游产业必定是存在共性且又各具特色的，各个产业之间的协调发展需要"求同存异"。产业集群的开发模式有助于弥补生态旅游资源开发手段单一、产品同质化的不足。

（四）以机制创新为手段规范旅游管理方式

管理混乱是旅游可持续发展面临的又一突出问题，也是阻碍旅游

[①] 刘康：《滨海旅游开发拓展与突破——山东滨海旅游发展战略及对策分析》，《海洋开发与管理》2004年第21期。

可持续发展的一大症结。一方面,旅游可持续投资机制的深化和完善旨在解决投资主体行为不规范的问题。地方政府可以采用减税、补贴等经济手段进行激励,需要建立责任为基础、利益为驱动、法律为保证的约束机制,需要构建合理的投资机制引导投资者协调合作、规范投资。[1]另一方面,完善投资机制能够加大政府事业经费的投入,保障政府管理职能得以充分发挥。增加政府事业费支出能够为旅游管理提供充足的原动力,到位的景区旅游管理能够为旅游可持续发展保驾护航。就全国范围而言,江西、吉林生态旅游资源十分丰富,但浙江、江苏、广东等经济发达省市的生态旅游人数却更多。这意味着,对于生态旅游资源丰富的地区,投资机制应注重于投资者的行为规范;对于旅游人数集中的旅游景区,需要增加政府事业经费以加强景区管理,从而保障旅游可持续发展。

(五)以打造体验式旅游来强化可持续思想

旅游可持续发展的实现需要人们观念上的转变。打造参与体验式的旅游形式能将游客置于自然环境之中,并通过亲身体验强化感受使其认同生态保护理念和绿色消费观念。体验式旅游通过改变消费者的观念和消费方式加强了环境教育。优美的自然环境和独特的人文情怀能够激发人们对美景持续存在的美好希望。这有助于深化人们对旅游可持续发展的认同。为了加深游客体验和强化可持续思想,经营者需要创新旅游产品,如通过农林生产体验、山水交错观光和自然生态体验等项目让游客与自然零距离接触。对旅游可持续发展理念的认同是推动旅游可持续发展的基础。

---

[1] 张福庆:《中国生态旅游投资战略研究》,中国旅游出版社 2008 年版。

第三节 研究展望

一、加强国内旅游需求资源刚性约束微观佐证的研究

虽然游客、酒店和旅行社等微观旅游数据十分丰富，但与之匹配的环境数据却十分匮乏，而且对于同一旅游地的微观主体而言环境数据又往往是同一的。因此，如何加强国内旅游需求资源刚性约束的微观佐证是下一步研究的重点和难点。本书已尝试将旅游微观数据加总到省市层面并将之与气候和环境数据相匹配并得到了一系列结果。如此一来，相关结论就偏重于对宏观旅游经济进行解释而缺乏微观数据支撑。为了克服这一困境，基于微观调查数据考察滨海旅游问题旨在揭示景区垃圾污染对滨海游客旅游决策的影响。然而，这一微观调查也只能揭示出不同类型的垃圾污染对滨海游客旅游决策的影响，无法揭示出游客旅游过程中天气、海水水质、海浪等自然因素的影响。田野调查也尝试收集了此类数据，但此类数据所表现出来的弱统计性要求后续研究进一步重视此类问题的设问方式和量化方法。就微观佐证研究而言，具体的问题包括：一是生态旅游指数的构建，即从生态环境指标、旅游经济指标和社会评价指标等维度构建生态旅游指数以揭示景区开发与保护的生态化趋势；二是基于环境和气象监测站点的实时生态和环境数据对景区旅游需求进行预测以服务于智慧景区或智慧旅游的开发与规划；三是基于游客微观抽样调查数据进一步挖掘影响旅游需求的微观特征，如环境和气候的游客感知情况。此外，若干微观机理的研究问题包括：一是大气污染物（如PM2.5）是如何影响游客的停留时间进而影响国内旅游需求的？其他污染物（如化学需氧量和

二氧化硫）又将如何？二是资源刚性约束是如何影响消费者偏好进而影响游客的旅游决策？三是强气候资源刚性约束和弱气候资源刚性约束对国内旅游需求的预测精确度有显著影响，但其作用机制又有何区别？等等。

二、加强国内旅游需求资源刚性约束中因果关系的讨论

国内旅游需求资源刚性约束问题研究的因果讨论包括两个方向：一是国内旅游需求对资源环境的影响，二是资源环境对国内旅游需求的影响。前者的研究集中体现为资源环境的国内旅游需求效应研究，即资源环境退化带来的旅游业损失。更多的前期研究也集中于此，如国内旅游需求快速增长过程中资源环境的破坏。本书主要关注后者，即资源环境是如何对国内旅游需求产生约束的，重中之重的资源环境类型为气候资源，也涉及垃圾污染和水污染等。诚然，国内旅游需求资源刚性约束中因果关系远不局限于此。不管是游离于市场之外还是已经市场化程度较高的资源都应该成为因果关系讨论的对象。基于不同阶段、不同区域和不同对象的因果关系讨论是值得深入的方向。相对于因果关系研究范围的拓展，因果诊断更为艰难。换言之，表面上看"万物是普遍联系的"，普遍联系的"因果性"讨论是经验研究的关键。从技术上来说，因果诊断集中表现为关键解释变量内生性的讨论。本书重点关注了停留时间的内生性，并在外生和内生框架下讨论了国内旅游需求的决定因素，包括资源环境因素。除了停留时间，关键解释变量的内生性讨论或许可以拓展，如文化资源和环境因素。文化资源与旅游需求的双向关系十分显著，从文化距离或文化自信角度讨论文化资源与旅游需求的关系也是十分有意义的研究方向，其间不乏有

意识的内生性讨论。①环境因素与旅游需求之间在不同阶段上也存在着互为因果的关系,一些景区可能是因为好的自然环境而声名鹊起且游客蜂拥而至,然其中一些景区会因为不可持续开发而濒临崩溃或消失。直观的因果关系背后有着对景区变迁或旅游需求动态决定因素的考察,如何更精确地解释此类因果关系需要对内生性问题进行讨论。

三、加强国内旅游需求资源刚性约束中政策绩效的评价

国内旅游需求增长潜力挖掘的资源环境对策主要包括:第一,实施污染物总量控制制度。国务院发布的《生态文明体制改革总体方案》提出要"建立陆海统筹的污染防治机制和重点海域污染物排海总量控制制度"。这意味着总量控制制度不仅仅在陆地生态系统使用而且需要延伸至海洋生态系统,同时海洋生态系统的总量控制制度绝对可以成为陆地生态系统总量控制制度实施效果的试金石。第二,关注特定污染物的排放水平。就陆地生态系统总量控制制度而言,化学需氧量、氨氮和总磷等是重要的水体污染物,它们无论在总量控制制度或排污权交易制度中均为重要标的。从滨海旅游可持续发展视角来看,提高旅游收入和挖掘旅游需求增长潜力的资源环境政策应该关注无机氮、活性磷酸盐、化学需氧量和石油等。尤其是无机氮,它比化学需氧量等在陆地生态系统中已被控制多年的污染物也毫不逊色,具有更大的影响。第三,不同城市可以有不同的总量控制政策。经济发展水平较高的城市应投入更大力度整治环境,经济欠发达的城市需要在保护的基础上发展国内旅游;高污染的城市必须执行严格的总量控制政策,低

---

① Qiang, M., Shen, M. & H. Xie, "Cultural Diffusion and International Inbound Tourism: Evidence from China", *Tourism Economics*, https://doi.org/10.1177/1354816618811211.

污染的城市可以根据环境容量的约束调整总量限制；不同城市的经济和产业结构不同，不同产业的污染物排放不同，他们根据各自的产业污染类型设置重点关注的污染物。诸如此类，中国环境政策实践在旅游业可持续发展中表现出怎样的作用非常值得深入评价。

附 录

附录 1

浙江省滨海旅游景区垃圾治理抽样调查问卷

尊敬的女士、先生：

为了不断提高我省的旅游接待水平，使您得到质价相符的服务，请您协助我们填写这张调查表，在符合您情况的项目内填写或用"√"表示。谢谢您的协助！

浙江省生态文明研究中心

筛选题：

1. 您此行的出游时间是否在 6 小时以上：□是 □否（如选"否"，请终止调查）

2. 本旅游景区（点）距离您的住所是否在 10 公里以上：□是 □否（如选"否"，请终止调查）

第一部分：旅游信息

1. 您的性别：□男 □女

2. 您的年龄：□低于 18 岁 □18—35 岁 □36—45 岁 □46—60 岁 □大于 60 岁

3. 您的教育情况：□小学及以下 □初中 □高中 □本科 □硕士及以上

4. 您居住在：□农村地区 □城市地区

5. 您去过多少次海滨区域游玩？□1 次 □2—3 次 □4—5 次 □超过 5 次

6. 您目前的常住地是_____省（自治区、直辖市）_____市（县）

7. 您此次旅行将在本市度过_____日，您会在此沙滩游玩_____小时

8. 您此次出行交给旅行社或单位的费用是：_____元（未缴纳填"0"）

除此之外，您在本市已经花费和将要花费的总额是_____元，

以上花费所包括的人数为_____人。其中：

8A. 在本沙滩的总花费_____元

8B. 沙滩门票费用_____元

8C. 交通费：飞机_____元 火车_____元 长途汽车_____元 轮船_____元 市内交通工具（公交车、出租车等）_____元

8D. 租车费用_____ 汽油费用_____元

8E. 住宿费用_____元

8F. 餐饮_____元

8G. 其他费用_____元

9. 您的月收入为：□2000元以下 □2000—3999元 □4000—5999元 □6000—7999元 □8000—9999元 □10000—11999元 □12000元以上

第二部分：海洋垃圾信息

10. 您对沙滩清洁程度的第一印象是？

□非常干净（5） □干净（4） □还算干净（3） □不怎么干净（2） □不干净（1）

11. 您在沙滩上见到过哪些垃圾污染物？（**可多选**）

□塑料瓶/塑料袋 □烟头 □玻璃制品 □渔网绳索 □易拉罐

11A. 您在沙滩上见到"塑料瓶/塑料袋"的频率？

□总是看到（5） □经常看到（4） □有时看到（3） □没怎么看到（2） □没看到过（1）

11B. 您在沙滩上见到"烟头"的频率？

□总是看到（5） □经常看到（4） □有时看到（3） □没怎么看到（2） □没看到过（1）

11C. 您在沙滩上见到"易拉罐"的频率？

□总是看到（5） □经常看到（4） □有时看到（3） □没怎么看到（2） □没看到过（1）

12. 您看到的海洋垃圾来自哪里？（**可多选**）

□游客 □海洋（例如海浪冲上岸边） □生产/生活活动（例如周边零售商店）

12A. 您在沙滩上看到游客丢弃海洋垃圾的频率？

□总是看到（5） □经常看到（4） □有时看到（3） □没怎么看到（2） □没看到过（1）

12B. 您在沙滩上看到垃圾被海浪冲上岸边的频率？

□总是看到（5） □经常看到（4） □有时看到（3） □没怎么看到（2） □没看到过（1）

12C. 您在沙滩上看到周围（生产/生活）活动丢弃海洋垃圾的频率？

□总是看到（5） □经常看到（4） □有时看到（3） □没怎么看到（2） □没看到过（1）

13. 此次旅行海洋垃圾多大程度上影响了您的旅游体验？

□非常困扰（5） □较为困扰（4） □有一点困扰（3） □几乎未受影响（2） □完全未受影响（1）

14. 您认为谁应该首先对海洋垃圾的清理负责？

□游客 □周边的商店（或其他企业） □地方政府 □非政府组织

15. 您曾经参加过海洋保护项目志愿者服务吗？

□参加过 □没有,但是愿意参加 □没有,且不愿意参加（跳过16题）

16. 您愿意花多少时间参与海洋环境保护项目等志愿者服务？

□超过3天/月 □2—3天/月 □1—2天/月 □0.5—1天每月 □少于0.5天/月

17. 您在日常生活中会使用环保袋吗？

□总是使用 □经常使用 □有时使用 □很少使用 □完全不使用

18. 您在日常生活中使用<u>塑料垃圾袋</u>的频率？

□每天　□大概 5 天 / 周　□大概 3 天 / 周　□大概 1 天 / 周
□完全不使用

第三部分：沙滩情境（所有选择均为单选）

19. 您看到沙滩上的**塑料瓶 / 袋数量**：

□没有 　　　　　　□少量

□较多

20. 您看到沙滩上的**易拉罐数量**：

□没有 　　　　　　□少量

□较多

21. 您看到沙滩上的**烟头数量**：

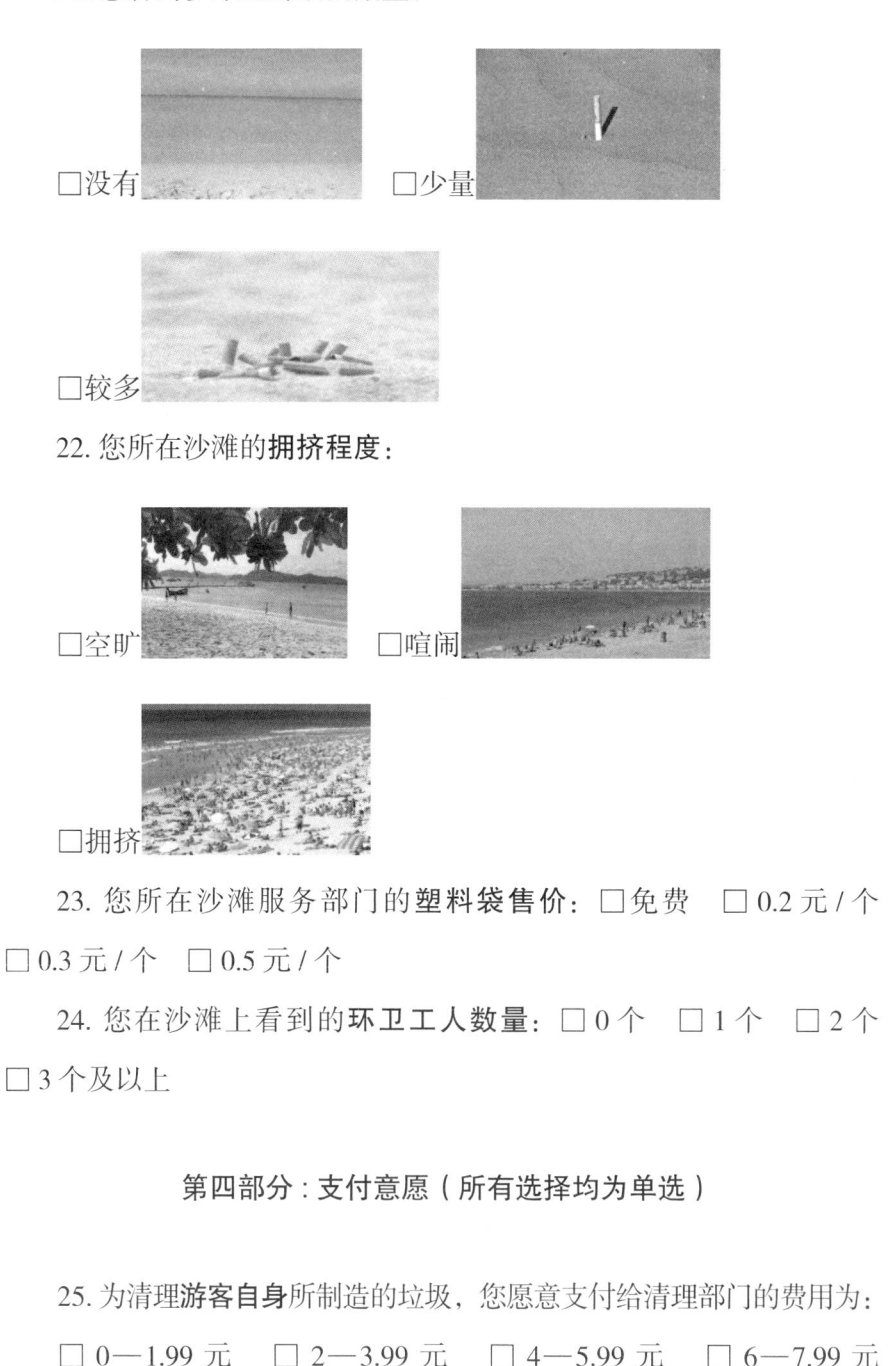

☐没有　　☐少量

☐较多

22. 您所在沙滩的**拥挤程度**：

☐空旷　　☐喧闹

☐拥挤

23. 您所在沙滩服务部门的**塑料袋售价**：☐免费　☐0.2元/个　☐0.3元/个　☐0.5元/个

24. 您在沙滩上看到的**环卫工人数量**：☐0个　☐1个　☐2个　☐3个及以上

第四部分：支付意愿（所有选择均为单选）

25. 为清理**游客自身**所制造的垃圾，您愿意支付给清理部门的费用为：

☐0—1.99元　　☐2—3.99元　　☐4—5.99元　　☐6—7.99元

□ 8 元及以上

26. 为清理**宾馆、酒店等**的**生产生活**垃圾，您愿意支付给清理部门的费用为：

　　□ 0—1.99 元　　□ 2—3.99 元　　□ 4—5.99 元　　□ 6—7.99 元
□ 8 元及以上

27. 为清理**海上漂浮的**垃圾，您愿意支付给清理部门的费用为：

　　□ 0—1.99 元　　□ 2—3.99 元　　□ 4—5.99 元　　□ 6—7.99 元
□ 8 元及以上

28. 若沙滩上的**塑料瓶/袋**被清理后可存在"**没有**""**少量**"和"**较多**"三种情形，您**分别**愿意选择的**剩余垃圾量**和愿意支付的**垃圾清理费用**为：

塑料瓶/袋剩余量

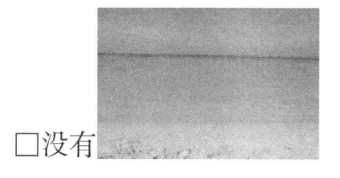

□没有　　　　□少量

□较多

　　垃圾清理费用（元）　□ 0—1.99　　□ 2—3.99　　□ 4—5.99
□ 6—7.99　　□ 8 及以上

29. 若沙滩上的**易拉罐**被清理后可存在"**没有**""**少量**"和"**较多**"三种情形，您**分别**愿意选择的**剩余垃圾量**和愿意支付的**垃圾清理费**用为：

易拉罐剩余量

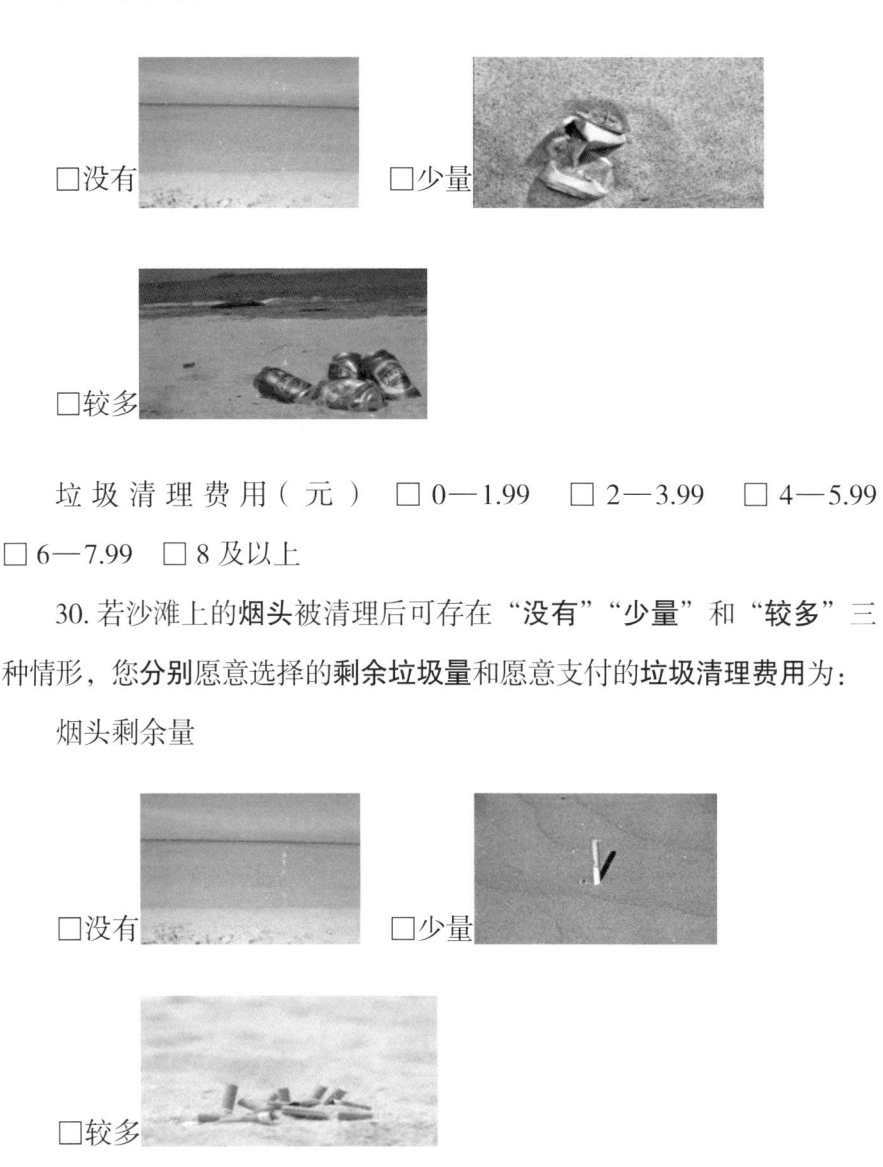

☐没有　　☐少量

☐较多

垃圾清理费用（元）　☐ 0—1.99　☐ 2—3.99　☐ 4—5.99　☐ 6—7.99　☐ 8 及以上

30. 若沙滩上的**烟头**被清理后可存在"没有""少量"和"较多"三种情形，您**分别愿意选择的剩余垃圾量**和愿意支付的**垃圾清理费用**为：

烟头剩余量

☐没有　　☐少量

☐较多

垃圾清理费用（元）　☐ 0—1.99　☐ 2—3.99　☐ 4—5.99　☐ 6—7.99　☐ 8 及以上

31. 不同**拥挤**程度的沙滩中，您愿意选择的**沙滩情形**和为此愿意支付的**垃圾清理费用**：

沙滩游客数

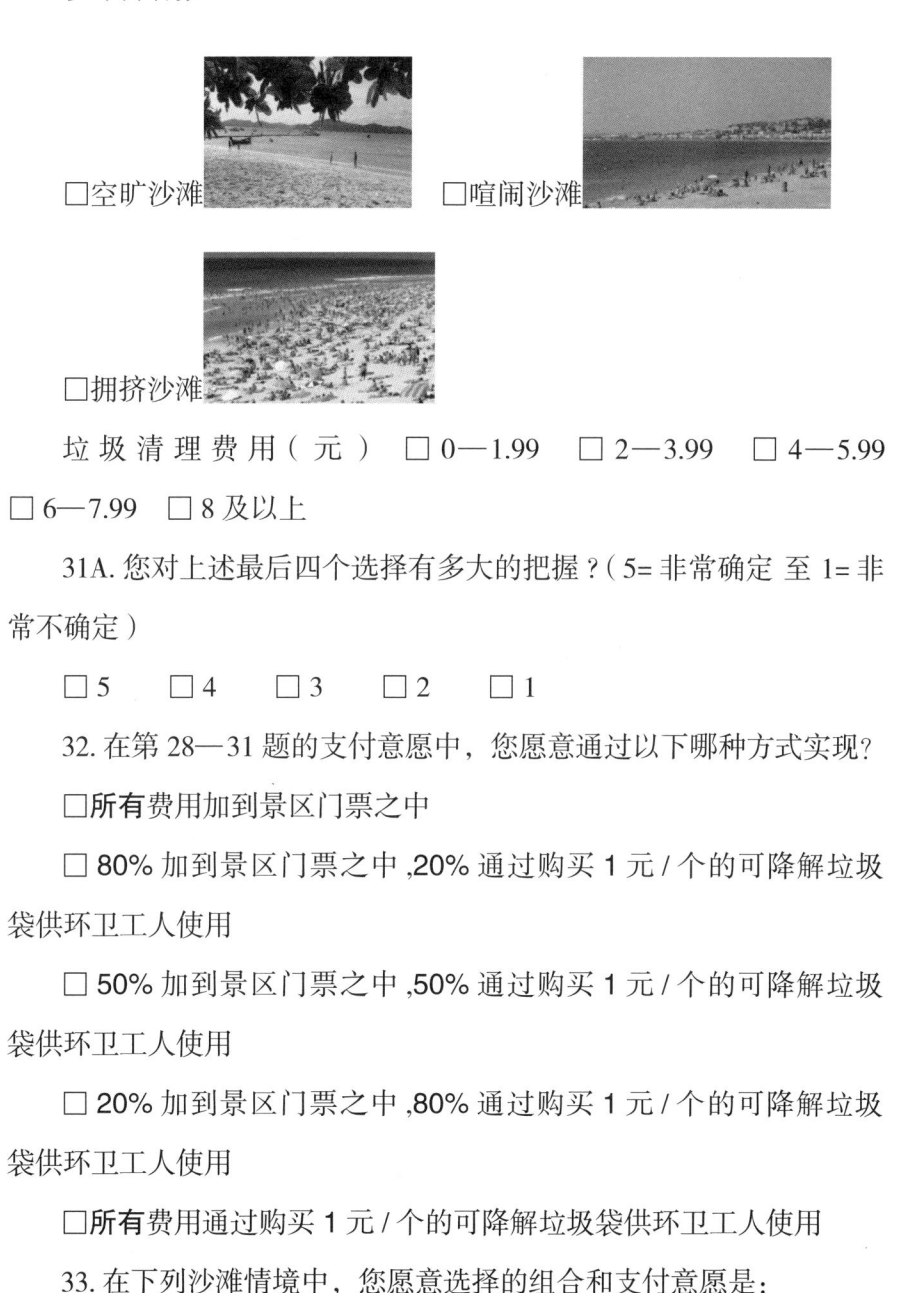

□空旷沙滩　　□喧闹沙滩

□拥挤沙滩

垃圾清理费用（元）　□0—1.99　□2—3.99　□4—5.99
□6—7.99　□8及以上

31A. 您对上述最后四个选择有多大的把握？（5= 非常确定 至 1= 非常不确定）

□5　□4　□3　□2　□1

32. 在第28—31题的支付意愿中，您愿意通过以下哪种方式实现？

□所有费用加到景区门票之中

□80% 加到景区门票之中,20% 通过购买1元/个的可降解垃圾袋供环卫工人使用

□50% 加到景区门票之中,50% 通过购买1元/个的可降解垃圾袋供环卫工人使用

□20% 加到景区门票之中,80% 通过购买1元/个的可降解垃圾袋供环卫工人使用

□所有费用通过购买1元/个的可降解垃圾袋供环卫工人使用

33. 在下列沙滩情境中，您愿意选择的组合和支付意愿是：

□没有垃圾 +3 个环卫工人，12 元

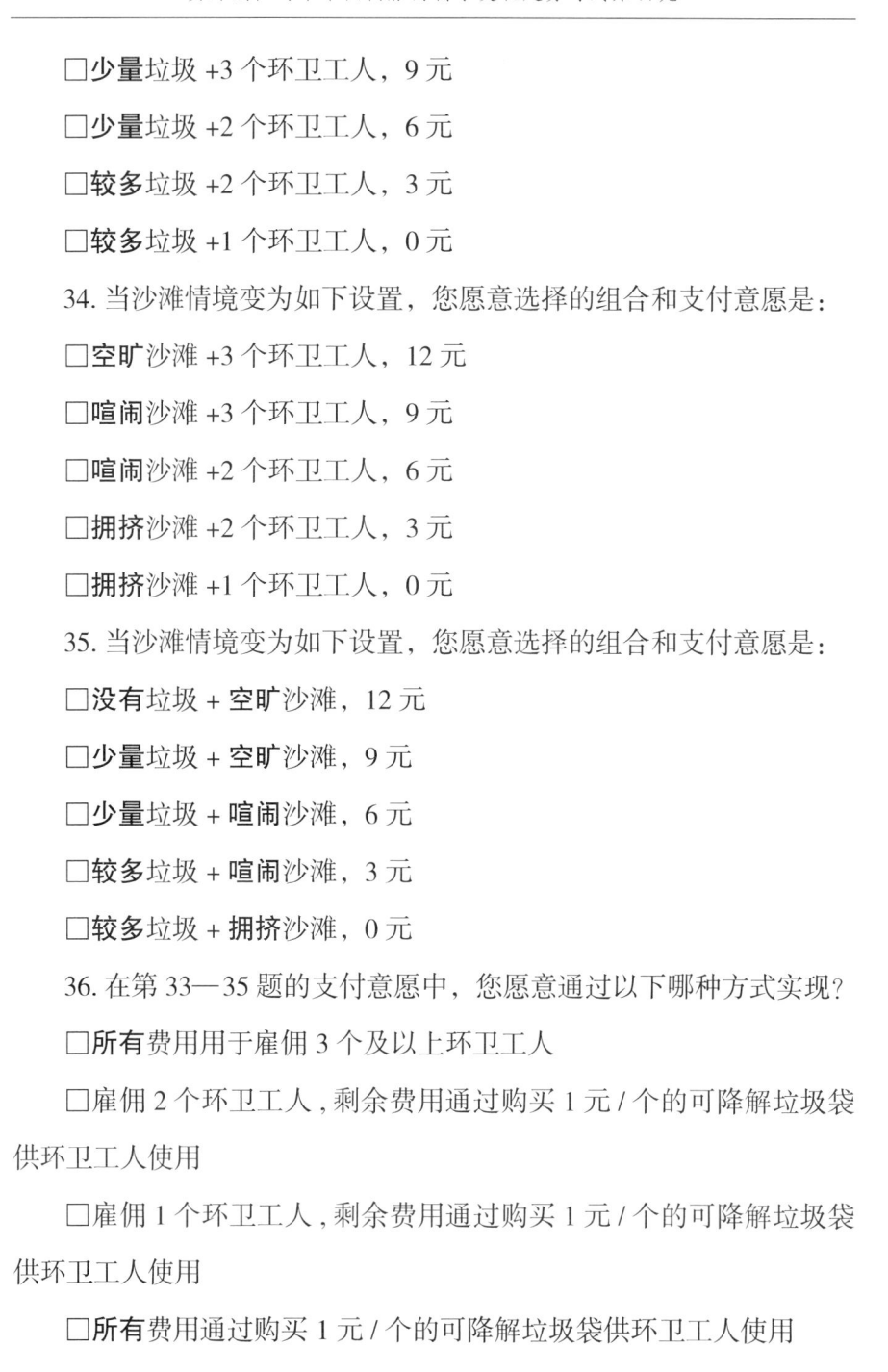

☐少量垃圾 +3 个环卫工人，9 元

☐少量垃圾 +2 个环卫工人，6 元

☐较多垃圾 +2 个环卫工人，3 元

☐较多垃圾 +1 个环卫工人，0 元

34. 当沙滩情境变为如下设置，您愿意选择的组合和支付意愿是：

☐空旷沙滩 +3 个环卫工人，12 元

☐喧闹沙滩 +3 个环卫工人，9 元

☐喧闹沙滩 +2 个环卫工人，6 元

☐拥挤沙滩 +2 个环卫工人，3 元

☐拥挤沙滩 +1 个环卫工人，0 元

35. 当沙滩情境变为如下设置，您愿意选择的组合和支付意愿是：

☐没有垃圾 + 空旷沙滩，12 元

☐少量垃圾 + 空旷沙滩，9 元

☐少量垃圾 + 喧闹沙滩，6 元

☐较多垃圾 + 喧闹沙滩，3 元

☐较多垃圾 + 拥挤沙滩，0 元

36. 在第 33—35 题的支付意愿中，您愿意通过以下哪种方式实现？

☐所有费用用于雇佣 3 个及以上环卫工人

☐雇佣 2 个环卫工人，剩余费用通过购买 1 元 / 个的可降解垃圾袋供环卫工人使用

☐雇佣 1 个环卫工人，剩余费用通过购买 1 元 / 个的可降解垃圾袋供环卫工人使用

☐所有费用通过购买 1 元 / 个的可降解垃圾袋供环卫工人使用

第五部分：以下由调查员填写

海浪： □较高 □平缓 □无浪

水质： □清澈 □较清澈 □浑浊

可见度： □非常好 □有雾 □有轻度雾霾 □非常不好

天气条件：□晴天 □阴天 □阵雨 □小雨 □大雨

调查日期：___月___日___时

调查地点（景区或酒店名称）：_____

调查员：_____

附录 2 文献或文件中可持续旅游的标准

标准		Barzekar 等（2011）	Choi, Sirakaya（2006）	Lu 等（2003）	Mosammam 等（2016）	Ziaabadi 等（2017）	Ashok 等（2017）	张生瑞等（2017）	张萌（2013）	卢松等（2010）	李维余（2008）	《国家生态旅游示范区建设与运营规范》（2011）
资源环境	自然资源保护和生物多样性	√	√		√	√	√	√	√		√	
	维护土壤和水资源	√		√							√	
	维护风景，自然和物理特征	√										
	承载能力						√					
	总体环境感知									√		
	生态系统质量									√		
	生态旅游资源											√
	生态环境质量											√

续表

标准	学者/组织	Barzekar 等（2011）	Choi, Sirakaya（2006）	Lu 等（2003）	Mosammam 等（2016）	Ziaabadi 等（2017）	Ashok 等（2017）	张生瑞等（2017）	张萌（2013）	卢松等（2010）	李维余（2008）	《国家生态旅游示范区建设与运营规范》（2011）
经济	经济效益和扶贫	√	√			√					√	
	经济发展			√						√		
	历代生计						√					
	市场营销										√	√
社会	游客和当地人的满意度	√	√		√	√			√			
	保持卫生和游客的安全	√										
	科学研究			√								
	社会发展			√								
	游客满意度						√					
	居民的参与						√					
	游客规模及行为							√				
	旅游服务与质量									√		

附　录　311

续表

标准	学者/组织	Barzekar等(2011)	Choi, Sirakaya(2006)	Lu等(2003)	Mosammam等(2016)	Ziaabadi等(2017)	Ashok等(2017)	张生瑞等(2017)	张萌(2013)	卢松等(2010)	李维余(2008)	《国家生态旅游示范区建设与运营规范》(2011)
	基础设施											√
	服务设施及内容											√
	安全											√
	卫生											√
	公共环境与社区参与											√
政策/管理	存在法律、制度、立法和政策	√	√									
	使用传统/土著知识系统的保护管理						√					
	社会政策状况									√		
	环境政策与管理水平									√		

续表

标准	学者/组织	Barzekar等（2011）	Choi, Sirakaya（2006）	Lu等（2003）	Mosammam等（2016）	Ziaabadi等（2017）	Ashok等（2017）	张生瑞等（2017）	张萌（2013）	卢松等（2010）	李维余（2008）	《国家生态旅游示范区建设与运营规范》（2011）
	区域统筹											√
	综合管理											√
	古建筑的开发保护状况									√		
文化	维护遗产和文化多样性	√	√		√							
	维护当地文化						√					
	社会文化环境							√				
	社会文化发展状况									√		
	传统文化保护											√
教育	教育事务和公众意识	√										
	环境教育			√								

续表

标准\学者/组织	Barzekar等（2011）	Choi, Sirakaya（2006）	Lu等（2003）	Mosammam等（2016）	Ziaabadi等（2017）	Ashok等（2017）	张生瑞等（2017）	张萌（2013）	卢松等（2010）	李维余（2008）	《国家生态旅游示范区建设与运营规范》（2011）
有利环境和环保意识的产生						√					
培训与教育		√									√
技术											

参 考 文 献

[1] 敖荣军、韦燕生：《中国可持续旅游的资源环境政策思考》，《旅游学刊》1999 年第 5 期。

[2] 保继刚、楚义芳、彭华：《旅游地理学》，高等教育出版社 1993 年版。

[3] 卞显红、陈丹路：《中国农村居民旅游消费需求变迁及影响因素研究》，《北京第二外国语学院学报》2014 年第 36 期。

[4] 陈传康等：《旅游资源鉴赏与开发》，同济大学出版社 1990 年版。

[5] 程德年、周永博、魏向东等：《基于负面 IPA 的入境游客对华环境风险感知研究》，《旅游学刊》2015 年第 30 期。

[6] 崔凤军：《论旅游环境承载力——持续发展旅游的判据之一》，《经济地理》1995 年第 1 期。

[7] 崔凤军：《旅游环境研究的几个前沿问题》，《旅游学刊》1998 年第 5 期。

[8] 陈峰云、何晓蓉、何琼：《武汉市洪山区山水生态旅游资源开发》，《国土与自然资源研究》2002 年第 3 期。

[9] 陈刚强、李映辉：《中国区域旅游规模的空间结构与变化》，

《旅游学刊》2011年第11期。

［10］昌晶亮、邹映：《大湘西地区绿色旅游产品开发初探》，《中南林业科技大学学报》（社会科学版）2015年第9期。

［11］程励、张同颢、付阳：《市居民雾霾天气认知及其对城市旅游目的地选择倾向的影响》，《旅游学刊》2015年第30期。

［12］蔡萌、汪宇明：《低碳旅游：一种新的旅游发展方式》，《旅游学刊》2010年第25期。

［13］陈妙红、邹欣庆、韩凯等：《基于污染损失率的连云港水环境污染功能价值损失研究》，《经济地理》2005年第25期。

［14］程南洋：《基于资源约束的森林休闲旅游产业发展研究》，博士学位论文，南京林业大学，2012年。

［15］曹伟宏、何元庆、李宗省等：《丽江旅游气候舒适度与年内客流量变化相关性分析》，《地理科学》2012年第32期。

［16］陈文晖：《我国国内旅游需求的空间特征与空间优化研究》，《中国软科学》2003年第5期。

［17］程晓丽、胡文海：《皖南国际旅游文化示范区文化旅游资源整合开发模式》，《地理研究》2012年第31期。

［18］常耀：《公共休闲旅游资源使用者拥挤感知问题研究》，博士学位论文，浙江大学，2017年。

［19］陈玉涛：《山东半岛蓝色经济区旅游联动开发模式研究》，《生态经济》（中文版）2012年第4期。

［20］邓金钱：《农村固定资产投资对农民收入的影响研究》，《改革与战略》2014年第7期。

［21］狄乾斌、韩雨汐：《熵视角下的中国海洋生态系统可持续发展

能力分析》,《地理科学》2014年第34期。

[22] 狄乾斌、计利群:《地域认同视角下沿海城市海洋性特征分析与评价》,《地理科学》2016年第36期。

[23] 董雪旺、张捷、刘传华等:《条件价值法中的偏差分析及信度和效度检验——以九寨沟游憩价值评估为例》,《地理学报》2011年第66期。

[24] 董雪旺、张捷、蔡永筹等:《基于旅行费用法的九寨沟旅游资源游憩价值评估》,《地域研究与开发》2012年第31期。

[25] 刁宗广、张涛:《中国城乡居民国内旅游消费水平和消费结构比较研究》,《人文地理》2010年第25期。

[26] 弗里曼:《环境与资源价值评估——理论与方法》,曾贤刚译,中国人民大学出版社2002年版。

[27] 冯学钢、王琼英:《中国旅游产业潜力评估模型及实证分析》,《中国管理科学》2009年第17期。

[28] 冯学钢、杨勇、于秋阳:《中国旅游产业潜力和竞争力研究》,上海交通大学出版社2012年版。

[29] 范业正:《旅游者需求与消费行为始终是旅游研究的前沿问题》,《旅游学刊》2005年第20期。

[30] 冯之浚:《循环经济导论》,人民出版社2004年版。

[31] 郭剑英:《乐山大佛旅游资源的国内旅游价值评估》,《地域研究与开发》2007年第26期。

[32] 郭剑英、王乃昂:《旅游资源的旅游价值评估——以敦煌为例》,《自然资源学报》2004年第19期。

[33] 郭来喜、吴必虎、刘峰等:《中国旅游资源分类系统与类型评

价》,《地理学报》2000年第3期。

[34] 郭来喜:《中国生态旅游——可持续旅游的基石》,《地理科学进展》1997年第16期。

[35] 葛全胜、席建超:《新常态下中国区域旅游发展战略若干思考》,《地理科学进展》2015年第34期。

[36] 郭蓉、吴长年、何芸等:《从生态旅游到低碳旅游——从理念到实践》,《环境保护科学》2011年第37期。

[37] 黄安定:《论旅游市场需求与旅游产品开发》,《中国商贸》2010年第10期。

[38] 胡爱娟:《论开发生态旅游与可持续旅游发展》,《商业经济与管理》2002年第2期。

[39] 贺德红、周志宏:《国内旅游影响因素分析研究》,《特区经济》2009年第10期。

[40] 黄和平:《我国旅游季节性的区域差异与开发策略研究》,博士学位论文,华东师范大学,2016年。

[41] 黄蓉:《中国城镇居民的国内旅游需求研究》,博士学位论文,华中科技大学,2015年。

[42] 黄莹、廖翠萍、赵黛青:《东澳岛低碳旅游发展途径及政策研究》,《科技管理研究》2014年第34期。

[43] 詹姆斯等:《水资源规划经济学》,常锡厚等译,水利电力出版社1984年版。

[44] 金炳雄:《浙江省旅游业"十二五"发展规划解析》,《浙江学刊》2011年第5期。

[45] 蒋楠、周刚、曹立华等:《锦州湾海洋污染损失价值估算》,

《海洋开发与管理》2014年第31期。

[46] K.哈密尔顿等:《里约后五年——环境政策的创新》,张庆丰等译,中国环境科学出版社1998年版。

[47] 楼东、谷树忠、钟赛香:《中国海洋资源现状及海洋产业发展趋势分析》,《资源科学》2005年第27期。

[48] 林光平、龙志和、吴梅:《中国地区经济 σ 收敛的空间计量实证分析》,《数量经济技术经济研究》2006年第4期。

[49] 李嘉竹、刘贤赵、李宝江等:《基于Logistic模型估算水资源污染经济损失研究》,《自然资源学报》2009年第24期。

[50] 李静、Philip L.P.、吴必虎等:《雾霾对来京旅游者风险感知及旅游体验的影响——基于结构方程模型的中外旅游者对比研究》,《旅游学刊》2015年第30期。

[51] 吕建树、刘洋:《黄河三角洲湿地生态旅游资源开发潜力评价》,《湿地科学》2010年第8期。

[52] 刘佳:《中国滨海旅游功能分区及其空间布局研究》,博士学位论文,中国海洋大学,2010年。

[53] 刘康:《滨海旅游开发拓展与突破——山东滨海旅游发展战略及对策分析》,《海洋开发与管理》2004年第21期。

[54] 陆林:《都市圈旅游发展研究进展》,《地理学报》2013年第68期。

[55] 陆林:《山岳风景区旅游季节性研究——以安徽黄山为例》,《地理研究》1994年第4期。

[56] 刘敏、刘春凤、胡中州:《旅游生态补偿:内涵探讨与科学问题》,《旅游学刊》2013年第28期。

［57］李鹏飞：《海南岛旅游气候资源及其影响力评价》，硕士学位论文，海南师范大学，2013年。

［58］雷平、施祖麟：《我国国内旅游需求及影响因素研究》，《人文地理》2009年第24期。

［59］李庆雷、李秋艳、明庆忠：《中国旅游循环经济研究动态分析》，《云南师范大学学报》（哲学社会科学版）2008年第40期。

［60］李茜、张孝德：《生态旅游管理中环境政策工具的应用探析》，《经济研究参考》2014年第41期。

［61］卢松、陈思屹、潘蕙：《古村落旅游可持续性评估的初步研究——以世界文化遗产地宏村为例》，《旅游学刊》2010年第1期。

［62］刘少军、张京红、吴胜安等：《气候变化对海南岛旅游气候舒适度及客流量可能影响的分析》，《热带气象学报》2014年第30期。

［63］李维余：《森林生态旅游可持续发展评价指标体系的构建》，《财经科学》2008年第2期。

［64］李巍、李文军：《用改进的旅行费用法评估九寨沟的游憩价值》，《北京大学学报》（自然科学版）2003年第39期。

［65］厉新建、张辉：《旅游经济学：理论与发展》，东北财经大学出版社2002年版。

［66］厉新建、张凌云、崔莉：《全域旅游：建设世界一流旅游目的地的理念创新——以北京为例》，《人文地理》2013年第3期。

［67］李晓西、史培军等译：《自然资源与能源经济学手册》（第2卷），经济科学出版社2009年版。

［68］旅游概论编写组：《旅游概论》，天津人民出版社1982年版。

［69］卢云亭：《生态旅游与可持续旅游发展》，《经济地理》1996

年第 1 期。

［70］刘星、叶属峰、尤胜炮：《南麂列岛国家级海洋自然保护区的旅游价值评估》，《海洋开发与管理》2006 年第 5 期。

［71］吕逸新、黄细嘉：《旅游生态化与生态旅游建设》，《南昌大学学报》（人文社会科学版）2005 年第 6 期。

［72］莫连光、陈光焱：《农村固定资产投资结构与农民纯收入的灰色关联分析》，《中南财经政法大学学报》2008 年第 3 期。

［73］马丽君：《中国典型城市旅游气候舒适度及其与客流量相关性分析》，博士学位论文，陕西师范大学，2012 年。

［74］麻学锋、孙根年、马丽君：《张家界市客流量年内变化与旅游气候舒适度相关分析》，《资源科学》2010 年第 4 期。

［75］倪国江、孙明亮、吕明泉：《溢油污染对滨海旅游业的损害研究》，《环境与可持续发展》2015 年第 40 期。

［76］牛亚菲：《可持续旅游、生态旅游及实施方案》，《地理研究》1999 年第 18 期。

［77］牛亚菲、王文彤：《可持续旅游概念与理论研究》，《国际城市规划》2000 年第 3 期。

［78］潘宝明：《历史文化名城的文物保护与旅游发展——扬州的得失引发的名城文物保护的忧思》，《旅游学刊》1999 年第 14 期。

［79］彭文静、姚顺波、李晟：《华山风景名胜区旅游价值评估的研究——联立方程模型在 TCM 中的应用》，《经济管理》2014 年第 36 期。

［80］强大双：《南京文化遗产旅游需求研究：以明孝陵为例》，《东南大学学报》（哲学社会科学版）2014 年第 2 期。

［81］邱继勤、朱竑：《川黔渝三角旅游区联动开发研究》，《地理与

地理信息科学》2004年第20期。

［82］邱洁威、张跃华、查爱苹：《农村居民旅游消费意愿影响因素的实证研究——基于浙江省780户农村居民的微观数据》，《兰州学刊》2011年第3期。

［83］任来玲、赵茂宏、赵丽君：《旅游需求预测模型概述》，《统计研究》2008年第25期。

［84］戎玉中：《长袖善舞，杭州南宋文化游》，《杭州》（周刊）2017年第22期。

［85］孙根年、薛佳：《收入驱动的居民国内旅游模型研究》，《商业研究》2009年第5期。

［86］孙金芳、单长青：《Logistic模型法和恢复费用法估算城市生活污水的价值损失》，《安徽农业科学》2010年第28期。

［87］沈玲佳：《气候资源刚性约束下国内旅游需求变化趋势与对策研究》，硕士学位论文，浙江理工大学，2017年。

［88］宋立全、张思冲、许瀛元等：《大庆湿地类型及文化旅游价值估算》，《森林工程》2012年第28期。

［89］时临云：《日本的绿色旅游及其对我国的启示》，《生态经济》（学术版）2008年第2期。

［90］沈满洪等：《资源与环境经济学》（第二版），中国环境出版社2015年版。

［91］沈满洪、谢慧明、李玉文：《中国水制度研究》，人民出版社2017年版。

［92］沈满洪、周树勋、谢慧明等：《排污权监管机制研究》，中国环境出版社2014年版。

［93］孙睿君、钟笑寒：《运用旅行费用模型估计典型消费者的旅游需求及其收益：对中国的实证研究》，《统计研究》2005年第12期。

［94］尚天成、肖岚：《生态旅游系统的承载力》，《天津大学学报》（社会科学版）2006年第8期。

［95］宋涛、周建明、蔡建明等：《国内客源市场的游客偏好比较分析——以喀什市为例》，《干旱区资源与环境》2013年第27期。

［96］施惟伦、张维瑛：《绿色旅游是生态旅游的高级形态》，《安徽大学学报》2000年第1期。

［97］沈孝辉：《国外"生态旅游"的典范之举》，《环球时报》2003年1月24日。

［98］史云：《关于低碳旅游与绿色旅游的辨析》，《旅游论坛》2010年第6期。

［99］宋咏梅、孙根年：《中国城市居民旅游购买能力统计分析》，《城市问题》2006年第2期。

［100］唐承财、马蕾、宋昌耀：《雾霾天气影响北京入境旅游吗？——基于面板数据的实证检验》，《干旱区资源与环境》2017年第31期。

［101］唐承财、钟林生、成升魁：《旅游地可持续发展研究综述》，《地理科学进展》2013年第6期。

［102］唐承财、钟林生、成升魁：《我国低碳旅游的内涵及可持续发展策略研究》，《经济地理》2011年第31期。

［103］唐静、祝小林、王婷婷：《我国乡村旅游绿色发展探讨》，《环境保护》2017年第45期。

［104］滕丽、王铮、蔡砥：《中国城市居民旅游需求差异分析》，

《旅游学刊》2004年第19期。

［105］滕藤：《有关生态经济理论与实践的思考》，中国生态经济学学会论文，2012年3月。

［106］陶伟、倪明：《中西方旅游需求预测对比研究：理论基础与模型》，《旅游学刊》2010年第25期。

［107］天喜洲、蒲勇健：《我国旅游资源过度开发的原因分析》，《生态经济》2006年第6期。

［108］谭业：《旅游循环经济与可持续旅游的比较研究》，《经济纵横》2012年第9期。

［109］吴必虎：《红色旅游开发管理与营销》，中国建筑工业出版社2006年版。

［110］吴必虎、唐俊雅、黄安民等：《中国城市居民旅游目的地选择行为研究》，《地理学报》1997年第52期。

［111］王博、吴清、罗静：《武汉城市圈旅游经济网络结构及其演化》，《经济地理》2015年第35期。

［112］吴楚材、邓立阳、金世东：《张家界国家森林公园游憩效益经济评价的研究》，《林业科学》1992年第28期。

［113］吴楚材、吴章文、郑群明等：《生态旅游概念的研究》，《旅游学刊》2007年第22期。

［114］王初升、唐森铭、宋普庆：《我国赤潮灾害的经济损失评估》，《海洋环境科学》2011年第30期。

［115］王纯阳、黄福才：《基于VAR模型的入境旅游需求影响因素研究——以美国客源市场为例》，《江西财经大学学报》2010年第1期。

［116］魏楚、郑新业：《能源效率提升的新视角——基于市场分割

的检验》,《中国社会科学》2017年第10期。

[117] 翁钢民、徐晓娜、尚雪梅:《我国城市居民国内旅游需求影响因素分析》,《城市问题》2007年第4期。

[118] 王光升:《中国沿海地区经济增长与海洋环境污染关系实证研究》,博士学位论文,中国海洋大学,2013年。

[119] 王辉、姜斌:《沿海城市生态环境与旅游经济协调发展定量研究》,《干旱区资源与环境》2006年第20期。

[120] 王海春、乔光华:《基于旅行费用法的游憩价值评估分析——以内蒙古达理诺尔国家级自然保护区为例》,《技术经济》2009年第28期。

[121] 吴捷、匡洋:《互助旅游网站发展研究》,《合作经济与科技》2014年第14期。

[122] 王凯:《中国主要旅游资源赋存的省际差异分析》,《地理与地理信息科学》1999年第3期。

[123] 王谋:《低碳旅游概念辨识及其实现途径》,《中国人口·资源与环境》2012年第8期。

[124] 吴普、葛全胜:《海南旅游客流量年内变化与气候的相关性分析》,《地理研究》2009年第4期。

[125] 吴普、葛全胜、齐晓波等:《气候因素对滨海旅游目的地旅游需求的影响——以海南岛为例》,《资源科学》2010年第32期。

[126] 吴普:《离岸岛屿目的地旅游交通能耗与CO_2排放测算——以海口市为例》,《旅游学刊》2014年第29期。

[127] 吴普、席建超、葛全胜:《中国旅游气候学研究综述》,《地理科学进展》2010年第29期。

［128］魏启恩、刘新平:《西安市境外游客动态预测模型》,《陕西师范大学学报》(自然科学版)1997年第25期。

［129］王淑华、张春:《国内旅游循环经济研究综述》,《江苏商论》2012年第3期。

［130］王淑新、王学定:《供需视角下的中国旅游经济发展——一个面板数据的实证分析》,《经济问题探索》2014年第1期。

［131］万田户、冯学钢、黄和平:《江西省山岳型风景名胜区旅游季节性差异——以庐山、井冈山、三清山和龙虎山为例》,《经济地理》2015年第35期。

［132］王文斌、马捷:《九寨—黄龙核心景区游客分流体系构建研究》,《特区经济》2007年第224期。

［133］王万山:《生态经济理论与生态经济发展走势探讨》,《生态经济》(中文版)2001年第5期。

［134］王喜刚:《滨海游憩环境资源改善的经济价值评价研究》,博士学位论文,大连理工大学,2015年。

［135］王喜刚、王尔大:《基于修正旅行成本法的景区游憩价值评估模型——大连老虎滩海洋公园的实证分析》,《资源科学》2013年第35期。

［136］吴玉鸣:《考虑空间效应的中国省域旅游产业弹性估计》,《旅游学刊》2010年第8期。

［137］王有宁、赵丽艳、刘峰贵等:《青藏地区区域旅游联动开发机理与模式》,《经济地理》2009年第29期。

［138］吴振信、余頔、王书平:《人口、资源、环境对经济发展的影响——基于我国省区面板数据的实证分析》,《数学的实践与认识》

2011 年第 12 期。

[139] 王子玥、李博:《环渤海地区海洋经济与海洋环境污染关系研究》,《资源开发与市场》2017 年第 33 期。

[140] 向宝惠、曾瑜皙:《三江源国家公园体制试点区生态旅游系统构建与运行机制探讨》,《资源科学》2017 年第 39 期。

[141] 邢彩盈、张京红、刘少军等:《基于气候指标评估气候变化对海南旅游的影响》,《自然资源学报》2015 年第 30 期。

[142] 薛达元、包浩生、李文华:《长白山自然保护区生物多样性旅游价值评估研》,《自然资源学报》1999 年第 14 期。

[143] 徐海军、黄震方、侯兵:《基于扩大内需的中国农村居民旅游市场开发研究》,《旅游学刊》2010 年第 25 期。

[144] 谢慧明、强朦朦、沈满洪:《中国居民旅游需求的动态决定机制及其影响因素——一个经济、文化与自然环境的综合视角》,《浙江理工大学学报》2016 年第 36 期。

[145] 谢慧明、沈玲佳、沈满洪:《国内旅游业可持续发展的供求策略研究》,《旅游论坛》2016 年第 9 期。

[146] 谢慧明、沈满洪、李中海:《中国城市居民旅游需求函数的实证研究》,《旅游学刊》2014 年第 9 期。

[147] 谢慧明、俞梦绮、沈满洪:《中国城市居民国内旅游需求的成本结构与邻居效应》,《城市与环境研究》2016 年第 4 期。

[148] 席建超、赵美风、葛全胜:《全球气候变化对中国南方五省区域旅游流的可能影响评估》,《旅游学刊》2011 年第 26 期。

[149] 肖建红、于庆东、陈东景等:《舟山普陀旅游金三角游憩价值评估》,《长江流域资源与环境》2011 年第 20 期。

[150]徐菊凤、任心慧:《旅游资源与旅游吸引物:含义、关系及适用性分析》,《旅游学刊》2014年第29期。

[151]许丽忠、张江山、王菲凤等:《熵权多目的地TCM模型及其在游憩资源旅游价值评估中的应用——以武夷山景区为例》,《自然资源学报》2007年第22期。

[152]薛群慧、包亚芳、白鸥:《影响国民旅游需求刺激计划效益的因素探析——以浙江旅游消费券研究为例》,《学术探索》2010年第5期。

[153]许涛、张秋菊、赵连荣:《我国旅游可持续发展研究概述》,《干旱区资源与环境》2004年第18期。

[154]徐伟、戴其文、把多勋等:《中国农村居民一日游现状与出游目的空间自相关分析》,《旅游学刊》2010年第25期。

[155]谢贤政、马中:《应用旅行费用法评估黄山风景区游憩价值》,《资源科学》2006年第28期。

[156]谢彦君:《基础旅游学》(第一版),中国旅游出版社1999年版。

[157]向艺、郑林、王成璋:《旅游经济增长因素的空间计量研究》,《经济地理》2012年第6期。

[158]余凤龙、黄震方、方叶林:《中国农村居民旅游消费特征与影响因素分析》,《地理研究》2013年第32期。

[159]杨美蓉:《循环经济、绿色经济、生态经济和低碳经济》,《中国集体经济》2009年第3期。

[160]杨文棋:《国家级旅游资源改革发展创新思考》,《管理世界》2015年第4期。

[161]熊元斌、刘好强:《旅游景区可持续发展制度安排研究——

以云台山风景区为例》,《珞珈管理评论》2011年第2期。

[162] 徐雅琨:《旅游需求的文化心理动因分析》,《北方经济》2010年第21期。

[163] 杨云彦、陈浩:《人口、资源与环境经济学》,湖北人民出版社2011年版。

[164] 杨永:《影响国内旅游需求因素的实证分析》,《北方经济》2010年第11期。

[165] 杨振之:《全域旅游的内涵及其发展阶段》,《旅游学刊》2016年第31期。

[166] 左冰:《红色旅游与政党认同:基于井冈山景区的实证研究》,《旅游学刊》2014年第29期。

[167] 周彬:《旅游循环经济的概念模型与发展模式研究》,《渔业经济研究》2010年第1期。

[168] 周成、冯学钢、唐睿:《区域经济—生态环境—旅游产业耦合协调发展分析与预测——以长江经济带沿线各省市为例》,《经济地理》2016年第36期。

[169] 赵东喜、刘永涓:《农村居民旅游消费影响因素研究》,《旅游论坛》2010年第31期。

[170] 郑芳、陈田、侯迎等:《旅游与环境资源关系研究进展》,《地理科学进展》2010年第29期。

[171] 郑芳、米文宝、文琦:《旅游经济发展中的环境经济政策应用及研究进展》,《生态经济》(中文版)2013年第4期。

[172] 朱发庆、高冠民、李国偶等:《东湖水污染经济损失研究》,《环境科学学报》1993年第13期。

［173］朱发庆、吕斌：《湖泊使用功能损害程度评价》，《上海环境科学》1996年第3期。

［174］张福庆：《中国生态旅游投资战略研究》，中国旅游出版社2008年版。

［175］中国旅游研究院：《2012年中国旅游经济运行分析与2013年发展预测》，中国旅游出版社2013年版。

［176］周国忠、郎富平：《农民旅游者出游特征、影响因素及对策——以浙江省为例》，《经济地理》2009年第4期。

［177］张洪、程振东、王先凤：《城市居民国内旅游需求影响因素分析及对策研究》，《资源开发与市场》2014年第6期。

［178］张宏、黄震方、琚胜利等：《苏南古镇旅游者低碳旅游行为优化对策研究——以昆山市周庄、锦溪、千灯古镇为例》，《生态经济》（中文版）2017年第33期。

［179］张辉：《旅游经济学》，陕西旅游出版社1991年版。

［180］张辉、沈中印、李松志：《庐山—鄱阳湖区域生态旅游联动开发研究》，《生态经济》2011年第5期。

［181］张辉、岳燕祥：《全域旅游的理性思考》，《旅游学刊》2016年第31期。

［182］张红霞、苏勤：《基于TCM的旅游资源游憩价值评估——以世界文化遗产宏村为例》，《资源开发与市场》2011年第27期。

［183］张贺：《文化繁荣还要靠市场——聚焦现代文化市场体系建设》，《人民日报》2013年11月21日。

［184］张金凤：《大气环境质量与旅游的交互影响效应分析》，《四川文理学院学报》2011年第21期。

[185] 张建辉、毕燕、张颖:《中国城市居民旅游需求空间差异及变化研究》,《旅游学刊》2010 年第 2 期。

[186] 章杰宽、姬梅、朱普选:《21 世纪中国的可持续旅游——一个研究述评》,《经济管理》2013 年第 1 期。

[187] 章杰宽、姬梅、朱普选:《国外旅游可持续发展研究进展述评》,《中国人口·资源与环境》2013 年第 23 期。

[188] 周建、杨秀祯:《我国农村消费行为变迁及城乡联动机制研究》,《经济研究》2009 年第 1 期。

[189] 周连斌:《低碳旅游及相关概念辨析》,《管理学刊》2013 年第 26 期。

[190] 赵磊:《旅游发展能否减小城乡收入差距？——来自中国的经验证据》,《旅游学刊》2011 年第 26 期。

[191] 赵磊:《旅游发展与经济增长——来自中国的经验证据》,《旅游学刊》2015 年第 30 期。

[192] 赵磊、全华:《中国国内旅游消费与经济增长关系的实证分析》,《经济问题》2011 年第 4 期。

[193] 赵黎明、陈喆芝、刘嘉玥:《低碳经济下地方政府和旅游企业的演化博弈》,《旅游学刊》2015 年第 30 期。

[194] 赵容丽:《中国沿海城市近岸海域海水污染经济损失测算及影响因素研究》,硕士学位论文,浙江理工大学,2018 年。

[195] 钟林生、李萍:《甘肃省阿万仓湿地旅游开发生态风险评价及管理对策》,《地理科学进展》2014 年第 33 期。

[196] 赵玲、王尔大、苗翠翠:《ITCM 在我国游憩价值评估中的应用及改进》,《旅游学刊》2009 年第 24 期。

[197] 张萌:《基于 AHP 的旅游景点可持续发展评价》,《统计与决策》2013 年第 16 期。

[198] 朱鹏:《基于循环经济理论框架的生态文化旅游发展机制研究——以大湘西区域为例》,《管理世界》2014 年第 6 期。

[199] 曾琪洁、吕丽、陆林等:《文化创意旅游需求及其差异性分析——以上海世博会为例》,《旅游学刊》2012 年第 5 期。

[200] 张瑞德、蔡承智:《绿色旅游与农村经济发展相互作用初探》,《经济研究导刊》2009 年第 26 期。

[201] 张瑞林:《与生态旅游相关的几个概念比较研究》,《价值工程》2012 年第 33 期。

[202] 张世满:《休假制度与旅游需求实现之间的制约因素》,《旅游学刊》2009 年第 11 期。

[203] 张生瑞、钟林生、周睿等:《云南红河哈尼梯田世界遗产区生态旅游监测研究》,《地理研究》2017 年第 36 期。

[204] 邹统钎:《绿色旅游产业发展模式与运行机制》,《中国人口·资源与环境》2005 年第 15 期。

[205] 周文丽:《西部地区农村居民旅游消费影响因素分析——基于甘肃省 526 位农村居民的微观调查数据》,《干旱区资源与环境》2012 年第 8 期。

[206] 张茵、蔡运龙:《基于分区的多目的地 TCM 模型及其在游憩资源价值评估中的应用——以九寨沟自然保护区为例》,《自然资源学报》2004 年第 19 期。

[207] 张岩:《结构时间序列模型在季节调整中的理论分析与应用研究》,博士学位论文,南开大学,2013 年。

［208］张运来：《我国国内旅游需求影响因素分析及趋势预测方法应用研究》，硕士学位论文，东北林业大学，2002 年。

［209］赵媛、仲伟周：《国内可持续旅游发展理论综述》，《学海》2000 年第 3 期。

［210］张增强：《我国水污染经济损失研究》，硕士学位论文，中国水利水电科学研究院，2005 年。

［211］Aall, C., "Sustainable Tourism in Practice: Promoting or Perverting the Quest for a Sustainable Development?", *Sustainability*, Vol. 6, No. 5, 2014.

［212］Abascal, T. E., M. Fluker, M. Jiang, "Domestic Demand for Indigenous Tourism in Australia: Understanding Motivations, Barriers, and Implications for Future Development", *Journal of Heritage Tourism*, Vol. 10, No. 1, 2015.

［213］Ahmad, P. M. S., Chaiaun, O., Cheewooi, H., "Crisis Typologies and Tourism Demand", *Anatolia*, Vol. 25, No. 2, 2014.

［214］Akama, J. S., Ondimu, K. I., "Tourism Product Development and the Changing Consumer Demand: A Case Study of Kenya", *Asia Pacific Journal of Tourism Research*, Vol. 6, No. 1, 2001.

［215］Albaladejo, I. P., González-Martínez, M. I., Martínez-García, M. P., "Nonconstant Reputation Effect in a Dynamic Tourism Demand Model for Spain", *Tourism Management*, Vol. 53, 2016.

［216］Alegre, J., Pou, L., "The Length of Stay in the Demand for Tourism", *Tourism Management*, Vol. 27, No. 6, 2006.

［217］Alegre, J., Cladera, M., Sard, M., "Analysing the Influence of

Tourist Motivations on Tourist Expenditure at a Sun-and-sand Destination", *Tourism Economics*, Vol. 17, No. 4, 2011.

［218］Allen, D., Yap, G., Shareef, R., "Modelling Interstate Tourism Demand in Australia: A Cointegration Approach", *Mathematics & Computers in Simulation*, Vol. 79, No. 9, 2009.

［219］Alonso, A. D., Bressan, A., O'Shea, M., et al., "Perceived Benefits and Challenges to Wine Tourism Involvement: An International Perspective", *International Journal of Tourism Research*, Vol. 17, No. 1, 2015.

［220］Amelung, B., Nicholls, S., Viner, D., "Implications of Global Climate Change for Tourism Flows and Seasonality", *Journal of Travel Research*, Vol. 45, No. 3, 2007.

［221］Ashok, S., Tewari, H. R., Behera, M. D., et al., "Development of Ecotourism Sustainability Assessment Framework Employing Delphi, C & I and Participatory Methods: A Case Study of KBR, West Sikkim, India", *Tourism Management Perspectives*, Vol. 21, 2017.

［222］Athanasopoulos, G., Hyndman, R. J., "Modelling and Forecasting Australian Domestic Tourism", *Tourism Management*, Vol. 29, No. 1, 2008.

［223］Awaritefe, O. D., "Destination Environment Quality and Tourists' Spatial Behaviour in Nigeria: A Case Study of Third World Tropical Africa", *International Journal of Tourism Research*, Vol. 5, No. 4, 2003.

［224］Baron, R. R. V., "Seasonality in Tourism: A Guide to the Analysis of Seasonality and Trends for Policy Making", *Economist Intelligence Unit*, 1975.

［225］Barros, C. P., Butler, R., Correia, A., "The Length of Stay of Golf

Tourism: A Survival Analysis", *Tourism Management*, Vol. 31, No. 1, 2010.

[226] Barzekar, G., Aziz, A., Mariapan, M., et al., "Delphi Technique for Generating Criteria and Indicators in Monitoring Ecotourism Sustainability in Northern Forests of Iran: Case Study on Dohezar and Sehezar Watersheds", *Folia Forestalia Polonica*, Vol. 53, No. 2, 2011.

[227] Becken, S., Jin, X., Zhang, C., et al., "Urban Air Pollution in China: Destination Image and Risk Perceptions", *Journal of Sustainable Tourism*, Vol. 25, No. 1, 2017.

[228] Behringer, J., Buerki, R., Fuhrer, J., "Participatory Integrated Assessment of Adaptation to Climate Change in Alpine Tourism and Mountain Agriculture", *Integrated Assessment*, Vol. 1, No. 4, 2000.

[229] Bergmann, M., Lutz, B., Tekman, M. B., et al., "Citizen Scientists Reveal: Marine Litter Pollutes Arctic Beaches and Affects Wild Life", *Marine Pollution Bulletin*, Vol. 125, No. 1, 2017.

[230] Berman, M. D., Hongjin, K., "Endogenous On-site Time in the Recreation Demand Model", *Land Economics*, Vol. 75, No. 4, 1999.

[231] Bernini, C., Cracolici, M. F., "Demographic Change, Tourism Expenditure and Life Cycle Behaviour", *Tourism Management*, Vol. 47, 2015.

[232] Bockstael, N. E., Strand, I. E., Hanemann, W. M., "Time and the Recreational Demand Model", *American Journal of Agricultral Economics*, Vol. 69, No. 2, 1987.

[233] Bode, S., Hapke, J., Zisler, S., "Need and Options for a Regenerative Energy Supply in Holiday Facilities", *Tourism Management*,

Vol. 24, No. 3, 2003.

［234］Bouwman, H., Evans, S. W., Cole, N., et al., "The Flip-or-flop Boutique: Marine Debris on the Shores of St Brandon's Rock, An Isolated Tropical Atoll in the Indian Ocean", *Marine Environmental Research*, Vol. 114, 2016.

［235］Box, G. E. P, Jenkins, G. M., Reinsel, G.C., "Times Series Analysis: Forecasting and Control", *Wiley*, 1997.

［236］Bramwell, B., Lane, B., "Sustainable Tourism: An Evolving Global Approach", *Journal of Sustainable Tourism*, Vol. 1, No. 1, 1993.

［237］Brandon, K., "Ecotourism and Conservation: A Review of Key Issues", *Ecotourism & Conservation A Review of Key Issues*, 1996.

［238］Brida, J. G., Disegna, M., Osti, L., "Visitors' Expenditure Behaviour at Cultural Events: The Case of Christmas Markets", *Tourism Economics*, Vol. 19, No. 5, 2013.

［239］Brida, J. G., Meleddu, M., Pulina, M., "Factors Influencing Length of Stay of Cultural Tourists", *Tourism Economics*, Vol. 19, No. 6, 2013.

［240］Brouwer, R., Hadzhiyska, D., Ioakeimidis, C., et al., "The Social Costs of Marine Litter along European Coasts", *Ocean & Coastal Management*, Vol. 138, 2017.

［241］Brown, C. B., "Tourism, Crime and Risk Perception: An Examination of Broadcast Media's Framing of Negative Aruban Sentiment in the Natalee Holloway Case and Its Impact on Tourism Demand", *Tourism Management Perspectives*, Vol. 16, No. 5889, 2015.

［242］Bujosa, A., Riera, A., Torres, C. M., "Valuing Tourism Demand

Attributes to Guide Climate Change Adaptation Measures Efficiently: The Case of the Spanish Domestic Travel Market", *Tourism Management*, Vol. 47, 2015.

[243] Bull, C. J., "The Tourism Potential of England's Community Forests", *International Journal of Tourism Research*, Vol. 1, No. 1, 1999.

[244] Butler, R., "Seasonality in Tourism: Issues and Implications", *Tourism Review*, Vol. 53, No. 3, 2001.

[245] Cai, L. A., Knutson, B. J., "Analyzing Domestic Tourism Demand in China-A Behavioral Model", *Journal of Hospitality & Leisure Marketing*, Vol. 5, No. 2-3, 1998.

[246] Canova, F., Ciccarelli, M., "Panel Vector Autoregressive Models: A Survey VAR Models in Macroeconomics-New Developments and Applications", *Essays in Honor of Christopher A*, 2013.

[247] Carlsson-Kanyama, A., Lindén, A. L., "Travel Patterns and Environmental Effects Now and in the Future: Implications of Differences in Energy Consumption Among Socio-economic Groups", *Ecological Economics*, Vol. 30, No. 3, 1999.

[248] Case, A. C., Rosen, H. S., Hines, J. R., "Budget Spillovers and Fiscal Policy Interdependence: Evidence from the States", *Journal of Public Economics*, Vol. 52, No. 3, 1993.

[249] Caulkin, P. P., Bishop, R. C., Bouwes, N. W., "Ommited Cross-price Variables in the Linear Travel Cost Model: Correcting Common Misperceptions", *Land Economics*, Vol. 61, No. 2, 1985.

[250] CDT-Commonwealth Department of Tourism, *National Ecotourism*

Strategy Commonwealth Department of Tourism, Canberra: Australian Government Publishing Service, 1994.

［251］Ceballos-Lascurain, H., "Tourism, Ecotourism and Protected Areas: The State of Nature-Based Tourism around the World and the Guidelines for Its Development", *IUCN, Cambridge (UK)*, 1996.

［252］Cesario, F. J., "Value of Time in Recreation Benefit Studies", *Land Economics*, Vol. 52, No. 1, 1976.

［253］Chavas, J. P., Stoll, J., Sellan, C., "On the Commodity Value of Travel Time in Recreational Activities", *Applied Economics*, Vol. 21, No. 6, 1989.

［254］Chen, C.F., Rothschild, R., "An Application of Hedonic Pricing Analysis to the Case of Hotel Rooms in Taipei", *Tourism Economics*, Vol. 16, 2010.

［255］Chen, J., Wang, Y., Song, M., et al., "Analyzing the Decoupling Relationship between Marine Economic Growth and Marine Pollution in China", *Ocean Engineering*, Vol. 137, 2017.

［256］Cheng, K. M., "Tourism Demand in Hong Kong: Income, Prices, and Visa Restrictions", *Current Issues in Tourism*, Vol. 15, No. 3, 2012.

［257］Chen, W. Q., Hong, H. S., Liu, Y., et al., "Recreation Demand and Economic Value: An Application of Travel Cost Method for Xiamen Island", *China Economic Review*, Vol. 15, No. 4, 2004.

［258］Choi, H., Turk, E. S., "Sustainability Indicators for Managing Community Tourism", *Tourism Management*, Vol. 27, No. 6, 2006.

［259］Choi, I., "Unit Root Tests for Panel Data", *Journal of International*

Money & Finance, Vol. 20, No. 2, 2001.

［260］Coenen, M., Eekeren, L. V., "A Study of the Demand for Domestic Tourism by Swedish Households Using a Two-staged Budgeting Model", *Scandinavian Journal of Hospitality & Tourism*, Vol. 3, No. 2, 2003.

［261］Commandeur, J. J. F., Koopman, S. J., *An Introduction to State Space Time Series Analysis*, Oxford: Oxford University Press, 2007.

［262］Craggs, R., Schofield, P., "Expenditure-based Segmentation and Visitor Profiling at the Quays in Salford, UK", *Tourism Economics*, Vol. 15, No. 1, 2009.

［263］Crouch, G. I., Oppewal, H., Huybers, T., et al., "Discretionary Expenditure and Tourism Consumption: Insights from a Choice Experiment", *Journal of Travel Research*, Vol. 45, No. 3, 2007.

［264］Curtin, S., "Nature, Wild Animals and Tourism: An Experiential View", *Journal of Ecotourism*, Vol. 4, No. 1, 2005.

［265］Damm, A., Greuell, W., Landgren, O., et al., "Impacts of +2℃ Global Warming on Winter Tourism Demand in Europe", *Climate Services*, Vol. 7, 2016.

［266］Deng, M. F., Athanasopoulos, G., "Modelling Australian Domestic and International Inbound travel: A Spatial-temporal Approach", *Tourism Management*, Vol. 32, No. 5, 2011.

［267］Dolnicar, S., Crouch, G. I., Devinney, T., et al., "Tourism and Discretionary Income Allocation. Heterogeneity among Households", *Tourism Management*, Vol. 29, No. 1, 2008.

［268］Downward, P., Lumsdon, L., Weston, R., "Visitor Expenditure:

The Case of Cycle Recreation and Tourism", *Journal of Sport & Tourism*, Vol. 14, No. 1, 2009.

[269] Downward, P., Lumsdon, L., "Tourism Transport and Visitor Spending: A Study in the North York Moors National Park, UK", *Journal of Travel Research*, Vol. 42, No. 4, 2004.

[270] Elhorst, J. P., "Spatial Panel Data Models", *Spatial Econometrics*, Springer.

[271] Elsasser, H., R. Bürki, "Climate Change as a Threat to Tourism in the Alps", *Climate Research*, Vol. 20, No. 3, 2002.

[272] Englin, J., Shonkwiler, J. S., "Modeling Recreation Demand in the Presence of Unobservable Travel Costs: Towards a Travel Price Model", *Journal of Environmental Economics and Management*, Vol. 29, No. 3, 1995.

[273] Eugeniomartin, J. L., Campossoria, J. A., "Income and the Substitution Pattern between Domestic and International Tourism Demand", *Applied Economics*, Vol. 43, No. 20, 2011.

[274] Falk, M., "Impact of Long-term Weather on Domestic and Foreign Winter Tourism Demand", *International Journal of Tourism Research*, Vol. 15, No. 1, 2012.

[275] Falk, M., "Impact of Weather Conditions on Tourism Demand in the Peak Summer Season Over the Last 50 Years", *Tourism Management Perspectives*, Vol. 9, 2014.

[276] Falk, M., M. Vieru, "International Tourism Demand to Finnish Lapland in the Early Winter Season", *Current Issues in Tourism*, No. 1, 2017.

[277] Falk, M., Lin, X., "Sensitivity of Winter Tourism to Temperature Increases over the Last Decades", *Economic Modelling*, Vol. 71, 2018.

[278] Farajzadeh, H., Matzarakis, A., "Quantification of Climate for Tourism in the Northwest of Iran", *Meteorological Applications*, Vol. 16, No. 4, 2009.

[279] Fleischer, A., Pizam, A., "Tourism Constraints among Israeli Seniors", *Annals of Tourism Research*, Vol. 29, No. 1, 2002.

[280] Forrest, D., Grime, K., Woods, R., "Is It Worth Subsidising Regional Repertory Theatre?", *Oxford Economic Papers*, Vol. 52, No. 2, 2000.

[281] Fredman, P., P. Fredman, K. Lindberg, "Determinants of Visitor Expenditures in Mountain Tourism", *Tourism Economics*, Vol. 14, No. 14, 2008.

[282] Garcia, C., J. Servera, "Impacts of Tourism Development on Water Demand and Beach Degradation on the Island of Mallorca (Spain)", *Geografiska Annaler*, Vol. 85, No. 3-4, 2003.

[283] García-Pozo, A., J. L. Sánchez-Ollero, D. M. Marchante-Lara, "Applying a Hedonic Model to the Analysis of Campsite Pricing in Spain", *International Journal of Environment and Resource*, Vol. 5, No. 1, 2011.

[284] Garcíasánchez, A., E. Fernándezrubio, M. D. Collado, "Daily Expenses of Foreign Tourists, Length of Stay and Activities: Evidence from Spain", *Tourism Economics*, Vol. 19, No. 3, 2013.

[285] Garín-Muoz, T., "Madrid as a Tourist Destination: Analysis and Modelization of Inbound Tourism", *International Journal of Tourism*

Research, Vol. 6, No. 4, 2004.

［286］Ghaderi, Z., B. Saboori, M. Khoshkam, "Does Security Matter in Tourism Demand？", *Current Issues in Tourism*, 2016.

［287］Qiang, M., Shen, M., H. Xie, "Cultural Diffusion and International Inbound Tourism: Evidence from China", *Tourism Economics*, 2018, See https://doi.org/10.1177/1354816618811211.

［288］Goh, C., "Exploring Impact of Climate on Tourism Demand", *Annals of Tourism Research*, Vol. 39, No. 39, 2012.

［289］Gooroochurn, N., A. Hanley, "Spillover Effects in Long-haul Visitors between Two Regions", *Regional Studies*, Vol. 39, No. 6, 2005.

［290］Gssling, S., "National Emissions from Tourism: An Overlooked Policy Challenge？", *Energy Policy*, Vol. 59, 2013.

［291］Gozgor, G., S. Ongan, "Economic Policy Uncertainty and Tourism Demand: Empirical Evidence from the USA", *International Journal of Tourism Research*, Vol. 19, 2017.

［292］Greenstone, M., R. Hanna, "Environmental Regulations, Air and Water Pollution, and Infant Mortality in India", *American Economic Review*, Vol. 104, 2014.

［293］Gunter, U., I. Onder, "Forecasting International City Tourism Demand for Paris: Accuracy of Uni-and Multivariate Models Employing Monthly Data", *Tourism Management*, No. 46, 2015.

［294］Hallmann, K., S. Müller, S. Feiler, "Destination Competitiveness of Winter Sport Resorts in the Alps: How Sport Tourists Perceive Destinations？", *Current Issues in Tourism*, Vol. 17, No. 4, 2014.

[295] Haszar, P. C., D. W. Seckler, "Effects of Pricing a Free Good: A Study of the Use of Admission Fees at the California Academy of Sciences", *Land Economics*, Vol. 50, No. 4, 1974.

[296] Hetzer, W., "Environment Tourism Culture", *Reported Ecosphere*, 1965.

[297] Hilsendager, K., H. Harshaw, R. Kozak, "The Effects of Forest Industry Impacts upon Tourist Perceptions and Overall Satisfaction", *Leisure/Loisir*, Vol. 41, No. 2, 2017.

[298] Honey, M., *Ecotourism and Sustainable Development: Who Owns Paradise?*, Island Press, 1999.

[299] Huang, S. S., X. Wei, "Chinese Outbound Travel: Understanding the Socioeconomic Drivers", *International Journal of Tourism Research*, Vol. 20, No. 1, 2018.

[300] Hunter, C., Green, H., "Tourism and the Environment: A Sustainable Relationship?", *Tourism & the Environment A Sustainable Relationship*, 1995.

[301] Im, K. S., Pesaran, M. H., Shin, Y., "Testing for Unit Roots in Heterogeneous Panels", *Journal of Econometrics*, Vol. 115, No. 1, 2003.

[302] Iverson, T., "The Economics of Tourism Destinations", *Springer Texts in Business & Economics*, Vol. 39, No. 7, 2012.

[303] Iwahashi, R., Ito, T., "Empirical Analysis of the Dynamics of Tourists Using a Simple Stochastic Model: Case of Okinawa", *Review of Urban & Regional Development Studies*, Vol. 27, No. 2, 2015.

[304] Jambeck, J. R., Geyer, R., Wilcox, C., et al., "Plastic Waste Inputs

from Land into the Ocean", *Science*, Vol. 347, No. 6223, 2015.

[305] Jeuland, M., Lucas, M., Clemens, J., et al., "Estimating the Private Benefits of Vaccination Against Cholera in Beira Mozambique: A Travel Cost Approach", *Journal of Development Economics*, Vol. 91, No. 2, 2010.

[306] Jones, M. F., Singh, N., Hsiung, Y., "Determining the Critical Success Factors of the Wine Tourism Region of Napa from A Supply Perspective", *International Journal of Tourism Research*, Vol. 17, No. 3, 2013.

[307] Katerusha, O., Matzarakis, A., "Thermal Bioclimate and Climate Tourism Analysis for Odessa, Black Sea", *Geografiska Annaler*, Vol. 97, No. 4, 2016.

[308] Kim, W. G., Qu, H., "Determinants of Domestic Travel Expenditure in South Korea", *Journal of Travel & Tourism Marketing*, Vol. 13, No. 1–2, 2002.

[309] Knight, J., "From Timber to Tourism: Recommoditizing the Japanese Forest", *Development & Change*, Vol. 31, No. 1, 2000.

[310] Kberl, J., Prettenthaler, F., Bird, D. N., "Modelling Climate Change Impacts on Tourism Demand: A Comparative Study from Sardinia (Italy) and Cap Bon (Tunisia)", *Science of the Total Environment*, Vol. 543, 2015.

[311] Kozak, M., "Comparative Analysis of Tourist Motivations by Nationality and Destinations", *Tourism Management*, Vol. 23, No. 3, 2002.

[312] Laesser, C., Crouch, G. I., "Segmenting Markets by Travel Expenditure Patterns: The Case of International Visitors to Australia",

Journal of Travel Research, Vol. 44, No. 4, 2006.

[313] Landry, C. E., McConnell, K. E., "Hedonic On-sight Cost Model of Recreation Demand", *Land Economics*, Vol. 83, No. 2, 2007.

[314] Liang, R. D. A., Chen, S., Tung, W., et al., "The Influence of Food Expenditure on Tourist Response to Festival Tourism: Expenditure Perspective", *International Journal of Hospitality & Tourism Administration*, Vol. 14, No. 4, 2013.

[315] Li, G., Song, H. Y., Witt, S. F., "Recent Developments in Econometric Modeling and Forecasting ", *Journal of Travel Research*, Vol. 44, No. 1, 2005.

[316] Lim, C., "An Econometric Classification and Review of International Tourism Demand Models", *Tourism Economics*, Vol. 3, No. 1, 1997.

[317] Lim, C., "Review of International Tourism Demand Models", *Annals of Tourism Research*, Vol. 24, No. 4, 1997.

[318] Lin, T. P., "Carbon Dioxide Emissions from Transport in Taiwan's National Parks", *Tourism Management*, Vol. 31, No. 2, 2010.

[319] Li, J., Pearce, P. L., Morrison, A. M., et al., "Up in Smoke? The Impact of Smog on Risk Perception and Satisfaction of International Tourists in Beijing", *International Journal of Tourism Research*, Vol. 18, No. 4, 2016.

[320] Lhr, A., Savelli, H., Beunen, R., et al., "Solutions for Global Marine Litter Pollution", *Current Opinion in Environmental Sustainability*, Vol. 28, 2017.

[321] Loomis, J. B., Walsh, R. G., *Recreation Economic Decisions: Comparing Benefits and Costs* (the 2nd Edition) , Pennsylvania: Venture

Publishing Inc, 1997.

［322］Loomis, J., Tadjion, O., Watson, P., et al., "A Hybrid Individual-zonal Travel Cost Model for Estimating the Consumer Surplus of Golfing in Colorado", *Journal of Sports Economics*, Vol. 10, No. 2, 2009.

［323］Lorde, T., Jackman, M., "Evaluating the Impact of Crime on Tourism in Barbados: A Transfer Function Approach", *Tourism Analysis*, Vol. 18, No. 2, 2013.

［324］Lü, Y., Chen, L., Fu, B., et al., "A Framework for Evaluating the Effectiveness of Protected Areas: The Case of Wolong Biosphere Reserve", *Landscape and Urban Planning*, Vol. 63, No. 4, 2003.

［325］Mace, B. L., Bell, P. A., Loomis, R. J., "Visibility and Natural Quiet in National Parks and Wilderness Areas", *Environment & Behavior*, Vol. 36, No. 1, 2004.

［326］Maekawa, M., Lanjouw, A., Rutagarama, E. et al., "Mountain Gorilla Tourism Generating Wealth and Peace in Post-conflict Rwanda", *Natural Resources Forum*, Vol. 27, No. 2, 2013.

［327］Maloney, W. F., Rojas, G. V. M., "How Elastic Are Sea, Sand and Sun? Dynamic Panel Estimates of the Demand for Tourism", *Applied Economics Letters*, Vol. 12, No. 5, 2005.

［328］Marrocu, E., Paci, R., "Different Tourists to Different Destinations, Evidence from Spatial Interaction Models", *Tourism Management*, Vol. 39, 2013.

［329］Marrocu, E., Paci, R., Zara, A., "Micro-economic Determinants of Tourist Expenditure: A Quantile Regression Approach", *Tourism Management*,

Vol. 50, 2015.

［330］Martíncejas, R. R., Ramírez Sánchez, P. P., "Ecological Footprint Analysis of Road Transport Related to Tourism Activity: The Case for Lanzarote Island", *Tourism Management*, Vol. 31, No. 1, 2010.

［331］Martínez-Garcia, E., Raya, J. M. A., "Length of Stay for Low-cost Tourism", *Tourism Management*, Vol. 29, No. 6, 2008.

［332］Martín, M. B. G., "Weather, Climate and Tourism: A Geographical Perspective", *Annals of Tourism Research*, Vol. 32, No. 3, 2005.

［333］Martins, L. F., Gan, Y., Ferreira-Lopes, A., "An Empirical Analysis of the Influence of Macroeconomic Determinants on World Tourism Demand", *Tourism Management*, Vol. 61, 2017.

［334］Massidda, C., Etzo, I., "The Determinants of Italian Domestic Tourism: A Panel Data Analysis", *Tourism Management*, Vol. 33, No. 3, 2012.

［335］Mata, T. D. L., Llano-Verduras, C., "Spatial Pattern and Domestic Tourism: An Econometric Analysis Using Inter-regional Monetary Flows by Type of Journey", *Papers in Regional Science*, Vol. 91, No. 2, 2012.

［336］Mc Connell, K. E., "On-site Time in the Demand for Recreation", *American Journal of Agricultural Economics*, Vol. 74, 1992.

［337］Mcilgorm, A., Campbell, H. F., Rule, M. J., "The Economic Cost and Control of Marine Debris Damage in the Asia-Pacific Region", *Ocean & Coastal Management*, Vol. 54, No. 9, 2011.

［338］Mc Kean, J. R., Johnson, D. M., Walsh, R. G., "Valuing Time in Travel Cost Demand Analysis: An Empirical Investigation", *Land Economics*, Vol. 71, No. 1, 1995.

[339] Mello, M. D., Pack, A., Sinclair, M. T., "UK Demand for Tourism in Its Southern Neighbours", *Christel De 9Haan Tourism and Travel Research Institute, University of Nottingham*, 1999.

[340] Menon, M., Perali, F., Veronesi, M., "Recovering Individual Preferences for Non-Market Goods: A Collective Travel-Cost Model", *American Journal of Agricultural Economics*, Vol. 96, No. 2, 2014.

[341] Mieczkowski, Z., "The Tourism Climatic Index: A Method of Evaluating World Climates for Tourism", *The Canadian Geographer/Le Géographe Canadien*, Vol. 29, No. 3, 1985.

[342] Mieczkowski, Z., "The Tourism Climatic Index: A Method of Evaluating World Climates for Tourism", *The Canadian Geographer*, Vol. 29, 1985.

[343] Moeltner, K., "Addressing Aggregation Bias in Zonal Recreation Models", *Journal of Environmental Economics and Management*, Vol. 45, No. 1, 2003.

[344] Morley, C. L., "Dynamics in the Specification of Tourism Demand Models", *Tourism Economics*, Vol. 15, No. 1, 2009.

[345] Mosammam, H. M., Sarrafi, M., Nia, J. T., et al., "Typology of the Ecotourism Development Approach and an Evaluation from the Sustainability View: The Case of Mazandaran Province, Iran", *Tourism Management Perspectives*, Vol. 18, 2016.

[346] Munari, C., Corbau, C., Simeoni, U., et al., "Marine Litter on Mediterranean Shores: Analysis of Composition, Spatial Distribution and Sources in North-western Adriatic Beaches", *Waste Management*, Vol.

49, 2016.

［347］Nicolau, J. L., Más, F. J., "Heckit Modelling of Tourist Expenditure: Evidence from Spain", *International Journal of Service Industry Management*, Vol. 16, No. 3, 2005.

［348］Nicolau, J. L., Más, F. J., "The Influence of Distance and Prices on the Choice of Tourist Destinations: The Moderating Role of Motivations", *Tourism Management*, Vol. 27, No. 5, 2006.

［349］Nikitina, O., Vorontsova, G., "Aging Population and Tourism: Socially Determined Model of Consumer Behavior in the 'Senior Tourism' Segment", *Procedia-Social and Behavioral Sciences*, Vol. 214, 2015.

［350］Nunes, P. A. L. D., Loureiro, M. L., "Economic Valuation of Climate - change - induced Vinery Landscape Impacts on Tourism Flows in Tuscany", *Agricultural Economics*, Vol. 47, No. 4, 2016.

［351］Ofiara, D. D., Brown, B., "Assessment of Economic Losses to Recreational Activities from 1988 Marine Pollution Events and Assessment of Economic Losses from Long-term Contamination of Fish within the New York Bight to New Jersey", *Marine Pollution Bulletin*, Vol. 38, No. 11, 1999.

［352］Ofiara, D. D., Seneca, J. J., *Economic Losses from Marine Pollution: A Handbook for Assessment*, Island Press, 2001.

［353］Olive, N. D., Marion, J. L., "The Influence of Use-related, Environmental, and Managerial Factors on Soil Loss from Recreational Trails", *Journal of Environmental Management*, Vol. 90, No. 3, 2009.

［354］Oterogiráldez, M. S., lvarezDíaz, M., Gonzálezgómez, M., "Estimating the Long-run Effects of Socioeconomic and Meteorological

Factors on the Domestic Tourism Demand for Galicia (Spain)", *Tourism Management*, Vol. 33, No. 6, 2012.

[355] Pagliara, F., Mauriello, F., Garofalo, A., "Exploring the Interdependences between High Speed Rail Systems and Tourism: Some Evidence from Italy", *Transportation Research Part A Policy & Practice*, Vol. 106, 2017.

[356] Parroco, A. M., Vaccina, F., De Cantis, S., et al., "Multi-destination Trips: A Survey on Incoming Zourism in Sicily", *Economics Discussion Paper*, No. 2012-21, 2012.

[357] Patuelli, R., Mussoni, M., Candela, G., "The Effects of World Heritage Sites on Domestic Tourism: A Spatial Interaction Model for Italy", *Journal of Geographical Systems*, Vol. 15, No. 3, 2013.

[358] Pearce, D. G., "Spatial Patterns of Package Tourism in Europe", *Annals of Tourism Research*, Vol. 14, No. 2, 1987.

[359] Perez, E. A., S. C. Juaneda, "Tourist Expenditure for Mass Tourism Markets", *Annals of Tourism Research*, 2000, 27 (3).

[360] Pham, C. K., Ramirezllodra, E., Alt, C. H., et al., "Marine Litter Distribution and Density in European Seas, from the Shelves to Deep Basins", *Plos One*, Vol. 9, No. 4, 2014.

[361] Pickering, C. M., Castley, J. G., Burtt, M., "Skiing Less Often in a Warmer World: Attitudes of Tourists to Climate Change in an Australian Ski Resort", *Geographical Research*, Vol. 48, No. 2, 2010.

[362] Pizam, A., Mansfeld, Y., *Tourism, Crime and International Security Issues*, New York: Wiley, 1996.

[363] Poor, P. J., Smith, J. M., "Travel Cost Analysis of a Cultural Heritage Site: The Case of Historic St.Mary's City of Maryland", *Journal of Cultural Economics*, Vol. 28, No. 3, 2004.

[364] Programme, U. E., "UNEP Year Book 2011: Emerging Issues in Our Global Environment", *United Nations [UN] Environment Programme*, 2011.

[365] Richardson, R. B., Loomis, J. B., "Adaptive Recreation Planning and Climate Change: A Contingent Visitation Approach", *Ecological Economics*, Vol. 50, No. 1, 2004.

[366] Ridderstaat, J., Oduber, M., Croes, R., et al., "Impacts of Seasonal Patterns of Climate on Recurrent Fluctuations in Tourism Demand: Evidence from Aruba", *Tourism Management*, Vol. 41, No. 2, 2014.

[367] Rigall-I-Torrent, R., Fluvia, M., "Managing Tourism Products and Destinations Embedding Public Goods Components: A Hedonic Approach", *Tourism Management*, Vol. 32, 2011.

[368] Roca, E., Villares, M., Ortego, M. I., "Assessing Public Perceptions on Beach Quality according to Beach Users' Profile: A Case Study in the Costa Brava (Spain)", *Tourism Management*, Vol. 30, No. 4, 2009.

[369] Rodrigues, A. L. O., Rodrigues, A., Peroff, D. M., "The Sky and Sustainable Tourism Development: A Case Study of a Dark Sky Reserve Implementation in Alqueva", *International Journal of Tourism Research*, Vol. 17, No. 3, 2015.

[370] Rodríguez, X. A., Martínez-Roget, F., Pawlowska, E., "Academic Tourism Demand in Galicia, Spain", *Tourism Management*,

Vol. 33, No. 6, 2012.

［371］Rodríguez, X. A., Martínez-Roget, F., González-Murias, P., "Length of Stay: Evidence from Santiago De Compostela", *Annals of Tourism Research*, Vol. 68, 2018.

［372］Ross, S., Wall, G., Ryan, C., et al., "Ecotourism: Towards Congruence between Theory and Practice", *Tourism Management*, Vol. 20, No. 1, 1999.

［373］Rosselló-Nadal, J., "How to Evaluate the Effects of Climate Change on Tourism", *Tourism Management*, Vol. 42, 2014.

［374］Ruhanen, L., Whitford, M., Mclennan, C. L., "Indigenous Tourism in Australia: Time for a Reality Check", *Tourism Management*, Vol. 48, 2015.

［375］Salman, A. K., Shukur, G., Bergmannwinberg, M. L. V., "Comparison of Econometric Modelling of Demand for Domestic and International Tourism: Swedish Data", *Current Issues in Tourism*, Vol. 10, No. 4, 2007.

［376］Santos, G. E. D. O., Ramos, V., Reymaquieira, J., "Length of Stay at Multiple Destinations of Tourism Trips in Brazil", *Journal of Travel Research*, Vol. 177, No, 6, 2015.

［377］Santos, I. R., Friedrich, A. C., Wallner-Kersanach, M., et al., "Influence of Socio-economic Characteristics of Beach Users on Litter Generation", *Ocean & Coastal Management*, Vol. 48, No. 9, 2005.

［378］Scott, D., Mcboyle, G., Minogue, A., "Climate Change and Quebec's Ski Industry", *Global Environmental Change*, Vol. 17, No. 2, 2007.

[379] Scott, D., Gssling, S., Hall, C. M., "International Tourism and Climate Change", *Wiley Interdisciplinary Reviews Climate Change*, Vol. 3, No. 3, 2012.

[380] Seddighi, H. R., Theocharous, A. L., "A Model of Tourism Destination Choice: A Theoretical and Empirical Analysis", *Tourism Management*, Vol. 23, No. 5, 2002.

[381] Seetaram, N., Forsyth, P., Dwyer, L., "Measuring Price Elasticities of Demand for Outbound Tourism Using Competitiveness Indices", *Annals of Tourism Research*, Vol. 56, 2016.

[382] Serra, J., Correia, A., Rodrigues, P. M. M., "Tourist Spending Dynamics in the Algarve: A Cross-sectional Analysis", *Tourism Economics*, Vol. 31, No. 3, 2015.

[383] Sheldon, P. J., "Forecasting Tourism: Expenditures Versus Arrivals", *Journal of Travel Research*, Vol. 2, No. 1, 1993.

[384] Simpson, P. M., Siguaw, J. A., "Perceived Travel Risks: The Traveller Perspective and Manageability", *International Journal of Tourism Research*, Vol. 10, No. 4, 2010.

[385] Song, H. Y., Li, G., Witt, S. F., et al., "Forecasting Tourist Arrivals Using Time-varying Parameter Structural Time Series Models", *International Journal of Forecasting*, Vol. 27, No. 3, 2011.

[386] Song, H. Y., Li, G., Witt, S. F., et al., "Tourism Demand Modelling and Forecasting: how Should Demand be Measured?", *Tourism Economics*, Vol. 16, No. 1, 2010.

[387] Song, H. Y., Li, G., "Tourism Demand Modelling and

Forecasting—A Review of Recent Research", *Tourism Management*, Vol. 29, No. 2, 2008.

[388] Song, H. Y., Dwyer, L., Li, G., et al., "Tourism Economics Research: A Review and Assessment", *Annals of Tourism Research*, Vol. 39, No. 3, 2012.

[389] Spencer, D. M., Holecek, D. F., "Basic Characteristics of the Fall Tourism Market", *Tourism Management*, Vol. 28, No. 2, 2007.

[390] Sr, M. V., "Tourism Demand Response by Residents of Latin American Countries", *International Journal of Tourism Research*, Vol. 11, No. 1, 2009.

[391] Tang, C. F., Tan, E. C., "The Determinants of Inbound Tourism Demand in Malaysia: Another Visit with Non-stationary Panel Data Approach", *Anatolia An International Journal of Tourism & Hospitality Research*, Vol. 27, No. 2, 2015.

[392] Tang, Z., "An Integrated Approach to Evaluating the Coupling Coordination between Tourism and the Environment", *Tourism Management*, No. 46, 2015.

[393] Teo, P., Huang, S., "Tourism and Heritage Conservation in Singapore", *Annals of Tourism Research*, Vol. 22, No. 3, 1995.

[394] Thrane, C., Farstad, E., "Domestic Tourism Expenditures: The Non-linear Effects of Length of Stay and Travel Party Size", *Tourism Management*, Vol. 32, No. 1, 2011.

[395] Törn, A., Tolvanen, A. Norokorpi, Y. et al., "Comparing the Impacts of Hiking, Skiing and Horse Riding on Trail and Vegetation in Different Types

of Forest", *Journal of Environmental Management*, Vol. 90, No. 3, 2009.

［396］Uysal, M., Mclellan, R. W., "A Linear Expenditure Model for Tourism Demand", *Annals of Tourism Research*, Vol. 18, No. 3, 1991.

［397］Wang, C. Y., Qu, H. L., Hsu, M. K., "Toward An Integrated Model of Tourist Expectation Formation and Gender Difference", *Tourism Management*, Vol. 54, 2016.

［398］Wang, D. G., "Tourist Behaviour and Repeat Visitation to Hong Kong", *Tourism Geographies*, Vol. 6, No. 1, 2004.

［399］Wang, Y., Davidson, M. C. G., "A Review of Micro-analyses of Tourist Expenditure", *Current Issues in Tourism*, Vol. 13, No. 6, 2010.

［400］Wang, Z., "Factors that Influence the Growth of Chinese Domestic Tourism Arrivals (1985–2007): An Empirical Research Based on the VAR Model", *Asia Pacific Journal of Tourism Research*, Vol. 15, No. 4, 2010.

［401］Williams, A. T., Rangel-Buitrago, N. G., Anfuso, G., et al., "Litter Impacts on Scenery and Tourism on the Colombian North Caribbean Coast", *Tourism Management*, Vol. 55, 2016.

［402］Wood, M., "Formulating the Ecotourism Society's Regional Action Plan", in J.A.Kusler (Eds.), *Ecotourism and Resource Comservation*, Madison, WI · Madison Publisher, 1991.

［403］Yang, Y., Wong, K. K. F., Zhang, J., "Determinants of Length of Stay for Domestic Tourists: Case Study of Yixing", *Asia Pacific Journal of Tourism Research*, Vol. 16, No. 6, 2011.

［404］Yang, Y., Wong, K. K. F., "Spatial Distribution of Tourist Flows to China's Cities", *Tourism Geographies*, Vol. 15, No. 2, 2013.

[405] Yang, Y., Liu, Z. H., Qi, Q., "Domestic Tourism Demand of Urban and Rural Residents in China: Does Relative Income Matter?", *Tourism Management*, Vol. 40, No.1, 2014.

[406] Yap, G., Allen, D., *Investigating Other Leading Indicators Influencing Australian Domestic Tourism Demand*, Elsevier Science Publishers B. V., 2011.

[407] Yap, G., "The Impacts of Exchange Rates on Australia's Domestic and Outbound Travel Markets", *Mathematics & Computers in Simulation*, Vol. 93, 2013.

[408] Yazdi, S. K., Khanalizadeh, B., "Tourism Demand: A Panel Data Approach", *Current Issues in Tourism*, Vol. 20, 2016.

[409] Yong, C. J., Hong, S., Lee, J., et al., "Estimation of Lost Tourism Revenue in Geoje Island from the 2011 Marine Debris Pollution Event in South Korea", *Marine Pollution Bulletin*, Vol. 81, No. 1, 2014.

[410] York, Q. Y., Zhang, H. Q., "The Determinants of the 1999 and 2007 Chinese Golden Holiday System: A Content Analysis of Official Documentation", *Tourism Management*, Vol. 31, No. 6, 2010.

[411] Zhang, A. P., Zhong, L. S., Yong, X., et al., "Tourists' Perception of Haze Pollution and the Potential Impacts on Travel: Reshaping the Features of Tourism Seasonality in Beijing, China", *Sustainability*, Vol. 7, No. 3, 2015.

[412] Zhang, H. Q., Kulendran, N., Song, H. Y., "Measuring Returns on Hong Kong's Tourism Marketing Expenditure", *Tourism Economics*, Vol. 16, 2010.

[413] Zheng, J., Swall, J. L., Cox, W. M., et al., "Interannual Variation in Meteorologically Adjusted Ozone Levels in the Eastern United States: A Comparison

of Two Approaches", *Atmospheric Environment*, Vol. 41, No. 4, 2007.

[414] Ziaabadi, M., Malakootian, M., Mehrjerdi, M., et al., "How to Use Composite Indicator and Linear Programming Model for Determine Sustainable Tourism", *Journal of Environmental Health Science & Engineering*, Vol. 15, No. 1, 2017.

后 记

2009年,《国务院关于加快发展旅游业的意见》(国发〔2009〕41号)明确将旅游业作为国家战略性支柱产业;十多年间,旅游业在实现经济增长、推动产业转型、带动地区就业和提高居民收入等方面发挥着积极作用,发展旅游业成为"精准扶贫""乡村振兴"和"生态文明建设"等的有效举措。然而,旅游业可持续发展所面临的问题和表象十分多样,其中资源刚性约束是扩大国内旅游需求的重要瓶颈,在生态文明视阈下考察国内旅游业的可持续发展问题是一个重大课题。

2014年,在国家社会科学基金项目申报课题指南的应用经济目录下第一次出现了旅游经济选题,包括"美丽中国建设与旅游业健康发展研究"和"我国国内旅游需求的变化趋势与对策研究"。可能是因为一直从事资源环境价值评价研究,对"旅游需求"这一关键词备感熟悉,因此就果断地决定申报后一个选题。事实上,后来发现备感熟悉的是"休闲需求(Recreation Demand)",即资源环境价值评价方法之旅行成本法中的旅行成本函数,而对于"旅游需求(Tourism Demand)"的了解似乎并不深入,以至于在一篇阶段性成果发表时还为"休闲需求""旅游需求"和"旅游消费"的研究边界做了区分。与此同时,结合团队研究的传统优势领域——生态经济学,"资源刚性约束下国内旅游需求的变化趋势与对策研究"有幸得到国家社科基金青年项目（14CJY058）的资助。

2014—2018年，围绕旅游主题相继参加了2015年第一届世界比较经济学年会（意大利罗马）、2015年国际旅游经济学年会（中国香港）、2017年中非旅游论坛（摩洛哥拉巴特）以及2016年中国旅游研究年会（中国洛阳）等国内外学术会议，一些阶段性成果也在 *Journal of Sustainable Tourism*、*Tourism Economics*、《旅游学刊》《旅游论坛》《城市与环境研究》等期刊发表，也有成果被人大复印资料《旅游管理》全文转载。旅行是一件快乐的事情，和做旅游的人一起旅行更快乐，和做旅游的人在旅途中将产生的学术火花写出来并得到同行们的认可更快乐！

在人民出版社吴炤东副主任的督促下，我将课题报告《资源刚性约束下国内旅游需求的变化趋势与对策研究》（结题号：20183008）整理成本专著。在出版之际，衷心感谢我的博导沈满洪教授从项目申请、报告写作和论文修改等方面所给予的指点和帮助；衷心感谢浙江大学博士生强朦朦（第七章、九章）和吴应龙（第一章），浙江理工大学硕士李中海（第三章）、俞梦绮（第四章、五章）、沈玲佳（第八章、十章）、赵容丽（第二章、六章）、浙江理工大学硕士生马捷（第十一章）和汪萍等在数据收集、结果分析、图表制作和报告初稿撰写上所给予的支持和帮助；衷心感谢中非旅游论坛摩洛哥小分队的朋友们，是你们给我的旅游研究带来了无限的热情与信心！

谢慧明

2019年11月